《思想道德与法治》课程
专题教学教案

《SIXIANG DAODE YU FAZHI》

KECHENG

ZHUANTI JIAOXUE JIAOAN

主　编：马桂琴　李　琰

副主编：常彩霞　孙雪丽　鄢平牡　丁菁华

　　　　高　丽　王　冰　陈　婷

沈阳出版发行集团

Ⓜ 沈阳出版社

图书在版编目（CIP）数据

《思想道德与法治》课程专题教学教案 / 马桂琴，
李琰主编. -- 沈阳：沈阳出版社，2022.12
ISBN 978-7-5716-2657-0

Ⅰ.①思… Ⅱ.①马… ②李… Ⅲ.①思想修养 – 教
案(教育) – 高等职业教育②法律 – 中国 – 教案(教育) – 高
等职业教育 Ⅳ.①G641.6②D920.4

中国国家版本馆CIP数据核字(2023)第005517号

出版发行：沈阳出版发行集团 ｜ 沈阳出版社
　　　　　（地址：沈阳市沈河区南翰林路 10 号　邮编：110011）
网　　　址：http://www.sycbs.com
印　　　刷：三河市华晨印务有限公司
幅面尺寸：185mm×260mm
印　　　张：19.75
字　　　数：400 千字
出版时间：2022 年 12 月第 1 版
印刷时间：2023 年 3 月第 1 次印刷
责任编辑：周　阳
封面设计：优盛文化
版式设计：优盛文化
责任校对：李　赫
责任监印：杨　旭

书　　　号：ISBN 978-7-5716-2657-0
定　　　价：98.00 元

联系电话：024-24112447
E – mail：sy24112447@163.com

Preface 前言

　　《思想道德与法治》课程专题教学教案是高等学校统编教材《思想道德与法治》（2023版）的配套用书，也是2018年海南经贸职业技术学院党建与思想政治教育专项课题项目"高职院校思政课问题导向专题化教学研究——以《思想道德与法治》课为例"（项目编号：hnjmk2018602）的科研成果。本书忠实于教材，在对教材重要知识点进行全面梳理研究的基础上，结合高职院校教育的特点，以问题为导向，强化教学的针对性和实效性，努力实现教材体系向教学体系的转化。

　　《思想道德与法治》课是一门融思想性、政治性、科学性、理论性、实践性于一体的思想政治理论课。这门课程以针对大学生成长过程中面临的思想道德和法律问题，开展马克思主义的世界观、人生观、价值观、道德观、法治观教育，引导大学生提高思想道德素质和法治素养，成长为自觉担当民族复兴大任的时代新人。为了提高教学的针对性、启发性和趣味性，打造接地气，受学生欢迎的思想政治理论课堂，本书以马克思主义理论及其中国化的最新成果作为课程理论支撑，按照思想教育、道德观教育和法治观教育三大模块把知识点讲清讲透。同时，注重理论联系实际，分为16个专题内容，回应同学们在成长过程及现实生活学习中的烦恼疑惑，有针对性地进行理论分析及现实指导，着力提高教学的实效性，尽力实现理论的"高大上"和内容"接地气"相统一。

　　本书由课题主持人马桂琴和李琰两位老师担任主编，《思想道德与法治》教研室主要任课教师们合作完成。第一、十专题由陈婷老师撰写；第二、三专题由高丽老师撰写；第四、五专题由李琰老师撰写；第六、七专题由鄢平牡老师撰写；第八、九专题由丁菁华老师撰写；第十一、十二专题由孙雪丽老师撰写；第十三、十四由王冰老师撰写；第

十五、十六由常彩霞老师撰写。在本书编写过程中，我们汇集了老师们近年来在思想政治理论课教学改革中积累的丰富教学资料，也选取和借鉴了国内外许多相关的研究成果，在此一并表示感谢。书稿最后由两位主编修订、统筹完成。

由于本课题组成员研究水平有限，书中难免存在一些不足之处，敬请广大同行和读者批评指正。

Contents 目录

专题一 担当复兴大任 成就时代新人

一、教学目标

本专题主要是让学生了解我们正处在中国特色社会主义进入新时代新的历史方位，这个新时代是大学生成长成才、成就事业的好时代。引导和帮助学生理解中国特色社会主义新时代的内涵，明确个人成长和新时代奋斗目标的紧密关系；了解大学生承担的历史使命和时代责任，明确时代新人要以民族复兴为己任，要肩负历史使命，坚定前进信心，立大志、明大德、成大才、担大任的根本要求；理解思想道德素质和法治素养的内涵，从而提升自身思想道德素质与法治素养，成为中国特色社会主义事业的合格建设者和可靠接班人，成为走在时代前列的奋进者、开拓者、奉献者。

二、教学重难点

（一）教学重点

1. 带领学生认清中国特色社会主义进入新时代的判断依据。
2. 引导学生做立大志、明大德、成大才、担大任的时代新人。
3. 大学生如何提升思想道德素质和法治素质。

（二）教学难点

1. 如何引导学生正确认识本课程的特点、作用以及学习"思想道德与法治"课的重要意义。
2. 如何激发学生担当历史使命，争做有理想、有本领、有担当的时代新人。

三、教学方法

本专题主要参考采用讲授式、案例式、讨论式相结合的教学方法。

四、教学课时

本专题对应高等教育出版社《思想道德与法治》（2021年版）教材绪论部分内容，教学安排2课时。

五、教学过程

绪论部分主要回答了身处新时代的大学生应该如何成长为中国特色社会主义事业的合格建设者和可靠接班人这一时代之问。内容上主要遵循了这样的逻辑结构：中国特色社会主义进入新时代——新时代的大学生要以民族复兴为己任——大学生应提升自身的思想道德素质和法治素养。

在理论教学上，作为整本书的开篇，主要融入相关习近平总书记的重要讲话及最新案例材料进行理论讲授，抓住学生、引起学生的学习兴趣，帮助学生认识中国特色社会主义新时代这个概念，确立符合高职学生成长的目标和方向。

在实践教学上，为达到学生的能力素质目标，结合教学内容开展"青春奋斗新时代"主题交流活动、"青年红色筑梦之旅"社会实践活动。

（一）课程导入

同学们好，首先要祝贺同学们正式成为一名大学生，踏入了一个新的人生阶段。

马克思说过："作为确定的人，现实的人，你就有规定，就有使命，就有任务。至于你是否意识到这一点，那都是无所谓的。这个是由你的需要及其与现存世界的联系而产生的。"

时间之河川流不息，历史车轮滚滚向前，一百多年跌宕起伏的屈辱历史，四十多年激情燃烧的改革开放，构成了中华民族前后相继的历史画卷。而在这幅画卷里每个时代的青年都在用自己的行动践行着自己的使命，完成着时代赋予的任务。

在革命年代，中国的青年因为巴黎和会的失败在街头抗议演讲，风雷激荡里发出救国强国的呐喊，用青年人执着的信念，叩开了中国新民主主义革命的大门。新中国成立后，邓稼先等一批年轻人为了党和国家需要，引爆了那颗"大炮仗"，那是当时青年人自强不息努力的结果。改革开放时期，青年人在时代浪涌中彰显敢想敢拼的气魄，引领改革开放前进的强大口号。进入到新时代，青年人仍迈出奋斗不止的步伐，在广阔的发展空间里挥洒着汗水，承载着这个时代给予的使命。

我们所处的新时代，是中国特色社会主义新时代，也是大学生成长成才、成就事业、不容辜负的好时代。同学们，作为新时代的大学生，我们不仅要感悟新时代，还要从理性上深刻认识新时代。

同学们，你们了解"新时代"吗？你知道"新时代"对我们来说意味着什么吗？伴随着中国特色社会主义进入新时代，伴随着美好的青春时光，伴随着对未来的憧憬和些许迷茫，同学们开启了人生发展的新阶段。在发展的新时代和人生新阶段的视野交融中，如何成长为担当民族复兴大任的时代新人？如何把握人生方向？确立做人原则？明确做事底线？是《思想道德与法治》课首先要和大家共同探讨的问题。

（二）讲授新课

习近平总书记说，当今世界正经历百年未有之大变局，我国也正处于实现中华民族伟大复兴的关键时期。当代大学生应珍惜历史机遇，胸怀实现中华民族伟大复兴的中国梦，肩负接续奋斗的光荣使命，坚定理想，增强本领，勇于担当，提升思想道德素质和法治素养，立志为新时代贡献青春力量。

【案例1】　火线上汲取成长的力量

高思恩：奔跑吧，青春！

穿上防护服，他们是战士；脱下防护服，他们是"大孩子"。在武汉抗疫一线，有这样一群年轻人，他们身份不同，有护士、有志愿者、有辅警，却有一个共同的名字"00后"。疫情凶险，他们无惧风险；面对挑战，他们敢于应战。孟迪："该上的时候不能当逃兵"；聂保旭："她说，我是她的英雄"；王诗雨："每个人都有责任"；赵天宇："年轻人要为国家出分力"；罗明："作为大学生，要有所作为"。

高思恩，一个24岁的妙龄女孩，一个先天左臂残疾的女孩，一个从未得到过父母之爱的女孩，从出生到长大都与抱养她的、以收废旧物品为生的奶奶相依为命。如今却成为一名中共党员、山西大学政治与公共管理学院研究生、国家二级运动员，多次荣获了山西省残疾人运动会短跑金牌、全国残疾人田径锦标赛银牌、铜牌，全国残运会上也多次取得好名次。全国大学生"自强之星"提名奖、全国残疾大学生励志提名奖、山西大学学业优秀奖学金、校三好学生等等，一项项荣誉随着她的成长纷至沓来。

【提问】同学们听完火线上的青年及高思恩的故事，可以从其中汲取到怎样的能量？

【解析】"00后"中国青年在疫情中不怕苦、不畏难、不惧牺牲，用肩膀扛起如山的责任，展现出青春激昂的风采，展现出中华民族的希望！高思恩在磨难中长大，却如傲然雪中怒放的红梅，散发出四溢的芳香；在荆棘中成长，却如春寒料峭中啼晓之早霓，喷薄出耀眼的光芒。她将感恩之心化为前进动力，用奋斗跑出青春速度。他们都在用青春的力量，以行动书写青春篇章，以无私无畏的精神放射出新时代中国年轻一代的荣光！

作为"时代新人"，我们要用自己的行动，践行初心和使命，确立为国家为民族奋斗的志向，努力做对党和国家、人民有用的人。

未来属于青年，希望寄予青年。一百年前，一群新青年高举马克思主义思想火炬，在风雨如晦的中国苦苦探寻民族复兴的前途。一百年来，在中国共产党的旗帜下，一代代中国青年把青春奋斗融入党和人民事业，成为实现中华民族伟大复兴的先锋力量。

——2021年7月1日，习近平总书记在庆祝中国共产党成立100周年大会上的讲话

问题一：如何认识自身所处的人生阶段与新时代之间的关系？

（1）大学是什么？

许多人都在追问。自1087年意大利诞生世界上最早的现代意义上的博洛尼亚大学诞生以来，"大学是什么"的追问就一直没停过。

近现代意义上的大学出现在欧洲文艺复兴运动后，是以科学文化为主的教育内容。如1638年英国的伦敦大学和1694年德国的哈雷大学。"University"一词既包含普遍、无所不包、广博之意。从历史和现实看"大学"包含着丰富的内涵——使人追求理想境界，掌握广博的知识。

《大学》中指出："大学之道，在明明德，在亲民，在止于至善。知止而后有定，定而后能静，静而后能安，安而后能虑，虑而后能得。"孔子大学之道中的大学有两层含义，一是"博学"，二是相较于小学而言的"大人之学"。

蔡元培先生指出："大学是人格养成之所，是人文精神的摇篮，是理性和良知的支撑，但不是道德楷模，不是宗教之所。大学生者，研究高深学问者也，为囊括大典，网罗众学之学府。"

习近平总书记指出："大学是立德树人、培养人才的地方，是青年人学习知识、增长才干、放飞梦想的地方。"

因此，大学是人类社会发展到一定阶段的产物，是一个提供教学和研究的高等

教育场所，是培养学生独立思维，独立学习能力的综合教育机构，是与社会、经济、政治相适应，相互关联又有所区别的集传承文化、学术研究、知识创新等于一体的高等学府。是莘莘学子提升自我修养，培养职业素养，准备步入社会的奠基之地，是实现人生梦想，开创新的人生的地方。

当代大学生，一定要珍惜大学时光，要学知识、长才干，培育良好的道德品行，为将来步入社会，为实现自己的梦想和人生价值做好准备，创造条件。

（2）大学可以让我们成为一个怎样的人？

大学是一个可以改变自己、重塑自己的地方，我们可以有充足的时间试验自己的想法和道路，和优秀的人一起学习，不断拓宽和发展自己。

成为一个能独立思考的人。大学将赋予足够的时间和实践去认真思考自己一生要去做什么，将重新树立自己的世界观、人生观、价值观。也将有机会释放自己的思维和能力，用实践去检验自己大胆、新奇甚至疯狂的猜想。在此过程中，你会把自己逐渐锻炼成为一个能独立思考的人，让不成熟的心灵变得成熟，让人开阔眼界，让浅薄的人变得厚重，让浮躁的心变得沉稳。

成为一个适应社会环境的人。都说大学是一个"小社会"，只有懂得如何与他人相处，才能开心度过大学时光！当你踏入大学校门，面对来自五湖四海的同学，不少同学可能会感到焦虑，但是慢慢地在班级交往中、宿舍相处中、师生沟通中，你会融入这个环境，扩宽自己的生活圈子，同时也走出校门、走向社会、接触社会、了解社会、投身社会，为毕业后适应社会生活做准备。

成为一个有扎实学识和拥有职业技能的人。在谈到大学生面对社会需要的选择时，我们常说的一句话就是：要具备一定的职业竞争力。客观地说，对一个尚无工作经验、刚出校门的学生，我们最重要的职业竞争力就是我们的专业知识和职业技能，这是每一个学生的安身立命之本。

成为一个明辨是非的人。古人言："君子有三鉴：鉴乎古，鉴乎人，鉴乎镜"，要做到明辨，就要在"鉴"字上下功夫。在大学教育中，教师坚持实事求是的原则，引导青年学生坚持从事实出发，把握本质与主流，积极追求真理，引导青年学生学会辩证地看待问题，做到在变动中把握方向，坚守自己的原则和底线对待生活中的人和事。

【案例 2】"中国大学生自强之星"杨孟衡

近日，一则"失去双臂少年考上剑桥大学硕士"的视频走红网络。视频中的少年叫杨孟衡。据新华每日电讯报道，杨孟衡在中山大学毕业后，于 2016 年被剑桥大学录取，主修教育学硕士。大学四年，杨孟衡一个人走过 150 个城市，做过 300 余场演讲。大二开始，他在家乡带着一个创业团队创办"梦想永恒学习社"，三年送出 600 余名学生。2020 年伊始，杨孟衡和团队成立了"孟衡学习社"，把自己的学习经验分享给更多人。他以无臂之姿成就了"有翼人生"，也用自己的故事给更多人带去力量。

【解析】杨孟衡失去双臂使他的身体残疾，却激发了他对人生不服输的斗志。大学期间拼命学习努力追赶，使自己适应大学的环境，让自己成为身残志坚的学霸，通过奋斗为自己打开了人生广阔的航程，还利用自己的优势和所学帮助更多的年轻人实现梦想，奉献于社会。他一路成长的历程，让我们看到一种不妥协、不服输的人生韧劲，正是凭着这股劲头，为自己的人生再次赢得了逆风翻盘的机会。

那么，我们该如何度过自己的大学生活呢？

【案例3】　一碗米的价值

于丹在一次讲座上分享过这样一个故事：有一个徒弟问他的师父，一碗米能有多大价值？

师父若有所思地说，因人而异，把这碗米交给一个家庭主妇，加点水，上锅蒸个十几分钟，变成一碗米饭，拥有一块钱的价值；

在一个有点经济头脑的小商人手里，泡一泡，发一发，分四五堆，用粽叶包起来做成四五个粽子，就是十块钱的价值；同样一碗米如果交给一个大商人，他加入酒曲、加热、发酵，出来一小瓶酒，经过精美的包装和宣传，就是几百甚至上千的价值。

【提问】小到一碗米的价值都因人而异，那么，大学的意义之于你呢？

【解析】大学是一个增长知识、开拓智慧的地方，大学是一个引导人思考并让人具备一种独特思考能力的生命驿站。大学的意义犹如一碗米，不要只期待传授给你一门专业技能，也不要奢望大学给你一块可以现吃的美味面包。大学对你意义如何？全在于你选择如何度过自己的大学生活。

第一，潜心读书，扩宽眼界与格局。读万卷书，自然就有资本行万里路，自然就能开阔眼界和格局里，看到未来人生藏着的样子。寒门女生王心怡一岁的时候就能背诵多首诗词，拮据的家庭从未在教育的投资上有过半点犹豫，书籍给予她困境中逆风而生的力量，让她在高考中取得了 707 分的好成绩，被心仪的高校录取，开启了自己更广阔的人生道路。

第二，集中优势，让自己在最闪亮的地方开花结果。大学之前，我们被动地接受着相同的教育，被一把尺子一量到底。但进入大学后，这所"小社会"会让你发现自己身上的优势，助你成就更多可能。乔布斯上学时喜欢书法和艺术，于是便认真去学习书法课，当时只是源于一份热爱，没想到在之后设计苹果电脑时给了他极大的帮助。

第三，做好规划，用最充足的准备迎接未来。有的同学可能在毕业后会发现即使接受了几年的教育，不少人知识量的巅峰还停留在高中毕业时，这恰恰说明安逸的日子过久了，生活总会在不经意时，给你一记重拳，让你猝不及防。相反，每年各大媒体都报道不少"学霸寝室"的新闻，他们都因"优秀"登上热榜。正是由于在大学生活中相互激励，追求卓越，细心规划，才使得他们一路踏歌而行，相遇于高处。

【案例4】 师志超：一个经贸学子人生路上的成长与蜕变

2018年9月4日，2012级俄语专业学生师志超向母校传来喜讯：在顺利取得硕士学位后，他将于2018年10月前往白俄罗斯国立大学攻读世界经济专业博士学位。

师志超是新疆乌鲁木齐人，报考海南经贸职业技术学院的理由简单直白：来海南看看大海。2012年9月，他初次来到著名热带滨海城市海口，在惬意享受清新空气、明媚阳光和蔚蓝大海的同时，也在思考自己的学业，规划自己的人生。新疆与俄语国家贸易往来密切，将来回家乡就业，就读俄语专业更有优势。于是这个刚成年的小伙子当机立断做了决定：转专业。

师志超高中外语学的只是英语，没有任何俄语基础，一切都要从零开始。刚开始上课时，他很着急，因为从字母、发音到语法结构，俄语与英语有着巨大区别，从何学起完全摸不着头脑。"这是我的专业，我就要把它学好"。单词背不下来，他就用笨方法，"一遍遍写，50遍不够，那就写100遍，直到记住"；每一堂课都不敢松懈，生怕落下哪个知识点。经过两年的学习积累，他感觉自己"俄语算入了门"。

师志超在大二下学期被学校选中去俄罗斯卡尔梅克国立大学学习语言。 2014年9月至2015年6月，在卡尔梅克国立大学当交换生的这段时间，被师志超称为自己的"人生转折点"。 将近一年的留学生活，让师志超看到了更为广阔的世界，也进一步认识了自己的短板。毕业后他回到家乡，在一家汽车零件销售公司就业，公司的客户主要来自俄语国家。他的语言能力出众，不但得到了客户的赞赏，也赢得了公司老板的信任。短暂的工作经历更让他坚定了提升学历的决心，这一次，他选

7

择去白俄罗斯国立大学学习经济管理本科专业。2016 年 9 月，师志超来到白俄罗斯国立大学，用俄语学习一门新的专业。上课，背单词，泡图书馆，与老师沟通，跟同学做小组作业……他每天都在忙碌中度过。"很辛苦但也很踏实"，他说，"不逼一下自己，永远不知道自己的界限在哪里"。

取得本科学历后，他决定继续在白俄罗斯国立大学攻读硕士学位，并在 2018 年 6 月顺利毕业。后来师志超被破例录取，成为了 2018 年白俄罗斯国立大学世界经济专业唯一的博士生。在与师志超的交流中我们发现，他对于自己的大学生活乃至今后的工作都有些明确的目标，遇到困难决不退缩，向着目标不断前行，最终创造了属于自己的璀璨人生。

【解析】师志超从遥远的新疆来到海南读书，他有着明确的人生目的，并为了实现自己的人生目标努力奋斗，认真学习，利用一切可以得到的资源充实自己，最终一步步从一名高职学生到博士，实现了自身的蜕变。

因此在大学期间，同学们不要被动地等待和接受安排，不要畏惧失败，要在读书中探寻人生的真谛，要发挥自身优势，主动追求喜欢的事物，勇于挑战感兴趣的问题，投身所喜爱的领域，创造属于自己的一光明前程。

问题二：如何把握中国特色社会主义新时代的基本内涵和意义？

（1）新时代的基本内涵是什么？

党的十九大报告指出："经过长期努力，中国特色社会主义进入了新时代，这是我国发展新的历史方位。"

【案例5】"十三五"时期我国发展取得的成就

"十三五"期间，我国经济运行总体平稳，经济结构持续优化，国内生产总值从不到 70 万亿元增加到超过 100 万亿元；创新型国家建设成果丰硕，在载人航天、探月工程、深海工程、超级计算、量子信息等领域取得一批重大科技成果；脱贫攻坚成果举世瞩目，5575 万农村贫困人口实现脱贫，960 多万建档立卡贫困人口通过易地扶贫搬迁摆脱了"一方水土难养一方人"的困境，区域性整体贫困得到解决，完成了消除绝对贫困的艰巨任务；农业现代化稳步推进，粮食生产连年丰收；1 亿农业转移人口和其他常住人口在城镇落户目标顺利实现，城镇棚户区住房改造超过 2100 万套；区域重大战略扎实推进；污染防治力度加大，资源能源利用效率显著提升，生态环境明显改善；金融风险处置取得重要阶段性成果；全面深化改革取得重大突破，供给侧结构性改革持续推进，"放管服"改革不断深入，营商环境持续改善；对外开放持续扩大，共建"一带一路"成果丰硕；人民生活水平显著提高，城镇新增就业超过 6000 万人，建成世界上规模最大的社会保障体系；教育、卫生、文化等领域发展取得新成就，教育公平和质量较大提升，医疗卫生事业加快发展，文化事业和文化产业繁荣发展；国防和军队建设水平大幅提升；国家安全全面加强，社会保持和谐稳定。

【提问】"十三五"时期取得的发展成就意味着什么？

【解析】"十三五"以来，我国国家实力发生了新的历史性变化，国家经济实力、科技实力、国防实力、综合国力进入世界前列，中国国际形象产生了历史空前的影响，是极其深远、前所未有的；国家取得的新的历史性成就，是全方位的、开创性的，党的面貌、国家的面貌、人民的面貌、军队的面貌、中华民族的面貌发生了前所未有的变化。这两个"前所未有"，构成了中国特色社会主义进入新时代的基础，意味着我们进入了新时代。

习近平总书记指出："这个新时代，是中国特色社会主义新时代，而不是别的什么新时代。"有两层意思，一层是这个新时代与改革开放以来我国发展历程一脉相承，同是中国特色社会主义建设时代；一层是与以往相比，这个时代呈现出许多新特征。

第一，新时代是承前启后、继往开来、在新的历史条件下继续夺取中国特色社会主义伟大胜利的时代；这个维度的新时代明确了新时代的历史脉络，突出了新时代的时空性，回答了我们举什么样的旗、走什么样的路的问题。

第二，新时代是决胜全面建成小康社会、进而全面建设社会主义现代化强国的时代；这个维度的新时代明确了新时代的实践路径，凸显了新时代的实践性，回答了我们要完成什么样的历史任务、进行什么样的战略安排的问题。

第三，新时代是全国各族人民团结奋斗、不断创造美好生活、逐步实现全体人民共同富裕的时代；这一维度着眼于社会主义本质要求，明确了新时代的价值取向，凸显了新时代的人民性。回答了坚持什么样的发展思想、达到什么样的发展目的。

第四，新时代是全体中华儿女勠力同心、奋力实现中华民族伟大复兴中国梦的时代；这个维度的新时代明确了新时代的民族特征，凸显了新时代的民族性。回答了以什么样的精神状态、实现什么样的奋斗目标的问题。

第五，新时代是我国日益走近世界舞台中央、不断为人类作出更大贡献的时代。这个维度的新时代内涵明确了新时代的中国在世界上的定位，凸显了新时代的世界性。回答了处于什么样的国际地位、要对人类作出什么样的贡献的问题。

（2）新时代的重要意义是什么？

习近平总书记指出："中国特色社会主义进入新时代，在中华人民共和国发展史上、中华民族发展史上具有重大意义，在世界社会主义发展史上、人类社会发展上也具有重大意义。"党的十九大报告用"三个意味着"，对其意义做出高度概括。

第一，意味着近代以来久经磨难的中华民族迎来了从站起来、富起来到强起来的伟大飞跃，迎来了实现中华民族伟大复兴的光明前景。曾经的中国陷于落后和挨打的境地，在中国共产党的领导下，我们建立了新中国，中国人民从此站立起来了；新中国成立以来，特别是改革开放四十多年来，我们党带领中国人民成功地走出了一条中国特色社会主义道路，经济实力、综合国力大幅提升，使得中国人民富起来了；如今，我们已经取得全面建成小康社会的胜利，到本世纪中叶，我国将全面建成富强民主文明和谐美丽的社会主义现代化强国。

第二，意味着科学社会主义在21世纪的中国焕发出强大生机活力，在世界上高高举起了中国特色社会主义伟大旗帜。社会主义500年来，经历了从空想到科学、从理论到实践、从一国胜利到多国胜利的发展过程。中国共产党面对国内外严峻局势，顶住巨大压力和挑战，坚持马克思主义指导地位不动摇，坚持科学社会主义原则不动摇，走出了一条中国特色社会主义的发展道路，以无可辩驳的事实彰显了科学社会主义的生命力。

第三，意味着中国特色社会主义道路、理论、制度、文化不断发展，拓展了发展中国家走向现代化的途径，给世界上那些既希望加快发展又希望保持自身独立性的国家和民族提供了全新选择，为解决人类问题贡献了中国智慧和中国方案。在中国特色社会主义道路上，我们实现了从落后时代到赶上时代，再到引领时代的伟大跨越，打破了对西方国家现代化的"路径依赖"，给予了世界各国特别是广大发展中国家孜孜以求的经验。

【学生讨论】"新时代"给我们生活带来了哪些新的变化？

【教学点拨】教师可从反腐倡廉、生态保护、鼓励创业、社会福利四个方面入手来分析新时代对我们生活方方面面产生的影响。如反腐倡廉上我们夺取反腐败斗争压倒性胜利成为明确目标，群众身边腐败问题整治力度将加大，我们可以看到生活中大吃大喝的风气得到遏制、公款消费大幅度减少、到政府办事吃拿卡要的现象没有了等；生态保护上我们对环境治理模式改进优化，当前生态环境状况明显改善，环境基础支撑日益夯实，以海口市施茶村、文昌市凤会村等生态文明村庄为例进行展示；社会福利上大家可享受城乡医疗保险等福利，老有所养、幼有所教、病有所医不断取得新进展，与此同时医保报销制度发生大变化，在医保制度改革之前，跨省就医先要开转诊证明，就医费用必须预先垫付，回原籍后费用才能报销，如今即使我们在异地就医，出院时医保就能直接结算，减少了群众"跑腿""垫资"，更好守护了人民群众身体健康。

（3）步入人生新阶段，身处伟大新时代，我们该如何确立新目标，开启新征程？

【案例6】 图文展示：中国速度到底有多快

看似短暂的一分钟，电影票房超过10万元；不止36家市场主体注册登记；看似平常的一小时，就能创造超百亿元国内生产总值，生产大约1.5亿斤粮食，新建近500米高速铁路，处理约600万件快递往来货物贸易额超过5亿美元。在人类历史长河中，中国用短暂的70年时间实现中国经济总量增长超170倍，成为世界第二大经济体，粮食年产量增长近5倍，工业增加值增长超970倍，中国快递从零到全球第一，7亿多人摆脱贫困。中国在奋斗中成长，在继承中创新，在建设中发展，中国速度一次又一次惊艳世界。

【教师点播】 同学们在惊叹中国速度之余，要充分认识到新时代既是近代以来中华民族发展的最好时代，也是实现中华民族伟大复兴的最关键时代。未来中国速度与青年力量紧密相连，每一个青年都应不辱时代使命，不负人民期望，深入实践到实现中华民族伟大复兴当中，担起中国未来发展的重担。

李大钊在《青春》中写道，"青年人进前而勿顾后，背黑暗而向光明，为世界进文明，为人类造幸福，以青春之我，创造着青春之家庭，青春之国家，青春之地球，青春之宇宙，资以乐其无涯之生，乘风破浪，迢迢乎远矣"。一代青年的梦想必将必然成为中国梦中的核心组成，成为国家富强、人民幸福的强大动力！

1835年，17岁的马克思在高中毕业论文中充满激情地写道："如果我们选择了最能为人类福祉而献身的职业，那么，我们就不会被它的重负所压倒，因为这是为人类而献身！我们的幸福将属于千百万人。"

同学们，你们现在是20岁左右的大学生，到2035年社会主义现代化基本实现时，还不到40岁；到本世纪中叶全面建成社会主义现代化强国时，刚过50岁。你们将会是民族复兴伟大进程的见证者和参与者，也是社会主义事业的生力军。

生逢中华民族发展的最好时期，拥有更优越的发展环境、更广阔的成长空间，面临着建功立业的难得人生际遇。为此你们要：

第一，把不懈追求的梦想始终与振兴中华的责任担当紧密相连。"蛟龙号"总设

11

计师、潜航员叶聪，付出常人十倍百倍的努力，让大国重器落地；"嫦娥"团队中那些 90 后的年轻人，同先辈合作将中国的"兔子"送上月球背面；哈工大那群二十几岁的青年，成功在轨抢救回了"龙江二号"并拍下了被世界称赞的"最棒的地月合照"……这些走在时代前列的年轻人，完美地诠释了什么是"振兴国家，不负韶华"。

第二，争做经济高质量发展的积极推动者、社会主义民主政治建设的积极参与者、社会主义文化繁荣兴盛的积极创造者、社会文明进步的积极实践者、美丽中国的积极建设者。同学们应该都听说过带领群众在绝壁上凿出"生命渠"的"当代愚公"黄大发、历时十余年造林治沙的"沙漠愚公"苏和、一心扑在脱贫攻坚路上因公殉职的青年干部黄文秀、生死关头拯救机上 119 名旅客生命的英雄机长刘传健的故事，他们作为伟大时代中的普通一员，努力拼搏、奋勇争先，为我们展现了什么是时代楷模，为我们诠释了什么是中国精神，这种责任与担当会激励着我们奋勇前行。

第三，积极主动学理论、学文化、学科学、学技能，思想素养、身体素质、精神品格、综合能力不断提升，努力成长为堪当民族复兴重任的时代新人。中国核潜艇之父黄旭华为研制核潜艇，离家 30 年，做着"无中生有"的研究，一切从零开始。功夫不负有心人，1988 年，黄旭华带头研发的中国核潜艇水下发射运载火箭试验成功，我国也成为世界上第五个拥有第二次核报复力量的国家。黄旭华为核潜艇奋斗了一生，犹如水下无声的核潜艇，看似无声，却积蓄了无尽的能量，为青年群体做出了时代榜样。

青山矗立，不坠凌云之志；沧海横流，方显英雄本色。中国正昂首走在民族复兴的伟大征程上，青年有梦想、负责任、敢担当，一定会成为时代的弄潮儿。

问题三：如何做担当民族复兴大任的时代新人？

党的十九大提出了"培养担当民族复兴大任的时代新人"的战略要求。大学生应该以有理想、有本领、有担当为根本要求，夯实综合素质基础，着力提升思想道德素质和法治素养，展现新的风貌、新的姿态，成为中国特色社会主义事业的合格建设者和可靠接班人，成为走在时代前列的奋进者、开拓者、奉献者。

广大青年要肩负历史使命，坚定前进信心，立大志、明大德、成大才、担大任，努力成为堪当民族复兴重任的时代新人，让青春在为祖国、为民族、为人民、为人类的不懈奋斗中绽放绚丽之花。

——2021 年 4 月 19 日，习近平总书记在清华大学考察时的讲话

首先，立大志——要有崇高的理想信念，牢记使命，自信自励。

中国梦是全国各族人民的共同理想，中国特色社会主义是党带领人民历经千辛

万苦找到的实现中国梦的正确道路。"功崇惟志，业广惟勤。"正确的理想信念是安身立命的根本，是一切行动的基础，没有坚定的理想信念，就会导致精神上"缺钙"，就会在各种诱惑和考验中迷失自我，走入歧途。习近平同志指出"立志是一切开始的前提。青年要立志做大事，不要立志做大官。"既是对广大青年的衷心期盼，也是对自身经历的高度总结。习近平同志在他年轻时候就树立了坚定的理想信念，而他的理想恰恰不是当大官，而是朴素的"为人民办实事"。我们当代青年人要牢固树立中国特色社会主义理想信念，把自身的发展成才与人民群众的需要联系起来，自觉选择服务人民的事业，为人民做好事、做实事，与人民群众同呼吸、共命运、心连心，用自己的实际行动投身中国特色社会主义伟大实践，在实现中华民族伟大复兴中国梦的征程中实现自己的个人理想与人生价值。大学生要有作为中华儿女的骄傲和自豪，爱党、爱国、爱社会主义。大学生要保持对理想信念的激情和执着，将实现"两个一百年"奋斗目标、实现中华民族伟大复兴中国梦的历史使命内化为担当的自觉，外化为实际的行动，从容自信、坚定自励。

【案例7】 微视频：青年榜样习近平

【提问】习近平总书记给青年树立了怎样的榜样？

【解析】青年时期的习近平总书记很能吃苦。在陕北农村插队，下雨刮风时他在窑洞里铡草，晚上看牲口，什么活都干。再苦再忙，也没有放弃读书。青年时期的习近平总书记工作很拼。在正定，他年轻想办好事，经常是通宵达旦，当时差不多一个月大病一场。回忆起这段往事，他用自己的经历告诫年轻人不要总熬夜。担任总书记后，他仍然保持着年轻时的活力，一直为人民办实事。习近平总书记当年"苦其心志、劳其筋骨、饿其体肤、空乏其身"的历练故事，闪耀着"为人民办实事"的理想，是青年群体的榜样。

其次，明大德——要锤炼高尚品格、崇德修身、启润青春。

建设社会主义现代化强国，不仅要在物质上强，精神上更要强。持久深沉的道德养成、积极的道德实践结合贯通，自觉树立和践行社会主义核心价值观，崇德修身，夯基固本，才能让青春的航船劈波斩浪、行稳致远。大学生要在现实生活中努力使自己成为品德高尚的人，同时积极带动他人崇德向善，在面对实时变化中，可以明辨是非、恪守正道、不人云亦云、不盲目跟风。同时面对外部诱惑，能保持定力、严守规矩，用勤劳和诚实创造美好生活；面对美好生活时，懂得饮水思源、感恩回报；面对历史使命，能体察世间冷暖、民众忧乐、现实矛盾，从而找到人生真谛、生命价值、事业方向。

再次，成大才——要有高强的本领才干，勤奋学习，全面发展。

时代是思想之母，实践是理论之源，在党的十九大报告中，以习近平同志为核心的党中央作出了中国特色社会主义进入新时代的重大判断，为党和人民的伟大事业确定了新的历史方位。中国特色社会主义进入新时代，意味着一系列新事物、新情况应运而生，意味着一系列的新问题、新挑战即将出现，面向未来、面对挑战，青年人的学习任务更重了，需要增强的本领更多了。因此，习近平同志在同各界优秀青年代表座谈时深切地指出，青年人正处于学习的黄金时期，应该把学习作为首要任务，作为一种责任、一种精神追求、一种生活方式，树立梦想从学习开始、事业靠本领成就的观念，让勤奋学习成为青春远航的动力，让增长本领成为青春搏击的能量。不断增强的本领才干，是青春焕发光彩的重要源泉。新时代大学生素质和本领的强弱，直接影响着民族复兴的进程。

【案例8】 青春筑梦 矢志报国——第45届世赛冠军郑棋元的技能成才路

2019年22岁的郑棋元来自云南技师学院，是云南省红河州泸西县人。在第45届世界技能大赛上，他和广州市机电技师学院学生胡耿军组队参加移动机器人项目比赛，以763分的总成绩获得项目的金牌，实现了中国队移动机器人项目首次夺冠的历史性突破。世赛结束后，一些企业开始以高薪聘请郑棋元去工作，但他还是决定留下来做一名技校教师。郑棋元说："我要以身示范，学技能大有可为，技能报国正当其时。"

【解析】历史性突破源于孜孜以求、超越自我的奋斗精神，源于精益求精、追求卓越的工匠精神。郑棋元用辛勤的付出和执着的探索，践行着"匠心筑梦"的灼灼初心，见证着"技能报国"新时代的到来。

最后，担大任——要有天下兴亡、匹夫有责的担当精神，讲求奉献，实干进取。

历尽天华成此景，人间万事出艰辛。从落后挨打到昂扬自信，今天的我们，比历史上任何时期都更接近、更有信心和能力实现中华民族伟大复兴的目标。但正如习近平总书记所说，中华民族伟大复兴，绝不是轻轻松松、敲锣打鼓就能实现的。全党必须准备付出更为艰巨、更为艰苦的努力。作为实现中华民族伟大复兴的生力军，当代青年必须牢记总书记振聋发聩的话语，牢记历史使命，勇担时代责任。有担当，就是要反对空谈、真抓实干，俯下身子做工作，深入人民做研究，说实话、讲实效、办实事，反对任何形式的形式主义和官僚主义；就是要锐意进取、开拓进取，把青春活力汇聚成推动新时代中国特色社会主义深入发展的强大动力，把强大的创造性投入到推进"五位一体"总体布局、"四个全面"战略布局的建设中，以创新驱动发展；就是要迎难而上，艰苦奋斗，不为任何困难所惧，不为任何干扰所惑，自觉到党和人民事业最需要的地方去，坚决抵制各种诱惑和腐蚀，努力培养高尚的道德品格和崇高的精神境界。

【案例9】　甘如意：300公里返岗走单骑

甘如意，湖北省武汉市江夏区金口中心卫生院血液检验科医生。2020年的春节，甘如意回到了距离武汉300多公里外的荆州老家过年。谁料到这场大的疫情突然爆发，甘如意每天看着疫情不断恶化的消息，看到武汉不断增加的患者，她已无心思继续待在家里陪父母过年，心里在想着如何尽快赶回单位，帮助同事分担繁重的工作。农历大年二十九，因受新冠肺炎疫情影响，武汉实施了进出人员管控，当时的公共交通已经停运。在征得父母的支持后，她从荆州市公安县老家独自骑自行车返回。她一路上遇到过下雨被淋湿受冻，找不到饭馆就吃泡面，有时迷路，晚上找不到旅馆住宿等困难。一路上她经历了从骑自行车、步行、骑共享单车、到搭顺风车。途经荆州市、潜江市、武汉市汉阳区，辗转300多公里，历时四天三夜。最终，95后女孩儿甘如意艰难返回到了工作位岗，走上一线，参与抗击疫情。甘如意获评全国抗击新冠肺炎疫情先进个人。

【提问】是什么力量驱使这位只有24岁的年轻女孩，在疫情非常时期，骑行4天3夜，回到武汉卫生院上班的呢？

【解析】有同学或许会说是顽强的意志、高尚的职业责任感、为人民服务的精神，但无论是什么，她一定是具备了担当精神和讲求奉献的精神。她的身影，成为疫情阻击战中，广大医护人员向险而行、不怕牺牲的印记，也是年轻一代勇于担当、以青春赴使命的缩影。

对于国家和民族而言，"空谈误国，实干兴邦"。对于个体人生而言，实干才能梦想成真。

立大志、成大才、明大德、担大任的人生，有信念、有梦想、有奋斗、有奉献的人生，才是有意义的人生。当代大学生建功立业的舞台空前广阔，梦想成真的前景空前光明，每个人都有机会在实现中国梦的伟大实践中创造自己的精彩人生。当代大学生一定要担当起党和人民赋予的历史重任，在激扬青春、开拓人生、奉献社会的进程中书写无愧于时代的壮丽篇章！

问题四：如何提升自身的道德与法治素养，成为担当民族复兴大任的时代新人？

思想道德素质和法治素养是人应该具有的基本素质。思想道德素质是人们的思想观念、政治立场、价值取向、道德情操和行为习惯等方面品质和能力的综合体现，反映着一个人的思想境界和道德风貌，是促进个体健康成长、社会发展进步的重要保障。法治素养是指人们通过学习法律知识、理解法律本质、运用法治思维、依法维护权利与依法履行义务的素质、修养和能力，对于保证人们尊崇法治、遵守法律具有重要的意义。再多再好的法律，必须转化为人们内心自觉才能真正为人们所遵行。

2019年10月，中共中央、国务院发布实施《新时代公民道德建设实施纲要》（以下简称《纲要》），《纲要》是以习近平总书记关于新时代公民道德建设的一系列重要论述为指引，总结以往特别是改革开放以来公民道德建设的成功经验，坚持以社会主义核心价值观为引领，坚持目标导向和问题导向相统一，把握公民道德建设的规律，努力培养担当民族复兴大任的时代新人，对于回答大学生如何提升自身的道德与法治素养，具有重要的参考价值。

第一，大学生要坚持提升道德认知与推动道德实践相结合。《纲要》中强调：要"激发人们形成善良的道德意愿、道德情感，培育正确的道德判断和道德责任，提高道德实践能力尤其是自觉实践能力"。大学生只有在个体的思想层次或精神世界种下美德的种子，才能有良善的意识，只有从自己做起，投身于道德实践之中，才能更好推动美好德性社会的构建。

【案例10】 苏正民：重返凉山播种希望

2022年9月1日，人民日报微信公众号发布了一则"我是你们的新老师苏正民"的新闻。几个月前，中南财经政法大学法学院2022届本科毕业生苏正民撰写的6000余字毕业论文致谢，感动众多网友。如今，苏正民已经毕业，作为学校研究生支教团的一员将支教一年再返校读研。他在采访中表示，希望通过这一年支教帮助孩子们养成好的学习习惯和行为规范，更重要的是在他们心中播下一颗种子让他们拓宽眼界看到努力奋斗的意义去探索更大的世界，而研究生毕业后自己还是要返回家乡帮助更多的青年。苏正民认为这可以实现自己的价值，家乡也确实需要帮助，如果我们都不愿意建设家乡谁又来建设呢？

【解析】在论文致谢的结尾，苏正民这样写道："阿苏唯有继续努力学习、带着知识回到大山，帮助更多孩子走出大山；扎根最基层，永远做这片黄土地上最忠诚的儿子，默默耕耘一生以求回报党和国家、社会好心人士以及你们对我和家人多年来无私的关心与帮助。"苏正民作为凉山学子通过自己的努力考入中南财经政法大学，学成后用自己良善的意识投身于助力家乡回报社会的实践当中，正是体现了道德认知与道德实践的结合。

第二，大学生要尊重人民群众的主体地位和首创精神的立场。

提升道德与法治素养，最终是要作用在人民群众这个道德主体之上的，同时也是建立在人民群众的生产合作基础上的。因此大学生向人民群众学习，不断加深对道德与法治规律的认识和科学把握，从而让自己的道德法治实践具有群众性、实践性、可操作性。

【案例11】　重庆众志成城灭山火

2022年8月18日以来重庆多个区先后发生森林火灾，直面大自然残酷、凶猛的一面，这是一场艰难的人与火的搏斗，"逆行""伟大""英雄气"的宏大叙事都被具象化为一个个人和一件件闪烁着人性之光的"小事"：前线人员说上面太热了，矿泉水都烫，就有重庆市民想办法送上去三箱老冰棍和大冰砖，久经火场的消防队员也被震惊到；火场有一处树梢还有明火，有人直接爬上树，把着火的树杈扯下来；一位开餐饮的女老板给灭火救援队的小伙子们送饭，在厨房不断吆喝"肉多装点儿，肉多装点儿"；一个22岁小伙两天两夜运送物资支援灭火，累得趴在车上呕吐，为了保持清醒，他用水浇头。

【解析】人民群众，是历史的创造者，是真正的英雄！一场重庆山火，更让我们看到了如今面临百年未有之大变局下，蕴藏于中国民间的无数道德力量所孕育的磅礴气概。大学生应该向这群"00后、90后"抗灾青年学习、向广大人民群众学习，学习他们在灾难面前不气馁，不怨天尤人，奋起抗争无私奉献的道德品质。

第三，大学生要把提升社会主义道德融贯到学法、守法、用法之中。我国始终坚持依法治国与以德治国相辅相成的原则来推进社会的治理，《纲要》不仅倡导把社会主义道德要求融贯立法、执法、司法、守法之中，以法治力量约束人们的行为，引导人们向上向善，而且坚持积极倡导与有效治理相结合，把公民道德建设与提升社会治理体系和治理能力现代化统一起来。对此大学生群体要学好法、守好法、用好法，认识到道德建设需要法治作为保障，法治意识也需要道德力量的维护。只有德与法相辅相成、标本兼治，才能取得良好的效果。

良好的思想道德素质和法治素养是新时代大学生把握发展机遇、做好人生规划、书写时代华章的必备条件，同学们只有切实提高思想觉悟，道德水准和文明素养，夯实全面发展的基础，才能展现新时代奋进者、开拓者、奉献者的新风貌、新姿态，更好地成为担当民族复兴大任的时代新人。

问题五：学习《思想道德与法治》这门课程对大学生的重要意义是什么？

大学时期是人的道德意识形成、发展和成熟的一个重要阶段，在这个时期形成的思想道德观念对一个人的影响尤为重要。《思想道德与法治》这门课作为大学生的必修课程，既具有鲜明的政治性和思想性，又具有较强的理论性和知识性，对于培养社会主义事业的建设者和接班人，以及对大学生进行思想的塑造，具有不可替代的重要意义。

（1）学习《思想道德与法治》这门课，有助于大学生领悟人生真谛、把握人生方向，追求远大理想、坚定崇高信念，继承优良传统、弘扬中国精神，培育和践行社会主义核心价值观。青年时代是人生的黄金时期，生命力最旺盛，体力精力最充沛，但也是人生旅程中遇到问题最多的时期，诸如理想与现实、友谊与爱情、竞争与合作、个人与集体的关系，怎样做人，做一个什么样的人，怎样生活才有意义，怎样创造和实现人生价值等，这一系列问题都会陆续摆在大学生面前，需要做出正确的选择与回答。人是有理性的动物，思考人生的意义、探讨人生的价值、陶冶高尚的情操、培养完善的人格、追求个人与社会的协调发展，是人之为人的重要特征。但对人生意义的探索与对崇高目标的向往，是一个不断学习、反思、修养、实践与提高的过程。作为大学生入学后的第一门思想政治理论课，《思想道德与法治》课从大学生面临和关心的实际问题出发，以大学生的健康成长为主线，以人生观教育为重点，帮助大学生培养优良的思想道德素质，树立健全的人格。

（2）学习《思想道德与法治》这门课，有助于大学生遵守道德规范、锤炼道德品格，把正确的道德认知、自觉的道德养成和积极的道德实践紧密结合起来，引领良好的社会风尚。21世纪的竞争，归根结底是人才的竞争。而人才的竞争，绝不仅仅是科学文化素质的竞争，而是综合素质的竞争。在人的综合素质中，思想道德素质起着主导作用，包含着世界观、人生观、价值观、政治倾向、理想、道德、情操等内容，是人的灵魂，是一切活动的主宰，决定着人们行动的目的和方向。《思想道德与法治》课为了迎接新世纪对知识与人才的挑战，致力于在培养大学生科学文化的同时，高度重视思想道德素质的提高，引导学生把正确的道德认知、自觉的道德养成、积极的道德实践紧密结合起来，自觉树立和践行社会主义核心价值观，带头倡导良好社会风气，不断修身立德，打牢道德根基，让自己的人生道路走得更正、走得更远。

（3）学习《思想道德与法治》这门课，有助于大学生学习法治思想、养成法治思维，自觉遵法学法守法用法，从而具备优秀的思想道德素质和法治素养。法治素养也是人的基本素质，包括法律知识、法律观念、学法守法用法护法的能力等。而思想道德素质与法治素养不是先天具备、与生俱来的，必须通过后天的教育和长期的修养才能获得和提高。学习《道法》课，大学生可以系统掌握思想道德和法律知识，增强尊崇宪法、尊崇法律的法治意识，树立宪法至上的法治观念，为大学生不断提高自身的思想道德和法治素养从而更好地成才立业奠定坚实的基础。

（三）专题小结

本专题主要讲授我们处在中国特色社会主义新时代，作为时代新人要以民族复兴为己任。要学会适应人生的新阶段，珍惜历史机遇，胸怀实现中华民族伟大复兴的中国梦，肩负接续奋斗的光荣使命，坚定理想，增强本领，勇于担当，提升思想道德素质和法治素养，立志为新时代贡献青春力量。

📖 六、教学拓展

（一）教学案例

【案例 12】　百折不挠的中国飞人——苏炳添

颁奖词：屏住了呼吸，九秒八三，冲出亚洲的速度。你超越伤病和年龄，超越了自己，你奔跑的背后有强大的祖国。

事迹：在东京奥运会半决赛中，苏炳添以 32 岁的"高龄"跑出九秒八三的成绩获小组第一。这个成绩比他 2018 年九秒九一的亚洲纪录快了 0.08 秒，百米飞人世界排名高居第八位，他超越了年龄，超越体能的局限，被称为"中国飞人"，他是中国短跑的骄傲！

【提问】苏炳添为什么能超越自己？

【解析】英国浪漫主义诗人华兹华斯说："一个崇高的目标，只要不渝地追求，就会成为壮举。"苏炳添用自己的出生年份作为目标，把百米的梦想定格在 9 秒 89，他甚至还把手机和 iPad 的密码设置成 0989，全方位激励自己。正是有了这样明确的目标，苏炳添才一直没有停下追求的脚步。这个明确的目标，让苏炳添忘了黄种人与白种人、黑种人身体机能上的差距，让苏炳添忘了短跑运动员的"黄金年龄"制约，为自己的 9 秒 89 倾尽全力。东京奥运会上的 9 秒 83 诉说着苏炳添执着追求的伟大力量。所以说，奔向伟大目标就是一个人能够不懈追求的动力之源。

（二）教学资料

1.习近平总书记寄语青年

希望广大青年用脚步丈量祖国大地，用眼睛发现中国精神，用耳朵倾听人民呼声，用内心感应时代脉搏，把对祖国血浓于水、与人民同呼吸共命运的情感贯穿学业全过程、融汇在事业追求中。

——2022年4月25日，习近平总书记在中国人民大学考察时的讲话

新时代中国青年要听党话、跟党走，胸怀忧国忧民之心、爱国爱民之情，不断奉献祖国、奉献人民，以一生的真情投入、一辈子的顽强奋斗来体现爱国主义情怀，让爱国主义的伟大旗帜始终在心中高高飘扬！

——2019年4月30日，习近平总书记在纪念五四运动100周年大会上的讲话

当代中国青年是与新时代同向同行、共同前进的一代，生逢盛世，肩负重任。广大青年要爱国爱民，从党史学习中激发信仰、获得启发、汲取力量，不断坚定"四个自信"，不断增强做中国人的志气、骨气、底气，树立为祖国为人民永久奋斗、赤诚奉献的坚定理想。

——2021年4月19日，习近平总书记在清华大学考察时的讲话

广大青年要如饥似渴、孜孜不倦学习，既多读有字之书，也多读无字之书，注重学习人生经验和社会知识"纸上得来终觉浅，绝知此事要躬行。"所有知识要转化为能力，都必须躬身实践。要坚持知行合一，注重在实践中学真知、悟真谛，加强磨练、增长本领。

——2016年4月26日，习近平总书记在知识分子、劳动模范、青年代表座谈会上的讲话

2.天安门广场朗诵（节选）

今天，我们站在天安门广场
紧贴着祖国的心房
今天，我们歌颂人民英雄的荣光
见证如他们所愿的梦想
今天，我们向党致以青春的礼赞
走过百年，风华正茂的中国共产党
今天，我们对党许下青春的誓言

新的百年，听党话、感党恩、跟党走

同心向党，奔赴远方

······

团结起来，振兴中华！

站起来、富起来、强起来

新时代的号角响彻河山

脱贫攻坚，全面小康，千年梦想今朝实现

坚持以人民为中心

嫦娥探月，蛟龙深潜，大国重器世人惊艳

科技强则国家强

生态文明，绿色低碳，美丽中国展开画卷

绿水青山就是金山银山

和平发展，合作共赢，"一带一路"互通互联

推动构建人类命运共同体

新阶段、新理念、新格局

中国道路，中国奇迹举世称赞

为人民谋幸福，为民族谋复兴

满足人民对美好生活的向往

矢志不变

江山就是人民，人民就是江山

梦在前方

路在脚下

我们都是追梦人

为实现第二个百年奋斗目标

为实现中华民族伟大复兴的中国梦准备着

为共产主义事业而奋斗！

时刻准备着

不忘初心，青春朝气永在

志在千秋，百年仍是少年

奋斗正青春！青春献给党！

请党放心，强国有我！

请党放心，强国有我！

请党放心，强国有我！

请党放心，强国有我！

——2021 年 7 月 1 日 庆祝中国共产党成立一百周年大会

七、课后思考

结合自身实际，谈谈新时代大学生如何成为担当民族复兴大任的时代新人。

八、实践指南

（1）开展"青春奋斗新时代"主题交流活动。

（2）开展"青年红色筑梦之旅"社会实践活动。

九、延伸阅读

（1）中央党校采访实录编辑室：《习近平的七年知青岁月》，中共中央党校出版社，2017 年版。

（2）《习近平关于青少年和共青团工作论述摘编》，中央文献出版社，2017 年版。

（3）习近平：《在纪念五四运动 100 周年大会上的讲话》，人民出版社，2019年版。

专题二　正确认识人的本质，明确人生目的

一、教学目标

本专题教学是为解答学生心中，在面对世界的深刻变化，复杂多变的社会现象下，怎样才能不虚度人生，怎样能过有意义的人生疑问而设计。引导和帮助大学生科学分析历史上关于"人是什么"的代表性观点，科学认识马克思主义关于人的本质的观点，理解个人与社会的辩证关系，了解人生观的主要内容。

二、教学重难点

（一）教学重点

1. 如何正确认识人的本质。
2. 个人与社会的辩证关系。
3. 如何正确认识人生观的科学内涵。

（二）教学难点

1. 人的本质认识与人生观之间的关系。
2. 如何在推动社会进步的过程中实现自我发展。

三、教学方法

本专题主要采用案例教学法、视频教学法以及讨论教学法。

📖 四、教学课时

本专题对应高等教育出版社《思想道德与法治》（2021年版）教材第一章第一节的内容，教学安排2课时。

📖 五、教学过程

本专题教学主要是以2021版教材的第一章第一节的总体框架和主要内容为基础，适当加入案例和视频来进行延伸，从疫情中的"00后"情侣志愿者三亚抗疫导入课程，以斯芬克斯之谜开始课程的正式讲述，给同学们简述马克思主义关于人的本质的认识、个人与社会的关系以及人生观的科学内涵等内容。

（一）课程导入

【案例1】 驻岛夫妇——舍小家为大家的新时代奋斗者

在离江苏省连云港燕尾港12海里的黄海海面上，有一座弹丸小岛——开山岛，面积仅有13000平方米，相当于两个足球场大小。1939年，侵华日军从灌河口登陆，首先就是占领了开山岛。岛虽然小，却是军事要塞连云港的右翼前哨阵地。

岛上除去几排空荡荡的营房，只剩下满山的野草和呼啸的海风。王继才、王仕花夫妇独守这个孤岛整整32年。来的时候，王继才27岁，王仕花25岁，如今两人都已长出白发，他们被人们亲切地称为"开山岛上的夫妻哨"。

王继才同志自1986年起，毅然担起守卫黄海前哨开山岛的重任。他和妻子以海岛为家、与艰苦为伴，坚持每天升起国旗，每天按时巡岛，护航标、写日志，与走私、偷渡等不法分子作斗争。在守岛之前，两人的生活过得还不错，但守岛之后，两人的工资可以说很难维持家里的基本开销。但他们都不曾后悔过，在两个利益面前，他们选择了国家利益，舍小家为大家，守岛32年只有5个春节与家人团聚，孩子从小无法照顾，父母去世、女儿结婚，都因坚守执勤没有及时赶回。王继才同志把毕生精力献给了祖国海防事业，向党和人民交出了一份爱国奉献的忠诚答卷。

2018年，王继才同志因为突发疾病离开人世，后被追封为烈士。王仕花并没有因为丈夫的离开而回归陆地，相反，她继续坚守在开山岛，并成为民兵哨所荣誉所长，由其他一些共产党员、退伍老兵共同进行常态化值守。

2018年8月，中共中央总书记、国家主席、中央军委主席习近平对王继才同志先进事迹作出重要指示强调：要大力倡导爱国奉献精神，使之成为新时代奋斗者的价值追求。

【解析】纵观历史，有人愿意为国家的发展牺牲自己，有人因为国家的落魄而远走高飞，也有人则认为人活着应该一切为自己，而为了国家和别人牺牲自己的人很傻。这对夫妻在这座孤岛中，没有淡水没有电，却自愿坚守了32年，真正做到了舍小家为大家，将祖国的命运、祖国的安危放在了第一位，将自己的人生与祖国、社会的发展紧紧联系起来。这个案例引发了我们大学生对人是什么？人为什么活着？人应该怎样活着等问题深入的思考。

（二）讲授新课

问题一：人的本质究竟是什么？

【案例2】　斯芬克斯之谜

人在研究自然的同时，从来也没有停止过对自己的认识。"认识自己"是人类，也是我们每一个人都要探寻和思考的问题。

斯芬克斯之谜：斯芬克斯有着天使般的美丽容貌，长着野兽的身躯。它坐在特拜城附近的悬崖上，向过路人出一个谜语："什么东西早晨用四条腿走路，中午用两条腿走路，晚上用三条腿走路？腿最多时，最无能。"如果路人猜不出，就会被害死。俄狄浦斯猜中了谜底是人，斯芬克斯羞惭跳崖而死。俄狄浦斯杀死了怪兽，被拥戴为国王。

看完以上案例，请回答以下问题：

第一个问题：在学习通上回答人是什么？人和动物的本质区别是什么？

第二个问题：从这个故事当中您有何感想，这个回答能够科学地解释人的本质吗？

【解析】人是什么？这大概是每一个大学生在成长过程中都应该思考清楚的问题，这个问题认识不清楚，不深刻，就可能会在"人为什么活着""人应该怎样活着？"等一系列人生重大问题上困惑，就不能在人生关键时候做出正确的选择。

俄狄浦斯对"斯芬克斯之谜"的解答是"表象"的、"动物"层面的，他仅仅说出了"人"的"动物性"本质，并没有真正地"认识自己"，更不能科学地回答人的本质。那人的本质到底是什么呢？

社会百态，百样人生，成就什么的人生，这既有社会现实条件的制约，又有机遇时运的因素，但更重要的是取决于人们有什么样的人生观、价值观，取决于人们追求什么样的人生目的。而对于"人是什么"的不同认知，则是决定人们不同人生观，抉择不同人生目的、人生态度和人生价值的决定性因素。所以，对"人是什么"的认识，这既是一个古老的问题，更是每个大学生在树立正确人生观过程中，首先要认识清楚的一个重大思想问题。

在中外思想史上，许多思想家都从不同的角度对"人是什么"提出了自己的见解，其中不乏真知灼见，为我们科学揭示人的本质提供了大量的思想资料。

第一，中国古代人性论。

《列子·黄帝》记载："有七尺之骸，手足之异，戴发含齿，倚而食者，谓之人。"——这是从人的外貌特征来解释人。可是要对人下个定义，真的这么简单吗？

朱熹说："人是天地中最灵之物，天能覆而不能载，地能载而不能覆。"《尚书·周书》——提出了"惟人（为）万物之灵"的思想。

在中国古代还有对人性的思考，主要分为性善论、性恶论、有善有恶论、无善无恶论等观点。性善论，是战国时期孟子提出的人性论述，孟子认为人性本善，人之为善，是他的本性的表现，人之不为善，是违背其本性的；性恶论，是指荀子所论及的人性，其本质恰是无所谓善恶的"本始材朴"的自然之性，它既有转化为恶的可能，也有发展为善的机会。荀子的性恶论的思想在先秦百家关于人性的论断中独树一帜；有善有恶论，始于战国早期的周人世硕。认为"人性有善有恶。举人之善性，养而致之则善长；性恶，养而致之则恶长"；无善无恶论，是战国时告子的人性论学说，提出了"生之谓性"，"食色，性也"的论点，认为人生来只有求生存和生殖两种欲望，所以性是"无善无不善的"。

在中国哲学史上，虽然出现过儒、墨、道、法等各家学说，而且各家的思想观点也大相径庭，"百家争鸣，百花齐放"，但它们都有一个共同的特点，有一个共同关注的重心，这就是人。

第一个是儒家文化是中国传统文化的主体，其对"人是什么"的回答，对中华民族文化传统的影响至深至远。儒家创始人孔子特别注重现实生活中形成的人际关系和社会关系，认为人在现实生活中必须履行一定的社会规范才能成为一个现实的人，特别强调人的道德性对人的重要性。他说："贤贤易色，侍父母能尽其力，侍君能致其身，与朋友交言而有信"，这里讲的是夫妻、父子、君臣、朋友四种人际关系，是当时社会生活中最基本的人际关系，人人身处其中，概莫能外。

第二个是墨家，从经验主义立场出发，对儒家的思想进行了猛烈的批判。他们认为，人与动物的区别在于动物不用劳动，只要从自然界中取得现成的食物，就能生存，而人要生存，就必须不断地辛勤劳作，这显然是把劳动看作为人的本性，从人的肉体存在的角度来规定人。

第二，西方思想历史上关于人的本质学说。

古希腊哲学一直把人作为其主要的研究对象，在古希腊哲学中，对人的真正重视却从伟大的哲学家苏格拉底开始。

苏格拉底认为人是理性动物，是一个对理性问题能给予理性回答的存在物；达·芬奇认为人不过是食物的通道；培根认为人是自然的仆役和解释者；拉美特里认为人与动物相比不过是一架更精致、更加复杂的机器。

西方哲学家对人本质的探讨不外乎三点。第一他们把人的本质看成先天就有的。第二他们主张超阶级的抽象的人性论。第三脱离了人类社会性去考察人的本质。

如何去定义人，对同学们来说显得很是复杂，因为人和人从表面看起来完全不一样，人有高矮胖瘦的不同，有喜怒哀乐的不同情绪，有不同的肤色、年龄、种族、性别。每个人都是一个独特的个体，如何从纷繁复杂、各有不同的众人中去概括出人的本质，又很复杂，那么怎样才能抛开表层的繁杂去探究出人的本质呢？我们一起看一下马克思关于人的本质的认识。

第三，马克思主义关于人的本质的科学理论。

马克思运用辩证唯物主义和历史唯物主义的立场、观点、方法论揭开了人的本质之谜。

人的本质并不是单个人所固有的抽象物，在其现实性上，是一切社会关系的总和。

——马克思、恩格斯《马克思恩格斯文集》

第一次科学说明了人的本质，为人们认识人生，形成正确的人生观提供了科学的方法论。马克思、恩格斯关于人的本质主要可从以下几个方面加以理解和把握：

第一个方面：人的本质主要不是体现在自然属性之中，而是体现在人的社会属性之中。

人的属性包括自然属性和社会属性，社会属性是人的本质属性。

人的自然属性及其表现：人的自然属性是人在生物学上区别于其他动物的特点，包括生理结构、生理机能和生理需要等。这是人的生理基础。人的自然属性的最基本表现是以人的生理结构为物质前提的食欲、性欲和自我保存等三种基本机能。

社会属性是人们在社会生活实践活动中形成和发展起来的社会依赖性，以及人与人，社会集团与社会集团之间的相互制约性。

人的自然属性与社会属性二者统一于人之中，是客观存在的，人的自然属性是人的社会属性赖以存在的基础，没有自然属性就没有社会属性，人的社会性制约着人的自然性，人的自然性受人的意识的指导，具有强烈的社会色彩。

【案例3】 狼孩的故事

1920年，在印度加尔各答附近的一个山村里，人们在打死了一只狼后，在狼窝里发现了两个由狼抚养大的女孩：其中大的有8岁，后被取名为卡玛拉，小的有2岁，取名为阿玛拉，但因其体弱，不久死去。这是世界上发现的首例狼孩。由于她们自幼远离人类社会，在狼窝里长大，所以一切生活习性都与狼别无二致。比如，她们不会直立行走，只能用四肢爬行，白天睡觉，晚间出来活动，怕光、怕火，不吃素食和熟食，只吃生肉，而且不是用手拿着吃，而是放在地上用牙齿撕咬，她们也不会说话，只会像狼一样引颈长嚎。在孤儿院人员的耐心抚育下，卡玛拉用了两年的时间才学会站立，6年才会走路，到1929年她死亡时，一共学会了45个词，和几句简单的话，智力水平仅相当于4岁儿童。后来，社会上又发现过几起狼孩和猪孩等，徒具人形，而不具有人的本质的案例。

【解析】每个人一生下来置身于一定的社会关系中，只有在社会关系中才是真正意义上的人，否则，一旦脱离社会关系，丧失社会属性，就会和徒具人形的"狼孩"一样，无论先天有多么发达的健全的躯体，都不可能具备人的本质。人之所以是人，从根本上说，并不在于人的自然属性，而在于人的社会属性。人的社会性是主要的、根本的，它渗透着并制约着人的自然属性。因为，人是社会活动的主体，是社会关系的承担者和体现者。人的社会活动一开始就是社会性的活动。它改变着客观物质世界，也在改变着人类自身，是人本质力量的重要体现。生产劳动是人与动物区别的本质属性，而在生产劳动基础上形成的各种社会关系，既区别了人与动物，又把不同时代、不同社会制度、不同阶级和阶层的人区别开来了。所以，社会性是人的本质属性。

第二个方面：人的本质不是社会关系的某一方面，而是全部现实社会关系的总和。

什么是一切社会关系呢，一切社会关系包括经济关系、政治关系、生产关系、法律关系、道德伦理关系等多方面的关系。

在一切社会关系总和中，最重要的最核心的是生产关系，而生产关系中最重要的是所有制。而生产关系则决定了人的本质。

人的本质是全部现实社会关系的总和，而不仅仅是社会关系的某一个方面。社会关系是复杂的，也是多方面的。有物质利益关系、政治思想关系等等。不同的社会交往形成了不同的社会关系。但是作为现实的人总是受到多方面社会关系的综合作用和影响。所以，社会关系总是作为一个统一的有机整体来决定人的各种属性的。人的本质也就决定于现实的社会关系的总和。在人的全部社会关系中，人们结成的生产关系是最主要的，它是决定其他一切关系的基本关系，对其他的社会关系起着决定支配的作用。因此，人在生产关系中所获得的规定性也就是人的最基本的规定性。

第三个方面：人的本质不是永恒不变的，而是具体的、历史的、发展的。

人的本质是现实的、具体的，并且随着社会历史变化发展着，绝对不是固定不变的。这是因为人的社会关系总是现实的、具体的。不同社会历史条件下的人、同一社会历史条件下的人所处的社会关系总是各不相同的，他们的现实的、具体的本质也各不相同，人们的社会关系是随着历史的发展而变化的。

总之，马克思关于人的本质的确切含义一直是学界关注的重要话题之一，我们用整体的辩证方法解读马克思关于人的本质的确切含义，不仅最符合马克思的基本思想，而且对解决人与自然的矛盾、落实以人为本的战略决策等重大理论和现实问题具有借鉴和指导意义。

在对人和人的本质有了科学认知的基础上，我们进一步来了解个人与社会的关系是怎样的。

问题二：如何正确把握个人与社会的辩证关系？

【案例4】　浙江大学博士自杀案例

浙江大学2016级化工博士，姓侯，年仅二十六岁，男性，当天从浙大玉泉校区出走，到了晚上发了一条动态，他说要离开这个世界，还表示自己只是因为太累了，不愿再假装，不愿再撒谎。他的同学看到这个动态以后，赶紧去找人，结果怎么也找不到，所以报了警。

当天晚上十点半左右，南星派出所在复兴大桥的观景平台上找到失联学生侯某的书包，随后警方调取了路边监控，监控显示侯某的确来过这里，但是上桥后就再没有出来。之后警方立即安排警力开展搜救工作。直到十月十四日上午，钱江水上派出所打捞到出一具浮尸，在家属确认后，确定是失踪的浙大博士生侯某。

在所传的侯某某的最后一条微信朋友圈中，他写道："可能我只是不太喜欢，也不太适合这个世界，所以再也不想多停留。我不想再假装，也不想再撒谎，只想做自己而已，是真难！"

"要说有什么遗憾，那就是对不住自己家人吧！我也不知道该怎么办，对不起啊，妈！真的是不知该说什么，只剩下愧疚！只愿下辈子投胎不做您的孩子，也不想让您受伤！"

【解析】一个堂堂的名校博士生，风华正茂、意气风发，本该前程似锦，却选择逃避现实跳江自杀，留下自己年老的父母绝情而去，白发人送黑发人，多么痛心！我们在网络上就可以轻易地看到近些年不乏一些名校本科生、硕士生、博士生跳楼的事件发生，他们的家庭倾注了多少心血，多少年风里来雨里去的接送，好不容易把孩子养大并培养得如此优秀，学历是越来越高了，可一些学生与社会脱节，到了大学依然生活不能自理，不会处理自己与他人的关系，不会交际，不敢交朋友，不敢和别人尤其是异性说话，有些同学有厌世的情绪、悲观的情绪，甚至患上抑郁症。所以我们无论是家长还是教师都一定要经常鼓励孩子们多参加社会活动，接触社会，适应社会，处理好个人和社会的关系，积极融入社会，调整自己的心态，在社会中奋斗，在奋斗的过程中获得自己的人生价值。

【主题讨论】请用一个生动的比喻来描述你与社会的关系，并加以形象的说明。

有的同学将自己与社会的关系比喻成树木和森林，有的比喻成一滴水和大海，有的比喻成孩子和母亲，大家的说法很多，都深刻地认识到人是社会中的人，每个人的发展都离不开社会，社会发展快速向好，我们每个人也都能从中收益，社会的进步也需要我们每个人的努力奋斗来推动。

从以上的案例和讨论中，我们大致地认识到了人和社会密不可分的关系，下面我们从三个方面来具体地了解一下。

第一，个人与社会的对立统一关系。

割下来的手就失去了它的独立的存在，就不像原来长在身体上那样，它的灵活性、运动、形状、颜色等都改变了。只有作为机体一部分，手才获得它的地位。

——黑格尔《美学》

个人是社会的一部分，个人是组成社会的基本单位，是构成社会的前提，没有个人就没有社会，人和社会是相互依存，相互制约，相互促进的辩证关系，个人与社会既是矛盾的也是统一的。矛盾性在于人的个体性，每个人都是独立的个体，是独特的存在，世界上找不到完全相同的两个人，每个人都是区别于世界上其他人的，双胞胎也不是完全一样的，社会正是由这些千差万别的个体组成的整体。统一性在于任何个体都必然以一定的社会及其关系作为自己存在的前提。

第二，个人与社会的关系，最根本的是个人利益与社会利益的关系。

【案例5】 高铁扒车门事件

2018年1月5日，由蚌埠南开往广州南站的G1747次列车在合肥站停站办客时，罗海丽以带着孩子等老公为名，用身体强行阻挡车门关闭，铁路工作人员和乘客多次劝解，该女子仍强行扒阻车门，造成该列车晚点发车。1月9日，庐阳区教体局已对罗海丽作出停职检查的处理决定。1月10日，依据该条例第九十五条规定，公安机关责令罗海丽认错改正，对罗海丽处以2000元罚款。

【解析】如果同学们上网查询，会发现很多类似的案例，例如《名校女博士因迟到误机掌掴机场工作人员，被航空公司拉入黑名单》之类。还先后出现了"霸座哥"和"霸座姐"等新闻报道。

我们知道，铁路系统是一个网络，牵一发动全身，全中国每天有成百上千趟列车运行，高铁对时效要求特别高，火车进站出站时间都是非常精确的，假如这次事故造成列车晚点，完全可能影响后续车辆的进站出站。影响铁路运营的后果真的会非常严重的。阻止车门关闭，表面上看这个事件好像耽误的是一趟车，其实不然，后续进入同一轨道停靠同一站台的车次会受影响，本次列车抵达终点站后变更为下一车次要受影响，车站候车的乘客也被耽误，为了保证足够的安全距离，排在后面的列车也只能相应延误。一个扒车门的行为将可能导致严重事故的发生，造成人员伤亡和财产损失。

一个人生活在社会中，我们的个人利益只有在一定的社会条件下，通过一定的社会方式来实现，个人因为自己的利益而损坏社会利益的做法明显是错误的。所以如何处理个人与社会的关系尤为重要。

社会利益强调全局性、长远性的利益，在社会主义社会中，社会利益与个人利益在根本上是一致的，一方面他们互为前提而存在，另一方面，他们相互促进共同发展，我们不能为了实现个人利益而损害社会利益，这是个人主义的表现，当然也不能忽视个人利益，社会利益是所有人利益的有机统一，保障着个人利益的实现。

第三，自我的发展是在推动社会进步中实现的。

【案例6】 张存芳的感慨——十八大以来医改带来的实惠

今年67岁的张存芳是大安区凉高山上田坝社区居民。2017年9月28日，她因慢性阻塞性肺病、肺心病住进了大安区新民镇卫生院治疗。一周后，她康复出院，在家人的陪同下办理了出院手续。

本次住院，张存芳共产生了 2332.88 元医药费，但因为参加了居民医保，报销后她只出了 420.81 元。除去医院 200 元的门槛费，实际上她本次住院仅仅花费了 220.81 元。

"还是国家政策好啊，自从医改政策实施后，我们老百姓看病得到了很多的实惠，可以报销好大一部分，而且就医环境、条件都得到了极大的改善，以往'大病拖、小病扛'的现象已经成为了历史，老百姓都能看得起病了，大大地减轻了经济负担。"张存芳感叹道，"以前没有医保时，每次生病都是一件闹心的事，小病扛着，大病拖着，因为医药费实在太高，根本看不起病。我就是因为之前看病贵，所以没有及时到医院治疗，才越拖越严重，导致现在大病缠身。"

十八大以来，医改实实在在让老百姓得到了实惠，享受到了红利，而张存芳还是更愿意到大安区新民镇卫生院这样的基层卫生院看病。她说，除了因为离家近外，主要是因为看病比大医院便宜，报销的比例也更高。"而且现在基层卫生院的条件也很好，各种设施设备都齐全，医疗水平也得到了大大的提高，同样能享受到大医院的医疗资源，每周二还有市中医院的医生坐诊、查房，和去大医院看病没啥区别。"

【解析】十八大以来，我国的经济保持了中高速的增长，人民的生活得到不断改善，医疗、教育、住房、生态环境等方面都有了巨大的进步，社会发展了，人民群众也从中得到了实惠，案例中的张存芳老人不仅能看得起病，还能享受到大医院的医疗资源，不得不说只有社会发展了，我们的自身利益才能得到不断的满足，个人的发展只有在社会的发展中才能实现。

每个人的自我发展都是伴随着整个社会的发展而实现的，如果只关注自身的利益，甚至为了自身利益去伤害社会利益，一旦这样的风气形成，那么社会将难以进步，最终还是伤害到自身的利益，作为大学生要认真看待个人与社会的关系，将自己的个人发展和社会的发展，中华民族的伟大复兴结合起来，在新时代，努力创新，在为社会做贡献的同时实现自己的人生价值。

通过以上三个方面我们深刻地了解到人与社会是相互依存的关系，社会的发展离不开每个人的贡献，人只有在推动社会进步的过程中才能实现自我的发展。

在科学认识人的本质和个人与社会的辩证关系这两个专题的基础上，我们接下来理解人生观的主要内容。

问题三：如何深刻地理解人生观的深刻内涵？

在了解了人的本质的问题之后，请大家思考什么是人生？什么是人生观？

人生顾名思义就是人的一生，人的生命过程与其他动物的生命过程不同，人生不仅仅是一个自然过程，还包含着极为丰富的社会内容。我们应该唯物辩证地看待人生，我们的人生不仅具有主观能动性，它也受客观规律的制约。人生就是人们能动地改造自然、改造社会的实践过程。正因为人生的过程不是完全自由的，又不是完全被动的，是主观能动性和客观规律性的统一，才决定了人生观的存在和发展。人生观是人们在实践中形成的对于人生目的和意义的根本看法，它决定着人们实践活动的目标、人生道路的方向，也决定着人们行为选择的价值取向和对待生活的态度。有什么样的人生观就有什么样的人生。

【案例7】 共和国勋章获得者、老英雄张富清的人生观

张富清，男，汉族，中国共产党党员，出生于陕西省汉中市洋县马畅镇双庙村，原西北野战军某旅战士，中国建设银行湖北省分行来凤支行离休干部。

生与死、国与家、公与私，张富清一生面临多次选择。1948年，选择参加中国人民解放军；1952年底，选择入朝参战；战争岁月，他冲锋陷阵、九死一生；他是西北野战军的突击队员，冒着枪林弹雨，炸掉敌人四个碉堡，先后荣立一等功3次、二等功1次，被西北野战军记特等功，两次获得"战斗英雄"荣誉称号和"人民功臣"奖章，是董存瑞式的战斗英雄。

和平时期，他淡泊名利、默默奉献，主动选择到湖北省最偏远的来凤县工作，为贫穷山区奉献一生。从此，赫赫战功被他埋在心底，只字不提。1961年，国家精简人员时，他坚决执行党的政策，第一个砸了妻子的"铁饭碗"……在驻队、抗旱、筑坝、修渠、修路等工作中，他总是选择最苦、最难、最险的上。面临选择，他考虑的从来不是"我需要什么"，而是"党需要什么，人民需要什么，组织需要什么"。

手握赫赫战功，却又质朴平常，伟大和平凡这对看似矛盾的特质在他身上自然交融，他用一生诠释了怎样做一名党的好战士。张富清一辈子坚守初心、不改本色，始终牢记理想信念，坚定不移跟党走。

请同学们思考：是什么让他深藏功名60余年，连自己的子女都不说？是什么让他在战争中历经生死考验始终一往无前？是什么让他在贫困山区一心为民造福，从不计较个人得失？是什么让他一辈子淡泊名利，永葆初心本色？是什么让他始终不忘党恩，紧跟党走？

【解析】张富清能够深藏功名60余年，一生坚守初心、不改本色，关键是他始终牢记理想信念，坚定不移跟党走的人生观。正是他对党的事业无限忠诚，在革命战争年代冲锋陷阵、不怕牺牲，在祖国建设时期坚决服从组织安排，扎根偏远落后

贫困山区，用持之以恒的坚守，践行一名共产党员"随时准备为党和人民牺牲一切"的初心和誓言。他转业后深藏功名60余年，除向组织如实填报个人情况外，从未对身边人说起过赫赫战功，更不以此为资本向组织提要求、要待遇。他数十年如一日甘于奉献、勇挑重担，不讲条件、不计得失，一心一意干好每件工作，以满腔热情在艰苦环境中尽职尽责、苦干实干。他虽然家中曾遭遇困难，但始终严于律己，艰苦朴素无所求，从不利用职务之便为亲属谋利，赢得了党员群众的广泛赞誉。

淡泊名利，无私奉献。张富清用一辈子践行着对党的誓言，用一辈子坚守着一名共产党员的初心与本色。正因为此，他先后被评为"时代楷模""最美奋斗者""共和国勋章"等荣誉称号。

【案例8】 房晓龙的故事

房晓龙刚一出生，医生就发现他的右腿是先天残疾，这对本来就困难重重的家庭无疑是雪上加霜。房晓龙的父亲因为患小儿麻痹症落下残疾不能正常生活，母亲没有正式工作，靠打零工维持生计。为了治好房晓龙的病，父母四处奔波，求医问药，最后决定采用医生的方案为房晓龙进行截肢手术，截掉先天残疾的右腿。从4岁开始，房晓龙就依靠假肢生活。

上了小学以后，房晓龙处处不甘示弱，把自己当作正常人，他不仅和同学们一起奔跑跳跃，而且参加了市残联组织的残疾人运动会，获得了男子100米和200米的亚军。当房晓龙一天天长大，家庭生活稍有起色时，残酷的现实再次袭来——房晓龙的父亲因为事故腿部骨折，丧失了劳动能力，全家的经济来源没有了！过于沉重的家庭负担，使房晓龙的母亲患上了焦虑症。面对此情此景，房晓龙没有退缩，而是勇敢地担起了生活的重担。

2008年秋天，房晓龙考入天津交通职业学院物流工程系学习，在高职的三年生活中，很多老师、同学、朋友并不知道房晓龙是个残疾人，甚至连他自己也常常忘记自己是一个需要被照顾的人。无论是篮球赛、文艺晚会，还是歌手大赛、演讲比赛都会出现他的身影。他还担任了学生会拓展就业协会的部长，带领其他学生会成员，组织了一次又一次的就业面试招聘会，帮助很多同学走上了工作岗位。他积极组织干事们制作板报，宣传高职学生成功就业的事迹，帮助同学们树立自强、自信、自立的精神状态，他们的努力得到了老师同学们的支持、肯定和赞扬。尽管生活拮据，但是当房晓龙看到玉树同胞因为大地震而无家可归、承受痛苦的时候，当看到西南旱灾使得灾区同胞过着滴水贵如油的生活时，他毫不犹豫地捐出了打工挣来的生活费。虽然节假日都要用来打工，可是只要稍有空余时间，他就会参加各种各样的志愿服务工作。2010 年，他更是加入到了无偿献血的行列中。房晓龙一直深深地觉得：社会和身边的人们给了他莫大的帮助，他要用加倍的行动去回报、去感恩。

【解析】一位作家写道："有个小女孩因为没有美丽的鞋子而哭泣，回头时她看到一个人没有脚……"房晓龙不仅没有脚，而且没有右腿。面对不平等的人生，面对人生中的种种磨难，他没有悲观、没有抱怨，而是乐观积极地面对人生，用坚韧顽强的毅力、不屈不挠的精神不断开拓自己的人生，不断提升自己的人生价值。

一个没有右腿的残疾青年，活出了如此精彩的人生，作为四肢健全的我们，应该如何向房晓龙同学学习呢？

【案例 9】 郑州暴雨救援的感人瞬间（可播放相关视频）

"去河南抗洪，暂停一天！等我回来！"2021 年 7 月 21 日，大众网·海报新闻记者在抖音发现一条饭店停业告示。记者了解到，张贴告示的是一位菏泽饭店老板。老板说："山东离河南比较近，看他们可能缺食物，就想着送一些泡面、水，因为我是小车，在这帮不上什么大忙，只能跟着救援队送一些物资，今天可能就回来了。"

【解析】在灾难面前，隐身在市井的普通人，瞬间可以化身为超级英雄！为菏泽饭店小老板点赞！其实在日常生活中我们会发现，许许多多的普通人都在自己力所能及的情况下为社会做贡献，在服务人民的过程中充分彰显了其社会价值。

人生价值内在地包含了人生的自我价值和社会价值两个方面。一方面，人生的自我价值是个体生存和发展的必要条件，自我价值的实现是前提，只有自我价值的实现，个人才能去实现自己的社会价值，另一方面，人生的社会价值是社会存在和发展的重要条件，我们的自我价值能在多大程度上满足，也是由社会所决定的。

习近平总书记指出："青年是整个社会力量中最积极、最有生气的力量，国家的希望在青年，民族的未来在青年"。大学生是青年群体中的中坚力量，肩负着实现国家富强、民族复兴、人民幸福的时代重任。大学生只有把个人的人生价值追求融入社会需要的洪流中去，重贡献，讲奉献，正确认识和处理贡献与索取的关系，努力学习文化知识，积极参与社会实践，提升自身的内在修养，才能在不断地满足自我价值的同时最大限度地实现人生价值。

总之，人生观是对人生目的、人生态度和人生价值等问题的根本看法，人生目的是人生观的核心，人生目的决定着人们对待实际生活的基本态度和人生价值的评判标准，人生态度影响着人们对人生目的的持守和人生价值的评判，人生价值制约着人生目的和人生态度的选择。只有树立正确的人生目的、人生态度和人生价值，才会形成正确的人生观。

（三）专题小结

本专题从人的本质问题入手，分析了中外各种关于人的本质的观点之后引出了马克思对该问题的科学认识，并分析了人与社会的辩证关系，随后分析了人生观的主要内容中的人生目的、人生态度、人生价值这三个部分的内涵。

六、教学拓展

（一）教学案例

【案例 10】 放羊娃的故事

记者问放羊娃："干嘛呢？"放羊娃："放羊。"

问："放羊干嘛？"答："放羊赚钱。"

问："赚钱干嘛？"答："赚钱盖房。"

问："盖房干嘛？"答："盖房娶妻。"

问："娶妻干嘛？"答："娶妻生娃。"

问："生娃干嘛？"答："生娃放羊。"

其实，这个故事不只在偏远的乡村发生，它也在繁华的城市中不断地被演绎：

"你为什么要考大学？""为了找个好工作。"

"为什么要找好工作？""赚钱。"

"赚钱干什么？""成家。"

"成家干什么？""生子。"

"生子干什么？""考大学。"

【解析】这个故事令人害怕的是，个人完全失落在生命的单调形式里，感觉不到或是不去感觉生命的丰富、生动和鲜活。为什么感觉不到生命的鲜活呢，是因为他们没有明确的人生目的，认为生活得毫无意义，大千世界，有的人目标明确，生命不息，不断奋斗，以饱满的热情迎接每一天，有的人蹉跎岁月，活着就像死去，虚度一生。人是生命？人为了什么？怎么样活得更有价值？这是大家都需要思考的问题。

【案例 11】"00 后"情侣志愿者三亚抗疫记

2022 年 8 月 1 日海南三亚爆发了新一轮的新冠肺炎疫情，许多留在海南的"00 后"大学生自愿放弃休息，主动投入了紧张的抗疫斗争中。

8 月 14 日清晨 6 点，张海洋开着一辆小货车来到三亚市吉阳区一个生活物资配送网点，开始了新一天的志愿服务工作。此时，配送点的工作人员已经连夜将各种蔬菜分装好。张海洋停好车后，将一袋袋蔬菜按不同的标准打包，装进货车车厢里。

"这个套餐有黄瓜、西红柿、芹菜、白菜等，有 6 种蔬菜和火龙果。"张海洋边打包边说。

今年 22 岁的张海洋是一名研二的学生，在俄罗斯阿列赫姆国立大学就读。因为疫情原因，这两年他一直在国内上网课。

三亚本轮疫情防控期间，他和 21 岁的女朋友吴凡力一起加入志愿者队伍，每天开着小货车为当地居民配送生活物资。

"他干这个挺辛苦的，我陪着他能给他减轻点负担。"吴凡力说，在做好自我防护的前提下，两个人一起做些有意义的事情挺好。

"疫情防控期间大家都不容易，我们会尽量满足他们的各种需求。"张海洋说。"看到市民拿到菜时一个劲儿地向我们道谢，我们也挺感动的，感觉能帮到别人，也挺开心。"

【解析】风华正茂的"00 后"大学生面对疫情，他们无惧风险；面对挑战，他们敢于应战。他们主动放弃暑假休息时间，冒着风险加入了抗疫的斗争中，体现了当代大学生强烈的社会责任感，他们体会到了自己是社会中的一员，个人只有为社会做贡献，在推动社会进步的过程中，在为社会做贡献的过程中，才能实现自我的发展，实现自我的价值。

（二）教学资料

1. 习近平：22 岁坚定人生目标　要为人民做实事

1969 年初，不满 16 岁的习近平主动申请到陕北农村插队，来到了延川县文安驿公社梁家河大队。由于窑洞里跳蚤特别多，他被咬得浑身都是水泡，只得在炕席下洒农药粉来灭蚤。

那些年，习近平几乎没有歇过，种地、拉煤、打坝、挑粪……什么活儿都干过，什么苦都吃过。在乡亲们眼中，能挑一二百斤麦子走 10 里山路长时间不换肩的习近平，是个"吃苦耐劳的好后生"。"干活不惜力"又"有知识、点子多"的他，逐渐赢得乡亲们的信任，不但入团入党，还担任了大队党支部书记。

黄土地的生活虽然异常艰苦，但也成为他锻炼成长、施展才干的第一个舞台。为增加农田面积，寒冬农闲时节，他带领乡亲们修筑淤地坝，每次都带头赤脚站在冰中凿冰清理坝基。他组织村里铁匠成立铁业社，打造的农具既能自给自足，又能卖到附近村庄增加集体收入。他在报纸上看到四川在搞沼气，就跑去取经，回村修建了陕北第一口沼气池，带领村民建成了全省第一个沼气化村，解决了村民做饭、照明困难。他把村里分配给知青的白面馒头分给乡亲们吃，自己吃糠窝窝。北京曾奖励给知青先进人物一辆带斗的三轮摩托车，那时在当地是十分稀罕的，他却设法换成手扶拖拉机和磨面机、扬场机、抽水机等农用工具给乡亲们用。

尽管学业中断了，但习近平对知识的渴望始终如一，读书自学不辍。下乡来梁家河时，他随身带了沉甸甸的一箱书。白天干活，劳动休息时在看书，放羊时也在黄土高坡上看书……到了晚上就在煤油灯下苦读到深夜。在村民的记忆中，习近平经常边吃饭边看"砖头一样厚的书"。

1975年，习近平被推荐到清华大学读书。离开的那天，全村人排起长队为他送行，很多人不舍地哭了，不少村民送他走了一程又一程。老乡们还送给他一个镶着"贫下中农的好书记"的镜框，表达对他的由衷赞誉。

离开陕北后，习近平始终牵挂着那里的乡亲们。他先后帮村里通了电、修了桥、翻建了小学。任福州市委书记时，他专程回到梁家河挨家挨户看望，为贫穷老人带去了慰问金，给孩子们带去了新书包、文具和用来提醒上学时间的闹钟。他任福建省领导时，还把身患重病的农民朋友接到福建治病，自己掏钱支付全部费用。

7年的农村生活、7年的甘苦与共，这段与黄土高原纯朴乡亲摸爬滚打在一起、同吃同住同劳动的岁月，不仅让习近平和当地老百姓结下了深厚情谊，也使他深切了解到什么是中国的农村、什么是老百姓的喜怒哀乐、什么是中国的基本国情。他对人民的深情和对脚下这片土地的担当，深深融入他的人生追求之中。

他曾坦诚地说，在他的一生中，对他帮助最大的"一是革命老前辈，一是我那陕北的老乡们"。不到16岁来到黄土地时，他曾一度迷惘、彷徨；22岁离开黄土地时，他已经有了坚定的人生目标——"要为人民做实事"。

2.习近平总书记对青年人的激励

青年志存高远，就能激发奋进潜力，青春岁月就不会像无舵之舟漂泊不定。正所谓"立志而圣则圣矣，立志而贤则贤矣"。青年的人生目标会有不同，职业选择也有差异，但只有把自己的小我融入祖国的大我、人民的大我之中，与时代同步伐、与人民共命运，才能更好实现人生价值、升华人生境界。离开了祖国需要、人民利益，任何孤芳自赏都会陷入越走越窄的狭小天地。

——2019 年 4 月 30 日，习近平总书记在纪念五四运动 100 周年大会上的讲话

📖 七、课后思考

（1）如何理解人的本质？

（2）如何理解人的本质属性在于人的社会性？

（3）大学生如何更好地去适应社会？

（4）在当今的社会生活条件下，许多人都十分讲求"实际"，思考人生目的这样的大问题有意义吗？为什么？

📖 八、实践指南

（1）开展《比一比我和你有什么相同和不同》的活动。

（2）《一封公开的家书》实践活动。

📖 九、延伸阅读

（1）马克思：《论犹太人问题》，《马克思恩格斯全集》（第 3 卷），人民出版社，2002 年版。

（2）《孟子·告子篇》，《十三经注疏·孟子注疏》李学勤主编，北京大学出版社，1999 年版。

（3）亚里士多德：《尼各马可伦理学》（第一卷），廖申白译，商务印书馆，2003 年版。

（4）冯契：《人的自由和真善美》，《冯契文集第三卷：人的自由和真善美》，华东师范大学出版社，1996 年版。

（5）《大学人文读本·人与自我》，夏中义主编，广西师范大学出版社，2002 年版。

专题三　科学应对人生各种挑战 把握新时代奋斗人生

📖 一、教学目标

　　本专题教学是在上一个专题正确把握人生观的主要内容基础上的进一步拓展。教学主要目标是通过讲述高尚的人生追求，积极进取的人生态度以及人生价值的相关内容，使大学生树立正确的人生观以及了解如何创造有意义的人生。

📖 二、教学重难点

（一）教学重点

1.确立科学高尚的人生追求和积极进取的人生态度。

2.大学生应该如何正确看待人生矛盾？

3.树立正确的人生观要抵制哪些错误思想观念？

4.大学生应如何把握出彩人生的正确方向和道路？

（二）教学难点

1.理解"服务人民、奉献社会"是科学高尚的人生追求。

2.人生价值的评价与实现。

📖 三、教学方法

　　本专题主要采用讨论法、案例法、图表法、情景法以及比较法。

四、教学课时

本专题对应高等教育出版社《思想道德与法治》（2021 年版）教材第一章第二节和第三节的内容，教学安排 4 课时。

五、教学过程

（一）课程导入

请研读以下两个案例，思考我们应该怎样活着？

【案例 1】 向上向善海南好青年——孔凡厚

孔凡厚是海南大学 2019 级材料科学与工程专业博士研究生，2022 年，获得"向上向善海南好青年"荣誉称号。

孔凡厚出身于一个贫困的农村低保家庭，生活的困苦与家庭的不幸并未阻挡住他内心对知识、对成长、对成才的渴望。回顾孔凡厚的学习历程，我们会发现，他在自己的追梦路上执着与坚忍，书写着属于自己的辉煌篇章。

在孔凡厚的学习生涯中，他始终坚信知识成就自我、奋斗铸就成长，扎扎实实投身科研，勤勤恳恳扎根学术。短短三年时间，已发表 8 篇 SCI 研究性论文，申报专利 22 项，授权发明专利 5 篇，授权实用新型专利 4 篇，连续三年获一等学业奖学金，2021 年荣获博士研究生国家奖学金。

2021 年，孔凡厚通过国家建设高水平大学公派前往英国贝尔法斯特女王大学进行学习，在国外这段时间，孔凡厚"被迫"规律作息："每天早九晚五，晚上和周六周日我要去实验室必须要申请，这真的是我来了之后的首要困难了。"看似固定的生活并未使他感到枯燥，孔凡厚始终充满了干劲与激情。

由于家庭原因，大学之前的孔凡厚受到了来自社会各界的资助。自诩"吃百家饭长大"的孔凡厚深知读书的重要性，他希望能有更多像他一样的孩子通过读书改变命运。2014 年，孔凡厚将自己的奖学金、兼职收入捐赠出去，和朋友们一起资助了山东省淄博市沂源县农村孤儿贾玉娇。

他说："国家、学校和社会的关怀是我奋斗的支撑与动力，我不会向命运低头，我会用坦然对待磨难，用努力追求幸福，用感恩回报生活。"这样一位努力奋斗的年轻人值得我们敬佩。

【案例2】 佛系青年

佛系青年这个网络流行词，指在快节奏的都市生活中，追求平和、淡然的生活方式的青年人。该词最早来源于日本，原形容喜欢独处，关注自己兴趣爱好和生活节奏，不想在谈恋爱上浪费时间的男性。

2017 年 12 月，"佛系青年"词条刷遍朋友圈，火遍网络。佛系青年常用语句：都行、可以、随它去、没关系……遇事淡定，内心无甚波澜，云淡风轻。我们发现一些大学生也表现得比较佛系，他们不愿意参加学校举办的活动，只愿意待在自己的舒适圈，不愿意交新的朋友，不跟别人交流，独来独往不关心其他任何事情，秉承着两耳不闻窗外事、及格万岁、能毕业就行的心态混过自己的大学生涯。

【解析】第一个案例中的孔凡厚同学认真学习，努力钻研，乐于奉献，面对困难勇于挑战，不断奋斗，是我们学习的榜样。第二个案例给我们讲解了佛系青年这个网络流行词，我们发现一些大学生也显现出一些这样的倾向，表现在学习和生活中就是缺乏激情，主动规避自己与他人、与社会的沟通，得过且过这样一种人生观，两个案例的比较非常鲜明。

（二）讲授新课

问题一：什么是正确的人生观？

大学生进入大学是迈进了人生的新阶段，他们参与社会活动的意识在增强，人也正在慢慢变得成熟起来，三观也在逐渐的形成中，只有树立正确的人生观，才能为创造有意义的人生打好基础。那么什么是正确的人生观呢？

第一，高尚的人生追求。

幸福是人类永恒的追求，也是一个常谈常新的话题。幸福是人生的意义之所在，不幸福的人生可以说是悲惨的人生。然而，怎样才能获得持久而真实的幸福？自古以来，关于这个问题的答案各式各样。那么同学们认为怎样获得幸福这一问题的呢？如果你不了解，请带上这个问题一起走进我们今天的课堂——高尚的人生追求。

【小活动】请同学们边思考前面的问题边做一道填空题：

如果我有 _____，就会幸福。

（学生中比较多的回答是）：暴富、成功、一直快乐下去、找一份好工作……

【解析】从同学们的回答中可以看出，很多同学理解的获取幸福的方法主要是拥有财富、快乐、欲望的满足等等。那么这些答案真的能帮我们打开幸福之门吗？

有的同学认为有钱就有幸福。确实，一定的物质基础是人生所必需的。想想办事时求天不应、求人无门时的无奈，人们是多么渴盼能够吃穿不愁、办事如鱼得水，但是，金钱只是我们追求幸福的手段，因为只要我们仔细观察，善良的人们不难发现，现实中不少富人或达官贵人"穷"的只剩下钱了，他们并不是幸福的富翁。当人生被钱完全"异化"了的时候，不仅可能无缘幸福，还有可能带来无边的抱怨和痛苦。

有的同学认为一直快乐着就是幸福。当然，快乐是人生必需的，没有快乐的人生是郁闷、刻板的。但是快乐是消费性的，快乐过后，并不会留下什么决定人生意义的东西。况且，快乐的得来就如康德所说，并不需要劳神苦求，甚至一个人在任何情况下都可以寻欢作乐，这显然也背离了幸福的本真意义，与幸福相去甚远了。

有的同学认为满足了自己的欲望就幸福。想要什么就有什么，多幸福呢！但是人的欲望永无止境，是永远不能彻底满足的。旧的欲望满足了，就有新的欲望冒出来，从而堕入"欲望——满足——欲望"的怪圈，这种人生必将是痛苦多于幸福的。况且，欲望的重复与过分的满足也会让人腻味、厌烦的。但我相信真正的幸福从来都是多多益善的。

【讨论】青年大学生应该有怎样的人生追求？

马克思在《青年在选择职业时的考虑》一文中指出："我们在选择职业时应遵循的主要方针，是人类的幸福和我们的自我完善，不能认为这两种利益会彼此敌对，互相斗争，一方必然要消灭另一方，人类的天性生成是这样：人们只有为了同时代的人的完善，为了他们的幸福去工作，他自己才能完善；如果人只是为了自己而劳动，他也许能成为有名的学者，绝顶的聪明人，出色的诗人，但是他绝不可能成为真正的完人和伟人。"

如今面临百年未有之大变局，国外、国内形势异常严峻。例如美国正继续着自己的一系列"霸蛮"动作，肆意破坏国际秩序，影响世界经济合作大局；欧洲大陆难民危机、极右翼崛起、恐怖主义相互缠绕，折腾日久的英国"脱欧"更加大了离心力；中东"火药桶"矛盾依旧，战火频仍，和平进程遥遥无期……

再例如2020年7月，全国自然灾害以洪涝和地质灾害为主，风雹、地震、干旱、森林火灾等灾害也有不同程度发生。经核定，各种自然灾害共造成4308万人次受灾，130人死亡失踪，299.7万人次紧急转移安置，2.7万间房屋倒塌，24.4万间房屋不同程度损坏，农作物受灾面积5606千公顷，直接经济损失1170亿元。与上年同期相比，受灾人次上升72%，紧急转移安置人次上升125%，倒塌房屋数量上升

6%，直接经济损失上升 107%。

有同学会问，这些与我们有关系吗？

当然有。人的本质是一切社会关系的总和。我们每个人不是孤立的存在，我们都是生活在一定的社会关系当中。就像鲁迅先生所说："无尽的远方，无数的人们，都与我有关。"我们可以偶尔用自己认为的小确幸（"微小而确定的幸福"）来调剂一下生活，但更要意识到家庭、社会、国家、民族担当的责任早已悄然落在了我们的肩头。如果我们每个人都把自己"躲进小楼成一统，管他冬夏与春秋"，那么无论是对我们个人的命运还是中华民族的命运都是非常危险的。

值得庆幸的是越来越的青年包括大学生是好样的，能担当大任的。

"青年者，国之魂也。"青年大学生作为中国特色社会主义建设者和接班人，应当向这些青年学习，在为人民服务中茁壮成长、在艰苦奋斗中砥砺意志品质、在实践中增长工作本领，就是要把自己的小我融入祖国的大我、人民的大我之中，与时代同步伐、与祖国共命运，更好实现人生价值、升华人生境界。唯有如此，我们国家和民族才有希望，我们的小家、小我才能有更好的未来。

通过前面的学习，我们已经了解，幸福的人生需要有科学的人生目的，而"服务人民、奉献社会"的人生追求是值得我们青年为之努力奋斗终身的。唯有这样，我们才能超越狭隘的私心、看穿浮华名利、看透低俗物欲，能够不断实践高尚的服务人民、奉献社会的人生价值。但是有同学可能会问，如今我们还只是一个在校大学生，似乎没有那么大的能力为人民服务、奉献社会呢？

其实同学们误解了，服务人民、奉献社会听起来高高在上，但其实离我们的生活一点也不远。只要我们树立了这种人生目的，即使在平凡的岗位上，也能做到。

【案例3】 高凤林——一个普通焊工的不普通

高凤林现为中国航天科技集团有限公司第一研究院 211 厂特种熔融焊接工、14 车间高凤林班组组长、特级技师，被称为焊接火箭"心脏"的"中国第一人"。多年来高凤林同志共攻克难关 96 项之多，1994 年以最佳焊缝成型第一个完成美国 ABS 焊接取证认可，受到美国船检官员的称赞并被首推该试件为工艺评定试件。并多次作为厂、院、北京市焊接教练、集团公司命题组长、参加全国比赛，并取得好成绩。他安心一线工作，多次谢绝了外界高薪聘请，工作加班加点、任劳任怨、刻苦钻研、技术精益求精，是公司青年尤其是青年工人的楷模。

【解析】高凤林作为一名普通的青年工人，在自己的工作岗位上认真工作，努力钻研，做出了巨大的成绩，不仅提高了自己的能力，也同时为祖国的发展贡献了自己的力量。我们青年大学生人生的舞台主要在大学校园，我们的能力虽然有限，可是只要我们关心祖国发展，关心人民群众生活，有为人民服务，为社会做贡献的人生追求在，认真学习、努力钻研、学好本领、在课外力所能及地帮助他人，也能实现我们的人生价值，也能使自己成为一个高尚的人，一个有高尚的人生追求的人，一个对社会有用的人。

同学们，不同的人生目的对一个人的人生轨迹有着举足轻重的影响。正确的、大的人生目的对人一生发展至关重要。青年大学生要自觉树立正确的、大的人生目的，自觉选择"服务人民、奉献社会"的人生追求，为中国特色社会主义建设贡献自己的力量！

第二，积极进取的人生态度。

我们经常听到的一句话是"态度决定一切"。在日常的生活中，我们经常会遇见一些对生活充满热情的人，他们热爱生活，遇到再大的困难也会去寻求解决的办法，不轻易灰心气馁，生活充满正能量；还能遇到一些人悲观厌世，遇事容易钻牛角尖，生活负能量满满，这些负面的情绪还能影响到周边的朋友。大家可以简单想一下自己目前的状态，对人生是否有长远的规划，对生活是否怀有乐观的心态。

人生苦短，要走好人生之路，我们需要正确认识、处理生活中各种各样的困难和问题，保持认真务实、乐观向上、积极进取的人生态度。

（1）人生须认真。大学生要严肃思考人的生命应有的意义，明确生活目标和肩负的责任，既要清醒地看待生活，又要积极认真地面对生活。不能得过且过、放纵生活、游戏人生，否则就会虚掷光阴，甚至误入歧途。

毛泽东同志曾说过世界上怕就怕"认真"二字，共产党就最讲认真。我们既然来到这个世界上，父母含辛茹苦、费尽心力把你抚养成人，你承载很多的责任和义务。你的生命不仅仅属于你自己。本着对自己负责，对父母负责，对社会负责，要严肃地思考人生的意义，明确生活目标，积极认真地面对生活。

人生道路虽然漫长，但关键的就那么几步，我们要认真对待我们的人生大事，比如选择大学和专业，选择职业以及伴侣。每一个选择都将关系到自己的人生幸福，有些同学日常生活和学习不认真，比如每年都会出现的高考迟到、忘记带身份证、跑错考场、忘记带手机和戴口罩、遗漏部分题目没有做等情况都是不认真的表现，还有的同学看错凌晨出发的火车时间，第二天才去坐火车，这些都是谨慎一点或者认真一点就能避免的损失，认真应从小事做起。

（2）人生须务实。大学生要从人生的实际出发，以科学的态度看待人生，以务实的精神创造人生，不能好高骛远、空谈理想、眼高手低、浅尝辄止，否则就会脱离实际、一事无成。

王符的《潜夫论》说："大人不华，君子务实。"这些思想，就是中国文化注重现实、崇尚实干精神的体现。它排斥虚妄，拒绝空想，鄙视华而不实，追求充实而有活力的人生，创造了中国古代社会灿烂的文明。务实精神作为传统美德，仍在我们当代生活中熠熠生辉。

【案例4】 男子放弃工作花光积蓄，买彩票成瘾

2019年11月27日，澎湃新闻记者从上海市徐汇区人民法院获悉，近日，该院公开开庭审理了一起诈骗案，被告人刘某以诈骗罪被判处拘役四个月，并处罚金人民币两千元。

男子刘某买彩票成瘾，投进去近二十万元都打了水漂，花光积蓄的他却还想翻本。于是，他对彩票店隐瞒自己已无钱可付的真相，谎称先打票后付款，诱骗店员为其打印各类彩票125张，价值人民币五千余元。庭审中，刘某坦言，自己原本在饭店有一份可以自给自足的工作，迷上彩票这几年，工作也不做了，积蓄也花光了，现在无力退赔。而就在案发前不久，刘某在徐汇区另一彩票亭也发生过类似事件，被公安机关行政拘留十日。

【解析】案例中的男子刘某期望能够用买彩票中奖来实现自己的致富梦，不惜花光积蓄还诈骗，最终受到了法律的审判，我们都知道买彩票是有中奖的概率在，可是如果将致富之路都指望在彩票上，甚至不惜铤而走险触犯法律，那必将付出惨重的代价。

现实中有的人为出名，把自己放在网上炒作，期待"一夜成名"，有些人炒熟了，就出了一批被子哥、咆哮哥、钢管姐、凤姐等等。并不否认，这些人当中有些人是有点才华的，借助这样一种手段取得了些成功，但更多是一些无聊的炒作，靠着自己的奇装异服、奇言怪语、惊世之举来吸引眼球，没有内涵的人虽然一时红了，但必将成为过眼云烟，可能会摔得很惨。

实干兴邦，空谈误国。当代大学生要坚持实事求是的思想方法和人生态度，正确面对人生目的与现实生活之间的矛盾，遵循客观规律，透过复杂现象把握事物的本质，更好地把人生意愿、个人条件和社会实际结合起来，从小事做起，从身边的事做起，脚踏实地、一步一个脚印，努力奋斗去实现自己的人生理想。

（3）人生须乐观。

【播放视频】秀才赶考

有位秀才第三次进京赶考，住在一个经常住的店里。考试前两天他做了三个梦，第一个梦是梦到自己在墙上种白菜，第二个梦是下雨天，他戴了斗笠还打伞，第三个梦是梦到跟心爱的表妹在一起，但是背靠着背。这三个梦似乎有些深意，秀才第二天就赶紧去找算命的解答，算命的一听，连拍大腿说："你还是回家吧。你想想，高墙上种菜不是白费劲吗？戴斗笠打雨伞不是多此一举吗？跟表妹在一起，却背靠背，不是没戏吗？"

秀才一听，心灰意冷，回店收拾包袱准备回家。店老板非常奇怪，问："不是明天才考试吗，今天你怎么就回乡了？"秀才如此这般说了一番，店老板乐了："哟，我也会解梦的。我倒觉得，你这次一定要留下来。你想想，墙上种菜不是高种吗？戴斗笠打伞不是说明你这次有备无患吗？跟你表妹背靠背在一起，不是说明你翻身的时候就要到了吗？"秀才一听，更有道理，于是精神振奋地参加考试，居然中了个探花。

乐观的人，像太阳，照到哪里哪里亮；悲观的人，像月亮，初一十五不一样。想法决定我们的生活，有什么样的想法，就有什么样的未来。

俗话说，"人生不如意，十之八九。"人生是丰富多彩的，这是乐观的态度；人生是五味杂陈的，这是现实的态度；人生就是受罪，这是悲观的态度。我们需要的是乐观，给自己一种积极的心理暗示。人生会面对很多的问题，这些问题都是完整人生不可少的色彩，面对家庭、恋爱、学习、就业中不如意的各种实际问题，不能逃避，敢于面对，世上没有过不了的火焰山，任何问题都是可以解决的，一切都会好起来的。很多伟人、名人，他们所经历的苦难比我们要多得多，之所以受人崇拜，就是因为有与命运抗争、与苦难斗争和乐观向上的精神，在不利的条件下成功，那才称得上真正的伟大。

（4）人生须进取。人与人之间的起点可能不同，有的是出身寒门，有的是书香门第，有的是富家子弟，有的天生聪慧，有的资质平平，差别必须承认，但无论你现在什么位置，都不能停止，更不能走下坡路，必须要有共同的态度，那就是积极进取。

罗兰说过，人不可以一直沉浸在对过去的留恋中，否则就会对现实失去进取心。现代社会已经是一个高科技、高信息的社会，每时每刻都处于瞬息万变的状态。唯有进取——不断追求，才能在这个社会上立于不败之地。海尔公司曾经是面临破产的冰箱厂，但自从海尔的第一任董事长——张瑞敏走马上任后，便提出："有缺陷的产品就是废品。"于是带头亲自砸烂了 76 台有质量缺陷的冰箱。如今，在海尔科技馆里的那把"闻名遐迩"的大铁锤，向人们诉说着质量与品牌的故事。而更重要的就是张瑞敏的进取精神——"每天比昨天做得更好"，才造就成今天的国内外皆知的跨国大集团——海尔集团。

贝利一生共踢进了一千多个球，记者问他哪一个最精彩，他说："下一个……"进取，使我们不断前进；进取，使我们不断超越；进取，使我们更加完美！人生，没有了进取，就如行尸走肉，渐渐会被奢华所吞噬；人生，没有了进取，就如停滞不前的时钟，永远也不能找到正确的终点。假如我们一直停留在山脚下而不肯攀爬，那么"会当凌绝顶，一览众山小"激荡豪情就无从谈起。

同学们，假如人能活到70岁，那他一共就活了25550天，如果您现在18岁，您已经生活了6570天，还剩18980天，剩下的时间如何过，是积极进取还是悲观虚度，看您自己的选择。

问题二：如何评价与实现人生价值？

【讨论】请同学们谈谈你对爱因斯坦下面这两段话的理解。

人只有献身于社会，才能找出那实际上是短暂而有风险的生命的意义。

——爱因斯坦《为什么要社会主义？》

一个人的真正价值首先决定于他在什么程度上和在什么意义上从自我解放出来。

——爱因斯坦《人的真正价值》

爱因斯坦的这两段话其实讨论的是人生价值的相关问题，主要说明了人只有充分发挥主观能动性，为社会做贡献，才能体会人生的意义，寻求到自己的人生价值。

第一，正确评价人生价值。

【案例5】 博士街头行乞

周末晚上，南京市丹凤街上人潮涌动，每个人都在享受自己的周末时光。在街边昏暗的路灯下静坐着一男子，衣着整洁，戴着眼镜，一身书卷气。与其他乞讨者一样，他面前放着一只白色小碗，里面有几枚硬币。可能没有人想到，这名男子（陈某）曾是南京一所名牌大学的热能博士。

根据该博士的博导回忆，1986年，该博士所在的大学批了第一个热能博士点，他是该校第一位热能博导。那一届，他们学校只招了两个热能博士，陈某是其中之一。另一博士后来与美国合作培养出国了。在他眼里，陈某很聪明，理论基础很好，动手能力也很强，这样的学生在当年是不多的，他和学校对陈某都很器重。1990年，陈某顺利拿到博士学位，并留校工作。学校为他分了房子，还把他的爱人调到学校工作。1994 年，他和爱人双双辞职，准备出国到澳大利亚发展，但签证却迟迟没有办下来。陈某对去澳大利亚发展是抱有很大期望的，他很想到国外一展身手。但是，出国的问题卡在签证上后，这对他打击不小。后来他在创业受挫、婚姻破裂等打击之后，对生活失去了信心，总是说自己只想过简单的生活，现在的生活太累了，人生太复杂了，宁愿在家里无所事事地呆着，自己把红尘看透了，做一些违背自己心愿的事，不值得。他觉得，乞讨一些钱能简单维持他的日常生活就够了。

【解析】案例中的博士作为一名接受过高等教育的知识分子，经过自己的努力和国家多年的培养获得了最高的学位，虽然自身饱读诗书，却并没有将其才学充分表现出来去贡献社会，反而认为没能出国，国内一般薪资的工作都不能体现其人生价值，宁愿乞讨不劳而获维持基本的生计即可。

钱学森曾说过："我很高兴能回到自己的国家，我不打算再回美国，今后我将竭尽努力，和中国人民一道建设自己的国家，使我的同胞能过上有尊严的幸福生活。"两相对比，令人唏嘘。

如何来评价人生价值，实现人生价值的条件有哪些呢？

评价人生价值的根本尺度：看一个人的实践活动是否符合社会发展的客观规律，是否促进了历史的进步。

基本尺度：衡量人生价值的标准就是看一个人是否以自己的劳动和聪明才智为国家和社会真诚奉献，为人民群众尽心尽力服务。

评价方法如下三点：

首先，既要看贡献的大小，也要看尽力的程度。

每个人的能力有大小，地位有高低，机遇不相同，可能作出的贡献不一样，但只要是为人民利益，哪怕他作的具体贡献再"微小"，从社会的角度他们具有崇高的价值。正如毛泽东同志对张思德同志的评价："张思德同志是为人民利益而死的，他的死是比泰山还要重的"。很多普普通通的人，只要在自己岗位上尽职尽责，那都是为社会做贡献，比如王顺友，2005 年被评选为《感动中国》十大人物之一。20 年来在雪域高原跋涉了 26 万公里、相当于走了 21 趟二万五千里长征、绕地球赤道 6 圈。每年投递报纸 8000 多份、杂志 700 多份、函件 1500 多份、包裹 600 多件；投递准确率达到 100%。2005 年 10 月 19 日，在万国邮政联盟总部的会议上，131 年的惯例被中国人打破，王顺友成为自 1874 年万国邮政成立以来第一个被邀请的最基层、最普通的邮政员。

还有在抗击新冠肺炎疫情中许许多多的普通人都在默默地做着贡献，比如在武汉送外卖的康谭，疫情防控期间每天跑 14 个小时，绝大多数的单子都是送往医院。他曾经受到妈妈的反对，出于担心希望他不要接太多医院的单子，但谭康觉得医护人员战斗在第一线，为他们送单是他唯一能做的事情。如今武汉正在好起来，谭康的单子也日渐减少，但是他觉得特别开心。我们无法想象，没有了这样坚持着的外卖小哥，在家的日子会是如何难熬。也许正是因为春天来得慢，春天才烂漫。

其次，既要尊重物质贡献，也要尊重精神贡献。

【案例 6】　　请看下面这两个案例，谈谈自己的看法

"歼 -10" 战斗机总设计师宋文骢：壮志凌云

2009 年 10 月 1 日的盛大国庆阅兵典礼上，中国新一代多用途战斗机歼 -10 编队越过天安门城楼，是本次阅兵大典后人们最津津乐道的几大亮点之一。这是我国自行研制，具备当今世界先进水平的新一代、高性能、全天候战斗机。几十年来一直默默工作的歼 -10 总设计师宋文骢进入人们的视线。1960 年，30 岁的他走上飞机设计岗位。为了国家的最高利益，他长期隐遁幕后，甘于寂寞、默默奉献，将全部精力投入到祖国航空工业腾飞的伟大事业之中。歼 -10 战机的研制成功，标志着中国已经迈入航空工业先进国家行列。"宋文骢"这三个字，将与歼 -10 飞机一起，闪耀在中国航空工业腾飞的光辉史册上。他的严谨求实，他的创新精神，他的技术造诣和强烈的爱国情怀，激励着一代又一代航空人。少年伤痛，心怀救国壮志；中年发奋，澎湃强国雄心。如今，他的血液已流进钢铁雄鹰。青骥奋蹄向云端，老马信步小众山。他怀着千里梦想，他仍在路上。

鸿星尔克捐款案例

2021 年 7 月 23 日，一向没有什么存在感的国产运动品牌鸿星尔克，因为低调地向河南特大暴雨灾区捐款 5000 万引爆网络。

不仅让其多次上热搜，而且业绩也有实质上的提升——大批网友涌向鸿星尔克抖音、淘宝的直播间，仅 7 月 23 日当天，鸿星尔克直接打破多项纪录：销量猛翻 52 倍，总销售额超 2200 万元，许多产品一度脱销。许多消费者还赶到鸿星尔克实体店打卡支持，甚至出现"男子买 500 付 1000 拔腿就跑"及"连模特身上的衣服也被扒光"等野性消费行为。在那短短几天内，鸿星尔克一举跃升国货顶流。火爆程度连鸿星尔克董事长吴荣照都不得不亲自下场，呼吁网友们"理性消费"。

【解析】第一个案例中的"歼 -10"战斗机总设计师宋文骢默默奉献，将全部精力投入到祖国航空工业腾飞的伟大事业中，他的严谨求实，创新精神鼓舞着一代又一代航空人，这属于精神贡献。第二个案例中一直没什么存在感的运动品牌鸿星尔克在河南暴雨中低调捐款，虽力量弱小但仍然尽全力支援属于物质贡献，无论是物质贡献还是精神贡献都应该得到我们的尊重。

最后，既要注重社会贡献，也要注重自身完善。

人生的社会价值是实现人生自我价值的基础，虽然评价一个人的人生价值的大小主要是看他对社会所做的贡献，但是我们也不能否认人生的自我价值，因为只有人生的自我价值得到充分的满足，才能有动力去实现社会价值，单纯强调社会价值而忽视自我价值的做法是无法长久持续的。

第二，人生价值的实现条件。

首先，实现人生价值要从社会客观条件出发。

历史上的许多有志之士，他们虽有非凡的才能，但终因社会条件的限制，缺乏客观条件而含恨终生。常常是"出师未捷身先死，长使英雄泪满襟"。过去的许多梦想比如飞天梦都因为客观条件的制约而无法实现，那就是因为人生价值是在社会实践中实现的，人的创造力的形成、发展和发挥都要依赖于一定的社会客观条件。条件没有达到那梦想就无法完成，大学生要珍惜难得的历史机遇，把自己的人生价值目标建立在正确把握当今中国社会发展所提供的条件的基础上，建立在与社会主义核心价值观相一致的基础上，努力实现自己的人生价值。

其次，实现人生价值要从个体自身条件出发。

个体自身条件主要包括一个人的思想道德素质、科学文化素质、生理心理素质等方面的要素。应当实事求是地根据自身的条件来确定自己的价值目标，不能夸大或者低估自己的能力，更不能抬高或者贬低自己，给人生价值的实现带来障碍。客观认识自己，是确定人生价值目标的重要前提。

最后，不断增强实现人生价值的能力和本领。

个人在实现人生价值的过程中不可避免地受到自身条件的限制，但个人的主观努力，在相当大的程度上决定着其人生价值实现的程度。人的能力具有累积效应，能够通过学习、锻炼而得到强化。大学生可塑性强，正处于增长知识才干的关键时期，可以通过各种方式和途径，全面提高自身的综合素质和能力，努力创造实现人生价值的良好条件。同时持之以恒的坚持和意志力在人生价值实现的过程中也非常重要。社会上很多有成就的人士都是在主客观条件综合作用的背景下取得的发展。

问题三：如何辩证对待人生矛盾？

大学生的成长征途中，注定不会一帆风顺，有喜悦也有悲伤，有顺境也有逆境，面对这些纷繁复杂的人生路上不断出现的矛盾，就需要大学生一定要勇敢面对和正确处理。如何辩证对待人生矛盾呢？我们主要从以下五个方面来展开讲解。

第一，正确看待得与失。

同学们都知道"草帽书记"杨善洲的故事，他似乎很傻。在位时，他手里有权，却不为自己和子女谋半分利；退休后，"自讨苦吃"垦殖荒山22年，将政府奖励自己的十几万元捐了出来；病逝前，又把价值3亿多元的林场经营权无偿交给国家……生为守大义，死成千古贤。从这个角度看，他得到的很丰厚、很珍贵、很长久。

得与失是人们最常遇到的一对矛盾，能否处理好这对矛盾，影响着每个人的爱情、婚姻、家庭、事业、健康、幸福、成就等，即影响着每个人生命的质量与数量、人生的成功与失败。正确认识"得"与"失"，树立正确的得失观，对于人们特别是年轻人正确认识和处理利益问题，选择正确的人生道路，创造有价值的人生具有积极的意义。权衡得失，必有一个比较取舍的过程，孟子曾说："鱼，我所欲也；熊掌，亦我所欲也，二者不可得兼，舍鱼而取熊掌者也。"孟子之言，正应了"两害相权取其轻，两利相较取其重"之理。同时也不要拘泥于个人利益的得失，不要满足于一时的得，不要惧怕一时的失。正所谓"福兮祸之所伏，祸兮福之所倚"，得与失有时候会相互转化

第二，正确看待苦与乐。

2004年8月14日，时任浙江省委书记的习近平接受延安电视台《我是延安人》节目专访，畅谈自己的生活、工作和家庭等，回忆在延安的插队岁月，吃了很多苦，可慢慢融入那里以后，才发现生活中有很多乐趣，为乡亲们谋福利更是快乐。

中国有两个成语，一是"苦尽甜来"，一是"乐极生悲"，这里就包含着苦乐相互转化的哲学道理。我们要正确认识苦与乐的辩证关系，敢于吃苦。人的一生不可能是风平浪静的，人要认识、改造主客观世界，困苦和磨难是不可避免的。锻炼人的品德、磨炼人的意志来看，吃苦并不是坏事，苦可以转化为乐。古今中外，凡事业上有成就为人类社会做出贡献的人，几乎都是在艰苦斗争中成长起来的。他们虽然吃苦受难，但是他们在为理想和事业的奋斗中却获得了最大的幸福和快乐。每一个立志成才的青年要敢于直面人生磨难，自觉地多吃苦，经受锻炼。

第三，正确看待顺与逆。

在生活中，我们可能会遇到一段顺境或是逆境，这或许会对我们的心境产生或大或小的影响，但是请记住，没有永远的顺境，也没有永远的逆境，以环境提升自我，别被环境吞噬了自我。在顺境中，不忘初心，坚定自我。在逆境中，砥砺前行，

茁壮成长。顺水行舟，更容易接近和实现目标，但是又容易使人滋生骄娇二气，自满自足，意志衰退。逆水行舟，可以磨炼意志、陶冶品格、积累战胜困难的经验、丰富人生阅历。只有善于利用顺境，顺势而快上，勇于正视逆境和战胜逆境，处低谷而力争，人生价值才能够实现。

第四，正确看待生与死。

如何认识、对待生与死，体现了一个人人生境界的高低，更直接影响着他的实际生活。生命的发展过程就是从生到死的，这个过程不可逆，每个人的生命相对于历史长河来说都是短暂的，既然死亡不能避免，那我们只能更好地去生，一方面是珍惜生命，当遇到困难时要多想想自己的亲人，如果自己放弃生命，那爱我们的他们会有多伤心，另一方面就是我们要重视每一天，不虚度光阴，每一天都过得充实有意义。

第五，正确看待荣与辱。

荣辱观对个人的思想行为具有鲜明的动力、导向和调节作用。大学生应具备正确的荣辱观，明确是非、对错、善恶、美丑的界限。不辨是非难处世、不知荣辱难为人，其实生活中的荣与辱时时伴随在我们身边，无论大事还是小事，比如在新冠肺炎疫情严峻的形势下，有些人故意逃避全员核酸检测，有些人做核酸检测不戴口罩还随意插队，有些人在感染病毒后故意隐瞒行程，还有些人因为排队问题随意辱骂志愿者和防疫人员，这些行为应以为耻，与那些放弃休假主动参加志愿者活动、全家老小齐上阵抗疫、为了省一套防护服不给队友增负担而半天都不敢喝一口水的支援疫区的人相比是多么大的反差。我们尤其要教育青年人知荣辱，走好人生的路。

问题四：树立正确的人生观要抵制哪些错误思想观念？

习近平总书记所作的党的十九大报告深刻阐述了社会主义核心价值观的丰富内涵和实践要求，对培育和践行社会主义核心价值观作出许多新的重大部署。然而在实际生活中我们发现，在我们国家社会主流价值观念积极健康的情况下，在一定范围和程度上存在的一些错误的思想观念还侵蚀着大学生的灵魂，所以青年大学生要学会分析和思考，自觉抵制下面这些错误的观点。

第一，反对拜金主义。

请同学们自主思考如何区分正确的金钱观和拜金主义，他们两者的区别是什么，怎么办？学生思考后回答问题：教师点拨引出拜金主义的基本内涵、危害。

拜金主义就是对金钱痴迷，为金钱不顾一切。事事为了钱，时时刻刻想着怎么不择手段得到尽可能多的钱，认为金钱是万能的。拜金主义是一种金钱至上的思想道德观念，认为金钱不仅万能，而且是衡量一切行为的标准。

金钱是当今社会人们进行物质交换的媒介，是进行正常的物质、精神生产和改善、享受生活的必要手段。对于金钱我们要取之有道，用正当方法赚钱，用诚实守信和合法经营赚钱；对于金钱还要用之有度，不能因为自己有钱就铺张浪费、随意消耗资源，对于可能刚刚能自由支配自己生活费用的大学生来说，树立正确的金钱观也尤为重要。

金钱不是唯一的人生目的，有了金钱并不等于一切。如果一个人把金钱当成生命中唯一或者最高的目的，那么他的生活将会目标单一，为了金钱甚至会铤而走险，陷入歧途。参加过"非诚勿扰"节目的女嘉宾马诺一句"宁愿坐在宝马里哭也不愿坐在自行车后笑"，可谓是语出惊人、技惊四座，赤裸裸地将金钱至上抛到众人面前，影响极大。

第二，反对享乐主义。

让同学们分组讨论什么是享受生活？享乐生活又是什么样的呢？通过讨论，理解享乐主义的内涵并理解享受生活和享乐主义的区别。

享受生活是人的正常需要，我们追求更好的生活条件无可厚非，但是享乐主义是一种把享乐作为人生目的，主张人生就是在于满足感官的需求与快乐的思想观念，把享乐看成人生的唯一目的，享乐主义使人们尽情地追求物质上的享受和肉体上的快乐，容易使人们陷入意志消沉、缺乏进取精神的状态之中。所以，爱因斯坦说："照亮我的道路，并且不断地给我新的勇气去愉快地正视生活的理想，是善、美和真。我从来不把安逸和快乐看作生活目的本身——这种伦理基础，我叫它猪栏的理想。"人们如果都以享乐为人生目的，就必然各自为己，甚至不惜把自己的快乐建立在别人的痛苦之上，人与人的关系是狼。这样整个社会就会成为一盘散沙，没有凝聚力。古今中外，靠贪图享乐、奢侈腐化而成就大业者闻所未闻。相反，历史上因骄而奢、由奢而亡的例子，却数不胜数。大学生要自觉抵御享乐主义的冲击，培养正确的消费观念。

第三，反对极端个人主义。

为同学们举曹操"宁教我负天下人，不教天下人负我"的例子，可以说从一定程度上讲，这是曹操最能突出自己野心的一面，他可以错，但是他的部下不能错，有句歇后语就是曹操杀吕伯奢——将错就错。另外法国历史上最不得人心的国王，恐怕路易十五就是实至名归了，他在后期执政期间因为自己荒淫无度的所作所为非常不得人心，他曾经说过这样一句话："在我死后，哪管它洪水滔天！"路易十五一生只顾自己，根本不管百姓的死活的案例，请学生讨论看完两个案例后的感想，然后谈谈个人主义的基本概念和危害。

个人主义是生产资料私有制的产物，在资产阶级革命早期在某些方面曾有一定的积极意义，但极端个人主义突出强调以个人为中心，在个人与他人、个人与社会的关系上表现为极端利己主义和狭隘功利主义，这是我们要坚决反对的，每个同学都是生活在集体中的，我们要正确处理自己与他人，与集体，与社会的关系，在团结中发展自己。

问题五：大学生应如何把握出彩人生的正确方向和道路？

当代大学生担当新时代赋予的历史责任，应当与历史同向、与祖国同行、与人民同在，在服务人民、奉献社会的实践中创造有意义的人生。

第一，与历史同向。

【案例7】 邓稼先的故事

邓稼先抱着学更多的本领以建设新中国之志，于1947年通过了赴美研究生考试，于翌年秋进入美国印第安纳州的普渡大学研究生院，由于他学习成绩突出，不足两年便读满学分，并通过博士论文答辩。仅用一年多的时间就获得了博士学位！此时他只有26岁，人称"娃娃博士"。邓稼先的成就，也纳入了美国政府的视线，他们打算用更好的科研条件、生活条件把他留在美国，他的老师也希望他留在美国，同校好友也挽留他，但邓稼先婉言谢绝了。1950年10月，他放弃了优越的工作条件和生活环境，和二百多位专家学者一起回到国内。

【解析】他是中国知识分子的优秀代表，为了祖国的强盛，为了中国国防科研事业的发展，他甘当无名英雄，默默无闻地奋斗了数十年。他常常在关键时刻，不顾个人安危，出现在最危险的岗位上，充分体现了他崇高无私的奉献精神。他在中国核武器的研制方面做出了卓越的贡献。

希望同学们正确认识世界和中国发展大势，准确把握中国发展的重要战略机遇期，提升民族自信心，增强时代责任感，与历史同步伐，与时代共命运。

第二，与祖国同行。

【小活动】电视剧《最美的青春》赏析

提前三周通知学生观看电视剧《最美的青春》，然后在课堂上分组，谈一下在塞罕坝艰苦的自然环境下，青年人是如何与祖国同行，发扬不怕苦不怕难的奉献精神将荒原变绿洲的。

电视剧《最美的青春》，该剧讲述了 20 世纪 60 年代，18 个来自中国各地的毕业生，与承德围场林业部等组成拓荒队伍，积极响应祖国号召在塞罕坝植树造林的故事。

1962 年，为改变"风沙紧逼北京城"的严峻形势，林业部建立了塞罕坝机械林场。127 名大中专毕业生与林场原有 242 名干部职工一起组成了 369 人的创业队伍，正是这 369 名平均年龄不到 24 岁的拓荒先锋，拉开了塞罕坝林场建设的大幕。塞罕坝造林人的生活条件也是十分艰苦。没有饮用水，他们就化雪水用；粮食匮乏，他们就吃黑莜面加野菜。许多人都患上了心脑血管、类风湿等疾病，由于没有医院，得不到及时的治疗，这一代造林人的平均寿命只有 52 岁。面对气候环境的恶劣，面对连年植树效果不佳，塞罕坝人没有放弃。功夫不负有心人，从当年的一棵松到如今的 112 万亩林海，不能忘记这些敢于担当，忠于使命的造林者。

127 名大中专毕业生和林场原有的干部职工将自己的人生目标，将自己的青春都定位在了将这片荒原变成绿洲这人间奇迹上，在这片土地上，他们面对着严酷的自然环境，不断战胜困难，植树造林，最终不仅改变了风沙逼近北京的严峻形势，还创造出了巨大的生态、经济、社会效益，他们与国家共奋进、共发展。

大学生只有将自己的人生目标和国家的前途紧紧联系在一起才能最大限度地实现自己的人生价值，无论是新文化运动中振臂一呼的新青年，还是革命时期浴血奋战的英雄儿女，无论是"上山下乡"年代的知识青年，还是改革年代创业的年轻追梦人，青年总是用自己的生机、活力和行动展现了开拓进取的时代风貌，只有正确地认识到国家和民族赋予的历史使命和时代责任，才能与祖国共发展。

第三，与人民同在。

习近平总书记指出：人民是历史的创造者，是真正的英雄。中国先秦思想家孟子说："民为贵，社稷次之，君为轻"，"诸侯之宝三：土地、人民、政事"（《孟子·尽心下》）。荀子说："君者，舟也；庶人者，水也。水则载舟，水则覆舟，君以此思危，则危将焉而不至矣"（《荀子·哀公》）。19 世纪法国复辟时代的历史学家，也看到了人民群众在法国革命中的力量，认为历史并非从国王开始，而是从人民开始，历史著作首要任务是描写人民的命运，而不是描写个别显要人物。马克思主义第一次在人类历史上科学地解决了人民群众在历史上的作用问题。唯物史观从社会存在决定社会意识的基本观点出发，认为社会发展的历史首先是物质资料生产发展的历史，而人民群众是物质生产方式的主体，是社会历史的创造者。马克思主义承认历史上杰出人物的重要作用，但认为在创造历史的过程中，只有人民群众，首先是占人口大多数的体力劳动者和脑力劳动者，才具有决定性的作用。大学生要树立为人民服务的思想，要投身于为人民服务的实际行动当中，只有将自己的青春与人民的事业联系在一起，才能最大限度地实现自己的人生价值。

（三）专题小结

本专题内容较多，首先从树立高尚的人生追求、积极进取的人生态度、正确评价人生价值等三方面入手讲解如何树立正确的人生观。在此基础上分析如何辩证对待人生矛盾，如何抵制错误人生观的腐蚀，解答了大学生可能遇到的各种问题与困惑，最终落脚在大学生应该如何成就出彩人生这个实际的问题上。

六、教学拓展

（一）教学案例

【案例8】 冯友兰先生的"人生四境界"

先生认为，人生有四重境界，不同境界对应的人生目的不同。自然境界的人对人生目的不了解，一切行为都是"糊里糊涂"地顺才或顺习而为，功利境界的人一切皆以"小我"为目的，所作所为都是为了个人的功利，道德境界的人自觉地认识到人是社会的一部分，一切皆以服务社会为目的；天地境界的人呢，知道除个人、社会之外，还有个大全，一切皆以服务天地为目的。

【解析】 人应该增进对人生目的的了解，努力从自然境界、功利境界进入道德境界、天地境界。其中，增进对人生的了解是至关重要的，因为"迷则为凡，悟则为圣"。

（二）教学资料

1.习近平总书记的讲话

马克思主义经典著作、中国特色社会主义理论体系、党的优良传统、各个时期的先进典型，是引领我们打开真理之门的钥匙。学习越深，接受教育越多，就越能认识真理，越能坚强党性，越能提高贯彻执行党的群众路线的自觉性和坚定性。在学习教育上，千万不能有差不多就行了的思想，而是要认认真真学、原原本本学、联系实际学、深入思考学，通过学习教育真正解决好世界观、人生观、价值观这个"总开关"问题。

——2013年7月11日至12日，习近平总书记在河北省调研指导党的群众路线
教育实践活动时的讲话

2.新时代塑造新青年

新时代中国青年在习近平新时代中国特色社会主义思想科学指引下，一定能够
秉承以实现中华民族伟大复兴为己任的光荣传统，担当起党和人民赋予的历史重任，
以永不懈怠的精神状态、永不停滞的前进姿态，在激扬青春、开拓人生、奉献社会
的进程中接续奋斗、永久奋斗，书写无愧于时代、无愧于历史的青春篇章！

——《人民日报》（2022年04月22日04版）

📖 七、课后思考

（1）如何认识"佛系"青年和"佛系"现象？

（2）如何运用马克思主义立场观点方法自觉抵制各种错误人生观？

（3）在当今的社会生活条件下，许多人都十分讲求"实际"，思考人生目的这
样的大问题有意义吗？为什么？

📖 八、实践指南

（1）谈一谈：请同学回忆一下自己的一天日程安排，特别是周末时间的安排。
（请同学分享）

（2）《一封公开的家书》实践活动。

📖 九、延伸阅读

（1）马克思：《论犹太人问题》，《马克思恩格斯全集》（第3卷），人民出版社，
2002年版。

（2）《孟子·告子篇》，《十三经注疏·孟子注疏》李学勤主编，北京大学出版社，
1999年版。

（3）亚里士多德：《尼各马可伦理学》（第一卷），廖申白译，商务印书馆，2003
年版。

（4）冯契：《人的自由和真善美》，《冯契文集第三卷：人的自由和真善美》，华
东师范大学出版社，1996年版。

（5）《大学人文读本·人与自我》，夏中义主编，广西师范大学出版社，2002

年版。

（6）中央党校采访实录编辑室著：《习近平的七年知青岁月》，中共中央党校出版社，2017年版。

（7）张明林：《奉献中国：100位为新中国成立作出突出贡献的英雄模范人物》，中共党史出版社，2010年版。

专题四　坚定信念 脚踏实地 补足精神之钙

📖 一、教学目标

本专题教学以思想与实际并重、以生活导入理论、以观念引领行动为教学目标。引导和帮助大学生深入认识和理解理想、信念的科学含义，学会辨析不同性质和层次的理想信念，正确认识理想与信念辩证关系，增强对理想信念的理性认知，提升大学生对未来理想的设计与选择能力；深刻理解确立坚定的理想信念对成长成才的重要意义，将个人的奋斗志向同国家和民族的前途命运紧紧联系起来；树立崇高的理想信念，为民族复兴和人民幸福发愤学习，掌握建设祖国、服务人民的本领。

📖 二、教学重难点

（一）教学重点

1. 理想信念的内涵与特征。

2. 为什么说理想信念是精神之"钙"？

（二）教学难点

新时代大学生应坚守什么样的理想信念？结合大学生思想实际，讲清楚理想信念的科学性以及信念坚定性的行为标准和实践依据。

📖 三、教学方法

本专题主要参考采用专题讨论法与案例教学法相结合的教学方法。

四、教学课时

本专题对应高等教育出版社《思想道德与法治》（2021 年版）教材第二章第一节和第二节部分内容，教学安排 2 课时。

五、教学过程

理想信念教育是人生观在理想信念问题上的具体化，也为后面章节的道德观和法治观提供理论指导和动力。本专题教学设计以 2021 年版教材第二章第一节的基本概念，基本观点和主要内容为基本遵循，同时适当延伸，融入相关学术观点及最新案例材料进行理论讲授。

实施课前导学准备、课中重难点知识释疑和讨论、课后网络展示学习成果的教学组织形式。课中贯彻以教师为主导，以学生为主体的教育思想，加强师生互动，调动学生的学习积极性，在掌握重点知识内容中，达到提高学生素质的教学目的。

（一）课程导入

1.导入：长征

【案例1】 长征

长征途中，英雄的红军纵横十余省，长驱二万五千里，同敌人进行了 600 余次战役战斗，跨越近百条江河，攀越 40 余座高山险峰，其中海拔 4000 米以上的雪山就有 20 余座，穿越了被称为"死亡陷阱"的茫茫草地。红军用顽强的意志征服了人类生存极限，完成了看似不可能完成的伟大远征。

【提问】在那样艰苦恶劣的环境中，是什么让红军坚信希望一定在前方，胜利一定在前方呢？

【解析】长征到底有多艰辛？平均每 300 米就有一名红军牺牲，红军将士同敌人进行了 600 余次战役战斗，跨越近百条江河，攀越 40 余座高山险峰，其中海拔 4000 米以上的雪山就有 20 余座……他们靠什么取得胜利？ 2016 年 10 月 21 日，习近平总书记在纪念红军长征胜利 80 周年大会上的讲话中先后指出："长征是一次理想信念的伟大远征，在长征途中，党和红军爬雪山过草地，经历了很多磨难，但从来没有被压垮过，而是愈挫愈勇，不断在磨难中奋起，不断勇往直前，最终取得了长征胜利。在那样艰苦恶劣的环境中,是什么让他们坚信希望一定在前方,胜利一定在前方呢?那是什么?那就是理想信念。正是心中坚定执着的远大理想和革命信念,始终闪耀着火热的光芒,激励着党和红军不断前行。"

"心中有信仰,脚下有力量;没有牢不可破的理想信念,没有崇高理想信念的有力支撑,要取得长征胜利是不可想象的。"

青年兴则国家兴,青年强则国家强。青年一代有理想、有本领、有担当,国家就有前途,民族就有希望。新时代中国青年要坚定理想信念,站稳人民立场,练就过硬本领,投身强国伟业,始终保持艰苦奋斗的前进姿态,同亿万人民一道,在实现中华民族伟大复兴中国梦的新长征路上奋勇搏击。作为大学生,我们要肩负起自己所担负的历史使命,为新时代党和国家事业发展作出新的更大的贡献。

2.【视频】:《那年,我们21》

观看视频了解了各行各业的人们在二十一岁时,为理想奋斗的案例,包括习近平总书记从当年一个普通知青成长为我党的核心与人民领袖的成长经历。那么,你的理想是什么?你为之做了怎样的努力?这段经历给你怎样的思考?

师生互动,鼓励学生们分享自己的理想。

青春是一个人一生最宝贵的时间,犹如朝日,犹如初春,青春不是用来蹉跎的,青春是用来奋斗的,要想成功必须要有理想信念。

什么是理想信念,人为什么要有理想信念?理想信念对于大学生成长成才具有什么重要意义?新时代大学生应坚守什么样的理想信念?带着对这些问题的思考,下面进入新课的学习。

(二)讲授新课

问题一:人为什么要有理想信念?

"人为什么要有理想"是理解理想的内涵和确立科学理想的认识前提。有些学生认为,"当一天和尚撞一天钟"很快乐,因此崇尚这样一些流行语:"我平庸,我快乐","追求为痛苦之源,平庸为快乐之本","人的期望越高,压力越大,给自我预留的生活空间就会越来越小,从而造成适得其反的效果"。针对大学生的这些错误认知,我们应该让大学生认识到:人不仅是生物意义上的存在,还是文明意义、社会意义和历史意义上的存在。作为文明的、社会的、历史的存在的人,并不是天生的,而是通过社会文明的教育、熏陶,逐渐在思想中形成关于"人应当怎样生活""人与人的关系应当怎样"的认识,并将这种认识同自己联系起来,认识到自己作为一个人应当怎样去生活、怎样在生活中待人接物，从而逐渐将那些外在于自己的、构成人类文明的传统、道德、习俗、规范、制度等，一步步转变为自己的自觉需要——作为文明的、社会的、历史的"人"的需要，使自己成为一个自觉的、行为不再像动物那样只为自然本能所支配的人。这个过程就是每个青年人都应当完成的精神发育的社会化过程。理想就是人们从自然人转变为文明的、社会的、历史的人的精神发展过程中的一个重要标志。将理想置于这个从自然人转变为社会人的精神发展过程中来看出，人之所以会产生理想，根本就在于：

第一，人所特有的社会性本质。这种本质不是天赋的，而是后天获得的，只有转化为某种直接主导人们生活的主观观念，才能支配人的现实生活，即观念决定人的命运。人的社会性本质决定了，人不像动物那样简单地生存着。

第二，人的这种主观观念的核心，是有关"人"的明确认识。人之所以为人——人不仅要追问世界是什么，人是什么，而且要追问世界对人的意义。

人有了物质才能生存，人有了理想才谈得上生活。

——雨果《悲惨世界》

第三，人们正是以这种有关"人"的自觉认识为标准来衡量自己的现实生活，从而产生否定现实状况的认识，形成"人应当怎样生活""好社会应当怎样"的个人理想和社会理想。

人应尊敬他自己，并应自视能配得上最高尚的东西。

——黑格尔《小逻辑》

总之，人之所以要强调要有理想，其实出发点就是要使人的生命更加丰满，就是要最大限度实现人的价值，就是要使人的生命赞歌更加高亢悠扬。

问题二：什么是理想信念?

首先，我们应该知道什么是理想。

（1）理想的含义。"理想"一词，最初来源于希腊语"ideal"，意思是人生的奋斗目标。理想作为一种精神现象，是人类社会实践的产物。

含义：理想是人们在实践中形成的、有可能实现的、对未来社会和自身发展的向往和追求，是人们的世界观、人生观和价值观在奋斗目标上的集中体现。

【教学互动】注意区分四个想："理想""空想""幻想""梦想"。

辨别下列命题分别属于什么"想"？

嫦娥奔月、点石成金、永动机、共产主义社会……

【教学点拨】需要注意的是理想与幻想、空想和梦想是不同的。它们的共同点在于：这四个概念都有一个"想"字，这四个"想"都是人们的一种想法、一种意志，都具备"意识"的主观形式。它们的区别在于：理想是指在实践中形成的具有实现可能性的对美好未来的追求和向往；幻想是与生活愿望相结合具有实现可能性的，并指向未来的一种想象。幻想内容与现实有很多差距，尚不具备实现的条件，但并不是没有实现的可能性，在将来是有可能实现的，比如科学幻想。空想是缺乏根据的随心所欲的想象，虽然是人们对未来的一种想象，但它是违背客观发展规律，脱离实际的主观臆想，没有实现的可能性。理想、幻象、空想都体现了人们的主观性，但理想的内容有客观性、符合规律性，幻象的内容是对客观性的超越，空想是纯粹的主观性。

至于梦想，与理想十分相似，有时我们很难分辨，但二者并不矛盾。严格来说，理想是基于现实，在现实中通过努力可以实现的，而梦想离现实太远，有时梦想是不切实际的，无实际根据和实现可能。有时理想与梦想看似只有一步之遥，有的用几年时间就能成为现实，而有的要用一生，甚至是几代人去接力追寻，却也仍然遥不可及。但毫无疑问，梦想是人类最天真最美丽的愿望。所以，人们应当树立理想，可以有梦想和幻想，但不能有空想。

（2）理想的类型。由于人的本质的社会性、人类社会生活的多样性以及人们对现实的认知和对未来想象的多层次性，人们对理想的追求表现在社会生活的各个领域和人类活动的各个方面。因此，理想又是多方面的、多类型的。

理想的类型：从理想的性质和层次上划分，理想有科学的理想和非科学的理想、崇高理想和一般理想等，从理想的时序上划分，理想有长远理想和近期理想等；从理想的对象上划分，理想有个人理想和社会理想等；从理想的内容上划分，理想有社会政治理想、道德理想、职业理想和生活理想等。

（3）理想的特征。

①理想具有超越性。理想在现实中产生，但并不是对现状的简单描绘，而是与奋斗目标相联系的未来的现实，是人们对未来美好生活的憧憬和期待。它源于现实，超越现实。与现实相比，理想是更为美好的，理想是与奋斗目标相联系的未来的现实，是人们对未来美好生活的憧憬和期待。而与理想相比，现实则显露出其缺陷。正因如此，理想对人们有着巨大的感召力，不断激励着人们在现实生活中一步步的为实现理想目标而奋斗。理想以预见的方式反映未来，把握未来。因而，理想具有超前性，它高于现实，超于现实。

【案例2】 杂交水稻之父袁隆平的两个梦

袁隆平是我国研究与发展杂交水稻的开创者，也是世界上第一个成功地利用水稻杂种优势的科学家，被称为"杂交水稻之父"。从20世纪60年代开始研究杂交水稻至今，袁隆平创建了超级杂交稻技术体系，使我国杂交水稻研究始终居世界领先水平。在晚年的自述中，袁隆平多次提到："科学探索无止境，在这条漫长而又艰辛的路上，我一直有两个梦，一个是禾下乘凉梦，一个是杂交水稻覆盖全球梦。"

【提问】你如何看待袁隆平的两个梦？

【解析】"禾下乘凉梦"是袁隆平真实梦境——他和助手坐在扫帚那么长的稻穗下乘凉。梦想的实质，就是水稻高产梦，让人们吃上更多的米饭，永远都不用再饿肚子。做梦容易，但要把梦变成现实，则需要付出大量艰苦的劳动和努力。这一梦想随着不断高产的超级稻逐渐成为现实。

"杂交水稻覆盖全球梦"则是希望超级稻走出国门走向世界、覆盖全球梦。为了实现这个梦，袁隆平和他的团队一直在努力。从20世纪80年代至今，坚持开办杂交水稻技术国际培训班，为80多个发展中国家培训了14000多名杂交水稻技术人才，袁隆平受邀担任联合国粮农组织首席顾问，帮助其他国家发展杂交水稻。最终，他把杂交水稻种到沙漠和盐碱地，种到非洲和全世界。

"禾下乘凉梦"和"杂交水稻覆盖全球梦"是袁隆平一生的梦想。终其一生，袁隆平都在为实现梦想而奋斗，通过这个案例我们发现科学的理想一定是从现实中来，高于现实，并在实践中实现。

②理想具有实践性。理想是在特定历史条件下的人们对社会实践活动理性认识的结晶。理想在实践中产生，在实践中发展，而且也只有在实践中才能得以实现。实践产生理想，理想指引实践，理想与实践相互作用、不断循环上升，推动着人们立足现实、着眼未来，在奋斗中追求，在追求中奋斗。

伟大发明家爱迪生，他的每一项发明都是在无数次的实验中，反复验证，才有了最后的成功；数学家陈景润为破解哥德巴赫猜想之谜，单单用于推导验算的草稿纸就装满了几十个麻袋；还有高位截瘫的张海迪，在病床上，用镜子反射来看书，积极地自学外语，最后经过自己的努力奋斗，学会了4国外语，并成功翻译了16本海外著作。

理想的实现一定要经过努力，经过实践。这些成功的人们，他们理想的实现，都是在实践中不断探索，在奋斗中不断追求的结果。因此，理想的实现离不开实践，离开了实践，任何理想的产生都是不可实现的。

③理想具有时代性。理想是一定时代的产物，都带着特定历史时代的烙印。理想的时代性，不仅体现为它受时代条件的制约，而且体现为它随着时代的发展而发展。

【案例3】 理想

理想是石，敲出星星之火；

理想是火，点燃熄灭的灯；

理想是灯，照亮夜行的路；

理想是路，引你走到黎明。

饥寒的年代里，理想是温饱；

温饱的年代里，理想是文明。

离乱的年代里，理想是安定；

安定的年代里，理想是繁荣。

——流沙河《理想》

【提问】这首诗说明了理想具有什么特征？

【解析】理想的时代性，不仅体现为它受时代条件的制约，而且体现为它随着时代的发展而发展。随着社会的发展进步，随着对社会发展规律和人的发展规律认识的逐步深化，人们也会不断地调整、丰富和发展自己的理想。

我们经常说理想信念，那么理想和信念有什么区别和联系呢？什么又是信念呢？

其次，我们应该明白信念的含义与基本特征是什么。

【案例4】 抗疫逆行者

2020年初，面对突如其来的疫情，全国人民拧成一股绳，坚定信心、同舟共济，改变了疫情快速扩散的危险进程。抗击疫情中的医护人员，一直坚守在疫情的最前线，同时，涌现出一大批"90后"，甚至是"00后"志愿者，他们挺身而出，勇于担当，用青春和汗水在抗疫一线谱写自己的青春之歌。

【提问】是什么让他们坚守一线，不惧危险？

【解析】初心如磐，使命在肩。在防治疫情这场没有硝烟的战场上，医护人员以战之必胜的坚定信念、无怨无悔的奉献精神和科学严谨的工作态度，当好疫情防控的先锋队和主力军。困难面前，人人都是同舟者。为了打赢这场战役，我们坚持全国一盘棋，广泛调动社会各方面力量。在这场抗击疫情的人民战争中，奋斗在抗疫一线的有医护人员、人民解放军、专家学者、记者、公安民警、环卫工人、外卖小哥和爱心志愿者等等，正是他们的泪水和汗水，坚守和奉献，彰显出了中国效率、中国力量和中国精神。所以，只要我们万众一心，坚定信心，就没有克服不了的病毒，没有战胜不了的困难，一定能够打赢疫情防控的最终胜利。有信念、有梦想、有奋斗、有奉献的人生，才是有意义的人生。

那些令人振奋的请战，那些逆行者的精神，令我们百感交集，深受感动，是什么激励着他们前行呢？是信念，是理想！那什么又是信念呢？信念具有哪些特征？

（1）信念的含义。

信念同理想一样，也是人类特有的精神现象。信念是人们在一定认识基础上确立的对某种思想或事物坚信不疑并身体力行的精神状态。信念是认知、情感和意志的有机统一体，为人们矢志不渝、百折不挠地追求理想目标提供了强大的精神动力。

（2）信念的特征。

①信念具有执着性。坚定的信念使得人们具有强大的精神定力，不为利益所动，不为诱惑所扰，不为困难所惧。当一个人抱有坚定的信念时，他就会全身心投入到为实现目标而努力奋斗的事业中去，精神上高度集中，态度上充满热情，行为上坚定不移。

【案例5】 "我不知道你的名字，但我终于成了你"

"我是中部战区第82集团军某旅新毕业学员排长强天林，来自四川青川。2008年汶川特大地震中，一名解放军叔叔把我救了出来……如今10年过去了，我成了和你一样的人。叔叔你能看见吗？我一直在找你，你在哪里？"

国防科技大学一名中尉排长强天林通过媒体在微博上发布了一条寻人视频。其实，"寻找"的念头他一直都有，只是总觉得还没到合适的时候。因为，"寻找"的背后，是一个约定，是一次追随。2008年汶川地震时年仅14岁的他在回家途中遭遇余震，山体出现滑坡，一名解放军军官用身体为他挡住了飞石并将他护送到安置区。中国军人的担当和血性让他永生难忘，他告诉军人："叔叔，总有一天，我会成为你。"军人说："我等你。"

【提问】是什么力量支撑着强天林让他实现"我会成为你"的梦想，成为国防科技大学一名中尉排长？

【解析】2008年汶川地震后，为了兑现"我会成为你"与"我等你"之间的约定，强天林一直不懈努力，10年后他终于成为国防科技大学一名中尉排长。而10年的实践，那份冲动不知不觉间已经变成了他的信仰，指引和激励着他在追寻自己梦想的道路上不断攀登。由此案例我们可以看出，信念具有执着性，信念一旦形成就不会轻易改变。坚定的信念使得人们具有强大的精神定力，不为利益所动，不为诱惑所扰，不为困难所惧。

②信念具有支撑性。信念是一个人经受实践考验而能始终坚守理想的精神力量。任何一种理想的实现都不是轻而易举的，会遇到各种各样的困难和波折，人必须有坚定不移的决心和坚忍不拔的意志，才能不断战胜困难，把理想变为现实。

【案例6】 夏伯渝先生的"珠峰"梦

夏伯渝，男，1949年出生于重庆，中国登山家，中国登山协会成员，中国第一位尝试攀登珠峰的残疾人。1975年，夏伯渝登珠峰时因帮助队友，导致自己因冻伤而双小腿被截肢。尽管如此，他并未放弃自己登顶珠峰的梦想。多年以来，为完成登顶珠峰的夙愿，夏老先生克服身体和心理的种种障碍，在队友的帮助下又进行了四次攀登，2018年5月14日上午10时40分，69岁的夏老先生成功登上珠穆朗玛峰的最高峰，成为了世界上登顶珠峰最年长的残疾人，同时也是中国第一个依靠双腿假肢登上珠峰的人，2018年12月，被入选感动中国2018候选人物。2019年1月，当选"2018北京榜样"。

【提问】是什么力量支撑着"无腿老人"夏伯渝勇攀珠峰？从夏老先生身上我们能学到什么？

【解析】从初次受挫、受伤之后足球梦碎的痛苦与失去双腿的伤心；通过安装义肢继续登山的柳暗花明与坚强努力；为实现登顶珠峰梦想坚持健身，参与各种极限挑战……43年的坚持，感受了直面人生、坚持信仰的力量。

"登顶珠峰的信念一直支撑着我。只要我还活着，一定要为我的梦想去奋斗一天，拼搏一天。"夏伯渝已经不止一次说过这样励志的话语，他甚至已经成了许多人的精神力量。

有网友留言"在自己和队友之间，你选择了队友；在放弃与坚持之间，你选择了坚持。攀登者的信念是永不言弃，有脚可行走天地，无腿亦登顶珠峰。无私与无畏，是你征服世间高峰的信心——一览众山小。"从他身上，我们学会了什么是信念，学会了永不放弃、坚持、努力。

③信念具有多样性。

【课堂调查】设置调查问答，调查班级中学生的理想信念。

A.有一个较为体面且薪水不低的工作，有一个幸福的家庭。

B.能够在自己所从事的工作领域有所建树，成为专家和领导，从而实现自我价值。

C.升官发财，成为别人看得起的人，过体面的生活。

D.为中华民族崛起和腾飞做贡献。

E.周游世界，开阔眼界。

F.为世界和平和繁荣做贡献。

G.社会竞争太激烈了，谁知道将来会是什么情况，随遇而安吧。

展示调查结果，发现班级里同学们的理想信念都不同。

【结论】通过班级里同学们理想信念的调查，说明信念具有多样性，不同的人，不同的社会环境、思想观念、利益需求、人生经历和性格特征都会形成不同乃至截然相反的信念。一个班的大学生，其信念也并不完全相同。

另一方面，同一个人也会形成不同类型和层次的信念，并由此构成其信念体系。在信念体系中，高层次的信念决定低层次的信念，低层次的信念服从高层次的信念。信仰是最高层次的信念，具有最大的统摄力。信仰有盲目和科学之分。盲目的信仰就是对虚幻的世界、不切实际的观念、荒谬的理论等的迷信和狂热崇拜，科学的信仰则来自人们对自然界和人类社会发展规律的正确认识。

最后，我们应该知道理想与信念的关系是什么。

理想是信念所指的对象，信念则是理想实现的保障。理想和信念难以分割地紧密联系在一起，人们常将理想与信念合称为理想信念。

（1）理想与信念的区别。

理想的侧重点在于标志人与奋斗目标之间的关系，主要是指向未来的，为人们的行动指明方向。

信念的侧重点在于标志人对事物、观念的看法和态度，主要是面对现实的，为人们的行动提供精神支持。

（2）理想与信念的联系。

"志之所趋，无远弗届，穷山距海，不能限也。志之所向，无坚不入，锐兵精甲，不能御也。"志存高远的人，再遥远的地方也能达到，再坚固的东西也能突破。

　　　　　　　　——2013年6月28日，习近平总书记在全国组织工作会议上的讲话

　　理想和信念总是相互依存。理想是信念所指的对象，信念则是理想实现的保障。离开理想这个人们确信和追求的目标，信念无从产生；离开信念这种对奋斗目标的执着向往和追求，理想寸步难行。在此意义上，理想和信念难以分割地紧密联系在一起。也正因如此，人们常将理想与信念合称为理想信念。

　　问题三：为什么说理想信念是精神之"钙"？

　　习近平总书记在十八届中共中央政治局第一次集体学习时的讲话指出："理想信念就是共产党人精神上的'钙'，没有理想信念，理想信念不坚定，精神上就会'缺钙'，就会得'软骨病'。"

　　首先，理想信念昭示奋斗目标。

　　人生是一个在实践中奋斗的过程，要使生命富有意义，就必须在科学的理想信念指引下，沿着正确的人生道路前进。理想信念是人的思想和行为的定向器，一旦确立就可以使人方向明确、精神振奋，即使前进的道路曲折、人生的境遇复杂，也能看到希望和曙光，永不迷失前进的方向。只有理想信念坚定的人，才能始终不渝、百折不挠，不论风吹雨打，不怕千难万险，坚定不移为实现既定目标而奋斗。人的理想信念反映的是对社会和人自身发展的期望，因此，有什么样的理想信念，就意味着以什么样的期望和方式去改造自然和社会，塑造和成就自身。只有树立起崇高的理想信念，才能够解答好人生的意义、奋斗的价值以及做什么样的人等重要的人生课题。

【案例7】　　巩立娇：21年，只为坚持梦想

　　2021年8月1日，32岁的巩立娇站上了奥运会的最高领奖台，此时，她已经有21年铅球生涯，经历了7届世锦赛和4届奥运会，"这一刻我等得太久了，我站在最高领奖台，所有的坚持都是值得的。"

　　【提问】是什么力量让巩立娇坚持前行？

　　【点评】巩立娇11岁开始接触铅球，2007年第一次参加世界大赛，十年间巩立娇的实力在亚洲逐步达到了无人能敌，但遗憾的是每次世界大赛，都与冠军失之交臂；2016年里约奥运会是她个人成绩最好的一年，投出20米43的记录，但赛场上却发挥失常，哭着离开奥运村，之后曾一度抑郁、暴瘦，直到2017年拾回状态后连续三年获得钻石联赛冠军，终于在她训练的第21年，在2021年东京奥运会上荣

获奥运冠军。她用了 21 年，走上冠军领奖台，人一定要有梦想！因为梦想昭示奋斗目标。

其次，理想信念提供前进动力。

志向高远，便力量无穷。一个人有了崇高坚定的理想信念，才会以惊人的毅力和不懈的努力成就事业。与此相反，一个人如果没有崇高坚定的理想信念，就有可能浑浑噩噩、庸庸碌碌、虚度一生，甚至腐化堕落、走上邪路。无数杰出人物之所以能在平凡的岗位上作出不平凡的业绩，在极其困难的条件下创造奇迹，一个重要的原因就在于他们具有崇高坚定的理想信念，从而具有披荆斩棘、锲而不舍的动力。大学时期确立的理想信念，对今后的人生之路将产生重大影响，甚至会影响终身。大学生人生目标的确立、生活态度的形成、知识才能的丰富、发展方向的设定、工作岗位的选择，以及如何择友、如何面对挫折、如何克服困难等问题的解决，都需要一个总的原则和目标，都离不开理想信念的指引和激励。大学生应当重视理想信念的选择和确立，努力树立科学崇高的理想信念，使人生道路越走越宽广，使宝贵的人生富有价值。

【案例 8】 清华学子："轮椅超人"矣晓沅的奋斗故事

矣晓沅，1991 年出生于云南省玉溪市，6 岁时因一场高烧患上"不死的癌症"——类风湿性关节炎，随着疾病恶化，他逐渐丧失了行走与生活自理能力。11 岁时，他开始与轮椅为伴，但是，他 21 岁时以云南省第 16 名、高考 679 分的成绩考入清华大学计算机系，成为我国改革开放后清华大学招收的第一个残疾学生；23 岁获得清华学子最高荣誉——清华大学特等奖学金；2021 年 6 月，玉溪"轮椅学子"矣晓沅清华大学博士毕业。由矣晓沅参与研发的人工智能系统——"九歌"自上线至今，累计已获得超过 1500 万人次的访问量，并两次获得中国计算语言学大会的"最佳系统展示奖"。

【提问】矣晓沅的人生经历给我们什么样的启发？

【解析】轮椅束缚了矣晓沅的脚步，却挡不住他追求卓越人生的高度。坐轮椅考上清华，命运或许不公，但请相信奋斗的力量。19 年，近 7000 个白日黑夜，矣晓沅和他的母亲一道，凭借着顽强的毅力和坚韧，在求学和科研的道路上"跑"出一段又一段精彩传奇的故事，到达思想和精神的另一个高度。2013 年，矣晓沅参加清华大学暑期社会实践，组建了"中国远征军战斗遗址考察支队"，奔赴腾冲寻访远征军的故事。6 天，1500 公里，他和同学们一起完成了 8000 字的考察笔记，并摄制了 20 分钟的纪录片，最终获校级金奖。读研期间，他加入了人工智能"九歌"的研制团队，并成为"九歌"的核心研发人员，连续两年获得中国计算语言学大会的"最佳系统展示奖"，在国际顶级学术会议发表多篇论文。2018 年 7 月，矣晓沅还参加了在瑞典举行的国际人工智能联合会议，这是 AI 界顶级会议之一。他不为困难所屈服，自强不息的奋斗精神，以及始终保持的坚韧意志和无畏心态，是最值得我们学习的。

最后，理想信念提高精神境界。

人生是物质生活与精神生活相辅相成的统一过程。理想信念是衡量一个人精神境界的重要标尺。理想信念作为人的精神世界的核心，一方面能使人的精神生活的各个方面统一起来，使人的精神世界成为一个健康有序的系统，避免精神空虚和迷茫；另一方面又能引导人们不断追求更高的人生目标，并在追求和实现理想目标的过程中提升精神境界、塑造高尚人格。在追求理想和实现理想的过程中，人们要不断面对各种挑战、抵御各种诱惑、突破各种局限、克服各种困难。这个过程是人的精神世界从狭隘走向高远、从空虚走向充实、从犹豫走向执着的过程，也是一个人沿着自我成长和完善的阶梯不断攀登、逐步提升精神境界的过程。

海伦·凯勒有这样一句非常形象而生动的话："当一个人感觉到有高飞的冲动时，他将再也不会满足于在地上爬。"她接受了生命的挑战，创造了生命的奇迹。她，盲聋哑集于一身的弱女子竟然毕业于哈佛大学德克利夫学院，并用生命的全部力量奔走呼告，建起了一家家慈善机构，为残疾人造福，被评选为 20 世纪美国十大英雄偶像。理想和信念像熊熊燃烧的烈火使她才走出黑暗、走出死寂，理想和信念像巨大的羽翼，帮助她飞上云天。从某种意义上说，人不是活在物质世界里，而是活在精神世界里，活在理想与信念之中。对于人的生命而言，要存活，只要一碗饭，一杯水就可以了；但是要想活得精彩，就要有精神，就要有远大的理想和坚定的信念。理想信念使贫困的人变成富翁，使黑暗中的人看见光明，使绝境中的人看到希望，使梦想变成现实。若丧失了理想和信念，一个人就形同行尸走肉，衣架饭囊。

问题四：新时代大学生应坚守什么样的理想信念？

理想指引方向，信念决定成败。理想信念是人生发展的内在动力。在大学期间，大学生不仅要提高知识水平，增强实践才干，更要树立崇高的理想信念。

在新时代，什么样的理想信念是值得毕生坚守、终身奋斗的呢？或者说应该以什么为坐标来选择、确立和实现理想信念呢？

坚定的理想信念，必须建立在对马克思主义的坚定信仰上，建立在对历史规律的深刻把握上。

（1）什么是马克思主义信仰？

马克思主义信仰就是对马克思主义理论的真理性及其价值性的信仰和信奉，并将其作为行动指南。

马克思主义深刻揭示了自然界、人类社会和思维发展的普遍规律，是迄今为止最科学、最严密、最有生命力的理论体系，是人类文明史上的思想高峰。

马克思主义的核心内容主要有以下四个方面：一是唯物主义的世界图景，即实事求是、唯物主义、世界自足，不谈鬼神；二是共产主义的远大理想，即社会发展，人类解放、消灭私有制、消灭剥削；三是为人民服务的根本宗旨，即人民至上，服务群众；四是自由而全面的人生追求，即人生自由，全面发展。

马克思给我们留下的最有价值、最具影响力的精神财富，就是以他名字命名的科学理论——马克思主义。这一理论犹如壮丽的日出，照亮了人类探索历史规律和寻求自身解放的道路。

——2018 年 5 月 4 日，习近平总书记在纪念马克思诞辰 200 周年大会上的讲话

（2）为什么要信仰马克思主义？

第一，马克思主义是科学的理论，创造性地揭示了人类社会发展规律。

马克思主义主要由哲学、政治经济学、科学社会主义三大组成部分构成。这三大组成部分分别来源于德国古典哲学、英国古典政治经济学、法国空想社会主义，然而，最终升华为马克思主义的根本原因，是马克思对所处的时代和世界的深入考察，是马克思对人类社会发展规律的深刻把握。

马克思创建了唯物史观和剩余价值学说，揭示了人类社会发展的一般规律，揭示了资本主义运行的特殊规律，为人类指明了从必然王国向自由王国飞跃的途径，为人民指明了实现自由和解放的道路。

——2018 年 5 月 4 日，习近平总书记在纪念马克思诞辰 200 周年大会上的讲话

第二，马克思主义是人民的理论，第一次创立了人民实现自身解放的思想体系。

马克思主义博大精深，归根到底就是一句话，为人类求解放。在马克思之前，社会上占统治地位的理论都是为统治阶级服务的。马克思主义第一次站在人民的立场探求人类自由解放的道路，以科学的理论为最终建立一个没有压迫、没有剥削、人人平等、人人自由的理想社会指明了方向。马克思主义之所以具有跨越国度、跨越时代的影响力，就是因为它植根人民之中，指明了依靠人民推动历史前进的人间正道。

——2018 年 5 月 4 日，习近平总书记在纪念马克思诞辰 200 周年大会上的讲话

第三，马克思主义是实践的理论，指引着人民改造世界的行动。

实践的观点、生活的观点是马克思主义认识论的基本观点，实践性是马克思主义理论区别于其他理论的显著特征。马克思主义不是书斋里的学问，而是为了改变

人民历史命运而创立的，是在人民求解放的实践中形成的，也是在人民求解放的实践中丰富和发展的，为人民认识世界、改造世界提供了强大精神力量。

——2018 年 5 月 4 日，习近平总书记在纪念马克思诞辰 200 周年大会上的讲话

第四，马克思主义是不断发展的开放的理论，始终站在时代前沿。一部马克思主义发展史就是马克思、恩格斯以及他们的后继者们不断根据时代、实践、认识发展而发展的历史，是不断吸收人类历史上一切优秀思想文化成果丰富自己的历史。

马克思一再告诫人们，马克思主义理论不是教条，而是行动指南，必须随着实践的变化而发展。一部马克思主义发展史就是马克思、恩格斯以及他们的后继者们不断根据时代、实践、认识发展而发展的历史，是不断吸收人类历史上一切优秀思想文化成果丰富自己的历史。因此，马克思主义能够永葆其美妙之青春，不断探索时代发展提出的新课题、回应人类社会面临的新挑战。

——2018 年 5 月 4 日，习近平总书记在纪念马克思诞辰 200 周年大会上的讲话

（三）专题小结

通过对理想信念、共同理想的含义和特征的系统学习，理解了理想信念对大学生成才的重要意义；引导同学们树立马克思主义的崇高的理想信念，理解马克思主义为什么"行"？中国特色社会主义为什么好？从而增强对实现中华民族伟大复兴的信心。

六、教学拓展

（一）教学案例

1.习近平：我将无我，不负人民

【案例 9】 习近平：我将无我，不负人民

习近平从中国最基层的村党支部书记，到县、市主要领导，再到几个省市的一把手，直到成长为党的最高领导人，翻看习近平的成长轨迹，崇高的理想、坚定的信念犹如一盏明灯照亮了总书记的人生之路，使他步伐沉稳有力，目标坚定明确。

习近平总书记在 1995 年接受中央电视台采访时说：那时候什么活儿都干，开荒、种地、铡草、放羊、拉煤、打坝、挑粪……几乎没有歇过。他扛 200 斤麦子，十里山路是不换肩的。从"躺在跳蚤堆里睡觉，一咬一挠，浑身发肿"到"对跳蚤

的毒素产生抵抗力"；从一开始劳动"连婆姨都不如的每天五六个工分"到两年后"拿到壮劳力的 10 个工分，成了种地的好把式"。不管多累多苦，青年习近平总是一直拼命干，从来不"撒尖儿"，一步一步地过了跳蚤关、饮食关、劳动关、思想关这"四关"，将青春燃烧在了革命圣地广袤的黄土地上。即便作为"黑帮子弟"处境艰难，但他坚持追求真理和进步，始终对党充满信心，矢志要为群众办实事。在农村的 7 年逐渐建立起了自己的人生理想，就是要为老百姓办实事。

2004 年 8 月，时任浙江省委书记的习近平接受媒体采访时说："陕北高原给了我一个信念，也可以说是注定了我人生过后的轨迹。经过了陕北这一堂人生课堂，就注定了我今后要做什么，它教了我做什么"。习近平在《我是黄土地的儿子》一文中回忆说，15 岁来到黄土地时，我迷惘、彷徨；22 岁离开黄土地时，我已经有着坚定的人生目标，充满自信。作为一个人民公仆，陕北高原是我的根，因为这里培养出了我不变的信念：要为人民做实事。担任总书记后，面对一些党员、干部信仰缺失、信念动摇等问题，他明确提出：共产党员要把好"总开关"，不能得"软骨病"。正因如此，习近平先后 8 次写入团申请书，先后 10 次写入党申请书，不屈不挠，饱经周折方入团入党。

【提问】习近平总书记青年成长轨迹对你有何启发？

【解析】理想信念犹如定海神针。心中有信仰，脚下有力量。习近平总书记说过，如何选择一条正确的道路，关键是要有坚定的理想信念，他以实践做出了诠释。在总书记曲折的人生经历中，梁家河的知青插队经历，是他一生最艰苦的经历，但也是其最宝贵的人生财富。当身边的知青或当兵，或招工，或推荐上大学，一个个相继离开梁家河，只剩下他一个人，他还能从容淡定，奋发作为。主要靠的是坚定的信念。因为他把自己看作了黄土地的一部分，立志改变梁家河的旧面貌。青年习近平已经把理想信念深深地内化于心，外化成行。

2013 年总书记寄语青年，"青年时代，选择吃苦也就选择了收获，选择奉献也就选择了高尚。青年时期多经历一点摔打、挫折、考验，有利于走好一生的路。要历练宠辱不惊的心理素质，坚定百折不挠的进取意志，保持乐观向上的精神状态，变挫折为动力，用从挫折中吸取的教训启迪人生，使人生获得升华和超越。"大学时期确立的理想信念，对今后的人生之路将产生重大影响，甚至会影响终身。一定要扣好第一粒扣子，重视理想信念的选择和确立，努力树立科学崇高的理想信念，使人生道路越走越宽广，使宝贵的人生富有价值。

2.两次当选千年第一思想家

【案例10】 两次当选千年第一思想家

1999年9月，英国广播公司（BBC），评选"千年第一思想家"，在全球互联网上公开征询投票一个月。汇集全球投票的结果，马克思位居第一，爱因斯坦第二。2005年7月，英国广播公司以古今最伟大的哲学家为题，调查了3万名听众，结果是马克思得票率第一、休谟第二（马克思以27.93%的得票率荣登榜首，第二位的苏格兰哲学家休谟得票率为12.6%）。

【提问】马克思为何能两次当选千年第一思想家？

【解析】"千年伟人"的评选活动并不是一件孤立的偶然的事件。它既彰显了马克思主义真理的力量，又表征了当今时代仍然需要马克思主义。当前我们需要做的就是坚定马克思主义信仰，深入研究并不断发展马克思主义理论，使之与实践相结合，与时俱进，不断进行理论创新。

确立马克思主义的科学信仰，应从认识马克思开始。马克思的伟大体现在他的人格、他的信念、他的学说之中。

马克思具有高尚的人格魅力。马克思一生清贫，但在贫苦的困境中，他有着崇高的理想，有着强烈的事业心和责任感。

马克思具有坚定不移的信念。马克思在17岁时写的《青年在选择职业时的考虑》论文中说：如果我们选择了最能为人类而工作的职业，那么，重担就不能把我们压倒，因为这是为大家作出的牺牲；那时我们所享受到的就不是可怜的、有限的、自私的乐趣，我们的幸福将属于千百万人，我们的事业将悄然无声地存在下去，但是它会永远发挥作用，面对我们的骨灰，高尚的人们将洒下热泪。马克思以他毕生的工作做到了，这就是：为人类大多数人的幸福工作。

马克思创立了伟大的学说。马克思给人类留下了大量的宝贵财富，在他的所有著作中，最有影响的、也是最引起人们关注的著作就是《共产党宣言》和《资本论》。毛泽东、周恩来、邓小平都把《共产党宣言》看作是自己学习和坚持马克思主义的入门老师。

19世纪上半期，社会发生了深刻变化，产业革命的发展加剧了资本主义生产方式中生产力和生产关系的矛盾，同时也使资本主义的阶级关系发生了很大变化，资产阶级和无产阶级的矛盾上升为社会的主要矛盾。为了回答什么是人类历史发展的动力，资本主义究竟向何处去的问题，马克思于19世纪40至60年代实现了人类思想史上的伟大革命，创立了后来被人们用他的名字命名的"马克思主义"。

马克思主义的产生是人类思想史上的一次革命性的变革，集中表现在，马克思主义给人们理论思维的逻辑力量，给人们观察和分析问题的方法，也为人们提供了认识人类社会发展的世界观。马克思主义对人类的贡献受到了西方学者的肯定。美国学者海尔布隆纳在他的一个小册子《马克思主义：赞成与反对》中明确认为，要探索人类社会发展的前景，必须向马克思求教。他说：在社会历史领域，在人类社会发展领域，对马克思是不能回避的，人类社会至今仍然是生活在马克思所阐明的发展规律之中的。

（二）教学资料

1.马克思主义为什么"行"？（信仰）

马克思主义是放之四海而皆准的科学真理，既深刻改变了世界也深刻改变了中国。习近平总书记指出，马克思主义为中国革命、建设、改革提供了强大思想武器，使中国这个古老的东方大国创造了人类历史上前所未有的发展奇迹。新中国 70 年辉煌的历史充分证明：马克思主义可"行"！只有坚持以马克思主义为指导思想，我们才能真正站起来、富起来、强起来，从胜利走向胜利。

（1）坚持实事求是。马克思主义之所以"行"，就在于它是科学的唯物主义，始终坚持客观性原则，是我们党的思想路线的哲学基础。新中国成立以来，我们党进一步丰富和发展了这条思想路线，为我们的事业提供了科学的思想武器。

（2）坚持群众路线。马克思主义之所以"行"，就在于唯物史观是群众史观。始终坚持人民性原则，是我们党的群众路线的哲学基础。新中国成立以来，我们党进一步丰富和发展了群众路线，为我们的事业明确了可靠的依靠力量。

（3）坚持独立自主。马克思主义之所以"行"，就在于它是科学的辩证思维，始终坚持具体性原则，是我们党的独立自主原则的哲学基础。新中国成立以来，我们党进一步丰富和发展了这一原则，为我们的事业指明了正确的前进道路。

2.中国特色社会主义为什么好？（信念）

改革开放 40 年，中国共产党领导中国人民开创的中国特色社会主义，既赢得了中国人民和中华儿女的满意和支持，也迎来了国际社会人们的赞誉和关注。那么，中国特色社会主义为什么"好"，就成为聚焦和需要回答的问题之一。

中国特色社会主义好在其符合人类社会的发展规律，开辟了科学社会主义发展的新境界；

中国特色社会主义好在其以人民为中心，创造性地满足人民对美好生活的需要；

中国特色社会主义好在其显著提高了综合国力，迎来了中华民族伟大复兴的时代，提升了中国的国际地位；

中国特色社会主义好在其开创了独立自主和和平发展的现代化道路，并为发展中国家实现现代化贡献了中国智慧、中国方案。

七、课后思考

（1）关于"理想太遥远，享受当下就好了"的观点，你如何看待？

（2）有人认为中国年轻一代没有信仰，你怎么看？

（3）你认为大学生应当如何实现自己的理想？

八、实践指南

（1）针对学生的理想信念开展问卷调查。

（2）每人写一份，我的职业理想规划书。

九、延伸阅读

（1）毛泽东：《青年运动的方向》，《毛泽东选集》第2卷，人民出版社，1991年版。

（2）习近平：《在实现中国梦的生动实践中放飞青春梦想》，《习近平谈治国理政》第一卷，外文出版社，2018年版。

（3）习近平：《在北京大学师生座谈会上的讲话》，人民出版社，2018年版。

专题五：追问信仰 仰望星空，把好人生航向

一、教学目标

本专题教学在坚持问题导向原则下，通过问题链式的教学方式，层层递进，将理论教学一步步引向深入。引导和帮助大学生准确把握马克思主义、中国特色社会主义共同理想、共产主义远大理想的科学内涵和相互关系，充分彰显出正确理想信念的科学性质和崇高价值，引导大学生把个人理想与社会理想结合起来，教会学生历史地、辩证地看待社会问题和自我发展的关系，提高大学生正确对待个人理想与社会理想、理想与现实以及顺境与逆境关系的能力，坚定信仰信念信心，自觉把个人理想追求融入为实现中华民族伟大复兴中国梦的奋斗当中，志存高远、脚踏实地、在为实现中国梦而奋斗的实践中放飞青春梦想。

二、教学重难点

（一）教学重点

1. 引导学生自觉做共产主义远大理想的坚定信仰者和中国特色社会主义共同理想的忠实实践者。

2. 理想与现实的辩证关系。

3. 引导学生把实现个人理想建立在脚踏实地的奋斗上。

（二）教学难点

1. 如何正确认识中国特色社会主义共同理想和共产主义远大理想的关系？

2. 如何实现个人理想与社会理想的统一？

三、教学方法

本专题主要采用问题导入式教学方法，讲授法、案例分析法和课堂讨论法等。

四、教学课时

本专题对应高等教育出版社《思想道德与法治》（2021 年版）教材第二章第二节和第三节部分内容，教学安排 2 课时。

五、教学过程

（一）课程导入

【案例1】 1933 年《东方杂志》"新年的梦想"

1933 年，近代中国一份颇有影响的综合性刊物《东方杂志》以近百页的篇幅刊出 142 人的 244 个梦想。其中，就有个人对未来社会的向往与憧憬。

邹韬奋：没有帝国主义者、没有军阀、没有官僚、没有资本家、没有男盗女娼的共劳共享的平等社会。

叶圣陶：个个人有饭吃，个个人有工作做；凡所吃的饭绝不是什么人的膏血，凡所做的工作绝不为充塞一个两个人的大肚皮。

巴金：理想不抛弃苦心追求的人，只要不停止追求，你会沐浴在理想的光辉之中。

【提问】 你理想中的社会是什么样的？共产主义到底是什么样的社会？共产主义最终能取代资本主义吗？共产主义是可望而不可即的吗？如何看待理想与现实的矛盾？带这些问题的思考，下面进入新课的学习。

（二）讲授新课

问题一：如何正确认识共同理想和远大理想之间的关系？

一种观点认为：共产主义理想离现实太遥远，是无法实现的？或共产主义理想太宏大了，与我个人有什么关系呢？我只想要自己的"小确幸"就可以了。作为当代大学生，你怎么看待这种观点，我们为什么要树立共产主义的远大理想？我们的共同理想是什么？二者之间是什么关系？

（1）我们为什么要树立共产主义的远大理想？

共产主义是人类最崇高的社会理想，寄托着人类关于美好未来的全部情愫和渴望。它是将科学的世界观和方法论、彻底的唯物主义、无产阶级的党性原则、全心全意为人民服务的精神融为一体的崇高理想信念。

共产主义理想是以实现共产主义为基本内容的奋斗目标，是共产党人的最高理想。2016年7月1日，习近平总书记在《在庆祝中国共产党成立95周年大会上的讲话》中指出："革命理想高于天。中国共产党之所以叫共产党，就是因为从成立之日起我们党就把共产主义确立为远大理想。我们党之所以能够经受一次次挫折而又一次次奋起，归根到底是因为我们党有远大理想和崇高追求。"我们可以从以下四点分析，为什么要树立共产主义的远大理想。

第一，共产主义是人类极其美好的理性愿景。

物质丰富、幸福和谐、天下大同是人类的共同梦想，人同此心，心同此理。没有一个社会、一个民族、一个国家追求苦难。人类对幸福生活的追求，对理想社会的憧憬，归结起来四个字，叫"脱苦求福"，脱离苦难、追求幸福。但对幸福未来的求索从大的方面来说有两条路径：一种叫宗教表达。通过彼岸、天堂，通过上帝、佛陀来寄托自己的理想，把理想社会放在彼岸，放在来世，放在人类看不见的地方。耶稣背着沉重的十字架在耶路撒冷十四站苦路上前行，他心中的梦想是什么？为人类救赎灵魂。释迦牟尼在菩提树下苦苦打坐七七四十九天，心注一境，六根清净，最后"照见五蕴皆空"，发誓要"度一切苦厄"。在宗教当中，理想是不言而喻的，天启、神谕、顿悟、醍醐灌顶、当头棒喝、天使开示、主降福音，让你在神秘语境中大彻大悟。宗教表达由于缺乏实证过程、人间逻辑，因此本质上便成为"被压迫生灵的叹息""无情世界的感情"。一种是理性表达。把理想安放在人间，用平常心去思考、求索人类的公平与幸福。古往今来，理性表达幸福未来的思想家不胜枚举。在中国，《礼记·礼运》提出了理想社会的两个层次、两种模式。一是大同。"大道之行也，天下为公，选贤与能，讲信修睦……"一是小康。"今大道既隐，天下为家。各亲其亲，各子其子，货力为己"，但"礼义以为纪"，人民丰衣足食，安居乐业。小康是大同的前提，大同是小康的升级版。从这个意义上说，全面建成小康社会，既是实现党所确定的阶段性目标，也是实现中华民族的千年梦想。近代康有为的《大同书》也是描绘理想社会的名著，它"探索人类公理，想像极乐世界"，反映了近代中国进步知识分子对未来社会的深切诉求。在西方，"共产主义"的概念在古希腊就有了，柏拉图就曾提出过"共产"的主张，他的《理想国》影响深远。柏拉图认为将来治理国家的人都必须是学哲学的，国王就是哲学王。"让我们永远走向上的路，追求正义和智慧"。一千八百多年后，托马斯·莫尔提出"乌托邦"，成为"空想社会主义"开创性人物。"乌托邦"是指"没有的地方"。这个社会的特征是什么？没有阶级，财产公有，人民平等，按需分配，大家穿统一的工作服，一起吃食堂……实际上，在马克思之前追求人类社会的理想状态，鼓吹空想社会主义的思想家不在少数，比如圣西门、傅立叶、欧文，比如三个托马斯，托马斯·莫尔、托马斯·闵采尔、托马斯·康帕内拉。

但是，凡此种种，归纳一下、稍加比较，就能发现，对未来社会描述最彻底、最系统、最可信的是马克思。为什么？马克思从对历史的分析推断未来，是从对规律的把握揭示趋势，通过理性、科学的方式诠释人类理想：社会生产力高度发展，物质极大丰富；社会成员共同占有全部生产资料；各尽所能、按需分配；彻底消灭了阶级差别和重大社会差别；全体成员具有高度的共产主义觉悟和道德品质；国家消亡，这就是共产主义社会。所以列宁说，马克思丝毫不想制造乌托邦，不想凭空猜测无法知道的事情，马克思指出共产主义的问题，正像一个自然科学家已经知道某一新的生物变种是怎样产生以及朝哪个方向演变才提出该生物变种的发展问题一样。与宗教和其他思想者表达不同，马克思依靠的是分析、推理、论证等科学方法发现规律、诠释理想。

习近平总书记号召我们多读几遍《共产党宣言》。《共产党宣言》雄辩地论证了"两个不可避免"，即资产阶级的灭亡不可避免，无产阶级的胜利不可避免。因为资产阶级丧失了它曾经的革命性，自己无法控制自己的生产力，又造就了自己的掘墓人。这个判断来自实证而非超自然力量的启示，因而蕴含了强大的真理力量。所以，有的共产党员去信教，甚至有的迷信鬼神，对共产主义心存疑惑，这走到哪儿都说不通。因为即使按照"择优而从"常识，我们也应该选择信仰共产主义。哈佛大学著名经济学家约瑟夫·熊彼特说，大多智力和想象力的创作经过，短的过程不过饭后一小时，长的达到一个世纪的时间就永远消失了。但有些创作不这样，它们几度隐没，复又出现。这些创作我们完全可以称作为伟大的创作，"无疑，'伟大'一词适合马克思的理论"。"共产主义"凭借马克思的逻辑力量在古往今来的理想学说中拔得头筹，不可撼动。

第二，共产主义是人类极其崇高的价值追求。

很多人一提共产主义想到的只是制度形态。实际上，马克思把设计具体的共产主义制度的任务更多地交给了未来人。共产主义包括学说、运动、制度、文化，而共产主义文化一以贯之。共产主义之所以被提出，首先必定基于一种动机和态度，一种追求和渴望，即一种价值观。这种价值观用马克思主义的话来表达就是"人的全面而自由的发展"。"代替那存在着阶级和阶级对立的资产阶级旧社会的，将是这样一个联合体，在那里，每个人的自由发展是一切人的自由发展的条件。"当然，这个自由也不是"绝对"的，也是有边界的。可以断言，"全面而自由的发展"是人类最简洁、最崇高、最能反映最大公约数的价值表达。

有的人要问，共产主义不是讲阶级斗争吗？实际上，共产主义社会没有阶级，没有国家，哪来的斗争？斗争只是阶段性手段。"哪里有压迫，哪里就有反抗"。中国共产党开辟了中国特色社会主义新境界，阶级斗争已经不是主要矛盾。在现阶段，我们的核心价值是包容性的。党章中明确指出，中国共产党是中国工人阶级的先锋队，也是中国人民和中华民族的先锋队。中国共产党已经不仅代表一个阶层、一个集团的利益，而且代表中国最广大人民的根本利益。中国共产党心胸开阔，襟怀坦白，愿意跟世界一切国家、一切政党交朋友，不以价值观划线，不输出革命，不用战争威胁别国。在实践中，中国共产党把共产主义文化与中华优秀传统相统一，追求和为贵、和而不同，用社会主义核心价值观阶段性地科学表达"全面而自由"的深刻内涵。很多人闹不清楚资本主义和社会主义有什么区别，简而言之，资本主义，就是以资为本，有资本就有主义，你的话语权、你的地位是跟资本的份额、财富的多少画等号的；社会主义，就是大家都能过上好日子。邓小平同志曾提出，让一部分地区先富起来，一部分人先富起来，然后先富帮后富，最终实现共同富裕。这句话点明了社会主义根本追求，"每个人的自由发展是一切人的自由发展的条件"，这就是共产主义价值观反映在制度和道路上的根本特征。

第三，共产主义是最具现实意义的伟大事业。

在马克思眼中，社会主义和共产主义是一回事，社会主义就是共产主义。因此，从源头上论，中国特色社会主义本身就是共产主义事业重要组成部分，当然它处于初级阶段。马克思在论述共产主义、社会主义的时候，观念也是发展的。他最早的观点是先有资本主义发展，才有社会主义产生的可能性和必然性。社会主义取代的只能是资本主义。当然，这是以西欧经验为基础的。后来，马克思通过对俄国革命及其未来命运的研究和考察，感觉到原来的逻辑可能还不完整，认为包括农村公社在内的整个俄国具有与西欧国家不同的特点。所以，它们在一定历史环境当中有可能不必经过资本主义各个阶段，可以缩短社会主义发展历程，从而最终达到保证社会劳动生产力极高发展的同时，又保证每个生产者个人最全面发展的经济形态。这就是说，在一些资本主义发育不健全、形态不完整的国家，特殊情况下也可以越过"卡夫丁峡谷"直接进入社会主义。但是，马克思又指出，在这种状态下发展起来的社会主义，应当汲取或占有资本主义制度所创造的积极成果，从而实现对资本主义的超越。所以，有的学者就认为，中国特色社会主义恰好符合马克思的第二个逻辑判断，即在没有完整发育的资本主义形态上直接进入社会主义，正在汲取或占有资本主义制度创造的积极成果而实现对它的超越。我觉得这个见解是准确的，它把马克思主义基本原理与中国特色社会主义实践从学理层面贯通起来，从而也再一次证明我们所从事的乃是真正的共产主义事业。

理解共产主义，不能离开欧洲背景、俄国背景，更不能离开中国实践；不能离开马恩的经典著作，也不能离开中国特色社会主义理论，不能离开习近平总书记系列讲话。总书记理解理想、信念、发展目标完整、全面、系统。在他的系列讲话中，理想目标有五个层次：一是共产主义远大理想，二是中国特色社会主义信念，三是中华民族伟大复兴的中国梦，四是全面建成小康社会奋斗目标，五是人民对幸福生活的新期待。总书记说，我们的人民热爱生活，期盼有更好的教育、更稳定的工作、更满意的收入、更可靠的社会保障、更高水平的医疗卫生服务、更舒适的居住条件、更优美的环境，期盼着孩子们能成长得更好、工作得更好、生活得更好。人民对美好生活的向往，就是我们的奋斗目标。因此，在习近平总书记的视野里，理想与现实是紧密统一的。理想召唤现实，现实指向未来，由远及近，直指现实；由低而高，通向理想。这当中贯穿着一条红线：为人民谋福祉，为社会谋公平，不断追求人的全面而自由的发展。习近平总书记倡导构建"人类命运共同体""全人类的共同价值"，出发点也在于此。我们每一点创造和进步不仅对今天有意义，而且直指共产主义美好明天；我们每一点付出和努力，都在为共产主义大厦添砖加瓦。共产主义在运动，是过程。所以，马克思说，共产主义是用实际手段追求实际目标的实际行动。

第四，信仰共产主义是中国共产党的核心竞争力。

社会主义500年，经历了空想社会主义、科学社会主义、十月革命胜利后的社会主义实践、苏联模式逐步形成、新中国成立后我们对社会主义的探索和实践，以及改革开放以来中国特色社会主义等六个阶段。中国特色社会主义开辟了社会主义新境界，构成了国际共运史的新篇章。现如今，全世界有130多个共产党，1亿多党员，而中国共产党拥有9600多万党员，占世界共产党员人数87%，可谓一枝独秀，独步天下。为什么能如此？因为我们一方面独立自主，坚持把马克思主义同中国实践相结合，走自己的道路；另一方面，又始终坚定理想、信念、宗旨，高举共产主义伟大旗帜。改革开放40多年来，中国已经发展成世界第二大经济体，超过中国的只有美国一个。经济翻一番，中国只需要10年时间，世界第三大经济体日本需

84

要 30 年，美国需要 50 年。中国共产党 30 多年让 6 亿人脱贫，而且在未来五年当中，我们要彻底摘掉贫困这顶帽子。有没有理想，发展效率不同。张学良晚年曾反思，认为共产党打仗有"主题"，国民党打仗没有"主题"。也就是说，国民党军队不知道为什么而奋斗，所以没有战斗力。蒋介石早年也接触马克思主义，读《新青年》，读《列宁丛书》，读《马克思学说概要》。他有时感叹，马克思著作真艰涩，读来读去读不懂；有时又心有所会、"乐而不能悬卷"。黄埔军校是个军校，但是四分之三的课程是政治课，学三民主义，学中国近代史，学马列主义。国民党溃败到台湾，蒋介石想的不是第一时间反攻大陆，而是要整党，确认国民党是非民主结构的列宁主义政党。但是蒋介石的命运注定是悲剧。他一生在各种主义间游走，从来没把理想、信念认真地树立起来，因而处处饮恨、节节败退。而共产党自成立之日起就鲜明地举起共产主义旗帜，以共产主义炼心励志，执着奋斗、百折不挠。实际上，共产主义不仅是共产党打仗的"主题"，而且是贯穿中国革命、建设和改革的主旋律；不仅是共产党的主题，而且是党领导人民接续奋斗的强大思想基础。"革命理想高于天"。因此，从本质上看，理想信念决定成败胜负，有远大理想是我们共产党人的核心竞争力。

（2）为什么中国特色社会主义是我们的共同理想？

中国特色社会主义共同理想是坚定对中国共产党的信任，坚定走中国特色社会主义道路，坚定实现中华民族的伟大复兴。中国特色社会主义共同理想，是社会主义核心价值体系的基本内容之一。一句话概括，中国特色社会主义共同理想——就是在中国共产党领导下，坚持和发展中国特色社会主义，实现中华民族伟大复兴。

【教学视频】中国共产党百年历程

中国特色社会主义是改革开放以来党的全部理论和实践的主题。只有社会主义才能救中国，只有中国特色社会主义才能发展中国。坚持中国特色社会主义，就是真正坚持科学社会主义。

邓小平指出：我们这么大一个国家，怎样才能团结起来、组织起来呢？一靠理想，二靠纪律。组织起来就有力量。没有理想，没有纪律，就会像旧中国那样一盘散沙。

在中国共产党领导下，坚持和发展中国特色社会主义，实现中华民族伟大复兴的中国梦，把我国建设成为富强民主文明和谐美丽的社会主义现代化强国，是现阶段我国各族人民的共同理想。它把国家、民族与个人的利益紧密联系在一起，集中代表了我国社会各个阶层、各个群体的利益和愿望，具有广泛的社会共识，具有令人信服的必然性、广泛性和包容性。大学生要认清肩负的历史使命，牢固树立中国特色社会主义共同理想，为实现中华民族伟大复兴的中国梦而奋斗。

第一，中国特色社会主义是科学社会主义，不是别的什么主义。

中国特色社会主义，既坚持了科学社会主义基本原则，又根据时代条件赋予其鲜明的中国特色。这就是说，中国特色社会主义是社会主义，不是别的什么主义。

中国特色社会主义是改革开放以来党的全部理论和实践的主题，是党和人民历尽千辛万苦、付出巨大代价取得的根本成就。

新时代坚持和发展中国特色社会主义，总任务是实现社会主义现代化和中华民族伟大复兴，在全面建成小康社会的基础上，分两步走在本世纪中叶建成富强民主文明和谐美丽的社会主义现代化强国。在当代中国，坚持中国特色社会主义，就是真正坚持科学社会主义。

第二，中国特色社会主义不是从天上掉下来的，而是中国共产党带领人民历经千辛万苦找到的实现中国梦的正确道路。

习近平指出：一个国家实行什么样的主义，关键要看这个主义能否解决这个国家面临的历史性课题。在中华民族积贫积弱、任人宰割的时期，各种主义和思潮都进行过尝试，资本主义道路没有走通，改良主义、自由主义、社会达尔文主义、无政府主义、实用主义、民粹主义、工团主义等也都"你方唱罢我登场"，但都没能解决中国的前途和命运问题。是马克思列宁主义、毛泽东思想引导中国人民走出了漫漫长夜、建立了新中国，是中国特色社会主义使中国快速发展起来了。①

中国特色社会主义道路是实现社会主义现代化、指引中国人民创造自己美好生活的必由之路。中国特色社会主义理论体系是指导党和人民沿着中国特色社会主义道路实现中华民族伟大复兴的正确理论，是立于时代前沿、与时俱进的科学理论。中国特色社会主义制度是当代中国发展进步的根本制度保障，是具有鲜明中国特色、明显制度优势、强大自我完善能力的先进制度。中国特色社会主义文化源自中华民族 5000 多年文明历史所孕育的中华优秀传统文化，熔铸于党领导人民在革命、建设、改革中创造的革命文化和社会主义先进文化，植根于中国特色社会主义伟大实践，是中国人民胜利前行的强大精神力量。

第三，中国共产党的领导是中国特色社会主义最本质的特征。

中国共产党自诞生之日起，就把为中国人民谋幸福、为中华民族谋复兴作为自己的初心和使命，并团结带领全国各族人民不懈奋斗，战胜各种艰难险阻，不断取得革命、建设、改革的伟大胜利。

中国共产党领导中国人民取得的伟大胜利，使具有 5000 多年文明历史的中华民

---

① 《习近平新时代中国特色社会主义思想学习纲要》，学习出版社，2019 年版，第 26 页。

族全面迈向现代化，让中华文明在现代化进程中焕发出新的蓬勃生机；使具有 500 年历史的社会主义主张在世界上人口最多的国家成功开辟出具有高度现实性和可行性的正确道路，让科学社会主义在 21 世纪焕发出新的蓬勃生机；使具有 70 多年历史的新中国建设取得举世瞩目的成就，中国这个世界上最大的发展中国家在短短 30 多年里摆脱贫困并跃升为世界第二大经济体，创造了人类社会发展史上惊天动地的发展奇迹，使中华民族焕发出新的蓬勃生机。党政军民学，东西南北中，党是领导一切的。当今中国，只有中国共产党，才能领导中国人民坚持和发展中国特色社会主义，才能担当起带领中国人民创造幸福生活、实现中华民族伟大复兴的历史使命。

要增强对马克思主义、共产主义的信仰，教育引导广大党员、干部从党百年奋斗中感悟信仰的力量，始终保持顽强意志，勇敢战胜各种重大困难和严峻挑战。要增强对中国特色社会主义的信念，教育引导广大党员、干部深刻认识到，中国特色社会主义是历史发展的必然结果，是发展中国的必由之路，是经过实践检验的科学真理，始终坚定道路自信、理论自信、制度自信、文化自信。要增强对实现中华民族伟大复兴的信心，教育引导广大党员、干部牢记初心使命、增强必胜信心，坚信我们党一定能够团结带领人民在中国特色社会主义道路上实现中华民族伟大复兴，努力创造属于我们这一代人、无愧新时代的历史功绩。

　　　　　　　——2021 年 4 月 25 日至 27 日，习近平总书记在广西考察

（3）共同理想和远大理想之间的关系是什么？

共产主义远大理想和中国特色社会主义共同理想，二者相辅相成，相互促进、有机联系和统一。一方面，远大理想是现阶段共同理想的奋斗目标。另一方面，现阶段的共同理想是远大理想的坚实基础。实现中国特色社会主义的共同理想，是为实现共产主义远大理想而服务。

新时代大学生自觉做共产主义远大理想的坚定信仰者和中国特色社会主义共同理想的忠实实践者。大学生作为时代新人，在新时代践行中国特色社会主义理想，就是要坚定"四个自信"，要对中国特色社会主义的道路、理论、制度和文化有着充分的自知、自觉和自信，需要认同中国共产党的领导，对建设社会主义现代化强国和实现中国梦充满信心。习近平总书记强调："我们现在坚持和发展中国特色社会主义，就是向着最高理想所进行的实实在在努力。"改革开放四十年来，中国特色社会主义在开创、坚持和发展中不断取得辉煌成就，不断证明着科学社会主义的真理性和实现共产主义的必然性。新时代大学生认同和践行共同理想，要坚决维护中国共产党的领导，推进改革开放再出发，坚定对中国特色社会主义的自信，自觉学习和深刻领会习近平新时代中国特色社会主义思想，时刻保持积极进取的奋斗姿态，

为实现中国特色社会主义共同理想贡献青春力量。

问题：如何看待个人理想和社会理想的关系？

首先，要分清个人理想和社会理想的含义。

个人理想是指处于一定历史条件和社会关系中的个体对于自己未来的物质生活、精神生活所产生的种种向往和追求。

社会理想是指社会集体乃至社会全体成员的共同理想，即在全社会占主导地位的共同奋斗目标。

【案例2】　第一位华人诺奖科学家——屠呦呦

屠呦呦，1930 年生于浙江宁波。1951 年，屠呦呦考入北京大学医学院（现为北京大学医学部），选择药物学系生药学专业为第一志愿。1955 年，屠呦呦大学毕业，分配到卫生部直属的中医研究院（现中国中医研究院）工作。她多年从事中药和中西药结合研究，突出贡献是创制新型抗疟药——青蒿素和双氢青蒿素。

疟疾是世界性传染病，每年感染数亿人，并导致几百万人死亡。20 世纪 60 年代，引发疟疾的寄生虫——疟原虫对当时常用的奎宁类药物已经产生了抗药性，影响严重。1967 年 5 月 23 日，在毛泽东、周恩来等中国领导人的亲自指示下，中国政府启动"523项目"，旨在找到具有新结构、克服抗药性的新型抗疟药物。1969 年，屠呦呦加入了中医药协作组，与军事医学科学院的研究人员一同查阅历代医药记载，挑选其中出现频率较高的抗疟疾药方，并实验这些药方的效果。1971 年下半年，屠呦呦由用乙醇提取改为用沸点比乙醇低的乙醚提取，1971 年 10 月 4 日成功提取到青蒿中性提取物，获得对鼠疟、猴疟疟原虫 100% 的抑制率。1977 年，她首次以"青蒿素结构研究协作组"名义撰写论文《一种新型的倍半萜内酯——青蒿素》发表于《科学通报》，引起世界各国的密切关注。

作为"中国神药"，青蒿素在世界各地抗击疟疾显示了奇效，给世界抗疟事业带来了曙光。2004 年 5 月，世卫组织正式将青蒿素复方药物列为治疗疟疾的首选药物，英国权威医学刊物《柳叶刀》的统计显示，青蒿素复方药物对恶性疟疾的治愈率达到 97%，据世卫组织统计，截至 2009 年年底，已有 11 个非洲国家的青蒿素类药物覆盖率达到 100%，另有 5 个非洲国家覆盖率为 50% 至 100%。

2011 年 9 月，屠呦呦获得被誉为诺贝尔奖"风向标"的拉斯克奖。这是中国生物（CHBT）医学界当时获得的世界级最高大奖。屠呦呦填补了华人十年未获此奖的空白，也成为了第一位在中国独立完成研究的获奖者。2015 年 10 月 5 日，85 岁的中国女科学家屠呦呦获颁诺贝尔生理学或医学奖。在瑞士皇家学院的颁奖典礼上，屠呦呦表示，"青蒿素的发现，不是一个人的成绩，是团队共同努力的成果，很多同志都参与这项研究，都作出了贡献。这也是中医药走向世界的一项荣誉。"

【提问】屠呦呦的成功说明了什么？

【解析】案例中的屠呦呦从小就确立了探索中药与中西药结合的理想，经过自己所在团队的艰苦奋斗，最终创制新型抗疟药——青蒿素和双氢青蒿素，显著降低了疟疾患者死亡率，为促进人类健康和减少病患痛苦作出了无法估量的贡献。从这个案例中我们看出：第一，每一个人的前途离不开国家的前途，国家的需要就是青年人的理想，只有将个人理想与国家的需要相统一才能够在社会上大有作为。屠呦呦加入国家"523项目"，才有了青蒿素的问世。第二，艰苦奋斗是成就事业不可或缺的条件。屠呦呦等人耗时4年，从包括各种植物、动物、矿物在内的2000多个方药中整理出640个，再从中进行100多个样本的筛选，以沸点在60摄氏度下的乙醚制取青蒿素，经过191次实验，才在实验室观察到青蒿素对鼠疟、猴疟疟原虫的抑制率达到了100%。因此，该案例启示着大学生，青春只有在为祖国和人民的真诚奉献中才能更加绚丽，人生只有融入国家和民族的伟大事业才能闪闪发光，只有把个人理想融入国家和民族的事业中，才能最终成就一番事业。

其次，要分清个人理想与社会理想的关系。

个人理想与社会理想的关系实质上是个人与社会关系在理想层面的反映。

个人理想与社会理想的关系主要体现在：

（1）个人理想与社会理想相互联系、相互统一。个人理想以社会理想为指引。人总是社会的人。人的本质不是单个人所固有的抽象物，在其现实性上，它是一切社会关系的总和。追求个人理想的实践活动都是在社会中进行的，正确的个人理想不是依个人主观愿望随意确定的，从根本上说它是由正确的社会理想规定的。同时，个人理想的实现，必须以社会理想的实现为前提和基础。因此，在整个理想体系中，社会理想是最根本、最重要的，而个人理想则从属于社会理想。换句话说，个人理想的确立要以社会理想为引导，个人理想的实现依赖于社会理想的实现。个人理想只有同国家的前途、民族的命运相结合，个人的向往和追求只有同社会的需要和人民的利益相一致，才可能变为现实。

社会理想是对个人理想的凝练和升华。社会是个人的联合体，社会理想与个人理想密不可分。社会理想不是凭空产生的，也不是由外在力量强加的，而是建立在众人的个人理想基础之上。强调个人理想要符合社会理想，并不是要排斥和抹杀个人理想，而是要摆正个人理想同社会理想的关系。社会理想归根到底要靠全体社成员的共同努力来实现，并具体体现在每个社会成员为实现个人理想而进行的活生生的实践中。当社会理想同个人理想有矛盾冲突的时候，有志气、有抱负的人可以作出最大的自我牺牲，使个人的理想服从于全社会的共同理想。

（2）个人理想与社会理想是相互区别、相互制约的，各有其自身的规定性。首先，社会理想决定和制约着个人理想。在理想体系中，社会理想居于高层次，是最根本、起主导作用的。个人理想居于低层次，从属于社会理想。个人理想只有自觉地顺应社会理想并以此为基本方向来进行选择和确立，才可能实现自己的理想目标。如今，建设中国特色社会主义是指导我们的总目标、大方向，个人理想只有与这个方向相一致才可能实现并得到社会认可。其次，社会理想又是个人理想的凝聚和升华。社会理想反映着人们的共同愿望，代表着人们的共同利益，它要靠千万人的实践活动来实现。因此，社会理想不仅不排斥个人理想，而且是个人理想的凝聚和升华。我们党提出的现阶段共同理想，就集中反映了我国各族人民的共同利益和愿望。由此可见，社会理想并不是虚幻和空洞的，它体现在千百万人一系列的现实生活中。社会主义制度的建立，为个人理想和社会理想的一致性创造了必要的条件，但是由于我们还处于社会主义初级阶段，人们日益增长的物质文化需要同落后的社会生产之间的矛盾还比较突出，难免会出现个人理想与社会理想的矛盾，因此在处理个人理想与社会理想的关系上，应把握好以下几点：

第一，防止只讲社会理想不讲个人理想，或者把个人理想和个人主义混为一谈。从个人理想的层次可以看出，高层次的个人理想与社会理想是一致的，对这种个人理想不仅不应当反对，还要加以提倡。现实生活中也有境界不高的个人理想，诸如过分追求个人利益、不顾社会整体利益等。对此，如果能以实事求是的态度加以正确引导，其觉悟是可以提高的，其理想也是可以不断升华的。反之，只讲社会理想，不讲个人理想，其结果只能导致人们"理想危机"感的产生。

第二，防止只讲个人理想不讲社会理想。有的人在确立个人理想时脱离客观实际，凭着自己的主观愿望去进行"自我设计"。这种无视客观条件的"个人理想"，其性质是个人主义的，其结果是处处碰壁、无法实现理想。因此，人们在处理个人理想与社会理想的关系时，不能只讲个人理想而不讲社会理想，不能背离社会理想的大目标去进行"唯我"设计。只有把自己的主观愿望与客观实际的可能性结合起来并瞄准社会理想这个大目标，自觉地调整个人理想，使个人理想顺应社会发展的正确潮流，才能在实现个人理想的过程中排除各种不良因素的干扰和腐蚀，在工作学习条件、生活环境等不尽如人意时避免消极埋怨和抵触情绪，真正做到个人理想与社会理想的有机统一。

90

第三，防止只讲理想职业不讲社会需要。理想从来不是个人想干什么就干什么。尽管社会主义社会已经为确立和实现个人的职业理想提供了良好的条件，但受社会生产力发展程度等条件的制约，社会分工的需要往往还不能使人人都如愿以偿。因此人们在选择职业时，既要力求符合自己的特定条件和专长，又不能忽视个人对社会应负的责任。当个人的职业理想与社会需要发生矛盾时，应以社会需要为重，及时调整和完善自己的职业理想，以保证职业理想的客观可行性。

问题二：如何辩证看待理想与现实的矛盾？

【案例3】　如何面对理想与现实的差距

每到毕业季，总有一些大学生毕业生发出"理想很丰满，现实很骨感"的感慨。

【提问】如何面对理想与现实的差距呢？

【解析】"理想很丰满，现实很骨感"形象地说明了理想不同于现实，理想和现实是有差距的，理想的实现不是一蹴而就的。因此，要学会辩证看待理想与现实对立统一的矛盾。

首先，要辩证看待理想与现实的矛盾。

在现实生活中，往往会存在这样的观点：一种认识偏向是用理想来否定现实，当发现现实不符合理想预期的时候，就对现实大失所望，甚至对现实采取全盘否定的态度。另一种认识偏向是用现实来否定理想，在追求理想的过程中一遇到困难就产生畏难情绪，觉得理想遥不可及，丧失为理想而奋斗的信心和勇气，直至最终放弃理想。之所以会出现这些认识误区，从思想方法上讲，是由于不能辩证地看待和处理理想与现实的矛盾。

理想和现实是一对矛盾，它们之间的关系既对立又统一。理想来源于现实，是对现实的反映，但它不等于现实，而是现实的升华。理想的材料来源于现实，理想的可能性来源于现实，理想的动机也来源于现实。一句话，"理想只能是现实的某种反映。"理想高于现实，是现实的升华，但它并不脱离现实，与现实是相互统一，必然联系的。理想是未来的现实，现实是理想的基础。但理想毕竟不是现实。人们在理想中追求的东西，在现实中还不存在或不完全存在。理想总是美好的，可是现实中既有美好的一面，也有丑陋的一面。理想与现实的这种差别，必然引起理想与现实的对立和冲突。如果理想与现实之间的矛盾冲突超过了人的心理承受能力，就会产生怀疑自己的力量，对理想发生动摇，陷入苦闷和彷徨的境地。在一定条件下，理想可以转化为现实，旧的理想实现了，又会有新的理想鼓舞和激励着人们。理想

91

转化为现实，现实产生理想的过程会循环往复，无终无止，由此，人类才会不断发展和进步。但理想转化为现实是有条件的，是一个艰苦奋斗的实践过程，需要人们全身心地去开拓进取。

解决理想与现实的矛盾，现实理想向现实的转变，就要把握理想的科学性，要在正确认识社会现实的基础上，树立符合社会发展客观规律的人生理想。要正确认识社会，必须全面了解社会。既要了解社会存在的弊端，又要了解社会发展的光明前途。面对理想与现实的矛盾和冲突，放弃或降低理想是不可取的，这样做只能使人消极、平庸，不是一个有为青年的选择。只有坚持远大理想，通过变革现实，使现实朝着理想的方向发展，才是解决理想与现实的矛盾的正确办法。

其次，要实现理想的长期性、艰巨性和曲折性。

理想的实现是一个过程。一般来说，理想越是远大，它的实现过程就越复杂，需要的时间也就越漫长。纵观人类社会发展史，任何一种理想的实现都不是轻而易举的，必然会遇到各种各样的困难和波折，充满着艰险和坎坷。回想近代以来中国先进分子救亡图存的峥嵘岁月。求得民族独立和人民解放，实现国家富强和人民幸福，是鸦片战争以来中国人民和中华民族最根本的理想。从1919年到1949年，许多立志救国救民的志士仁人进行了不屈不挠的斗争，经历的30多年的血泪挣扎才换来了新中国的成立，换来了中华民族的崛起。

理想实现不是一蹴而就、一帆风顺的，往往会遭遇波澜和坎坷，所以，要充分做好思想准备，认识到理想实现具有长期性、艰苦性和曲折性。著名词人汪国维将实现理想的过程分为三个境界，"昨夜西风凋碧树，独上高楼，望断天涯路""衣带渐宽终不悔，为伊消得人憔悴""众里寻他千百度，蓦然回首，那人却在灯火阑珊处"。在实现理想的征途中，不能一遇到一点困难、曲折或失败就灰心丧气，悲观失望，甚至动摇理想信念。如果这样理想最终不可能变成现实。青年学生应充分认识到实现理想的长期性、艰巨性和曲折性，正确认识和处理顺境和逆境的关系。不怕困难，克服困难，战胜困难，如果有这种精神，即使在逆境中也不会把人打倒压垮，还可能使人的潜能最大限度地迸发出来，创造出出人意料的奇迹。

【案例4】 大山里的女校校长：张桂梅

张桂梅，女，满族，1957年6月出生，中共党员，祖籍辽宁，云南省丽江华坪女子高级中学党支部书记、校长，华坪县儿童福利院院长。曾荣获"时代楷模""全国优秀共产党员""全国先进工作者""全国师德标兵""全国最美乡村教师""全国脱贫攻坚楷模""感动中国2020年度人物"等荣誉称号。

张桂梅在丽江市华坪县民族中学任教期间发现，民族中学里的女生不仅数量少，还时不时有女生从课堂上消失。家访后才明白：十几岁的姑娘，已经被定下婚事，要出嫁了。这让张桂梅萌生了一个想法：筹建一所免费的女子高中。从2002年起，张桂梅就开始为这个不切实际的梦想四处奔波。她带齐所有的证件，到城市去募捐：我想办一所学校，您能不能支持我五块、十块，哪怕两块都行？"骗子！好手好脚你不干活，还会说普通话，戴个眼镜你出来骗钱花……"筹款之路比张桂梅想象中困难许多，她用了五年寒暑假的时间也才只筹措到一万元，远远不够开办一所学校需要的资金。

就在张桂梅已经不抱希望之际，天无绝人之路，2007年，张桂梅当选党的十七大代表。到北京开党代会时，一位细心的记者发现张桂梅穿的牛仔裤居然破了两个洞，她开始好奇张桂梅的故事。这之后，一篇《我有一个梦想》的报道，让张桂梅和她的女高梦在全国传开。

来自各方的捐款以及当地政府的出资共同汇聚在华坪，2008年8月，华坪女子高级中学建成。张桂梅担任校长，并吸引来了其他16名教职员工。张桂梅带领教职工坚守教育报国初心，牢记立德树人使命，扎根贫困地区40多年，立志用教育扶贫斩断贫困代际传递，倾力建成全国第一所全免费女子高中，让1600余名贫困山区女学生圆梦大学，托举起当地群众决战决胜脱贫攻坚的信心希望。2019年高考，华坪女高118名毕业生一本上线率达到40.67%，本科上线率82.37%，排名丽江市第一。建校至今，已经有1645名大山里的女孩走进大学。

【提问】张桂梅是如何一步步实现筹建一所免费的女子高中的理想的？这对你有何启发？

【解析】张桂梅创办免费女子高中，帮助数千名山区女孩改变命运，为国家输送了一批又一批莘莘学子。为了不让一名女孩因贫困失学，坚持家访11年，遍访贫困家庭1300多户，行程十余万公里。多年来她一直住在学生宿舍，和孩子们吃住在一起，陪伴学生学习生活。为了学校，把工资、奖金和社会各界捐款100多万元全部投入到贫困山区教育中，在她身上充分体现了人民教师以德施教的仁爱之心和至善至美的师者大爱。20多年来，张桂梅以"红梅傲雪，大爱无疆"的精神，帮助贫困山区孩子走出大山，托起无数家庭和学生"知识改变命运"的梦想，用初心和信仰书写着一名共产党员对党忠诚一辈子、为民奉献一辈子、坚忍执着一辈子、于己克俭一辈子的高尚情怀。她就如一枝报春的红梅，带给贫困山区孩子们无限的希望，谱写着新时代共产党人的无疆大爱。

最后，艰苦奋斗是实现理想的重要条件。

【案例5】 第一颗原子弹背后的故事

1964年10月16日，在新疆罗布泊的上空，我国第一次将巨大的火球和蘑菇云升上了戈壁荒漠，中国第一颗原子弹爆炸成功，也意味着中国成为世界上第五个拥有核武器的国家。

（1）所有行动高度机密，蛰伏，只是为了更好地绽放。

程开甲，中国核武器事业的开拓者之一，1960年，他接到一项秘密任务，"派你造原子弹"，就这样他"消失了20年"。当时所有和研制原子弹相关的工作和人员，都被列入机密，甚至，还有一套密语被设计出来。

（2）耗时最短，震惊世界。

研制原子弹的关键时间，是1959至1961年。当时最大的难关就是不知道原子弹爆炸流程，苏联专家撤走的时候，曾扬言"给你们一颗原子弹，你们也爆不响"，经过反复的研究，精密的计算，终于提出了原子弹塔爆方案，这是一项独立自主的，具有创新的核爆炸。

1964年10月16日下午3时，我国第一颗原子弹爆炸试验成功，中国正式开启了研制原子弹的历程，到1964年中国首次核试验成功，中国用了7年的时间。与其他核国家掌握原子弹技术的耗时相比，中国仅仅用略多几个月的时间就创造了尖端技术不对称发展的奇迹，这一速度足以震惊世界。

1967年6月17日，中国第一颗全当量的氢弹空投试验成功。从第一颗原子弹到氢弹的成功，美国用了7年4个月，苏联用了4年，英国用了4年7个月，法国用了8年6个月，中国只用了2年8个月。

（3）全面的独立自主。

美国研制核武器时，至少有14位诺贝尔奖得主，而中国只有一群刚毕业的大学生，因此美国情报部门一直都怀疑中国独立自主掌握核武器的能力，他们甚至对中国的核能力不屑一顾。然而，中国确实独立自主地掌握了原子弹技术。在主要依靠自己力量的基础上，积极争取苏联先进技术和设备，力争尽快消化和吸收苏联的核技术知识和原子能工业建设经验，所以在苏联全面撤走核专家后，中国第一颗原子弹研制工作并没有中断，反而促进了中国自行研制原子弹的历史性转折，完成由不能独立掌握到独立掌握的转变过程。

【提问】第一颗原子弹背后的故事给我们什么启示？

【解析】这个案例启示我们不管用多少年我们都要自力更生艰苦奋斗，核心科技必须全面的独立自主。我国第一个原子弹爆炸成功对于加强我国的国防力量，维护世界和平有着非常重要的意义，也有力地打破了超级大国的核垄断，提高了中国的国际地位。它在宣告着一个曾经落后的大国正在以强国的姿态屹立于世界之林，这是一封震惊世界的宣言书，更是一份珍贵的历史档案。

【互动讨论】有人说："艰苦奋斗是老一辈的事，当代青年不需要艰苦奋斗"。你同意这个观点吗？为什么？

【解析】不同意。

（1）伟大成就来自艰苦奋斗。70年来，全国各族人民同心同德、艰苦奋斗，取得了令世界刮目相看的伟大成就。70年披荆斩棘，70年风雨兼程。新中国70年取得的令世界刮目相看的伟大成就，是中国人民在党的领导下艰苦奋斗干出来的。

新中国的70年，是中国人民大力弘扬艰苦奋斗精神的70年。新中国成立之初一穷二白，连一辆汽车、一架飞机、一辆坦克、一辆拖拉机都造不出来。但是，我们党带领中国人民通过艰苦奋斗，用不长的时间就建立起独立的、比较完整的工业体系和国民经济体系。改革开放以来特别是党的十八大以来，中国人民赓续艰苦奋斗的精神血脉，从载人航天、载人深潜、探月工程到高铁、航母、大飞机，从天宫、蛟龙、天眼到悟空、墨子、港珠澳大桥，攻克了一个又一个看似不可攻克的难关，创造了一个又一个彪炳史册的人间奇迹。正是因为大力弘扬艰苦奋斗精神，中国人民才能于一穷二白中奋进，用短短几十年时间实现了从"赶上时代"到"引领时代"的伟大跨越，使中华民族迎来了从站起来、富起来到强起来的伟大飞跃。

（2）中国国情也需要艰苦奋斗。温家宝总理曾经讲过：一个很大的总量，除以13亿，都会变成一个小数目。说的就是：中国今天虽然社会生产力有了很大发展，经济总量不断增长，已成为并稳居世界第二大经济体，但我国人口众多，人均经济、资源、能源指数均在世界排名靠后的位置。十九大报告明确了我国国情和国家定位——我国是仍处于并将长期处于社会主义初级阶段的、世界最大发展中国家，具体体现在：人均GDP只有美国的1/7，全球排名处在60多位；社会生产力总体水平仍不高，生产力结构还不够合理，高投入、高消耗的增长方式尚未得到根本改变，科技创新能力仍有明显不足，城乡区域发展差距较大。我国制造业、国际贸易等在世界上的规模很大，但国民经济仍存在大而不强的问题。社会建设和社会治理取得长足进步，但社会事业发展和社会治理现代化水平都有待进一步提升。文化软实力不断增强，但远没有改变"西强我弱"的状况。科学技术得到迅猛发展，但仍然没有掌握尖端科技的制高点。国防和军事实力有了很大提升，但离建成与国土规模和经济实力相称的世界一流军事力量体系还有较大距离。综合起来看，我国仍然是一个典型的发展中国家。所以面对不足和差距，我们还需要艰苦奋斗加以努力。

（3）与过去相比，我们生活环境改善了，工作条件更好了，但艰苦奋斗的精神不能丢。其实我们的艰苦奋斗主要是强调一种斗争精神，即不怕艰难困苦，英勇顽强去战胜困难。在艰苦的环境中可以锻造人的品格，可以肃清余心杂念。还记得78岁的网红院士刘先林老先生吗？因为一张穿着旧皮鞋在高铁二等座上工作的图片而爆红网络，刘老先生是一位生活简朴、治学严谨的测绘界泰斗，最近有人发现刘老的办公室极为简陋，掉漆的写字台和硬木椅子用了30年，但他多次拒绝更换新桌椅，理由是：太舒服了容易走神，只有坐硬椅子，才能出灵感。刘老先生的人生哲理让我们可敬可佩；艰苦奋斗还体现了一种献身精神，即为国家和人民利益乐于奉献、勇于献身。

艰苦奋斗是实现理想的重要途径。艰苦奋斗不仅是一种艰苦朴素、勤俭节约的生活作风，而且更重要的是一种不畏艰难，埋头苦干，勇于实践，自强不息的精神面貌。一方面，物质生活条件的改善，社会观念的变化，只是赋予艰苦奋斗以新的时代内涵和实践要求，但艰苦奋斗的精神是永远不会过时的；另一方面，讲艰苦奋斗，也并不是不讲物质利益，而是为了实现既定的理想，不怕吃大苦、耐大劳，不惜献出自己的一切。新时代，为我们这一代青年提供了广阔的舞台，同时，我们也将面临着前所未有的困难和挑战。青年学生只有攻坚克难，经受锻炼，勇于创新，才能开创未来，大有可为。

（三）专题小结

祖国的富强、民族的繁荣、人民的幸福，需要每一个社会成员尽其才、奋其志。本专题通过对共同理想与远大理想、个人理想和社会理想、理想与现实等关系的梳理和讲授；增强同学们对实现中华民族伟大复兴的信心，引导同学们积极投身社会实践，把理想转化为现实，实现中国梦。

六、教学拓展

（一）教学案例

【案例6】　幸福的密码

1988年4月，霍华德·金森24岁，是美国哥伦比亚大学的哲学系博士。他毕业论文的课题是《人的幸福感取决于什么》。为了完成这一课题，他向市民随机派发出了一万份问卷。问卷中，有详细的个人资料登记，还有五个选项：A. 非常幸福；B. 幸福；C. 一般；D. 痛苦；E. 非常痛苦。历时两个多月，他最终收回了五千二百余张有效问卷。经过统计，只有121人认为自己非常幸福。

接下来，霍华德·金森对这121人做了详细的调查分析。他发现，这121人当中有50人是这座城市的成功人士，他们的幸福感主要来源于事业的成功。而另外的71人，有普通的家庭主妇、卖菜的农民、公司里的小职员甚至是领取救济金的流浪汉。这些职业平凡、生涯黯淡的人，为什么也会拥有如此高的幸福感呢？通过与这些人的多次接触交流，霍华德·金森发现，这些人虽然职业多样、性格迥然，但是有一点是相同的，那就是他们都对物质没有太多的要求。他们平淡自守，安贫乐道，很能享受柴米油盐的寻常生活。

这样的调查结果让霍华德·金森很受启发。于是，他得出了这样的论文总结：这个世界上有两种人最幸福：一种是淡泊宁静的平凡人，一种是功成名就的杰出者。如果你是平凡人，你可以通过修炼内心、减少欲望来获得幸福；如果你是杰出者，你可以通过进取拼搏，获得事业的成功，进而获得更高层次的幸福。

导师看了他的论文后，十分欣赏，批了一个大大的"优"！毕业后，霍华德·金森留校任教。一晃，二十多年过去了，他也由当年的意气青年成长为一位知名的终身教授。2009年6月，一个偶然的机会，霍华德·金森又翻出了当年的那篇毕业论文。他很好奇，当年那121名认为自己"非常幸福"的人现在怎么样呢？他们的幸福感还像当年那么强烈吗？于是他把那121人的联系方式又找了出来，花费了三个月的时间，对他们又进行了一次问卷调查。

调查结果反馈回来了。当年那71名平凡者，除了两人去世以外，共收回69份调查表。这些年来，这69人的生活虽然发生了许多变化（有的已经跻身成功人士的行列；有的一直过着平凡的日子；也有人由于疾病和意外，生活十分拮据），但是他们的选项都没变，仍然觉得自己"非常幸福"。而那50名成功者的选项却发生了巨大的变化：仅有9人事业一帆风顺，仍然坚持当年的选择——"非常幸福"；23人选择了"一般"；有16人因为事业受挫，或破产或降职，选择了"痛苦"；另有2人选择了"非常痛苦"。

看着这样的调查结果，霍华德·金森陷入了深思，一连数日，都沉浸在自己的思绪当中。两周后，霍华德·金森以《幸福的密码》为题在《华盛顿邮报》上发表了一篇论文。在论文中，霍华德·金森详细叙述了这两次问卷调查的过程与结果。论文结尾，他总结说：所有靠物质支撑的幸福感，都不能持久，都会随着物质的离去而离去。只有心灵的淡定宁静，继而产生的身心愉悦，才是幸福的真正源泉。

【提问】你认为幸福受哪些因素影响？

【解析】幸福是人类永恒的追求，而幸福究竟是什么？幸福受哪些因素影响？个人幸福与社会幸福的关系如何？这一系列问题都值得我们深入探索和回答。本案例中的霍华德·金森博士对121人就幸福的影响因素进行了前后两次调查，用可靠的调查数据为我们揭示了幸福的密码：实现幸福离不开一定的物质条件，物质需要的满足、物质生活的富足是幸福的重要方面，但人的幸福不能仅仅局限于物质方面，精神需要的满足、精神生活的充实也是幸福的重要方面。本案例可用于基础课第三节的导入及第一目"辩证对待人生矛盾"中"树立正确的幸福观"的教学。

【案例7】 从《觉醒年代》中感悟青春信仰

百年党史，风雨兼程，苦难铸就辉煌；

百年党史，波澜壮阔，初心始于觉醒。

近代中国，饱尝民族苦难，历尽变革风霜。

浩浩荡荡的年代，国家将何去何从？

多少仁人志士，擎天撼地，跃然纸上；

几多豪言壮语，振聋发聩，肃然起敬；

无数革命事迹，热血澎湃，潸然泪下。

从历史纵深处回望初心，《觉醒年代》打破了收视圈层和传播壁垒，不仅获得了专家们的高度评价，更在观众——特别是青年观众中掀起巨大的情感波澜。该剧编剧龙平平在接受采访时表示，《觉醒年代》就是要给年轻人树榜样。而它也确实做到了。在某视频网站，一条以该剧片段为主要素材的混剪视频播放量已经超过200万，弹幕近7000条；在社交媒体上，有这样一个高赞问答："《觉醒年代》有续集吗？""你现在的幸福生活就是续集。"

习近平总书记指出，"理想信念之火一经点燃，就会产生巨大的精神力量"。陈独秀创办《新青年》，李大钊坚信社会主义绝不会欺骗中国，青年毛泽东上下求索、寻求救国真理，鲁迅撰写《狂人日记》等，还有在新思想的激励下，洋溢着爱国热血的青年学子，他们冒着被处死的危险，广泛发起学生运动，唤起全民族的觉醒。

他们在一个个的主义和理论实践中，最终走上了以马克思主义为理论指导的新道路。我们要从党的百年历史中汲取强大的信仰力量，循着党的理论创新的历史轨迹，深学笃用习近平新时代中国特色社会主义思想，增强对马克思主义、共产主义的信仰，增强对中国特色社会主义的信念，增强对实现中华民族伟大复兴的信心，筑牢信仰之基、补足精神之钙、把稳思想之舵。

【提问】《觉醒年代》引发人们追剧的原因是什么？

【解析】《觉醒年代》作为一部优秀电视剧，再现了共产党人的初心使命，传递出伟大的爱国主义情怀，揭示了中国共产党建立的历史必然，既"叫好"，又"叫座"。红色的旗帜与鲜血交相辉映，先烈们用热血和生命坚守革命信念，开辟通往光明的道路。青春信仰在真理力量的加持下，推动党这艘巍巍巨轮在历史长河中不断披荆斩棘。习近平总书记在清华大学考察时曾强调："当代中国青年是与新时代同向同行、共同前进的一代，生逢盛世，肩负重任。"青年兴则国家兴，青年强则国家强。广大青年要勇敢肩负起时代赋予的重任，坚定理想信念，志存高远，脚踏实地，努力在实现中华民族伟大复兴的中国梦的生动实践中放飞青春梦想。

（二）教学资料

1. 共产主义到底是什么样的社会？

马克思、恩格斯作出了总体描绘：生产力高度发展，物质极大丰富，人们的精神觉悟极大提高；社会成员共同占有全部生产资料，各尽所能、按需分配，彻底消灭剥削、消除两极分化；国家、阶级消亡；从必然王国走向自由王国，实现人的全面而自由的发展。这些设想，涵盖了物质和精神、个人和社会、生产力和生产关系、经济基础和上层建筑等各个方面，是对理想社会状态的科学预测，寄托了人类关于美好未来的全部情愫和渴望。

今天，我们理解共产主义，关键是要抓住共产主义社会是以"每一个个人的全面而自由的发展为基本原则的社会形式"这一本质。看当代中国是不是以"共产主义"为最终目的，关键也就是看每个人是不是比过去能够更自由、更全面地发展自己的才能，是不是更少地受到物的奴役、资本的奴役，是不是向着"自由全面发展"的方向挺进。当然，也许前进的步伐是慢的，但关键是看我们是否已经行走在这条路上。

我们还通过以下四种维度理解共产主义：

第一，理论形态层面：共产主义是一种政治观点和思想体系。

第二，价值理想层面：共产主义是一种美好理想。

第三，现实运动层面：共产主义是一种"消灭现存状况的现实的运动"。

第四，社会制度层面：共产主义是一种社会制度。

2.共产主义最终能取代资本主义吗？

资本主义世界虽然发生了几次大的经济危机，但仍然具有很强的修复能力。近年来，西方主要资本主义国家增加国家干预、提高工人福利、重视科技创新，使它的生产力发展获得了一定的空间和回旋余地。资本主义生产资料私有制和社会化大生产的基本矛盾没有变，它的固有弊端无法根除，西方国家所作的政策调适，只是局部的修修补补，无济于事，不能从根本上治愈资本主义的绝症，资本主义必然灭亡，社会主义必然胜利，资产阶级的灭亡和无产阶级的胜利是同样不可避免的。

共产主义远大理想体现了人类对未来美好境界的最高追求，具有科学真理性和客观必然性。中国共产党从成立之日开始，就把实现共产主义写在自己的旗帜上，领导全国各族人民砥砺奋进。马克思主义经典作家指出，要实现共产主义，必须认识到社会主义是必经阶段。中国共产党作为马克思主义政党，在社会主义建设、改革和发展的接力探索过程中，一直把实现共产主义作为奋斗目标，把坚持和发展中国特色社会主义作为实现共产主义的必经阶段和必由之路。新时代大学生要深刻体认到，在新时代条件下努力坚持和发展中国特色社会主义，就是在证明科学社会主义的真理性和共产主义的科学性。

"共产主义是渺茫的幻想""共产主义没有经过实践检验"的观点，割裂了共产主义远大理想与现实的辩证统一关系，是完全错误的。共产主义远大理想的最终实现是一个漫长、艰辛的历史过程，需要一代又一代人付出艰苦的努力。共产主义是现实运动和长远目标相统一的过程。共产主义远大理想既面向未来，又指向现实。

事实一再告诉我们，马克思、恩格斯关于资本主义社会基本矛盾的分析没有过时，关于资本主义必然消亡、社会主义必然胜利的历史唯物主义观点也没有过时。这是历史发展不可逆转的总趋势，党的最高理想和最终目标是实现共产主义。我们现在的努力以及将来多少代人的持续努力，都是朝着最终实现共产主义这个大目标前进的。但是，一些人认为共产主义是可望而不可即的，甚至认为是望都望不到、看都看不见，是虚无缥缈的。这些人之所以理想渺茫、信仰动摇，根本就是历史唯物主义观点不牢固。

在十九大报告中，习近平总书记在谈到新时代中国共产党的历史使命时，指出："中国共产党一经成立，就把实现共产主义作为党的最高理想和最终目标，义无反顾肩负起实现中华民族伟大复兴的历史使命。"在谈到党的思想建设时，特别强调"共产主义远大理想和中国特色社会主义共同理想，是中国共产党人的精神支柱和政治灵魂，也是保持党的团结统一的思想基础"。在谈到社会主义核心价值体系时，他也同样将远大理想与共同理想一样等量齐观，强调要将二者"牢固树立"。

人类社会最终走向共产主义，这是马克思主义提示的历史运动规律，实现共产主义是人类历史发展的必然趋势。共产主义既是一种制度，又是一种运动。以实现共产主义理想为最终目的的无产阶级政党领导下的革命群众运动，就是共产主义运动。实现共产主义是共产党人的价值追求、最高理想。对共产主义远大理想的追求是一个漫长的过程，在这个过程中，若干个阶段性理想，中国特色社会主义共同理想就是这样一个具体的阶段性理想。

七、课后思考

（1）大学生应该树立怎样的理想？

（2）如何认识中国特色社会主义共同理想与共产主义远大理想的关系？

（3）结合自身实际，谈谈在实现中华民族伟大复兴进程中大学生肩负的责任。

八、实践指南

（1）微视频《中国梦我的梦》征集活动，要求如下：

讲述我们青春梦想的故事；要求故事情景贴近本专题内容；用手机记录、拍摄视频短片。

（2）组织学生就"幸福是什么""怎样才能获得或创造幸福"等话题进行讨论。

九、延伸阅读

（1）中共中央文献研究室：《习近平关于实现中华民族伟大复兴的中国梦论述摘编》，中央文献出版社，2013年版。

（2）习近平：《在纪念马克思诞辰200周年大会上的讲话》，人民出版社，2018年版。

专题六　弘扬中国精神　凝聚强国之魂

一、教学目的与要求

实现中华民族伟大复兴的中国梦，必须弘扬中国精神，这就是以爱国主义为核心的民族精神和以改革创新为核心的时代精神。该专题重点在于让学生在准确了解和掌握中国精神的科学内涵的基础上，明确爱国主义精神和时代精神的丰富内涵，辩证看待民族精神和时代精神的辩证关系，从历史与现实的结合上深刻理解中国精神的历史底蕴和丰富内涵，从而用实际行动来弘扬中国精神。

本专题教学在坚持问题导向原则下，通过问题链式的教学方式，层层递进，将理论教学一步步引向深入。实现两个教学目标：一是明确实现中国梦必须弘扬中国精神，正确认识弘扬中国精神的时代价值和现实价值；二是青年大学生将中国精神内化为自我成长成才正确的精神引领和强大精神支撑，勇做民族复兴大任的时代新人。

二、教学重难点

（一）教学重点

1. 中国精神的科学内涵。
2. 民族精神和时代精神的科学内涵。
3. 民族精神和时代精神的辩证关系。

（二）教学难点

1. 如何理解实现中国梦必须弘扬中国精神？
2. 进入新时代，我们应怎样弘扬新时代爱国主义？

3. 弘扬中国精神的时代价值。

📖 三、教学方法

本专题主要采用问题导入式教学方法、讲授法、案例分析法和课堂讨论法等方法。

📖 四、教学课时

本专题对应高等教育出版社《思想道德与法治》（2021 年版）教材第三章第一节第三节，教学安排 2 课时。

📖 五、教学过程

（一）课前预习

教师在学习通平台发布学习任务：

（1）中国共产党从小到大、由弱到强，从一叶扁舟到巍巍巨轮，靠的是什么？

（2）抗击新冠肺炎疫情中，涌现出了许多感人事迹，结合中国精神谈谈自己的看法。

（二）导入新课

【提问】中国共产党从小到大、由弱到强，从一叶扁舟到巍巍巨轮，靠的是什么？

中国共产党为什么"能"？理论和实践都证明，中国共产党能带领中国人民取得巨大成功绝非偶然，而是因为她有一系列优秀特质。中国共产党有远大理想追求，有科学理论引领，有选贤任能机制，有严明纪律规矩，有自我革命精神，有强大领导能力。正是依靠诸多优秀特质，中国共产党成为始终走在时代前列、人民衷心拥护、勇于自我革命、经得起各种风浪考验、朝气蓬勃的马克思主义执政党。

习近平总书记 2021 年 2 月 20 日在党史学习教育大会上讲话中指出，在一百年的非凡奋斗历程中，一代又一代的中国共产党人顽强拼搏，不懈奋斗……构筑起中国共产党人的精神谱系。我们党之所以历经百年而风华正茂，饱经磨难而生生不息，就是凭着那么一股革命加拼命的强大精神。

（三）新课讲授

问题一：什么是精神？什么是中国精神？

"人无精神则不立，国无精神则不强。精神是一个民族赖以长久生存的灵魂，唯有精神上达到一定的高度，这个民族才能在历史的洪流中屹立不倒、奋勇向前。"中华民族能够在 5000 多年的历史长河中生生不息、薪火相传，很重要的一个原因，就是拥有孕育于中华民族悠久辉煌历史文化之中的伟大中国精神。中国精神作为兴国强国之魂，是实现中华民族伟大复兴不可或缺的精神支撑。

第一，什么是精神？

精神指人的意识："至于精神定义若何，欲求精确之界限，固亦非易，然简括言之，第知凡非物质者，即为精神可矣。"精神家园：是民族安身立命之根本，是价值认同之标识，是传承发展之支撑。

中国传统文化博大精深，学习和掌握其中的各种思想精华，对树立正确的世界观、人生观、价值观很有益处。古人所说的"先天下之忧而忧，后天下之乐而乐"的政治抱负，"位卑未敢忘忧国""苟利国家生死以，岂因祸福避趋之"的报国情怀，"富贵不能淫，贫贱不能移，威武不能屈"的浩然正气，"人生自古谁无死，留取丹心照汗青""鞠躬尽瘁，死而后已"的献身精神等，都体现了中华民族的优秀传统文化和民族精神，我们都应该继承和发扬。

中华民族具有崇尚精神的优秀传统。

一是表现在对物质生活与精神生活相互关系的独到理解上。中国传统文化认为有精神追求是人与动物的重要区别，强调用道德理性和精神品格对欲望进行引导和控制。孟子在提问"人之所以异于禽兽者几希？"并回答，人最高贵的是有异于禽兽者"几希"的那四个善端：恻隐之心、善恶之心、辞让之心、是非之心。孔子也指出"不义而富且贵，于我如浮云。"

二是表现在中国古人对理想的不懈追求上。中国传统文化十分强调道德修养和道德教化，重视人的道德品质的养成，并提出行之有效的具体方法。张载提出"为天地立心，为生民立命，为往圣继绝学，为万世开太平"。

三是表现在对道德修养和道德教化的重视上。重视道德修养和道德教化的"三不朽"思想，"立德"置于"三不朽"（立德、立功、立言）之首。重视人生境界和理想人格（儒家追崇圣人，道家推崇圣人、至人、真人，佛教推崇佛等）。

四是表现在对理想人格的推崇上。儒家把"君子""圣人"作为自己的理想人格，道家推崇逍遥于天地之间的"真人""至人"，近代启蒙思想家梁启超呼吁"新民"

的理想人格。时代虽不同，却都关注人的精神品格。

中国共产党是中华民族崇尚精神优秀传统的忠实继承者和坚定弘扬者。在革命、建设、改革各个历史时期，中国共产党都强调要处理好物质与精神的关系，重视发挥人的精神的能动作用，中华民族崇尚精神的优秀传统得到进一步发扬光大。

在实现中华民族伟大复兴的征程中，必须继承中华民族创造的一切精神财富，不断增强团结一心的精神纽带、自强不息的精神动力，提振全民族的精气神，以朝气蓬勃的精神状态迈向中华民族的光明未来。

第二，什么是中国精神？

伟大领袖毛泽东同志说过："人活着总是要有点精神的。"一个民族非常需要精神的激励和凝聚。从中华民族五千多年的历史中，我们得到了一个结论：人无魂不立，国不魂不兴。这个魂就是中国精神。

习近平总书记在2013年3月17日《第十二届全国人民代表大会第一次会议上的讲话》指出，"实现中国梦必须弘扬中国精神。这就是以爱国主义为核心的民族精神，以改革创新为核心的时代精神。这种精神是凝心聚力的兴国之魂、强国之魂。"指出了中国精神的核心内涵，即以爱国主义为核心的民族精神和以改革创新为核心的时代精神的统一。民族精神赋予了中国精神以民族特征，表明中国精神与中国文化一脉相承。时代精神赋予了中国精神以时代内涵，表明中国精神与改革创新使命息息相关，正是民族精神和时代精神的交融贯通，使中国精神既具有鲜明的民族性又有强烈的时代性，唯有推崇中国之精神，才能化为中国之力量。

中国精神的丰富内涵：伟大创造精神、伟大奋斗精神、伟大团结精神、伟大梦想精神，传承了中华民族的宝贵精神基因，汲取时代的丰厚精神滋养，是对中国精神的系统阐释。

（1）伟大创造精神：产生了伟大思想巨匠（老子、孔子、庄子、孟子、墨子、孙子、韩非子等），发明了伟大科技成果（造纸术、火药、印刷术、指南针等），创作了伟大文艺作品（诗经、楚辞、汉赋、唐诗、宋词、元曲、明清小说等），传承了伟大史诗（格萨尔王、玛纳斯、江格尔等），建设了伟大工程（万里长城、都江堰、大运河、故宫、布达拉宫等）。

（2）伟大奋斗精神：开发和建设了祖国辽阔修理的大好河山，开拓了波涛万顷的辽阔海疆，开垦了物产丰富的广袤良田，治理了桀骜不驯的千百条大江大河，战胜了数不清的自然灾害，建设了星罗棋布的城镇乡村，发展了门类齐全的产业，形成了多姿多彩的生活。

（3）伟大团结精神：建立了统一的多民族国家，发展了56个民族多元一体、交织交融的融洽民族关系，形成了守望相助的中华民族大家庭；打败了一切穷凶极恶的侵略者，捍卫了民族独立和自由，共同书写了中华民族保卫祖国、抵御外侮的壮丽史诗。

（4）伟大梦想精神：盘古开天、女娲补天、伏羲画卦、神农尝草、夸父逐日、精卫填海、愚公移山中国古代神话深刻反映了中国人民勇于追求和实现梦想的执着精神。近代以来，实现中华民族伟大复兴成为中华民族最伟大的梦想。

【思考与讨论】中国抗击新冠肺炎疫情斗争是如何彰显"四个伟大"精神？

中国精神在哪里？中国精神在一批批抗疫医疗队的主动请缨中；中国精神在广大党员的日夜工作中，从城市社区到边远山区，各地党员随时准备为党和人民的利益牺牲一切，携手共同抗疫；中国精神在各行各业，志愿者们奔波劳累之中，他们都是社会上最美的群体，他们在为抗击疫情奉献出自己的力量，他们没有穿铠甲没有穿披风，他们看似那样的平凡，又是那样的不平凡，这种平凡体现的不是中国精神又是什么呢？从医护人员、军人的角度，先说人民教师在这种重大灾难中，能做些什么。从而引出当代大学生"为中华之崛起而读书"是他们要展现出来的中国精神。

中国共产党是中华民族优秀传统的忠实继承者和坚定弘扬者。

中国共产党在革命、建设和改革各个历史时期，都强调要处理好物质和精神的关系，重视发挥人的精神的能动作用，将中华民族重精神的优秀传统进一步发扬光大。

毛泽东提出"我们中华民族有同自己的敌人血战到底的气概，有在自力更生的基础上光复旧物的决心，有自立于世界民族之林的能力！"毛泽东称赞白求恩为"一个高尚的人，一个纯粹的人，一个有道德的人，一个脱离了低级趣味的人，一个有益于人民的人。"强调"人是要有一点精神的"。

【观看视频】《100秒带你了解中国共产党人的精神谱系》

从视频里面我们可以看到，中国共产党带领人民一直在继承和弘扬中华民族优秀传统，百年来，在革命时期、建设时期和改革时期，一代又一代中国共产党人顽强拼搏、不懈奋斗，涌现了一大批视死如归的革命烈士、一大批顽强奋斗的英雄人物、一大批忘我奉献的先进模范，形成了井冈山精神、长征精神、遵义会议精神、延安精神、西柏坡精神、抗美援朝精神、抗震救灾精神、抗疫精神、脱贫攻坚精神……

【案例1】 共产党人的精神谱系

1954年，川藏、青藏公路建成通车。这是在党的领导下新中国取得的重大成就，对推动西藏实现社会制度历史性跨越、经济社会快速发展，对巩固西南边疆、促进民族团结进步发挥了十分重要的作用。习近平总书记指出"在建设和养护公路的过程中，形成和发扬了一不怕苦、二不怕死，顽强拼搏、甘当路石，军民一家、民族团结的'两路'精神"，强调"要继续弘扬'两路'精神，养好两路，保障畅通，使川藏、青藏公路始终成为民族团结之路、西藏文明进步之路、西藏各族同胞共同富裕之路"。

川藏、青藏公路是新中国矗立在青藏高原上的历史丰碑。和平解放前，西藏基本处于封闭状态，现代交通事业一片空白。西藏和平解放后，中国人民解放军、四川和青海等省各族人民群众以及工程技术人员组成了11万人的筑路大军，跨怒江天险，攀横断山脉，渡通天激浪，越巍峨昆仑，在人迹罕至、平均海拔4000多米的青藏高原上，修建了世界上条件最艰苦、地形最复杂、工程建设最具挑战性、总长达4360公里的川藏、青藏公路，硬是在"生命禁区"架起了西藏文明进步的"巍巍金桥"，在"世界屋脊"开创了人类建设史上的奇迹，实现了西藏公路从无到有的历史转变，结束了进出藏物资人背畜驮的历史。实践证明，川藏、青藏公路是民族团结、军民团结的丰碑，是开发边疆、建设西藏的丰碑，是共同团结奋斗、共同繁荣发展的丰碑。

在高原上工作，最稀缺的是氧气，最宝贵的是精神。11万筑路大军以"让高山低头、叫河水让路"的豪情壮志，卧冰雪、斗严寒，战胜千难万险，"一不怕苦、二不怕死"，体现了不畏艰难险阻的革命英雄主义，展现了对理想事业的坚定与忠诚。唐古拉山"天下第一道班"，四川雀儿山五道班、陈德华等广大养路职工，用青春和生命保障着高原天路的常年全线畅通，"顽强拼搏、甘当路石"，体现了勇往直前、敢为人先的进取意识和担当精神，展现了甘于吃苦、乐于奉献的高尚情怀。建路之初3000多名英烈捐躯高原，数十年来各族群众与武警交通官兵团结协作、坚守保通，"军民一家、民族团结"，体现了水乳交融、血肉相连的军民鱼水深情，展现了平等团结互助和谐的社会主义民族关系。在建设和养护公路的过程中形成与发扬的"两路"精神，传承了中华民族的优良传统，彰显了中国人民的坚强品格，是伟大民族精神的生动体现，是中国共产党人精神谱系的重要组成部分，永远激励我们团结奋斗、不断向前。

今日西藏，公路通车里程达11.88万公里，铁路运营里程近1400公里，国际国内航线达到140条，逐步构筑起四通八达的高原综合立体交通网，助力西藏经济社会实现跨越式发展。这得益于党中央坚强领导、全国人民大力支持和西藏各族干部群众艰苦奋斗、顽强拼搏，尤其是一批又一批共产党员舍弃常人所拥有的、放弃常人所享受的，扎根雪域高原，矢志艰苦奋斗。2020年，习近平总书记对川藏铁路开工建设作出重要指示，强调"广大铁路建设者要发扬'两路'精神和青藏铁路精神，科学施工、安全施工、绿色施工，高质量推进工程建设，为全面建设社会主义现代化国家作出新的贡献"。发扬"两路"精神，擦亮理想信念底色，激发干事创业热情，必将汇聚起建设团结富裕文明和谐美丽的社会主义现代化新西藏的强大合力。

现在，中国共产党团结带领中国人民踏上了实现第二个百年奋斗目标新的赶考之路。我们深知，越是接近民族复兴越不会一帆风顺，越充满风险挑战乃至惊涛骇浪。在全面建设社会主义现代化国家新征程上奋勇前进，必须弘扬"两路"精神，锻造"一不怕苦、二不怕死"的英雄气概，不怕苦、不畏难、不惧牺牲，用臂膀扛起如山的责任；磨炼"顽强拼搏、甘当路石"的意志品质，以不向困难低头、不被挫折压倒的闯劲和踏实苦干、为民造福的干劲，认真做好各项工作；发扬"军民一家、民族团结"的优良传统，巩固军政军民团结，坚持各民族共同团结奋斗、共同繁荣发展，共创中华民族的美好未来，共享民族复兴的伟大荣光。

【提问】是什么样的力量支撑着修建者克服各种困难的？

【解析】"把公路修到拉萨""海拔5000米，气温−30℃，开水沸点70℃，我们的士气100℃"……时至今日，川藏、青藏公路建设者和养路工的感言仍然感人至深、催人奋进。奋斗新时代，奋进新征程，继续弘扬"两路"精神，逢山开路、遇水架桥，敢于牺牲、勇于奉献，我们就一定能汇聚起实现中华民族伟大复兴的磅礴力量，不断创造新业绩、铸就新辉煌。

问题二：民族精神和时代精神是什么？

第一，以爱国主义为核心的民族精神。

我们都是中华民族的炎黄子孙，我们身上流淌着中华民族的血液，拥有着中华民族特有的民族精神。

什么是民族精神？民族精神是指一个民族在长期共同生活和社会实践中形成的，为本民族大多数成员所认同的价值取向、思维方式、道德规范、精神气质的总和。

由习近平总书记的一段话为引导："爱国主义是我们民族精神的核心。"近代以来，中国人民为争取民族独立和人民解放进行的一系列护争，就是中华民族觉醒的历史进程，就是中华民族精神升华的历史进程。

为什么要弘扬民族精神？在中国历史上，有"美不美，家乡水；亲不亲，故乡人"这样的情系故土的朴实古语，也有"遥望中原怀故土，静观落叶总归根"这样心怀祖国、寄情桑梓的深情诗句；有"乐以天下，忧以天下"的忧国忧民情怀，也有"公而忘私、国而忘家"的报国为民风范；有为国家振兴、民族腾飞贡献毕生精力的志士仁人，也有"一身报国有万死""苟利社稷，死生以之"的民族英雄。在漫长的历史发展过程中，中华民族形成了追求进步、维护民族尊严和国家主权的光荣传统，形成了对外来侵略者无比痛恨、对卖国求荣的民族败类无比鄙视、对爱国志士无比崇敬的宝贵民族性格。爱国主义成为动员和鼓舞人们为祖国生存发展前赴后继、奋斗不息的伟大精神旗帜。

中华民族在长期奋斗中培育、继承、发展起来的伟大民族精神，为中国发展和人类文明进步提供了强大的精神动力。

习近平总书记用"四个伟大"进行了深刻的解释：伟大创造精神、伟大奋斗精神、伟大团结精神、伟大梦想精神。伟大的时代赋予伟大的民族，伟大的民族必有伟大的民族精神，不断创造艰苦奋斗、团结一心，勇敢追梦，是中华民族伟大民族精神，这种民族精神有着悠久的历史传统，同时也需要我们薪火相传。

第二，以改革创新为核心的时代精神。

在人类历史发展的长河中，构成了具有不同历史内涵的时代。同时，也形成具有不同文明内涵的时代精神。

我们中国处于什么样的时代？党的十九大报告指出，中国特色社会主义族进入了新时代。习近平总书记提出："这个新时代，是承前启后、继往开来、在新的历史条件下继续夺取中国特色社会主义伟大胜利的时代，是决胜全面建成小康社会、进而全面建设社会主义现代化强国的时代，是全国各族人民团结奋斗、不断创造美好生活、逐步实现全体人民共同富裕的时代，是全体中华儿女勠力同心、奋力实现中华民族伟大复兴中国梦的时代，是我国日益走近世界舞台中央、不断为人类作出更大贡献的时代。"新是一个具有相对意义的概念，新意味着发展，从这个角度来说，新也就是变，新时代必然发生了新变化。

今天的中国孕育了怎样的时代精神？从根本上改变了近代以来的东方从属于西方的格局，而且塑造和引领了创建人类文明新形态的时代精神。洞悉时代精神，反思时代问题，引领时代创新实践，这应当是新时代中国马克思主义研究最具根本性的理论自觉。党带领人民在继承和弘扬伟大民族精神的基础上，立足新的时代条件，赋予中华民族新的内涵，形成了以改革创新为核心的时代精神。以改革创新为核心的时代精神，是当代中国人民精神风貌的集中写照，是激发社会创造力的强大力量。中国特色社会主义事业是一项前无古人的创造性事业，只有坚持弘扬以改革创新为核心的时代精神，才能使全体人民始终保持昂扬向上的精神状态，不断推进中国特色社会主义伟大事业。

【案例2】 改革创新的楷模于敏——我国国防科技事业改革发展的重要推动者

于敏，1926年8月出生，天津宁河人，中共党员，中国工程物理研究院原副院长、研究员，中国科学院院士。他是我国著名的核物理学家，长期主持核武器理论研究、设计，解决了大量理论问题，为我国核武器的发展作出了重要贡献。20世纪80年代以来，在二代核武器研制中，突破关键技术，使我国核武器技术发展迈上了一个新台阶，对我国科技自主创新能力的提升和国防实力的增强作出了开创性贡献。荣获"两弹一星"功勋奖章、国家最高科学技术奖、"全国五一劳动奖章"和"全国敬业奉献模范"称号。

2014年，于敏先生被评为感动中国人物，他的颁奖词是这样的："离乱中寻觅一张安静的书桌，未曾向洋已经砺就了锋锷。受命之日，寝不安席，当年吴钩，申城淬火，十月出塞，大器初成。一句嘱托，许下了一生；一声巨响，惊诧了世界；一个名字，荡涤了人心。"

2018年12月18日，党中央、国务院授予于敏同志改革先锋称号，颁授改革先锋奖章，并获评"国防科技事业改革发展的重要推动者"。

【提问】从于敏先生身上我们能看到哪些特征？

【解析】漂泊一生，归来时止不住满头白发；满目沧桑，不声不响已成国士无双。在旁人看来，老一辈知识分子的人生免不了辛苦沉寂。但是于敏先生却是这样看的："一个人的名字，早晚是要没有的，能把微薄的力量融进祖国的强盛之中，便足以自慰了。"中国正是有无数个像于敏先生这样勇于创新、无私奉献的爱国者和改革创新者，才有了中国今天飞速的发展，繁荣的景象。

第三，民族精神与时代精神的辩证统一。

一切时代精神都将随着历史的变迁逐步融入民族精神的长河之中，不断丰富和发展民族精神的时代内涵。

中国精神包含民族精神和时代精神，民族精神赋予中国精神以民族特征，是中华民族的精神独立性得以保持的重要保证；时代精神赋予中国精神以时代内涵，是中国精神引领时代前行、拥有鲜明时代性和强大生命力的重要根源。

民族精神与时代精神紧密关联，都是一个民族赖以生存和发展的精神支撑；民族精神赋予中国精神以民族特征，时代精神赋予中国精神以时代内涵；民族精神和时代精神共同构成了我们当今时代的中国精神。

克莱恩国力方程：国力 = 物质国力 × 精神国力，国力 =（基本实体＋经济实力＋军事实力）×（战略意图＋国家意志），郑永年指出"如何让世界读懂中国是一种软实力，但中国依然不知道如何有效塑造这一软实力"。

问题三：为什么实现中国梦必须弘扬中国精神？

中华民族五千多年的文明历史中，涌现出的爱国精神、奋斗精神、自律精神、勤俭精神等等汇聚成为中国精神。实现中国梦必须弘扬中国精神。这就是以爱国主义为核心的民族精神，以改革创新为核心的时代精神。这种精神是凝心聚力的兴国之魂、强国之魂。爱国主义始终是把中华民族坚强团结在一起的精神力量，改革创新始终是鞭策我们在改革开放中与时俱进的精神力量。全国各族人民一定要弘扬伟大的民族精神和时代精神，不断增强团结一心的精神纽带、自强不息的精神动力，永远朝气蓬勃迈向未来。

第一，实现中国梦，需要弘扬以爱国主义为核心的民族精神。

爱国是中国的红色基因，中国历史上有无数爱国志士，如"砍头不要紧，只要主义真"的夏明翰、"宁可少活二十年，拼命也要拿下大油田"的王进喜、"一尘不染两袖清风，二离桑梓独恋雪域"的孔繁森……

习近平总书记说过，"爱国，是人世间最深层、最持久的情感，是一个人立德之源、立功之本。孙中山先生说，做人最大的事情，'就是要知道怎么样爱国'。"

爱国主义的科学内涵：爱国主义体现了人们对自己祖国的深厚感情，揭示了个人对祖国的依存关系，是人们对自己家园以及民族和文化的归属感、认同感、尊严感与荣誉感的统一。它是调节个人与祖国之间关系的道德要求、政治原则和法律规范，也是中华民族精神的核心。

爱国主义是具体的，不是抽象的。爱国主义的基本内涵主要表现在四个方面：一是爱祖国的大好河山，二是爱自己的骨肉同胞，三是爱祖国的灿烂文化，四是爱自己的国家。祖国的大好河山，自己的骨肉同胞，民族的灿烂文化，都是同我们国家联系在一起的，我们每个人的发展也都时刻同国家的发展进步紧密关联。

海空卫士——王伟

2001 年 4 月 1 日上午，王伟在执行对美军用侦察机跟踪监视的任务中，所驾驶的飞机被美机撞毁后跳伞落海，光荣牺牲，年仅 33 岁。

这次在执行任务时，王伟坚毅果敢，沉着冷静，英勇顽强，用生命谱写了一曲爱国主义和革命英雄主义的壮丽凯歌。王伟牺牲后，中央军委于 2001 年 4 月 24 日在北京举行了命名大会，授予"海空卫士"荣誉称号和一级英模奖章，被海军党委批准革命烈士。

【课堂互动】诗歌朗诵

爱国是不需要任何理由的。

天下者，我们的天下；

国家者，我们的国家；

社会者，我们的社会。

我们不说，谁说？

我们不干，谁干？

——毛泽东《湘江评论》

第二，实现中国梦，需要弘扬以改革创新为核心的时代精神。

2007年，英国《独立报》评出了改变世界的101个发明。中国的四大发明：造纸术、印刷术、指南针、火药及另一发明算盘在列。这个评比结果使我们中国人无比自豪，可以说中华民族是富有创新创造的民族。

习近平总书记曾说：创新是一个民族进步的灵魂，是一个国家兴旺发达的不竭动力，也是中华民族最深沉的民族禀赋。

课堂讨论：中华民族创新创造的民族禀赋体现在哪里？

中华民族历史上创新创造的伟大成就：在5000多年文明发展进程中，中华民族创造了高度发达的文明，我们的先人们发明了造纸术、火药、印刷术、指南针，在天文、算学、医学、农学等多个领域创造了累累硕果，为世界贡献了无数科技创新成果。资料显示，16世纪以前世界上最重要的300项发明和发现中，我国占173项，远远超过同时代的欧洲。

什么是改革？什么是改革创新？改革是破除社会发展障碍，激发社会发展活力的引擎；创新则是民族进步的灵魂、国家兴旺发达的动力。改革创新就是要树立突破陈规、大胆探索、敢于创造的思想观念；要培养不甘落后、奋勇争先、追求进步的责任感和使命感；要保持坚忍不拔、自强不息、锐意进取的精神状态。

思考：我国近代落后挨打的原因是什么？

近代以来，我国逐渐由领先变为落后，一个重要原因就是错失了多次科技和产业革命带来的巨大发展机遇，在世界工业革命大潮中被时代远远甩下。

明代以后，由于封建统治者闭关锁国、夜郎自大，中国同世界科技发展潮流渐行渐远，导致中国经济技术的发展大大落后于世界发展步伐。

鸦片战争之后，在西方坚船利炮的攻击下，中国沦为半殖民地半封建国家。根本不具备创新创造的基本物质条件和社会文化环境。中华民族在世界工业革命大潮中落后于时代，陷入落后挨打的悲惨境地。

新中国的成立，让古老的中国焕发新生，勤劳勇敢的中国人民在建设自己美好家园的伟大实践中迸发出创新创造的生机活力，在中国共产党的领导下开启了全力追赶时代、勇于引领时代的改革创新大潮。

在当代中国，社会发展离不开改革创新，改革创新是社会发展的重要动力，坚持改革创新是新时代的迫切要求。创新始终是推动人类社会发展的第一动力。创新能力是当今国际竞争新优势的集中体现。改革创新是我国赢得未来的必然要求。改革创新永无止境。在新时代，我们大学生要自觉树立敢为天下先的志向和信心，敢于担当、勇于超越，在攻坚克难中追求卓越，在改革创新中引领世界潮流。

【案例3】 中国第一刀——徐立平

徐立平从事行业是火箭固体燃料发动机药面整形，被称为雕刻火药，这是一个极度危险的工作，全中国只有不到 20 个人可以胜任，而这里面最出彩的一个就是徐立平。处于幕后的他们做着常人无法想象的事情，对工作精益求精的态度令人动容。

目前，火药整形在全世界都是一个难题，无法完全用机器代替，药面精度是否合格，直接决定导弹的精准射程。0.5 毫米是固体发动机药面精度允许的最大误差，差以毫厘，谬以千里，况且徐立平能够将这个误差控制到 0.2 毫米以内，那是 2 张 A4 纸的厚度，切削下来的药面都可透光，几乎做到了完美的境界。

那是 1989 年，一台火箭发动机在试车前发现燃料面出现裂纹，试车失败，必须拨开填充好的推进剂查找原因。上级决定组建一支突击队来原地铲药，这是我国固体燃料事业第一次大规模的挖药，没有任何经验可借鉴，但刚参加工作仅仅两年的徐立平，毫不犹豫报了名。当时，发动机内充斥着浓烈刺鼻的推进剂味道，舱内空间狭小紧凑，一米八的徐立平只能用半跪半蹲的姿势，用木铲、铜铲一点一点地抠挖。在那种高度紧张又缺氧的环境中，时间长了就会头痛、呕吐。因此，每个人一次只能在舱内待上 10 分钟，挖上 4、5 克药。而徐立平每次都尽量多待上一段时间。就这样历时 2 个多月，徐立平和同事们挖出了 300 多公斤的推进剂，找到了故障原因进行修复，这次任务完成后，徐立平有了很严重的后遗症，他的双腿疼得几乎无法行走。

还有一回，发动机药面脱粘，需要人工用木钻在舱体钻孔寻找药面脱粘部位。钻孔的过程中极易产生静电，执行这项任务的人无疑是一步天堂一步地狱。当时，整个工作区域只留下徐立平和他师傅。他们用木钻一圈一圈去钻开火药，一分一秒都是生死较量。幸好，把脑袋别在裤腰带上的师徒 2 人完美地完成了这项任务。

作为一名火药雕刻师，徐立平犹如在刀尖上行走，想让"行走之旅"更快、更安全，刀具尤为关键。为此，徐立平经过多次试验、改进，研发了现在的"立平刀"。这套半自动整形专业刀具的问世，让徐立平他们的工作效率提高了 4 倍。这个全世界最会玩刀的男人，将这项工作做到了极致。他用 100% 可靠、100% 成功，在火药雕刻师这个平凡的岗位上交出了完美的答卷。每当看到火箭升空的那一刻，徐立平都为自己的职业自豪。

【提问】徐平的故事体现了什么样的精神？

【解析】他刀锋下的成果，见证了中国航天事业发展的一次又一次的辉煌。"择一事，终一生"看起来有些无聊，但却有难得的可贵。徐立平的工作在整个航天领域并不属于高精尖科技，但他就是秉着"干一行、爱一行、专一行、精一行"的工匠精神，不断书写我国固体燃料发动机微雕的传奇！在当代中国，社会发展离不开改革创新，改革创新是社会发展的重要动力，坚持改革创新是新时代的迫切要求。创新始终是推动人类社会发展的第一动力创新能力是当今国际竞争新优势的集中体现，改革创新是我国赢得未来的必然要求。

青年时期是创新创造的宝贵时期。习近平总书记在同团中央新一届领导班子集体座谈时的讲话（2013 年 6 月 20 日）指出：青年身上蕴藏着巨大的创造能量和活力。要充分认识青年的这种特质……把蕴藏在青年身上的创造能量和活力激发出来，使青年人人都能成才、人人皆可出彩。

新时代的大学生置身于实现中华民族伟大复兴的时代洪流之中，应当把握时代脉搏，迎接时代挑战，增强创新创造的能力和本领，勇做改革创新的实践者，将弘扬改革创新精神贯穿于实践中、体现在行动上。一要树立改革创新的自觉意识和责任意识；二要增强改革创新的能力本领；三要积极投身创新实践。在改革创新中奉献服务社会、实现人生价值的崇高责任感和使命感，以时不我待、只争朝夕的紧迫感投身改革创新的实践中。

广大青年要有敢为人先的锐气，勇于解放思想、与时俱进，敢于上下求索、开拓进取，树立在继承前人的基础上超越前人的雄心壮志，"以青春之我……，创建青春之国家，青春之民族"。要有逢山开路、遇河架桥的意志，为了创新创造而百折不挠、勇往直前。要有探索真知、求真务实的态度，在立足本职的创新创造中不断积累经验、取得成果。

——2013 年 5 月 4 日，习近平总书记在同各界优秀青年代表座谈时的讲话新的历史时期，呼唤新的时代精神，改革创新成为这个时代最强有力的音符。建设中国特色社会主义是一项前无古人的历史创举，在推进中国特色社会主义发展进程中可能遇到一系列新问题、新矛盾，需要我们不断驾驭新情况、总结新经验。以改革创新为核心的时代精神，是党中央站在时代全局的战略高度做出的科学判断，通过改革开放使社会主义制度更加完善，保持强大的生命力。把改革创新取得的各方面成果不断惠及全体人民，激励全国各族人民为实现中华民族的伟大复兴而团结奋斗。

第三，弘扬中国精神，凝聚民族复兴的磅礴伟力。

（1）凝聚中国力量的精神纽带。近代中国为什么会遭遇百年国耻？两次鸦片战争、甲午战争、九一八，为什么失败，甚至不战自败？抗日战争、解放战争、抗美援朝、自卫反击、"两弹一星"、2020战胜疫情……中国为什么能？因为我们有强大的精神力量。弘扬中国精神，对于维系中华民族的生存与发展、维护国家统一和民族团结发挥着重要的凝聚作用。

（2）激发创新创造的精神动力。推进新时代的伟大事业，必须有创新创造、向上向前的强大精神奋发力，勇于变革、勇于创，永不僵化、永不停滞，使全体人民始终保持昂扬向上的精神状态。关键技术突破创新，增强硬核实力和国际竞争。举例：北斗导航系统完美收官，GPS拜拜！华为5G，万物互联智能世界。

（3）推进复兴伟业的精神支柱。只有自觉弘扬中国精神，增强民族自尊心和自信心，坚定不移走自己的路，才能使全体人民在实现复兴伟业的征途中拥有坚如磐石的精神和信仰力量，不为困难吓倒，不为诱惑所动，不为干扰迷惑，坚定不移把我们的事业不断推向前进，直至光辉的彼岸。

大学生是民族的希望和祖国的未来，要努力弘扬以爱国主义为核心的民族精神和以改革创新为核心的时代精神，将中国精神转化为青春行动，勇做弘扬和践行中国精神的时代先锋，为国家富强、民族振兴、人民幸福贡献自己的智慧和力量。

（4）专题小结

爱国是最深沉、持久的情感，是调节个人与国家关系的准则，是继往开来的主旋律。坚持爱国和爱党、爱社会主义的统一，是当代中国爱国主义精神的最重要的体现，维护祖国统一和民族团结是新时代爱国主义的重要着力点和落脚点，尊重和传承中华民族历史和文化是新时代爱国主义的重要根基，坚持新时代的爱国主义要正确处理立足民族与面向世界的辩证统一关系。

六、教学拓展

（一）教学案例

【案例4】 时代楷模黄大发

一个当时年仅20多岁的农村大队长，带着数百个村民，钢钎凿、风钻敲，前后历经30余年，在峭壁悬崖间挖出一条10公里的"天渠"。潺潺渠水，润泽了当地1200多人，使曾经闭塞的贫困村面貌一新。当地人管它叫"大发渠"。村民们以最朴实而又最隆重的口头命名方式，感谢他们的带头人——贵州省遵义市播州区平正仡佬族乡团结村老支书黄大发。

"一定要想法通上水，让大家吃上米饭。"

黔北深处，多为喀斯特地质。

黄大发居住的地方以前叫草王坝，海拔1250米，山高岩陡，雨水落地，就顺着空洞和石头缝流走，根本留不下来。

20世纪90年代以前，村里人去最近的水源地挑水，必须来回走两个小时，争水打架的事情时有发生，连"牛脚窝水"村民都要收集起来。

村民用水，第一遍淘米洗菜，第二遍洗脸洗脚，第三遍喂猪喂牛。县里的干部来草王坝考察，村民递过来的水杯里，满是浑黄。

因为缺水，当地只能种一些耐旱的苞谷。把玉米粒炒熟去皮再磨成粉，蒸熟后就成了当地人餐桌上的主食。这种"苞沙饭"难以下咽，在喉咙上直打转转。

"这一次，拼了命也要干。"

修建水渠要经过3座大山、大小9个悬崖、10多处峻岭，大土湾岩、擦耳岩和灰洞岩最为险要，要从悬崖峭壁上打出半幅隧道才能通过。在修擦耳岩段时，一处倒悬的崖壁无法测量，专业施工人员都不敢下去。黄大发二话不说，把麻绳系在自己身上，让人拉着吊下悬崖，像半空中飘飞的鹰。吊到悬崖背后，大家看不到他了，吓得大气都不敢出。这时候，黄大发在下面大喊了几声，证明自己没事，大家这才放了心。当时在现场的村民沈秀贵说："没有黄大发带头，这个工程修不起来。"

在村里，记者见到了82岁的黄大发。退休的老书记身体硬朗，精神矍铄，说起话来字字铿锵。提到水渠，他似乎有说不完的话。黄大发说："从当村里大队长开始，我就决心做三件事，一是引水，二是修路，三是通电。"老书记说，现在这三件事都办到了。

"我终于可以交上答卷了!"

带领群众奋斗50多年,黄大发走遍了村庄周边的山山水水,但最远只到过80公里外的遵义市。

不抽烟、不喝酒;不吃鸡鸭鱼,不管家中事。这位82岁的老支书把一辈子的时间都交给了村里工作,把所有的心力和精神都放在"领着大伙儿干"上,将乡亲们带上致富路。

村民徐国树家养了9年的山羊,现在有60只,去年卖羊收入2万多元。他说"有了水,才养羊;有了羊,才有钱",靠着养羊收入,他把2个子女培养成大学生。

脱贫的热情涌动在草王坝的家家户户。新扩并的团结村还有许多贫困家庭,去年,老支书黄大发参加政府的脱贫攻坚考察,认定了辣椒和柚子产业。经过论证,当地政府决定将之作为脱贫攻坚重点产业进行推广。

【提问】作为一名基层党员,黄大发同志的爱党爱人民的品质体现在哪些地方?

【解析】黄大发同志以坚定的信仰和不屈的精神书写了绝地逢生的精彩传奇,展现了贫困山区党员百折不挠的独特魅力。黄大发同志是艰苦贫困山区中苦干实干引领群众奋力脱贫的杰出代表,其奋斗史是一部典型的"学在深处强信念提境界,做在实处拔穷根奔小康"活教材。每一代人有每一代人的长征路,每一代人都要走好自己的长征路。黄大发以不忘初心的坚定信念、大公无私的高尚情操、愚公移山的豪情斗志、求真务实的工作作风,用一生丈量了他和草王坝人的长征路,用实际行动践行了新时期愚公移山精神。

(二)教学资料

习近平总书记十段话定义中国梦内涵

1.民族复兴的梦

每个人都有理想和追求,都有自己的梦想。现在,大家都在讨论中国梦,我以为,实现中华民族伟大复兴,就是中华民族近代以来最伟大的梦想。

——2012年11月29日,习近平总书记在参观《复兴之路》展览时的讲话

2.代代相传的梦

这个梦想,凝聚了几代中国人的夙愿,体现了中华民族和中国人民的整体利益,是每一个中华儿女的共同期盼。

——2012年11月29日，习近平总书记在参观《复兴之路》展览时的讲话

3. 追求幸福的梦

中国梦是追求幸福的梦。中国梦是中华民族的梦，也是每个中国人的梦。我们的方向就是让每个人获得发展自我和奉献社会的机会，共同享有人生出彩的机会，共同享有梦想成真的机会，保证人民平等参与、平等发展权利，维护社会公平正义，使发展成果更多更公平惠及全体人民，朝着共同富裕方向稳步前进。

——2014年3月27日，习近平在中法建交50周年纪念大会上的讲话

4. 青年一代的梦

中国梦是历史的、现实的，也是未来的；是我们这一代的，更是青年一代的。中华民族伟大复兴的中国梦终将在一代代青年的接力奋斗中变为现实。

——2017年10月18日，习近平总书记在中国共产党第十九次全国代表大会上的报告

5. 植根民心的梦

中国梦不是镜中花、水中月，不是空洞的口号，其最深沉的根基在中国人民心中。

——2015年9月22日，习近平总书记接受《华尔街日报》采访

6. 国泰民安的梦

国泰民安是人民群众最基本、最普遍的愿望。实现中华民族伟大复兴的中国梦，保证人民安居乐业，国家安全是头等大事。

——2016年4月14日，习近平总书记在首个全民国家安全教育日之际作出重要指示

7. 同心同德的梦

团结统一的中华民族是海内外中华儿女共同的根，博大精深的中华文化是海内外中华儿女共同的魂，实现中华民族伟大复兴是海内外中华儿女共同的梦。共同的根让我们情深意长，共同的魂让我们心心相印，共同的梦让我们同心同德，我们一定能够共同书写中华民族发展的时代新篇章。

——2014年6月6日，习近平总书记会见第七届世界华侨华人社团联谊大会代表时的讲话

8. 世界发展的梦

中国梦是中国人民追求幸福的梦，也同各国人民的美好梦想息息相通。中国发展必将寓于世界发展潮流之中，也将为世界各国共同发展注入更多活力、带来更多

机遇。

——2015 年 10 月 22 日，习近平总书记在伦敦金融城的演讲

9. 追求和平的梦

中国梦是追求和平的梦。中国梦需要和平，只有和平才能实现梦想。天下太平、共享大同是中华民族绵延数千年的理想。

——2014 年 3 月 27 日，习近平总书记在中法建交 50 周年纪念大会上的讲话

10. 必将实现的梦

我坚信，到中国共产党成立 100 年时全面建成小康社会的目标一定能实现，到新中国成立 100 年时建成富强民主文明和谐的社会主义现代化国家的目标一定能实现，中华民族伟大复兴的梦想一定能实现。

——2012 年 11 月 29 日，习近平总书记在参观《复兴之路》展览时的讲话

七、课后思考

中国精神与中华优秀传统文化的关系是什么？

八、社会实践

调研身边"00 后"青年大学生对中国精神的认知，形成不少于 800 字的访谈报告，发布到学习通上面。

九、阅读书目

（1）辜鸿铭：《中国人的精神》，天津人民出版社，2016 年版。

（2）王蒙：《中国精神读本》，浙江文艺出版社，2019 年版。

（3）习近平论中国精神，学习强国 App。

专题七　厚植爱国情怀，争做忠诚爱国者

一、教学目的与要求

中国特色社会主义进入新时代，实现中华民族伟大复兴的中国梦是新时代爱国主义的鲜明主题。大力弘扬新时代的爱国主义，是早日实现中国梦的有效方法。该专题是作为上一专题内容的延伸，学生在了解了什么是中国精神，以及中国精神的丰富内涵之后，重点来学习爱国主义的科学内涵及新时代的爱国主义，引导学生用实际行动来做一个爱国者。本专题教学在坚持问题导向原则下，通过问题链式的教学方式，层层递进，将理论教学一步步引向深入。

通过这堂课的学习，让学生明白爱国主义的本质是什么，以及对当前新冠肺炎疫情防控中所体现的家国情怀、爱国主义精神缺乏清晰而深刻的理解。在讲授这一专题时，通过设置问题链的方式，提出一些具体的问题，从而和学生形成互动，设法提高学生兴趣，并引导学生通过思考，将新学的原理联系、运用到现实生活中去。

二、教学重难点

（一）教学重点

1. 新时代的爱国主义的基本要求。
2. 维护祖国统一和民族团结。
3. 尊重和传承中华民族历史文化。

（二）教学难点

1. 如何理解爱国必须爱社会主义和爱党之间的逻辑关系。
2. 如何理解爱国主义必须坚持立足民族又面向世界。

3. 当代大学生做忠诚的爱国者的途径。

三、教学方法

本专题主要采用问题导入式教学方法，讲授法、案例分析法和课堂讨论法等教学方法。

四、教学课时

本专题对应高等教育出版社《思想道德与法治》（2021 年版）教材第三章第二节，教学安排 2 课时。

五、教学过程

（一）课前预习

教师在学习通平台发布学习任务：

（1）爱国表现在哪些方面？（举例说说）

（2）网上查找我国在抗疫新冠肺炎疫情的过程中是所展现出来的爱国主义精神的英雄故事，形成演示文稿分享到学习通。

（二）导入新课

庚子年伊始，于中华大地肆虐蔓延的新冠肺炎疫情牵动着中华儿女的心。国家危难当前，一个个平凡人的爱国热情被彻底激发，中国人的爱国情怀得到了最好的彰显。

观看视频:《人民日报：热血出征》

（三）新课讲授

问题一：什么是爱国主义？

有一种声音：有政客把爱国主义当作是攻击对手的手段之一，指控对方是不爱国的人。也有人尝试把爱国标准化、表现单一化；乔治·萧伯纳则说："爱国主义是一种有害的、精神错乱的白痴形式"，认为爱国主义是盲目的、片面的。那么爱国主义到底是什么？

习近平总书记讲："爱国，是人世间最深层、最持久的情感，是一个人立德之源、立功之本。"孙中山先生说，做人最大的事情，"就是要知道怎么样爱国"。

爱国主义体现了人们对自己祖国的深厚感情，揭示了个人对祖国的依存关系，是人们对自己家园以及民族和文化的归属感、认同感、尊严感与荣誉感的统一。它是调节个人与祖国之间关系的道德要求、政治原则和法律规范，也是中华民族精神的核心。

每个人来到这个世界，都要在社会中生存，都要获取生存发展的物质条件，都要寻求慰藉心灵的精神家园，这一切首先得之于祖国。爱国是每个人都应当自觉履行的责任和义务，是对祖国的报答。

那怎样才算爱国呢？爱国主义的具体表现：爱国就是要爱祖国的大好河山；爱自己的骨肉同胞；爱祖国的灿烂文化；爱自己的国家。

孙中山先生说，做人最大的事情，就是要知道怎么样爱国。一个人不爱国，甚至欺骗祖国、背叛祖国，那在自己的国家、在世界上都是很丢脸的，也是没有立足之地的。

习近平总书记在纪念五四运动 100 周年大会上的讲话中讲到"对每一个中国人来说，爱国是本分，也是职责，是心之所系、情之所归。对新时代中国青年来说，热爱祖国是立身之本、成才之基。当代中国，爱国主义的本质就是坚持爱国和爱党、爱社会主义高度统一。"

疫情防控中，英雄模范、医护人员、人民军队、公安警务人员、社区工作者、志愿者，以及各行各业的人民群众，立足岗位，团结奉献，生动诠释了同舟共济、共克时艰的爱国主义精神和浓厚的家国情怀。

以爱国主义为"灵魂"的伟大的"抗疫"精神（生命至上、举国同心、舍生忘死、尊重科学、命运与共），在疫情防控中铸就起团结一心、众志成城的强大精神防线，展现了爱国主义的强大功能和磅礴力量。

问题二：新时代爱国主义的基本要求是什么？

爱国主义的基本要求具有时代性，随着时代的发展变化而变化。同学们是否了解当前爱国主义的时代背景，是否了解爱国为什么要传承中华优秀传统文化，是否了解爱国与爱社会主义之间的必然联系，是否了解经济全球化对爱国主义的冲击？如果你不了解，请带上这些问题，一同进行接下来的学习——新时代爱国主义的基本要求。

新时代的爱国主义，既承接了中华民族的爱国主义优良传统，又体现了鲜明的时代特征。不同时代背景下的爱国主义具有不一样的主题和要求。

毛泽东同志说过："爱国主义的具体内容，看在什么样的历史条件之下来决定。"

分析新时代爱国主义要求就要分析当前爱国主义的两大背景：

一是国内背景，党的十九大报告指出，"经过长期努力，中国特色社会主义进入了新时代，这是我国发展新的历史方位"。

二是国际背景，当今世界正经历新一轮大发展大变革大调整，大国战略博弈全面加剧，国际体系和国际秩序深度调整，人类发展面临的新机遇新挑战层出不穷，不确定不稳定因素明显增多。

通过国内外背景变化，我们得出，当前新时代爱国主义的主题是坚持和发展新时代中国特色社会主义，实现中华民族伟大复兴；而一百多年前的近代中国面临亡国灭种之危机，救亡图存则是当时爱国主义的主题。

新时代爱国主义的基本要求：

一是坚持爱国爱党爱社会主义相统一。

二是维护祖国统一和民族团结。

三是尊重和传承中华民族历史文化。

四是坚持立足中国又面向世界。

新时代爱国主义实践的展开需要有指导思想进行指导，而指导思想的丰富和完善又需要新时代爱国主义实践的现实展开，没有爱国主义指导思想的爱国主义实践盲目的，而没有爱国主义实践的爱国主义指导思想是空洞的，因而新时代爱国主义实践需要新时代爱国主义指导思想的指导。

坚持把实现中华民族伟大复兴的中国梦作为鲜明主题，正如习近平总书记所言"中国发展壮大，带给世界的是更多机遇而不是什么威胁"，"我们要实现的中国梦，不仅造福中国人民，而且造福各国人民"，而中国梦的实现需要爱国主义情感做精神助推力。

问题三：当代大学生，怎样做新时代的忠诚爱国者？

坚持爱国爱党爱社会主义相统一。

中国是社会主义国家，中国的社会主义是具有中国特色的社会主义，中国特色社会主义最本质的特征是中国共产党的领导。爱国主义的本质就是坚持爱国、爱党、爱社会主义高度统一。

以历史为镜，描绘不同时代下的中国。1840年清朝政府执政下的中国；国民党执政时期的中国；中国共产党执政下的中国。根据场景描绘，思考以下两个问题。

（1）"今天之中国，同新中国成立以前之中国相比，同鸦片战争以后之中国相比，有天壤之别"，为什么会有天壤之别？

（2）曾经有一种观点说，"我虽然不爱社会主义，但我是爱国的。"对此，你如何评价？

请同学们带着这两个问题继续下面的学习：

习近平总书记在中共中央政治局第二十九次集体学习时强调："弘扬爱国主义精神，必须坚持爱国主义和社会主义相统一"。爱国主义始终围绕着实现民族富强、人民幸福而发展，最终汇流于中国特色社会主义。祖国的命运和党的命运、社会主义的命运是密不可分的。只有坚持爱国和爱中国共产党、爱社会主义相统一，爱国主义才是鲜活的、真实的，这是当代中国爱国主义精神最重要的体现。

习近平总书记指出："今天之中国，同新中国成立以前之中国相比，同鸦片战争以后之中国相比，有天壤之别啊！"为什么会有天壤之别？就是因为在共产党的领导下，我们走出了一条具有强大生命力的中国特色社会主义道路。从鸦片战争到新中国成立这100多年时间，是中华民族最动荡、最屈辱的历史时期，是中国人民最悲惨、最痛苦的历史时期。中国人在苦难中觉醒和奋起，积极探索中国应该走什么样的道路、朝什么样的方向发展这个根本性问题。人们进行了很多尝试，君主立宪制、多党制、总统制都试过了，结果都行不通。只有中国共产党领导人民，把马克思主义基本原理同中国实际结合起来，找到了实现民族独立和人民解放、国家富强和人民幸福的正确道路，从根本上改变了中国人民和中华民族的前途命运。新时代弘扬爱国主义精神，必然坚持爱国和爱党相统一。

"我虽然不爱社会主义，但我是爱国的。"这个观点从表象上讲，似乎有些道理，但深入分析，这种观点是站不住脚的。祖国不是一个抽象的概念，而是由具体社会形态、社会制度构成的实体。祖国是与一定的社会形态紧密联系在一起的，只有先进的社会制度，才能使一个国家真正成为人民安居乐业的地方。在当代中国，祖国的繁荣发展是与中国特色社会主义联系在一起的，爱祖国就应当爱中国特色社会主义。伟大祖国，因为走在了中国特色社会主义道路上，展现出激荡一切的力量，展现出无比壮美的未来。我们爱伟大祖国，自然就应该爱这条使伟大祖国始终充满生机和活力的中国特色社会主义道路。

【观看视频】援鄂医疗队撤离

从2020年3月17日，首批援鄂医疗队撤离，到4月15日，最后一支医疗队返程，荆楚大地上，上演了一场史上最长的"花式"送别。"因为有你，武汉不怕。""幸得有你，山河无恙。"广大援鄂医务人员是最美的天使，是新时代最可爱的人。他们的名字和功绩，国家不会忘记，人民不会忘记，历史不会忘记，将永远铭刻在共和国的丰碑上。

我们爱的"国"是中国共产党领导的社会主义中国。拥护国家的基本制度，遵守国家的宪法法律，维护国家安全和统一，捍卫国家的利益，为国家繁荣发展贡献自己的力量。

习近平总书记说：爱国主义是具体的、现实的。在当代中国，弘扬爱国主义就必须深刻认识到，中国共产党领导和中国社会主义制度必须长期坚持，不可动摇；中国共产党领导中国人民开辟的中国特色社会主义必须长期坚持，不可动摇；中国共产党和中国人民扎根中国大地、借鉴人类文明优秀成果、独立自主实现国家发展的大政方针必须长期坚持，不可动摇。我们要增强中国特色社会主义道路自信、理论自信、制度自信、文化自信，坚定不移沿着中国特色社会主义道路守护好、建设好我们伟大的国家。

爱国，不能停留在口号上，要把自己的理想同祖国的前途、民族的命运紧密联系在一起。新时代大学生不仅要在认识上深刻理解爱国爱党爱社会主义的高度统一，更要以实际行动体现对祖国的热爱、对党的热带、对社会主义的热爱。忠于人民，奉献国家，以一生的真情投入、一辈子的顽强奋斗来践行爱国主义。

维护祖国统一和民族团结。

国家统一和民族团结是中华民族根本利益所在。在新的时代条件下，弘扬爱国主义精神，必须把维护祖国统一和民族团结作为重要着力点和落脚点。

（1）维护祖国统一。保持香港、澳门长期繁荣稳定，实现祖国完全统一，是实现中华民族伟大复兴的必然要求，是不可阻挡的历史进程，也是全体中华儿女的共同心愿。爱国主义与维护祖国统一的一致性，是对全体中华儿女的基本要求。只要站在维护祖国统一的原则立场上，深明中华民族的大义，就能够在政治上求同存异，在爱国主义的旗帜下团结起来，共同为祖国的统一大业而奋斗。

推进祖国统一，必须保持香港、澳门长期繁荣稳定。要始终准确把握"一国"和"两制"的关系，"一国"是根，根深才能叶茂；"一国"是本，本固才能枝荣。

【阅读】在澳门，国旗是一代代师生爱国爱澳的寄托。听听澳门师生和国旗的故事，告诉我们的学生：澳门好，祖国好；祖国好，澳门会更好！

今天，我的愿望终于实现了，我感到非常兴奋。当年升起五星红旗时，我就盼望着我们的祖国早日繁荣，盼望着澳门能够早日回到祖国的怀抱。现在，我的这些愿望全都实现了，真是令人高兴，全世界的华人都为今天而扬眉吐气。

——杜岚 1999 年接受媒体采访

"澳门青年指标 2018 社会调查"反映，逾九成的受访青年为国家今天所取得的成就感到自豪，并认同国家的发展与个人息息相关。

——澳门特区政府教育暨青年局局长　老柏生

125

维护国家主权和领土完整、实现祖国完全统一是大势所趋、大义所在、民心所向。首先，坚持一个中国原则，这是两岸关系的政治基础。其次，推进两岸交流合作。最后，促进两岸同胞团结奋斗。解决台湾问题、实现祖国完全统一，是不可阻挡的历史进程，也是全体中华儿女的共同心愿。

课堂互动： 学生朗读闻一多的《七子之歌·台湾》

我们是东海捧出的珍珠一串，

琉球是我的群弟，我就是台湾。

我胸中还氤氲着郑氏的英魂，

精忠的赤血点染了我的家传。

母亲，酷炎的夏日要晒死我了，

赐我个号令，我还能背水一战。

母亲！我要回来，母亲！

1945年日本战败投降，台湾重新回到祖国怀抱。之后，解放战争期间，国民党政府退踞台湾，国民党集团推行所谓"不接触、不谈判、不妥协"的"三不"政策，造成长时间的海峡两岸的分离与隔绝。骨肉同胞不能团圆，山水相隔不能统一。

增进对两岸命运共同体的认知，拓宽两岸关系和平发展的道路。①台湾问题的实质：一是，台湾问题是中国内战的遗留问题，纯属中国内政。二是，台湾问题是中国政府和中国人民维护国家主权和领土完整、维护民族尊严、反对外来干涉的问题。三是，台湾问题的本质是分裂与反分裂、"台独"与反"台独"的斗争，焦点是一个中国与"两个中国"的斗争。②纵观历史发展，和平统一最符合包括台湾同胞在内的中华民族的根本利益。要从中华民族整体利益的高度把握两岸关系大局，在认清历史发展趋势中把握两岸前途。

近年来，两岸之间政治交流深化、经贸合作广泛、两岸实现"三通"、旅游、文化、教育交流稳步推进。

【阅读】"习马会"

即海峡两岸领导人习近平、马英九在新加坡的历史性会面简称。2015年11月7日15：00，两岸领导人在新加坡香格里拉饭店进行"世纪之握"的动作，就推进两岸关系和平发展交换意见，这是1949年以来两岸领导人的首次直接会面。会面使用两岸领导人的身份和名义，互称"先生"。在数百名中外媒体记者的瞩目下，两岸领导人的手紧紧握在一起，时间长达70秒左右。这历史性的一握，冲破了两岸交流形式的最后束缚，翻开了两岸关系历史性的一页。

【案例1】 两岸"三通"

两岸"三通"指台湾海峡两岸之间双向的直接通邮、通商与通航，而不是局部或间接的"三通"。两岸"三通"将增加两岸政治上的互信度，可搁置争议，消减敌意，增强民族凝聚力；经贸和民间交流也将进一步加强。"三通"将带来更多投资，给客运与物流行业带来机遇。1981年9月30日，时任全国人大常委会委员长的叶剑英，在新华社发表谈话时，阐述了党和政府对两岸和平统一与两岸往来的一系列重要的政策主张。这也是祖国大陆第一次明确"三通"的内容，即由1979年的"通航通邮"与"经济交流"概括为"通邮、通商、通航"。台湾方面则将叶剑英委员长的主要主张概括为"三通四流"(即通邮、通商、通航与探亲、旅游以及学术、文化与体育交流)。2008年12月15日，台湾海峡北线空中双向直达航路正式开通启用，民航上海区域管制中心与台北区域管制中心首次建立两岸空管部门的直接交接程序，标志着两岸同胞期盼已久的直接、双向、全面空中通航变成现实。

【提问】两岸"三通"带来的好处有哪些?

【解析】坚持增进互信、良性互动、求同存异、务实进取，促进两岸关系发展取得更多积极成果，努力增进两岸人民福祉，增进对两岸命运共同体的认知，不断拓宽两岸关系和平发展的道路。

大学生要感悟两岸关系和平发展潮流，担当起实现中华民族伟大复兴的历史重任，为推动两岸关系和平发展、实现祖国统一作出自己的贡献。

（2）维护民族团结。深化民族团结进步教育，铸牢中华民族共同体意识。多民族是我国的一大特色，也是我国发展的一大有利因素。各民族共同开发了祖国的锦绣河山、广袤疆域，共同创造了悠久的中国历史、灿烂的中华文化，造就了我国各民族在分布上的交错杂居、文化上的兼收并蓄、经济上的相互依存、情感上的相互亲近，形成了你中有我、我中有你、谁也离不开谁的多元一体格局。中华民族和各民族的关系，是一个大家庭和家庭成员的关系；各民族的关系，是一个大家庭里不同成员的关系。

课堂互动1：你能说出我国多少个民族? 我国少数民族数目最多的是哪个省区?

课堂互动2：我国的民族自治区有哪些? 你了解我国的民族区域自治制度吗?

【政策解读】民族区域自治制度

民族区域自治制度是指在国家的统一领导下，以少数民族聚居区为基础，建立相应的自治地方，设立自治机关，行使自治权。中国共产党自成立以后，就非常重视民族问题。随着中国共产党的日益成熟，对中国国情认识的不断深化，逐步明确提出了符合我国国情的民族区域自治，作为解决中国民族问题的基本政策。1941年5月1日，陕甘宁边区政府颁布了《陕甘宁边区纲领》，其中规定："依据民族平等原则，实行蒙回民族与汉族在政治经济文化上的平等权利，建立蒙回民族的自治区。"1945年10月23日，中央在《关于内蒙工作方针》的指示中指出："对内蒙的基本方针，在目前是实行民族区域自治。"1946年2月18日更明确指出："根据和平建国纲领要求民族平等自治，但不应提出独立自治口号。"在这一方针指导下，1947年5月1日，党领导建立了我国第一个省一级的内蒙古自治区，为以后在其他民族地区实行民族区域自治指明了方向，积累了宝贵的经验。

1949年《中国人民政治协商会议共同纲领》中明确规定："各少数民族聚居的地区，实行民族区域自治，按照民族聚居的人口多少和区域大小，分别建立各种民族自治机关。"后来，民族区域自治又明确载入历次宪法，成为我国的一项重要政治制度。

实践证明，实行民族区域自治既符合历史的发展，又符合现实情况，有很大的优越性。

自觉维护全国各族人民大团结的政治局面。弘扬新时代的爱国主义精神，就要自觉维护全国各族人民大团结的政治局面，不断增强对伟大祖国、中华民族、中华文化、中国共产党、中国特色社会主义的认同，坚决维护国家主权、安全、发展利益，筑牢国家统一、民族团结、社会稳定的铜墙铁壁。

尊重和传承中华民族历史文化。

对祖国悠久历史、深厚文化的理解和接受，是人们爱国主义情感培育和发展的重要条件。中华文化博大精深、源远流长，上下五千年，纵横八万里，涌现了孔孟老庄、程朱陆王等一大批思想巨匠，留下了浩如烟海的文化典籍和遗产。

中华优秀传统文化是中华民族的精神命脉，其中蕴涵着中华民族世世代代形成和积累的思想营养和实践智慧，是中华民族得以延续的文化基因，也是我们在世界文化激荡中站稳脚跟的根基。中华文化独一无二的理念、智慧、气度、神韵，增添了中国人民和中华民族内心深处的自信和自豪。

我们必须尊重和传承中华民族历史和文化，要利用好中华优秀传统文化蕴含的丰富的思想道德资源，深入挖掘中华优秀传统文化蕴含的思想观念、人文精神、道德规范，结合时代要求继承创新，以时代精神激活中华优秀传统文化的生命力，延续文化基因，萃取思想精华，推进中华优秀传统文化创造性转化和创新性发展，让中华文化展现出永久魅力和时代风采。在传承与创新中树立和坚持正确的历史观、民族观、国家观、文化观，增强做中国人的骨气和底气。

（1）警惕历史虚无主义、文化虚无主义。我们要时刻警惕历史虚无主义、文化虚无主义。现在国内国外、网上网下都有些言论，一些人打着所谓"重评历史"的幌子，贬低中华文化，否定近现代中国革命历史、否定近代以来中国人民的奋斗史，歪曲中国共产党的历史和中华人民共和国历史，抹黑英雄，诋毁革命领袖，企图混淆视听、扰乱人心，从根本上否定马克思主义指导地位和中国走向社会主义的历史必然性，否定中国共产党的领导。

【课堂提问】你如何看待网上歪曲、丑化英雄烈士的行为？

我们要彻底揭露历史虚无主义和文化虚无主义的险恶用心，要自觉抵制历史虚无主义现象，正本清源，树立正确的历史观，民族观，国家观和文化观，坚定中国特色社会主义文化自觉和文化自信，增强做中国人的骨气。

（2）尊重先烈，崇敬英雄，传承历史文化。要坚定正确政治方向，当代青年应该时刻保持理论上的清醒。

不论是知识分子，还是青年学生，都应该努力学习。除了学习专业之外，在思想上要有所进步，政治上也要有所进步，这就需要学习马克思主义，学习时事政治。没有正确的政治观点，就等于没有灵魂。

——毛泽东

要尊重先烈，崇敬英雄，传承历史文化。历史和现实都表明，一个抛弃了或者背叛了自己历史文化的民族，不仅不可能发展起来，而且很可能上演一场历史悲剧。抛弃传统、丢掉根本，就等于割断了自己的精神命脉。

习近平总书记指出："历史是一面镜子，从历史中，我们能够更好看清世界、参透生活、认识自己；历史也是一位智者，同历史对话，我们能够更好认识过去、把握当下、面向未来。"

祖国是人民最坚实的依靠，英雄是民族最闪亮的坐标。"天地英雄气，千秋尚凛然。"一个有希望的民族不能没有英雄，一个有前途的国家不能没有先锋。我们要对中华民族的英雄心怀崇敬，自觉传承好中华民族辉煌灿烂的历史文化。

坚持立足中国又面向世界。

（1）维护国家发展主体性。在经济全球化的条件下，国家仍然是民族存在的最高组织形式，是国际社会活动中的独立主体。只要国家继续存在，爱国主义就有坚实的基础。在参与经济全球化的过程中，必须坚定地捍卫自己国家的利益，这就更需要爱国主义的支撑。

【阅读】习近平总书记首倡上海精神"五观"奏响世界文明新乐章

2018年6月10日，上海合作组织成员国元首理事会第十八次会议在青岛国际会议中心举行。国家主席习近平主持会议并发表重要讲话。首次系统性提出弘扬"上海精神"的"五观"，即发展观、安全观、合作观、文明观和全球治理观。

习近平总书记作出精辟阐述："上海合作组织始终保持旺盛生命力、强劲合作动力，根本原因在于它创造性地提出并始终践行'上海精神'"。

上合组织成立17年来，中国一直都是重要的推动力量，在未来发展中，中国仍将在维护地区安全、加强经贸合作、促进人文交流等方面发挥重要作用，从各国企业到普通游客，都将从中受益。上合组织命运共同体的构建，意味着参与各方应是共生共荣的关系。这种关系不仅凝聚合力、求同存异、求同化异，更催生出新的合作关系。

【案例2】 亚投行的"朋友圈"和"成绩单"

亚洲基础设施投资银行是总部设在北京的一家新型国际多边开发机构，是中国积极参与和支持全球经济治理体系的重要创举。2020年7月28日，亚洲基础设施投资银行第五届理事会年会视频会议在北京召开，会议邀请了102个成员理事或其代表参会。国家主席习近平总书记在开幕式上致辞，强调：中国始终支持多边主义、践行多边主义，以开放、合作、共赢精神同世界各国共谋发展。

亚洲基础设施投资银行是2013年10月，习近平总书记代表中国提议筹建的，2015年12月25日，亚投行正式成立，2016年1月16日，习近平总书记出席亚投行开业仪式并致辞。今年是亚投行成立5周年，第五届理事会年会是亚投行从起步阶段迈向稳步发展阶段一次承上启下的重要会议。

从初创时期的57个成员，四年多的时间增加到102个，为24个成员提供了87个、总额近200亿美元的基础设施项目投资，正如习近平总书记所说，亚投行朋友圈越来越大、好伙伴越来越多、合作质量越来越高。成在"多边"，赢也在"多边"。亚投行的成长史进一步证明，中国奉行的多边主义，才是解决经济全球化进程中出现的矛盾的"金钥匙"，人类是休戚与共、风雨同舟的命运共同体，唯有相互支持、团结合作才是战胜危机的人间正道。

【提问】在经济全球化的背景下，中国的态度是指什么？

【解析】在参与经济全球化的过程中，我们一定要保持清醒的认识，既充分利用经济全球化所提供的机遇发展自己，又坚决维护国家的主权和尊严，按照本国国情坚持、发展自己的政治制度和民族文化。正如习近平总书记所强调的："走自己的路，是党的全部理论和实践立足点，更是党百年奋斗得出的历史结论。"

这是我们的自信。

（2）自觉维护国家安全。实现中华民族伟大复兴的中国梦，保证人民安居乐业，国家安全是头等大事。为此，大学生必须：

一要确立总体国家安全观。总体国家安全观，指以人民安全为宗旨，以政治安全为根本，以经济安全为基础，以军事、文化、社会安全为保障，以促进国际安全为依托，维护各领域国家安全，构建国家安全体系，走中国特色国家安全道路。

二要增强国防意识，履行维护国家安全的义务。国防是民族生存之盾，国防意识是民族生存之魂。国防意识是一个国家的公民抵御外侮，捍卫祖国的独立和主权，维护国家的尊严和安全的主观认识。国防意识主要表现为爱国主义精神和尚武精神。据《国家安全法》规定，大学生应当履行下列维护国家安全的义务：遵守宪法、法律法规关于国家安全的有关规定；及时报告危害国家安全活动的线索；如实提供所知悉的涉及危害国家安全活动的证据；为国家安全工作提供便利条件或者其他协助；向国家安全机关、公安机关和有关军事机关提供必要的支持和协助；保守所知悉的国家秘密；法律、行政法规规定的其他义务。

（3）构建人类命运共同体。坚持推动构建人类命运共同体，是新时代坚持和发展中国特色社会主义基本方略的重要内容。构建人类命运共同体的理念，源于中国，属于世界，是中国与世界的交响协奏。

【阅读】人类命运共同体的提出

2011年《中国的和平发展》白皮书指出：经济全球化成为影响国际关系的重要趋势。不同制度、不同类型、不同发展阶段的国家相互依存、利益交融，形成"你中有我、我中有你"的命运共同体。这是中国首次提出"命运共同体"的概念。

2012年，中共第十八次全国代表大会报告向世界郑重宣告：合作共赢，就是要倡导人类命运共同体意识，在追求本国利益时兼顾他国合理关切，在谋求本国发展中促进各国共同发展，建立更加平等均衡的新型全球发展伙伴关系，同舟共济，权责共担，增进人类共同利益。这是中国政府正式提出"人类命运共同体"的意识。

2013年3月，习近平总书记在莫斯科国际关系学院发表演讲，第一次向世界传递对人类文明走向的中国判断："这个世界，各国相互联系、相互依存的程度空前加深，人类生活在同一个地球村里，生活在历史和现实交汇的同一个时空里，越来越成为你中有我、我中有你的命运共同体。"

2015 年 9 月，在联合国成立 70 周年系列峰会上，习近平总书记全面论述了打造人类命运共同体的主要内涵：建立平等相待、互商互谅的伙伴关系，营造公道正义、共建共享的安全格局，谋求开放创新、包容互惠的发展前景，促进和而不同、兼收并蓄的文明交流，构筑尊崇自然、绿色发展的生态体系。

2016 年 9 月，在 B20 峰会开幕式主旨演讲中，习近平总书记呼吁树立人类命运共同体意识，以全球伙伴关系来应对挑战。他说，在经济全球化的今天，没有与世隔绝的孤岛。同为地球村居民，我们要树立人类命运共同体意识。伙伴精神是二十国集团最宝贵的财富，也是各国共同应对全球性挑战的选择。

2017 年 1 月，在联合国日内瓦总部，习近平总书记在万国宫出席"共商共筑人类命运共同体"高级别会议，并发表题为《共同构建人类命运共同体》的主旨演讲，阐释了构建人类命运共同体的中国方案。

2017 年 2 月，联合国社会发展委员会第 55 届会议日前协商一致通过"非洲发展新伙伴关系的社会层面"决议，首次写入"构建人类命运共同体"理念。

【案例3】 促进"一带一路"国际合作

推进"一带一路"建设是习近平总书记深刻思考人类前途命运及中国和世界发展大势所提出的宏伟构想和中国方案。2013 年 9 月和 10 月，习近平总书记在出访中亚和东南亚国家期间，先后提出共建"丝绸之路经济带"和"21 世纪海上丝绸之路"的重大倡议，得到了国际社会的高度关注和积极回应。

中国提出共建"一带一路"倡议以来，开展了积极行动，得到了全球 140 多个国家和 80 多个国际组织的积极支持和参与，联合国大会、联合国安理会等重要决议纳入相关内容。经贸合作扎实推进，"一带一路"金融合作初具规模，一大批互联互通项目规划实施，各领域人文合作深入开展。2017 年 5 月首届"一带一路"国际合作高峰论坛成功举办，高峰论坛形成涵盖政策沟通、设施联通、贸易畅通、资金融通、民心相通 5 大类、共 76 大项、270 多项具体成果，成为新时期推动全球发展合作的机制化平台。丰硕的成果表明，"一带一路"倡议顺应时代潮流，适应发展规律，符合各国人民利益，具有广阔前景。

【提问】"一带一路"倡议的启示？

【解析】当今世界，没有哪个国家能够独自应对人类面临的各种挑战，也没有哪个国家能够退回到自我封闭的孤岛。如何共同建设一个持久和平、普遍安全、共同繁荣、开放包容、清洁美丽的世界，是全人类的共同利益和共同价值追求。

【课堂讨论】就新冠肺炎疫情谈谈国际合作的重要性和必要性。

2020年上半年，一场新型冠状病毒感染的肺炎疫情在多国爆发蔓延，疫情逐渐波及全球。面对着如何打赢疫情防控阻击战的现实拷问，全球应对新冠肺炎疫情中构建人类命运共同体的迫切性和重要性问题亟待解决。

在5月18日，第73届世界卫生大会视频会议开幕式上，习近平总书记进一步明确宣布了中国推进全球抗疫合作的五大措施，继续为全球公共卫生事业尽责。

中国人民在疫情防控中展现出来的中国力量、中国精神、中国效率得到了国际社会的高度赞扬，国际社会也普遍认为中国在全面有力防控疫情的同时，积极主动同世卫组织和国际社会开展合作和信息交流，不仅是在对中国人民的生命安全和身体健康负责，也是在为世界公共卫生事业做贡献。

当代中国的爱国主义继承并发扬了中华文化协和万邦、热爱和平的优秀传统，对内积极倡导社会主义的爱国主义，对外主张平等互利、和平共处的国际交往原则，积极维护国际和平与文明和谐。

新时代弘扬面向世界的爱国主义精神，意味着我们要有更加宽广的世界胸怀和全球视野，为维护人类共同利益、推动人类文明发展进步提供中国智慧，始终做世界和平的建设者、全球发展的贡献者、国际秩序的维护者。

中国梦的内涵，是实现国家富强、民族复兴、人民幸福。每个人的前途命运都与国家和民族的前途命运紧密相连。国家好、民族好、大家才会好。青年一代有理想、有本领、有担当，国家就有前途、民族就有希望。

在中华民族5000多年绵延发展的历史长河中，爱国主义始终是激昂的主旋律，始终是激励我国各族人民自强不息的强大力量。实现中华民族伟大复兴的中国梦，是当代中国爱国主义的鲜明主题。青年大学生要继承中华民族爱国主义光荣传统，自觉做新时代的忠诚爱国者。新时代的大学生应当高扬爱国主义旗帜，把爱国之情、强国之志、报国之行统一起来，为国家和民族作出应有的贡献。

（四）专题小结

时代潮流浩浩荡荡。青年一代若在创新驱动的大潮中练就扎实的本领，有宽广的国际视野，有落后就会挨打的危机感和忧患意识，有敢咬硬骨头的闯劲、咬定青山不放松的韧劲，生命不息奋斗不止的拼劲，便能够成为时代的奋进者、搏击者，为国家争光，在新时代成就精彩人生！

📖 六、教学拓展

（一）教学案例

【案例4】 钱学森：热血铸春秋 殷殷报国魂

2012年2月5日，著名的声乐教育家蒋英在301医院逝世，走完了她93年的精彩人生。蒋英这个名字人们并不陌生，不仅因为她是著名军事理论家蒋百里的三女，武侠小说大师金庸的表姐，中国杰出女声乐教育家和女高音歌唱家，更因为她是"中国航天之父"钱学森的夫人。蒋英和钱学森相濡以沫的婚姻一直被人们称道，她的离去让人们感叹。在缅怀蒋英的同时，也激起了人们对钱学森这位已故科学家的深切追思……

"广阔无垠的太平洋上，一艘巨轮正劈波斩浪驶往香港。一位40来岁的中年人，迈着稳健的步伐踏上甲板。想到前方就是自己魂牵梦绕的祖国，他多么希望脚下不是轮船的甲板，而是火箭的舱壁啊。"

这是小学语文教材《钱学森》一文中对半个多世纪前钱学森返国的一段描述。和很多年轻人一样，笔者对钱学森的认识也是始于课堂。孩提时代听着老师讲述他冲破阻碍毅然回国的事迹，满怀钦佩之情。

长大后，涉猎书籍，对钱学森知之更多，更是肃然起敬。"中国航天之父""中国导弹之父""火箭之王"，他的丰功伟绩让世人瞩目。作为科学家，钱学森感动了整个中国。这不仅仅是因他成就斐然、贡献卓越，更是因为他的博大胸襟和爱国情愫。

"在他心里，国为重，家为轻，科学最重，名利最轻。5年归国路，10年两弹成。开创祖国航天，他是先行人，披荆斩棘，把智慧锻造成阶梯，留给后来的攀登者。他是知识的宝藏，是科学的旗帜，是中华民族知识分子的典范。"这是2007年"感动中国人物"组委会给予他的颁奖词，也是他一生的真实写照。

提及自己的贡献，他总是谦逊地说："我个人仅仅是沧海一粟，真正伟大的是人民和我们的国家。"钱学森一贯反对别人称他"导弹之父"或"航天之父"，总以诚恳的态度告诉大家，像"两弹一星"这样的大科学工程，不是哪一两个人能干成功的，"一切成就归于党，归于集体"。美国准备授予钱学森院士称号，被他拒绝。他说："如果中国人民说我钱学森为国家，为民族做了点事，那就是最高的奖赏。"

平生无意求虚名，惟尽百年赤子情。在钱学森眼中，最好的礼物是一尊"神舟"航天飞船的模型。那展翅翱翔的"神舟"，真切地诠释了他关注祖国腾飞的热切心情……

【提问】钱学森先生的一生对当代大学生最大的启示是什么？

【解析】钱学森的事迹结合当前西方大国对华为制裁事件清晰地揭示了：（1）科学是无国界的，但科学家是有国籍的。弘扬中国精神核心前提就是弘扬爱国主义。钱学森当年在美国突破重重阻挠回到"一穷二白"的新中国，发挥所长，为国效力，它那高尚的爱国情怀，至今让人无不敬佩，可以说弘扬中国精神的试金石就是对祖国爱国精神的考验。（2）弘扬中国精神，不只停留在口头上，更重要的是付诸实践。钱学森以他几十年的科学钻研，报效祖国的实际贡献，传承着代代艰苦努力、意气风发的中国精神。（3）钱学森事迹充分体现了弘扬中国精神的榜样力量。钱学森以他的亲身经历，为我们谱写了一段中国精神的赞歌，为我们如何弘扬中国精神指明了方向，同时，当代我们需要更多的人加入到榜样当中去，不断发挥引导、引领作用。

（二）教学资料

《新时代爱国主义教育实施纲要》（2019 年 11 月 12 日中共中央 国务院印发）。具体内容见：https://baike.baidu.com/item/%E7%88%B1%E5%9B%BD%E4%B8%BB%E4%B9%89%E6%95%99%E8%82%B2%E5%AE%9E%E6%96%BD%E7%BA%B2%E8%A6%81/457880?fr=aladdin

📖 七、课后思考

（1）如何把中国抗疫中彰显的爱国主义精神转化为青年前进的强大的奋斗力量？

（2）作为新时代的新青年，当代大学生能为"祖国统一"做出哪些贡献？（宏观和微观两个角度，结合自己的学习、生活以及今后的工作思考）

📖 八、社会实践

结合自身实际，谈谈如何做新时代的忠诚爱国者，发布到学习通上面。

九、阅读书目

（1）习近平：《要有高度的文化自信》，《习近平谈治国理政》第二卷，外文出版社，2017年版。

（2）习近平：《习近平关于社会主义文化建设摘编》，中共中央党史和文献研究，2017年版。

（3）《习近平新时代中国特色社会主义思想三十讲》，学习出版社，2018年5月。

（4）《大力弘扬伟大的爱国主义精神 为实现中国梦提供精神支柱》，《人民日报》2015年12月31日。

（5）《新时代爱国主义教育实施纲要》。

专题八　凝心铸魂　增进价值共识

一、教学目标

教育引导学生准确理解价值观与社会主义核心价值观的内涵，科学掌握社会主义核心价值观的基本内容，增强价值自信与价值自觉，深刻掌握社会主义核心价值观的显著特征，认清西方价值观的实质与危害。

二、教学重难点

（一）教学重点

1. 价值观与社会主义核心价值观。

2. 社会主义核心价值观的基本内容。

3. 社会主义核心价值观的显著特征。

（二）教学难点

1. 新时代大学生应如何深刻掌握社会主义核心价值观的主要内容和精神实质。

2. 认清社会主义核心价值观与西方价值观的本质区别，并自觉与西方价值观划清界限，增强社会主义核心价值观的情感认同和价值共识。

三、教学方法

本专题主要采用专题讨论法、案例教学等教学方法。

📖 四、教学课时

本专题对应高等教育出版社《思想道德与法治》（2021 年版）教材四章第一节第一、二目、第二节；教学安排 4 学时。

📖 五、教学过程

（一）课程导入

导入：疫情之下，我们与他们何以如此不同？

疫情暴发以来，中国各地医务工作者逆行驰援湖北；各地志愿者竭尽己能、倾力付出；各地民众自觉、自发地居家隔离。

反观美国，很多美国人拒绝在公开场合戴口罩；美国多地民众反对"居家令"；密歇根州发生持枪抗议事件。

面对新冠肺炎疫情，我们之所以如此不同，是因为我们有顾全大局、同舟共济、民生为本、舍生取义、与人为善的共同价值观。

我们生而为中国人，最根本的是我们有中国人的独特精神世界，有百姓日用而不觉的价值观。

——2014 年 5 月 4 日，习近平总书记在北京大学师生座谈会上的讲话

（二）课程讲授

问题一：为什么说社会主义核心价值观是社会主义核心价值体系的内核？

要理解这个问题，我们要清楚价值观、核心价值观、社会主义核心价值观和社会主义核心价值体系的内涵。

第一，价值观。

价值观就是主体对客体有无价值、价值大小的立场和态度，是对价值及其相关内容的基本观点和看法。通俗地说，价值观是人们对事物的意义和价值的反映与判断，是人们关于应该做什么和不应该做什么的基本观点，是区分好与坏、对与错、善与恶、美与丑等的总观念。正如宇文利在《中国人的价值观》一书中讲到，有了价值观，一个人面对选择时，从内心深处就知道该怎样做和不该怎样做，知道怎样做是合理的和怎样做是不合理的，怎样做才是有益的和怎样做是不利的。

价值观在人们的观念体系中并不是孤立的，它与世界观、人生观相辅相成、相互作用、相互促进，是辩证统一的关系。价值观对人的具体行为起着规范和导向作

用，价值观不同的人，行为取向也会不同，甚至可能截然相反。因此，价值观反映着特定的时代精神、体现着鲜明的民族特色、蕴含着特定的阶级立场。

首先，价值观反映着特定的时代精神。"随着每一次社会秩序的巨大历史变革，人们的观点和观念也会发生变革。"人们的社会存在和社会生活是具体的、现实的，是属于一定时代的，反映社会存在和社会生活的价值观总是表现出鲜明的时代特点。它回应着特殊的时代性问题，表现着一定时代人们的需要和利益诉求，反映着特定的时代精神。有什么性质的社会存在，就会有什么性质和内容的价值观。抽象的、超历史的、一成不变的价值观是不存在的。

其次，价值观体现着鲜明的民族特色。一个民族在长期的共同生活和实践的基础上，逐渐形成具有该民族特色的价值观，并通过历史的积淀和升华，使之成为该民族文化传统的核心和灵魂。价值观的民族性体现着一个民族区别于其他民族的精神气质。

最后，价值观蕴含着特定的阶级立场。不同阶级由于其阶级地位和经济利益不同有着不同的价值观。在阶级社会里，占统治地位的价值观都是统治阶级的价值观，为统治阶级的统治和利益辩护。被统治阶级也有其自身的价值观，当被统治阶级变得足够强大时，其价值观既体现为对统治阶级的反抗，也体现为被统治阶级对未来利益的主张。

【讨论】有人说，价值观其实就是：我愿意花三十多块钱买一杯星巴克，你愿意花三十多块钱撸串儿；我愿意在 CBD 工作，你愿意在离家近的地方工作；我愿意在城里买房，你愿意在郊区买房；我喜欢出去旅游，你喜欢宅在家里。

其实，价值观的不同，导致了人与人之间存在差距。不一样的价值观会成就不一样的人生。

【讨论】当今中国，传统和现代、先进与落后、本土与外来相互交织，给人们的价值观念带来空前冲击。比如玉林狗肉节在网上引起广泛争议，一部人从尊重生命关爱动物的角度认为应该抵制狗肉节，一部分人从弘扬传统文化，发展当地经济的角度考虑认为应该举办狗肉节？

你能说谁的价值观对吗？所以，正是因为价值观的多元，我们就必须有核心价值观，这个核心价值观是全社会共同追求的价值观，是全体公民价值观的最大公约数。

第二，核心价值观。

核心价值观是一定社会形态、社会性质的集中体现，在一个社会的思想观念体系中处于主导地位，体现着社会制度的阶级属性、社会运行的基本原则和社会发展的基本方向。

核心价值观不仅作用于经济社会生活的各个方面，而且对每个社会成员产生深刻的影响。任何一个社会都存在多种多样的价值观念和价值取向，要把全社会意志和力量凝聚起来，必须有一套与经济基础和政治制度相适应并能形成广泛社会共识的核心价值观。否则，一个民族就没有赖以维系的精神纽带，一个国家就没有共同的思想道德基础。如果一个民族、一个国家没有共同的核心价值观，莫衷一是，行无依归，那这个民族、这个国家就无法前进。

历史和现实都表明，核心价值观是一个国家的重要稳定器，能否构建具有强大感召力的核心价值观，关系社会和谐稳定，关系国家长治久安。世界上各种文化之争，本质上是价值观念之争，也是人心之争、意识形态之争。

第三，社会主义核心价值观。

作为世界上最大的发展中国家和世界第二大经济体，中国也有核心价值观，这个核心价值观就是社会主义核心价值观。中华人民共和国成立以来特别是改革开放以来，中国共产党带领全国人民在经济、政治、文化和社会等方面建立了一套比较成熟的基本制度和体制，成功探索出了一条中国特色社会主义道路。与这些基本制度和体制相适应，必然要求有一个主导全社会思想道德观念和行为方式的核心价值观。党的十八大提出，要倡导富强、民主、文明、和谐，倡导自由、平等、公正、法治，倡导爱国、敬业、诚信、友善，积极培育和践行社会主义核心价值观，这是中国共产党凝聚全党全社会价值共识作出的重要论断。社会主义核心价值观的提出，鲜明确立了当代中国的核心价值理念，生动展现了中国共产党和中华民族高度的价值自信与价值自觉。

社会主义核心价值观凝结着全体人民共同的价值追求，正如习近平总书记所讲"人类社会发展的历史表明，对一个民族，一个国家来说，最持久、最深层次的力量是全社会共同认同的价值追求"。社会主义核心价值观体现了社会主义意识形态的本质要求，体现了社会主义制度在思想精神层面的质的规定性，以其先进性、人民性、真实性站在人类道义制高点上，彰显出独特而强大的价值观优势。

第四，社会主义核心价值体系。

社会主义核心价值体系主要包括马克思主义指导思想、中国特色社会主义共同理想、以爱国主义为核心的民族精神和以改革创新为核心的时代精神、社会主义荣辱观。社会主义核心价值观是社会主义核心价值体系的精神内核，它体现了社会主义核心价值体系的根本性质和基本特征，反映了社会主义核心价值体系的丰富内涵和实践要求，是社会主义核心价值体系的高度凝练和集中表达。同时，社会主义核心价值观与社会主义核心价值体系具有内在的一致性，都体现了社会主义意识形态的本质要求，体现了社会主义制度在思想和精神层面的质的规定性，是建设中国特色社会主义现代化强国、实现中华民族伟大复兴的中国梦的价值引领。推进社会主义核心价值观与社会主义核心价值体系建设，就是要弘扬共同理想、凝聚精神力量、引领道德风尚，形成全民族奋发向上、团结和睦的精神纽带，使我们的国家、民族、人民在思想上和精神上强起来，更好地坚持中国道路、弘扬中国精神、凝聚中国力量。社会主义核心价值体系和社会主义核心价值观是紧密联系、互为依存、相辅相成的。

问题二：社会主义核心价值观的精神实质是什么？

"富强、民主、文明、和谐，自由、平等、公正、法治，爱国、敬业、诚信、友善"是社会主义核心价值观的基本内容。它把涉及国家、社会、公民的价值要求融为一体，体现了社会主义本质要求，继承了中华优秀传统文化，吸收了世界文明有益成果，体现了时代精神，是对我们要建设什么样的国家、建设什么样的社会、培育什么样的公民等重大问题的深刻解答。

首先是国家层面：富强、民主、文明、和谐的价值追求，回答了我们要建设什么样的国家的重大问题，揭示了当代中国经济社会发展的价值目标，从国家层面标注了社会主义核心价值观的时代刻度。

富强是促进社会进步、人的自由全面发展的物质基础，体现了马克思主义唯物史观生产力标准的根本要求。富强，就是人民的富裕和国家的强盛。富强在于富民，即人民富裕。社会主义生产力的发展，国家财富的创造，其根本目的都在于丰富人民的物质生活和精神生活。富强还在于强国，即国家强盛，也就体现为国家拥有强大的综合国力。人民富裕和国家强盛在根本上是统一的，这是社会主义的价值追求。中华民族伟大复兴归根到底要落实到满足人民对美好生活的追求上，使人民的获得感、幸福感、安全感更加充实、更可持续、更有保障，朝着共同富裕方向稳步前进。

毛泽东主席 1955 年曾经说过这样的话："现在我们实行这么一种制度，这么一种计划，是可以一年一年走向更富更强的，一年一年可以看到更富更强些。而这个富，是共同的富，这个强，是共同的强，大家都有份。"

【阅读】1952—2018 年我国人均国内生产总值从 119 元增至 64644 元，实际增长 70 倍。2019 年、2020 年人均国内生产总值超过 1 万美元。据世界银行最新预计，2020 年世界经济将下降 4.3%，其中美国、欧元区、日本分别下降 3.6%、7.4%、5.3%。据对世界上 18 个国内生产总值 1 万亿美元以上主要经济体的跟踪分析和全年预计，我国将成为全球唯一实现经济正增长的主要经济体。2020 年，货物进出口顺差增加，服务进出口逆差下降。年末外汇储备余额 32165 亿美元，比上年末增加 1086 亿美元，稳居世界第一。2020 年，新时代脱贫攻坚目标任务胜利完成。瞄准"三区三州"等深度贫困地区和未摘帽贫困县持续发力，啃下了最难啃的"硬骨头"。现行标准下农村贫困人口全部脱贫，832 个贫困县全部摘帽，绝对贫困现象历史性消除，创造了人类减贫史上的奇迹。

民主指的是社会主义民主，是人民当家作主，不是由别人作主，也不是由少数人作主。作为一种政治实践、价值理念，人民民主是社会主义的生命，没有民主就没有社会主义，就没有社会主义现代化。人民民主反映了人民群众的历史主体地位，是人民群众创造历史的集中反映。社会主义核心价值观倡导的民主是真实的民主，没有门槛，不受财产、地位、民族、性别、宗教等因素限制，使每个人都享有平等的政治权利；社会主义核心价值观倡导的民主是广泛的民主，绝不以牺牲多数人利益为代价来保护少数人的利益，同时又尊重和照顾少数人，充分反映和协调各方面的意愿和利益；社会主义核心价值观倡导的民主是高效的民主，既真切全面地反映人民意愿，又致力于尽快形成统一意志、统一行动，以解决实际问题；社会主义核心价值观倡导的民主是丰富的民主，不仅有选举民主，还有协商民主、基层民主，保证人民依法实行民主选举、民主决策、民主管理、民主监督。

协商民主是实现党的领导的重要方式，是我国社会主义民主政治的特有形式和独特优势……在中国社会主义制度下，有事好商量、众人的事情由众人商量，找到全社会意愿和要求的最大公约数，是人民民主的真谛。

——2019 年 9 月 20 日，习近平总书记在中央政协工作会议暨庆祝中国人民政治
协商会议成立 70 周年大会上的讲话

【阅读】中国的工会基层组织从 1952 年的 20.7 万个，已经发展到 2018 年的 273.1 万个，社会组织单位也从 1988 年的 0.44 万个发展到 2018 年的 81.7 万个。从我国第一届、第十三届全国人民代表大会妇女代表和少数民族代表所占比例来看，第一届全国人民代表大会妇女代表占比 12%，到第十三届全国人民代表大会，妇女代表已上升到 24.9%；少数民族代表所占比例也从第一届全国人民代表大会的 14.4% 上升到第十三届全国人民代表大会的 14.7%。

【讨论】长期以来，以多党制、三权分立、竞争性的选举等为主要内容的西式民主一直被一些人认为是"人类历史的最终政体形式"、是"最优越最完美的民主模式"。你如何认识和评价这种观点？

以多党制、三权分立、竞争性的选举等为主要内容的西方民主模式一直被一些国家奉为普世性的民主典范，并且向外输出。然而，西方民主模式真的有那么好、

那么灵吗？事实胜于雄辩。西方民主模式在西亚和北非演变为"阿拉伯之冬"，在南亚地区演变为家族政治，在非洲演变为部落政治，在利比亚、叙利亚等国则沦为无政府主义……这些移植西方民主模式的发展中国家，不但没有看到民主改革后的政治稳定与开明、经济发展与繁荣、人民生活富足与安康，反而目睹了各种矛盾的激化与升级，亲历了前景未卜的动荡与混乱，承受了经济的凋敝和生活条件的不断恶化。

收集并分享发展中国家引入西方民主模式进行民主制度改革却失败的典型案例，论证"世界上不存在完全相同的政治制度，也不存在适用于一切国家的政治制度模式"这一主题所包含观点的科学性。

文明是社会进步的重要标志，也是社会主义现代化国家的重要特征。社会主义核心价值观倡导的文明包括物质文明、政治文明、精神文明、社会文明、生态文明，是全面建设社会主义现代化国家的题中应有之义，是实现中华民族伟大复兴的重要支撑。

文明特别是思想文化是一个国家、一个民族的灵魂。无论哪一个国家、哪一个民族，如果不珍惜自己的思想文化，丢掉了思想文化这个灵魂，这个国家、这个民族是立不起来的。

——2014 年 9 月 24 日，习近平总书记在纪念孔子诞辰 2565 周年国际学术研讨会上的讲话

和谐是中华文明的核心价值理念。社会主义核心价值观倡导的和谐，是人与人、人与社会、人与自然以及人的自我身心的有机统一。和谐的中国，是民主与法治相统一、公平与效率相统一、活力与秩序相统一、人与自然相统一的社会主义国家。和谐的中国，秉持世界持久和平的理想，心系人类共同繁荣的命运，担当可持续发展的历史责任。

社会和谐是中国特色社会主义的本质属性，所以必须团结一切可以团结的力量，最大限度增加和谐因素，增强社会创造活力，确保人民安居乐业、社会安定有序、国家长治久安。

——2012 年 11 月 17 日，习近平总书记在主持十八届中央政治局第一次集体学习时的讲话

【阅读】2020 年，全国城镇新增就业 1186 万人，超额完成全年目标任务；全国城镇调查失业率平均为 5.6%，低于 6% 左右的预期目标。居民就业得到保障。大学生就业压力逐步缓解，2020 年 12 月份全国 20～24 岁大专及以上人员（主要为新毕业大学生）城镇调查失业率比 7 月份回落 7.2 个百分点。农民工就业状况明显好转，

2020 年农民工总量恢复至上年的 98.2%。

其次是社会层面：自由、平等、公正、法治的价值追求，反映了人们对美好社会的期望和憧憬，回答了建设什么样的社会的重大问题，与实现国家治理体系和治理能力现代化的要求相契合，揭示了社会主义社会发展的价值取向。

自由是社会活力之源，是社会主义的价值理想。社会主义核心价值观倡导的自由，不是少数人的、形式上的、虚伪的自由，而是绝大多数人的、实质上的、真实的自由；社会主义核心价值观倡导的自由，不是凌驾于社会利益之上的、绝对的个人自由，而是受到法律和规范制约、权利和义务对等的自由；社会主义核心价值观倡导的自由，不是超越发展阶段和现实承受能力的自由，而是与一定的经济社会发展条件相适应的自由；社会主义核心价值观倡导的自由，不只是追求物质生活的改善，更重要的是保证人民充分享有发展自我、实现自我的机会，使每个人都能人生出彩、梦想成真。

代替那存在着阶级和阶级对立的资产阶级旧社会的，将是这样一个联合体，在那里，每个人的自由发展是一切人的自由发展的条件。

——马克思、恩格斯《共产党宣言》

【讨论】如何看待美国持枪自由？

美国人所拥有的各类枪支数量总计 2 亿至 3.5 亿支，几乎人手一枪。在南方一些城市，如在有 1700 万人口的得克萨斯州，枪支数量高达 6800 万支，平均每个人持有四支。据美国联邦调查局 2014 年公布的一项研究报告显示，2007 年至 2013 年的 7 年间，平均每年发生 16 起大规模枪击事件，远远超过此前 7 年年均 6 起的水平。据不完全统计，"9·11"事件以来美国大规模枪击案数量已超过 30 件。

平等是人类追求的美好状态。社会主义核心价值观倡导的平等，是兼顾效率与公平的平等，不是"不患寡而患不均"的绝对平均主义；是实实在在的平等，不是落在法律文本上的"形式上的平等"；是要让人人都能公平行使社会权利、履行社会义务、分享社会成果，政治上平等参与、经济上共同富裕、文化上共建共享，同祖国和时代一起成长进步。

【讨论】为什么只有在社会主义社会，人民才有可能真正实现平等？

存在剥削制度与剥削阶级的社会中，平等不可能真正实现。资本主义私有制是社会分配不公的制度根源，必然导致社会贫富分化和阶级对立。只有在社会主义社会中，生产资料公有制代替私有制，剥削不复存在，人民才有真正实现平等的可能。

公正是人类社会进步的标尺，是社会主义制度的本质要求。社会主义核心价值观倡导的公正，不只是强调机会平等和程序正义的公正，更是兼顾结果的公正，体现在社会生活各个领域、各个层次、各个方面的公正。社会主义社会的各项制度安排，归根结底是将最广大人民的根本利益作为出发点和落脚点，在社会发展过程中尽最大努力实现人民的愿望、满足人民的需要、维护人民的根本利益。

【阅读】截至 2020 年年底，中国基本医疗保险覆盖超过 13 亿人；基本养老、失业、工伤保险参保人数分别达到 9.99 亿人、2.17 亿人、2.68 亿人。其中，基本养老保险参保率超过 90%，基本实现法定人员全覆盖，参保人数已占全球养老保险总人数的 1/3，是世界上覆盖人数最多的养老保险制度。

法治是人类政治文明的重要成果，是现代社会的主要特征。在当代中国，全面推进依法治国，加快建设社会主义法治国家，是坚持和发展中国特色社会主义的本质要求和重要保障，是实现国家治理体系和治理能力现代化的必然要求，事关我们党执政兴国、事关人民幸福安康、事关党和国家长治久安。社会主义核心价值观倡导的法治，不是片面强调司法独立、推行三权分立，更不是对资本主义法治理念的照抄照搬，而是立足中国的社会现实和文化传统，坚持党的领导、人民当家作主、依法治国的有机统一。

2020 年 5 月 28 日下午，十三届全国人大三次会议表决通过《中华人民共和国民法典》。民法典在中国特色社会主义法律体系中具有重要地位，是一部固根本、稳预期、利长远的基础性法律，对推进全面依法治国、加快建设社会主义法治国家，对发展社会主义市场经济、巩固社会主义基本经济制度，对坚持以人民为中心的发展思想、依法维护人民权益、推动我国人权事业发展，对推进国家治理体系和治理能力现代化，都具有重大意义。

最后是个人层面：爱国、敬业、诚信、友善，这一价值追求回答了我们要培育什么样的公民的重大问题，涵盖了社会公德、职业道德、家庭美德、个人品德等各个方面，是每个公民都应当遵守的道德规范。有了这样的价值追求，人们才能更好地处理个人与国家、社会、他人的关系，不断提升自己的人生境界。

爱国是最深沉、最持久的情感，是每个公民应当遵循的最基本的价值观念和道德准则，也是中华民族的优良传统。社会主义核心价值观倡导的爱国，就是把个人价值的实现同推动国家的繁荣发展对接，把人生意义的提升同增进最广大人民的福祉相连，不断加深对祖国悠久历史、灿烂文化的认同，不断增强做中国人的骨气和底气；就是让个人梦想与国家梦想紧密结合，把我们的国家建设好，把我们的民族发展好。

【视频】2017—2018 感动中国十大人物事迹及颁奖词（黄大年）
黄大年秉持科技报国理想，把为祖国富强、民族振兴、人民幸福贡献力量作为毕生追求。他既是无私的爱国者，也是新时代"海归"科技报国的楷模，将个人价值融入社会奉献，以社会价值成就辉煌人生，为我国教育科研事业作出了突出贡献。他的英年早逝让很多人落泪，他的精神却让无数人奋起。我们要以黄大年为楷模，秉持科技报国理想，把为祖国富强、民族振兴、人民幸福贡献力量作为毕生追求，将个人价值融入社会奉献，以社会价值成就辉煌人生。

敬业是对待生产劳动和人类生存的一种根本价值态度。敬业的"业"，涵盖了人们所从事的一切促进人类生存与发展的生产劳动领域，本质上就是由劳动重要地位决定的。社会主义核心价值观倡导的敬业，要求人们尊重劳动、尊重知识、尊重人才、尊重创造，热爱和认同自己的职业和工作，珍惜和保护他人的劳动成果；要求人们有全身心投入的敬业态度和精益求精的工匠精神，保持和发扬为民服务孺子牛、创新发展拓荒牛、艰苦奋斗老黄牛的精神；要求人们视职业、劳动、创造、贡献为公民的社会责任和义务，视劳动为实现个人理想和个人价值的基本途径。

劳动是一切幸福的源泉。新形势下，我国工人阶级和广大劳动群众要继续学先进赶先进，自觉践行社会主义核心价值观，用劳动模范和先进工作者的崇高精神和高尚品格鞭策自己，焕发劳动热情，厚植工匠文化，恪守职业道德，将辛勤劳动、诚实劳动、创造性劳动作为自觉行为。

——2020年11月24日，习近平总书记在全国劳动模范和先进工作者表彰大会上的讲话

诚信是个人立身处世的基本价值规范，是社会存续发展的重要价值基石。社会主义核心价值观倡导的诚信，就是要以诚待人、以信取人，说老实话、办老实事、做老实人。现代社会不仅是物质丰裕的社会，也应是诚信有序的社会；市场经济不仅是法治经济，更应是信用经济。只有激发真诚的人格力量，每个人都遵信守诺，才能构建言行一致、诚信有序的社会；只有激活宝贵的无形资产，建立良好的信用关系，才能营造"守信光荣、失信可耻"的风尚，增强社会的凝聚力和向心力。

中央宣传部、国家发展改革委联合向社会发布了2020年"诚信之星"。他们有的为了一份信任，不畏艰险、冒疫奔忙，用臂膀扛起如山的责任，勇做挺身而出的普通人；有的秉承"诚信为本、品质至上"的企业精神，不计成本保证防疫物资供应，为全国疫情防控作出突出贡献；有的响应号召，主动请缨，坚守"一户不脱贫决不撤岗"的庄严承诺；有的扎根偏远乡村，甘守清贫寂寞，为乡亲解决病痛，多年如一日甘当村民"健康守门人"；有的弘扬家风、恪守家训，致富不忘乡亲，"不帮乡亲拔掉穷根决不罢休"。他们的感人事迹生动展现了新时代中国人守信践诺、以诚立身的精神风貌，是"诚信"价值理念的坚定守护者，是社会主义核心价值观

的模范践行者。

友善是维系良好人际关系和社会关系的基本价值准则。友善要求人们善待亲友、他人，对社会抱有善意，与自然和谐共处。善待亲人以和谐家庭关系，善待朋友以凝结牢固的友谊，善待他人以构建和谐的人际关系，与自然和谐共处以形成和谐的自然生态。友善是公民优秀的个人品质，是构建和谐人际关系和社会关系的道德纽带，更是维护健康良好社会秩序的伦理基础。无论身处哪个阶层、从事哪个行业，友善都是公民应当积极倡导的基础性的价值理念。特别是在市场经济建设过程中，竞争压力不可避免带来人际关系的紧张，各种社会矛盾凸显，培育和践行社会主义友善价值观，是缓解社会矛盾、维护社会秩序、促进社会和谐的坚实基础。

【阅读】"路怒症"这个说法源于20世纪80年代，产生于美国，用以形容在交通阻塞情况下开车压力与挫折所导致的愤怒情绪。近年来，随着我国汽车数量增多，不少司机面对糟糕的交通状况有过胡乱变线、强行超车、骂粗口等表现，甚至会袭击他人的汽车，同车乘客也会遭殃。"路怒症"的出现就是典型的不友善。

【讨论】今天，培育和践行社会主义核心价值观有着什么样的紧迫性？

第一，培育和弘扬社会主义核心价值观的紧迫性是由当今世界思想文化大交流、大交融、大交锋所决定的。十一届三中全会以来，经过了30多年的改革开放和社会主义市场经济的发展，在国际背景下，我们国内出现了四个深刻变化，第一个深刻是经济体格深刻变革，第二个深刻是社会结构深刻变动，第三个深刻是利益格局深刻调整，第四个深刻是思想观念深刻变化。因为世情国情的变化，使得西方一些思潮可以长驱直入，今天全方位开放、全媒体时代我们不可能把这些思潮关在门外，只能面对这种现实，用社会主义核心价值观应对现实。

第二，培育和弘扬社会主义核心价值观紧迫性的第二个方面，就是虚拟社会的治理和建设任务十分繁重。大家知道这几年，由于我们虚拟社会提得比较多，大家也慢慢熟悉了，而且虚拟社会的提法，已经进入我们党的文件。虚拟社会的形成和虚拟社会治理的任务十分繁重，这是个无法回避并且已经被我们党和政府越来越加以重视的一个问题。一是网上违法犯罪活动日益突出，现实社会违法犯罪向虚拟社会蔓延。二是虚拟社会对现实社会的负面影响日益增强。三是网上炒作日益严重，各种社会矛盾和热点敏感问题极其容易在网上快速传播。更有甚者，以造谣、传谣来吸引网民眼球，以谩骂、攻击来代替理性讨论，以人肉搜索代替侦查调查，以舆论审判代替国家法律，造成严重后果。四是网上的信息安全日益凸显。这四个方面的负面影响很明显。互联网现在成为我们意识形态斗争的重要阵地。但是我们要有信心培育和弘扬社会主义核心价值观，它能够增强社会主义意识形态的吸引力和凝聚力，能够形成健康向上的网络文化，有利于加强虚拟社会的治理和建设。从中我们也可以凸显、可以看出培育和弘扬社会主义核心价值观的重要性和紧迫性。

第三，当前，我国文化领域还存在一些亟待解决的问题，提醒我们培育和弘扬社会主义核心价值观的重要性和紧迫性。社会主义核心价值观提出以来，在我们党的文件中分析了我国文化领域存在的问题，大致分为四类：第一类是文明素质的问题；第二类是思想道德的问题；第三类是公共文化产品和服务体系的问题；第四类是体制和机制的问题。据相关研究机构调查发现，人民群众尤其关心在文化领域中存在的一些诚信方面的问题，涉及比较多与人民生活联系比较紧密的行业有：中介服务、电视购物、保健品、广告和房地产等。人民群众对"两信五安"也非常关注，什么叫两信？两信就是说政府公信、社会诚信，什么叫五安？五安就是五个方面的安全，就是食品安全、药品安全、医疗安全、生产安全和网络安全等。这些问题如何解决？实际上都可以通过培育和践行社会主义核心价值观来解决。

问题三：社会主义核心价值观的显著特征有哪些？

第一，先进性。

社会主义核心价值观反映人类社会发展进步的价值理念，具有超越以往一切社会核心价值观的先进性，它集中体现了社会主义的本质属性，扎根于中华优秀传统文化土壤，吸收借鉴了一切人类优秀文化的先进价值，是反映人类社会发展进步的价值理念，具体体现在三个方面。

（1）社会主义核心价值观体现了社会主义的本质属性。"社会主义"是社会主义核心价值观的"底色"。社会主义核心价值观的先进性，集中体现在它是社会主义所坚持和追求的价值理念。比如，富强，就明确了贫穷不是社会主义，发展太慢也不是社会主义；民主，就明确了没有民主也没有社会主义；平等，强调了平均主义不是社会主义、两极分化也不是社会主义；法治强调了没有法制就没有社会主义。

回顾社会主义 500 年来的风雨历程，既有高歌猛进又有坎坷曲折，但科学社会主义始终代表着人类社会的前进方向，不断推动着伟大的社会革命和社会变革。社会主义作为人类社会迄今为止最先进的社会制度，其价值观同社会主义经济基础和上层建筑相适应，充分彰显了社会主义社会的本质要求。

中国走上社会主义道路，是近代以来中国社会发展的历史必然，是历史的选择、人民的选择，凝聚着中国共产党带领全国各族人民持续奋斗的实践经验。事实也雄辩地证明，加快推进社会主义现代化，要实现中华民族伟大复兴，必须坚定不移地坚持和发展中国特色社会主义。新时代中国特色社会主义所取得的开创性成就，使科学社会主义在 21 世纪的中国焕发出强大的生机和活力，彰显了社会主义制度的独特创造力和强大生命力。社会主义核心价值观清晰地展现了社会主义的基本特征和根本追求，渗透于经济、政治、文化、社会、生态文明建设的各个方面，是我国社会主义制度的内在精神之魂。社会主义核心价值观生成于中国特色社会主义建设实践，同当今中国最鲜明的时代主题相适应，是中国特色社会主义本质规定的价值表达。

【阅读】一位剑桥大学博士在英国某知名网络平台上发表长文《为何中国政府肯下血本在西方国家绝不做的"亏本买卖"上下功夫？》。文中，他专门列举了中国政府在甘肃、云南、贵州、广西等相对偏远贫困的省（自治区）投入大量资金建设高速公路、铁路、桥梁，使这些"不受上苍眷顾的地方"焕发生机，让大山的子孙走出深山。一座座高耸入云的桥梁、一条条宽阔平坦的道路在偏远地区、云雾峡谷之间的建成，不仅是中国经济实力、科技实力的彰显，也是对"更富强、更自由、更平等、更公正……"的追求，诠释了中国的价值底色。

（2）社会主义核心价值观扎根中华优秀传统文化土壤。任何一种价值观都不可能凭空产生，总是有其特定的历史底色和精神脉络。牢固的核心价值观，都有其固有的根本。抛弃传统、丢掉根本，就等于割断了自己的精神命脉。源远流长的中华优秀传统文化，是中华民族发展壮大的独特优势，也是社会主义核心价值观历史底蕴的集中体现。

国家层面：富强是中华民族千年夙愿，"民惟邦本"的政治理念以及"民贵君轻"等民本思想，体现了中华民族朴素的民主理念，"和合"思想是中国传统文化的精华。

社会层面："天公平而无私，故美恶莫不覆；地公平而无私，故小大莫不载""不患寡而患不均""等贵贱、均贫富"，反映了古代质朴的公正与平等观念。

个人层面：爱国主义是我们民族精神最稳定的文化基因，敬业是中华民族的传统美德，"诚者，天之道也"是为人之。

中华优秀传统文化是涵养社会主义核心价值观的重要源泉。在世界几大古代文明中，中华文明之所以能够没有中断并延续发展至今，一个重要原因就是中华民族有一脉相承的精神追求、精神特质、精神脉络。2000多年前，中国就出现过诸子百家的盛况，老子、孔子、墨子等思想家广泛探讨人与人、人与社会、人与自然的关系，提出了包括孝悌忠信、礼义廉耻、仁者爱人、与人为善、天人合一、道法自然、自强不息等很多理念，至今仍然深深影响着中国人的生活。中华优秀传统文化强调"民惟邦本""天人合一""和而不同"；强调"天行健，君子以自强不息""大道之行也，天下为公"；强调"天下兴亡，匹夫有责"；主张以德治国、以文化人；强调

"君子坦荡荡""君子义以为质"；强调"人而无信，不知其可也"；强调"德不孤，必有邻""仁者爱人""与人为善""己所不欲，勿施于人""出入相友，守望相助""老吾老以及人之老，幼吾幼以及人之幼""扶贫济困"；等等。像这样的思想和理念，不论过去还是现在，都有其鲜明的民族特色，都有其永不褪色的时代价值。

深入挖掘和阐发中华优秀传统文化讲仁爱、重民本、守诚信、崇正义、尚和合、求大同的时代价值，使中华优秀传统文化成为涵养社会主义核心价值观的重要源泉。

——2014年2月24日，习近平总书记在中共中央政治局第十三次集体学习时的

讲话

不忘本来才能开辟未来，善于继承才能更好创新。培育和弘扬社会主义核心价值观，必须从中华优秀传统文化中汲取丰富营养，深入中华民族历久弥新的精神世界，把长期以来我们民族形成的积极向上向善的思想文化充分继承和弘扬起来，推动中华优秀传统文化创造性转化和创新性发展，激活其生命力，增强其影响力和感召力，把跨越时空、超越国度、富有永恒魅力、具有当代价值的文化精神弘扬起来，把继承优秀传统文化又弘扬时代精神、立足本国又面向世界的当代中国文化创新成果传播出去。

（3）社会主义核心价值观吸纳世界文明有益成果。社会主义核心价值观吸纳了世界文明的有益成果。博采众长、兼容并蓄是中华文明的气质，社会主义核心价值观以海纳百川的气度广泛吸收借鉴包括资本主义文明成果在内的人类一切文明成果，萃取精华、融会贯通，形成了具有世界视野、中国气派的价值观。

【阅读】近年来，《中国汉字听写大会》《中国诗词大会》《中国成语大会》《经典咏流传》《朗读者》等节目广受欢迎。这类节目符合国情、接地气，从探寻普通观众的基本价值认同出发，从中华优秀传统文化资源中汲取养分，增进了人们的价值认知和价值认同。

社会主义核心价值观是对全人类文明共享的价值元素的继承和提升，如公正、诚信、友善等具有普遍历史意义的基本价值。

社会主义核心价值观在吸收人类优秀的价值理念的基础上，以中国经验、中国实践为民主、自由、平等、公正、法治等价值理念赋予社会主义性质，代表了人类社会前进的方向和价值理念。

中国古代的"大同社会"，古希腊的"理想国"，资本主义启蒙思想家对封建等级制的批判，空想社会主义对未来美好社会的设想，都代表了人类对美好社会的憧憬。社会主义是脱胎于资本主义的，但民主、自由、平等、公正、法治从来不是资本主义的"专属"，而是人类几千年文明成果的积淀和升华，反映了人类认识世界、

改造世界的共同成果和基本规律。社会主义核心价值观在吸收人类优秀的价值理念的基础上，以中国经验、中国实践为民主、自由、平等、公正、法治等价值理念赋予社会主义性质，代表了人类社会前进的方向和价值理念。

第二，人民性。

社会主义核心价值观彰显人民至上的价值立场，坚持人民历史主体地位，代表最广大人民的根本利益，反映最广大人民的价值诉求，引导最广大人民为实现美好社会理想而奋斗。人民性是社会主义核心价值观的根本特性。

（1）社会主义核心价值观尊重人民群众历史主体地位。马克思主义唯物史观从社会存在决定社会意识的立场出发去考察人类社会发展历史，确认人民群众在社会历史发展中的主体作用，认为人民群众是历史的创造者。相信群众、依靠群众，从群众中来、到群众中去，站在广大劳动人民的立场上，以广大劳动人民的解放为宗旨，竭尽全力为人民求福利、谋利益，是马克思主义最根本的政治立场。中国共产党为人民而生，因人民而兴。人民是我们党执政的最深厚基础和最大底气。人民性是社会主义核心价值观的根本特性，人民立场是社会主义核心价值观的根本立场。

历史充分证明，江山就是人民，人民就是江山，人心向背关系党的生死存亡。赢得人民信任，得到人民支持，党就能够克服任何困难，就能够无往而不胜。

——2021年2月20日，习近平总书记在党史学习教育动员大会上的讲话

（2）社会主义核心价值观体现以人民为中心的价值导向。为中国人民谋幸福、为中华民族谋复兴，是中国共产党人的初心和使命，也是我们党领导现代化建设的出发点和落脚点。在领导中国特色社会主义建设的进程中，中国共产党始终坚持人民是历史创造者的观点，践行全心全意为人民服务的根本宗旨，坚持人民当家作主，坚持以人民为中心的发展思想，把人民对美好生活的向往作为奋斗目标。

【视频】新华社：生命至上，人民至上——武汉战"疫"重症患者救治工作纪实

2020年3月，在武汉大学人民医院东院，上海援鄂医疗队队员陪同住院的老人欣赏久违的日落。人的生命是最宝贵的，生命只有一次，失去不会再来。在新冠肺炎疫情中，从出生仅30多个小时的婴儿到100多岁的老人，从在华外国留学生到来华外国人员，每一个生命都得到全力护佑，人的生命、人的价值、人的尊严得到悉心呵护。

在社会主义中国，"以人民为中心的发展思想，不是一个抽象的、玄奥的概念，不能只停留在口头上、止步于思想环节，而要体现在经济社会发展各个环节"。在经济建设上，推进高质量发展，朝着全体人民共同富裕的方向稳步迈进；在政治建设上，强调人民当家作主，体现人民意志，维护人民合法权益；在文化建设上，坚

持人民是文化事业的主体，满足人民的精神文化生活需要；在社会发展上，不断保障和改善民生，促进社会公平正义；在生态文明建设上，强调人与自然和谐相处，满足人民对优美生态环境的需要。特别是在 2020 年中国抗击新冠肺炎疫情斗争中，人民至上、生命至上成为最醒目的价值导向，深刻彰显了我国社会主义核心价值观的人民性。习近平总书记深刻指出"什么叫人民至上？这么多人围着一个病人转，这真正体现了不惜一切代价。""在保护人民生命安全面前，我们必须不惜一切代价，我们也能够做到不惜一切代价，因为中国共产党的根本宗旨是全心全意为人民服务，我们的国家是人民当家作主的社会主义国家。"鲜明的人民性，使得社会主义核心价值观具有强大的感召力。

第三，真实性。

社会主义核心价值观因真实可信而具有强大的道义力量。"名非天造，必从其实。"任何一种价值观，如果只是停留在口头上，不管多么动听，也终将被历史抛弃。社会主义核心价值观不仅真正地与社会主义制度相契合，与保障人民的根本利益相一致，而且因其真实可信而具有强大的道义力量。

（1）社会主义核心价值观是真实可信的。在人类社会发展进程中，有过不少看上去非常美好的价值理念，其中一些在历史上发挥了重大的积极作用，但也有一些只是"看上去很美"甚至是"听起来很美"，并未能彻底地、真正地实现。正如列宁所指出的那样："资产阶级民主同中世纪制度比较起来，在历史上是一大进步，但它始终是而且在资本主义制度下不能不是狭隘的、残缺不全的、虚伪的、骗人的民主，对富人是天堂，对被剥削者、对穷人是陷阱和骗局。"社会主义核心价值观与以往价值观的一个重要区别在于其真实性。以民主选举制度为例，与西方民主制度"一人一票"注重形式不同，中国特色社会主义民主更注重内容和结果。我们不仅有选举民主，还有协商民主、基层民主，保证人民依法实行民主选举、民主决策、民主管理、民主监督。习近平指出，我们讲究的民主未必仅仅体现在"一人一票"直选上。我们在追求民意方面，不仅不比西方少，甚至还要更多。中国的民主制度不是装饰品，不是用来做摆设的，而是用来解决人民需要解决的问题的。中国特色社会主义的成功也验证了社会主义核心价值观的正确性、可信性，使得社会主义核心价值观可以而且能够成为真切、具体、广泛的现实。

（2）认清西方价值观的实质。随着社会思想多元多样多变，价值观领域也面临来自多方面的挑战，特别是面临日益严峻的西方价值观渗透。西方价值观是一种极具迷惑性、欺骗性并且带有鲜明政治倾向的价值观。我们需要对此廓清思想迷雾，认清其实质和危害。

①西方价值观在理论上的虚伪性。西方价值观认为是打破了所有民族、种族、阶级、国家的界限，超越了一切文明、宗教、信仰的差异，并且不会因时代的变迁、社会形态的更替而有任何的改变。事实上，西方国家所谓的价值观并非指人类道德评价、审美评价的普遍性或共性，而是特指资本主义价值观；推行的并不是人类共同的价值观，而是特定的价值观及其背后的经济政治文化制度。资本主义价值观是在资本主义生产方式基础上形成的，从根本上说，是为资产阶级利益服务的。资产阶级把自己的利益说成是全体社会成员的共同利益，把自己的价值观以全人类的共同价值观装饰起来，其目的就是为了维护和攫取与之相关的最大利益。不难看出，西方所谓的价值观从抽象的"人性论"出发，将人看作无差别的价值符号。事实上根本不存在抽象的人性，也没有放之四海而皆准的价值观及其相应的制度。正如习近平总书记所说："每个国家的政治制度都是独特的，都是由这个国家的人民决定的，都是在这个国家历史传承、文化传统、经济社会发展的基础上长期发展、渐进改进、内生性演化的结果。"

【阅读】2020年5月以来，反种族歧视、反暴力执法抗议浪潮席卷美国各地。2021年4月，美国加利福尼亚州亨廷顿海滩，部分加州民众举行"黑人的命也是命"集会活动，随后，当地白人也在附近举行所谓的"白人的命也是命"集会，双方一度爆发冲突。

②西方价值观在实践上的虚伪性。其实，西方价值观在他们自己的世界里都未能真正"普适"。种族歧视、劳资对立、金钱政治、贫富分化、社会撕裂、人权无保障等问题，在一些西方国家长期存在且愈演愈烈，与他们所标榜的价值观形成鲜明对照。无论是2011年爆发的"占领华尔街"运动，还是2020年美国警察暴力执法致黑人死亡而引发的抗议浪潮，都是对西方价值观的莫大讽刺。西方价值观既不"普适"，更不是什么普照世界的"明灯"。长期以来，一些西方国家为了自己的政治经济利益和霸权野心，四处兜售西方价值观，推行"和平演变"。东欧剧变、苏联解体，"颜色革命""阿拉伯之春"等，无一不是美西方插手而造成的。在西方价值观影响下，一些国家被折腾得不成样子，有的四分五裂，有的战火纷飞，有的混乱不堪，这种例子比比皆是。事实一再说明，随西方价值观而至的并非"自由""民主""人权"的春天，而是民不聊生、生灵涂炭的严冬。

【讨论】全人类共同价值与西方价值观不同点是什么？

反对西方价值观，并不是说人类社会不存在共同价值。2021年7月1日，习近平总书记强调："中国共产党将继续同一切爱好和平的国家和人民一道，弘扬和平、发展、公平、正义、民主、自由的全人类共同价值，坚持合作、不搞对抗，坚持开放、不搞封闭，坚持互利共赢、不搞零和博弈，反对霸权主义和强权政治，推动历史车轮向着光明的目标前进！"人类生活在同一个地球村里，越来越成为你中有我、我中有你的命运共同体，客观存在共同利益，必然要求共同价值。我们所主张的共同价值，是要倡导求同存异、和而不同，充分尊重文明的多样性，尊重各国自主选择社会制度和发展道路的权利。这与唯我独尊、强施于人，旨在推行资本主义政治理念和制度模式的西方价值观根本不同。

当今世界，要说哪个政党、哪个国家、哪个民族能够自信的话，那中国共产党、中华人民共和国、中华民族是最有理由自信的。社会主义核心价值观的先进性、人民性和真实性使其具有更高的道义力量，充分彰显社会主义核心价值观的优越性及其在中华民族实现自己梦想的奋斗中所具有的重大意义。坚定价值观自信，要求自觉以社会主义核心价值观为引领，运用马克思主义客观辩证地分析各种错误价值观的实质，不断增强社会凝聚力和价值共识。

（三）专题小结

通过价值观和核心价值观的概念入手，引出社会主义核心价值观的概念和显著特征。社会主义核心价值观其基本内容为富强、民主、文明、和谐，自由、平等、公正、法治，爱国、敬业、诚信、友善，涉及国家、社会、公民三个层面，集中体现社会主义的本质属性，代表全体人民共同的价值追求。全社会积极弘扬和践行社会主义核心价值观，才能汇聚起建设社会主义现代化强国和实现中华民族伟大复兴的中国梦的磅礴力量。

六、教学拓展

【案例1】 学生日常行为规范

春季开学一周后，一些学生还沉浸在新春的美好感受中，没有学习的心思，出现了许多有违《学生日常行为规范》要求的现象。有些学生的头发或是染色或是怪而长，追星现象明显，而且开学以来这种现象有所扩张，几个男生跟风似的把头发弄得怪异无比；有的女同学佩戴首饰、染指甲、戴假睫毛。这些现象的出现分散了学生的注意力，破坏了班级乐学、向善的班级氛围。

【解析】《学生日常行为规范》要求"穿戴整洁、朴素大方，不烫发，不染发，不化妆，不佩戴首饰，男生不留长发，女生不穿高跟鞋。"其实每个人都想张扬自己的个性，我们不能理解的青少年选择了用奇装异服（或吸烟）这个方式表达自己的与众不同；社会对于着装奇装异服的青少年都带有世俗的偏见，认为他们都是阿飞，都是些不学好的孩子。其实他们只是少了学生该懂的遵守校规、用《学生日常行为规范》约束自己就是做到了社会主义核心价值观的"文明、法治和爱国"。

让学生认识到他们的美就在于举止优雅、有追求、热情。让学生重视并遵守《学生日常行为规范》，注重日常行为规范的养成教育就是在追求美，塑造美创造美。我们的日常行为举止、言谈服饰无不体现或美或不美，它们是一个人心灵外化的表现。服饰发型等这些看似"言行"上的小事，意义却不小，它是一个人的道德面貌的写照，内心文明的体现。在一定程度上和不同的方面都会给他人产生一种不良印象，影响人际关系，甚至影响正常教育教学秩序。在当今素质教育下，我们有必要进行日常行为规范的养成教育，把《学生日常行为规范》的每一条落到实处，提高个人修养。社会需要懂礼仪的公民，学校需要懂礼仪的学生，家庭需要懂礼仪的孩子，我们大家共同需要充满文明与友善、真诚与安宁的空间。

【措施】规范必须先行！国有国法，家有家规，行业有行规，如同一场比赛（足球、篮球、乒乓球等）若没有规范、没有准则，就不可能是一场完整的比赛，甚至无法比赛。首先利用班会时间引导学生深刻认识贯彻实施《学生日常行为规范》的目的和意义。《学生日常行为规范》集中体现了学生日常行为的基本要求，目的在于使学生养成良好行为习惯，促进身心健康发展，提高学生的道德水平，而不是用这些条条框框来束缚你们的思想，压制你们的个性。其次要引导学生全面正确地理解《学生日常行为规范》的内容。《学生日常行为规范》的核心内容是指导学生学会正确处理个人与他人、个人与集体、个人与社会的关系，懂得学生的责任与义务，学会如何生活。《学生日常行为规范》集中体现了对学生思想品德和日常行为的基本要求，对学生树立正确的理想信念，养成良好行为习惯，促进身心健康发展起着重要作用。

【目标】让学生拥有健康的生活方式、正确的审美观、价值取向和文化风貌是我们教师该从小事上去引导教育的。学生逐渐养成了遵守《学生日常行为规范》的良好习惯，每天在努力完善自我形象，为铸造新时代成功学生、为自己早日成才创造条件。

📖 七、课后思考

（1）牢固的核心价值观，都有其固有的根本。你如何理解社会主义核心价值观扎根中华优秀传统文化土壤与吸纳世界文明有益成果的关系？

（2）习近平总书记指出："核心价值观是一个民族赖以维系的精神纽带，是一个国家共同的思想道德基础。如果没有共同的核心价值观，一个民族、一个国家就会魂无定所、行无依归。"你是如何理解核心价值观的？

（3）习近平总书记指出："我们生而为中国人，最根本的是我们有中国人的独特精神世界，有百姓日用而不觉的价值观。"你是如何理解这句话的？

八、实践指南

采访你身边的同学，看看同学们是怎么看待"宁在宝马车里哭，也不在自行车上笑"的价值观。

九、延伸阅读

（1）习近平：《培育和弘扬社会主义核心价值观》，《习近平谈治国理政》第一卷，外文出版社，2018年版。

（2）中共中央办公厅、国务院办公厅：《关于进一步把社会主义核心价值观融入法治建设的指导意见》，2016年12月25日。

专题九　坚定自信 做模范践行者

📖 一、教学目标

引导学生深入理解培育和践行社会主义核心价值观的重大意义，帮助学生充分认识青年价值取向的重要性，以及自己在全社会培育和弘扬社会主义核心价值观使命担当，教育学生科学把握"勤学、修德、明辨、笃实"的具体要求，努力把社会主义核心价值观内化为自己的精神追求，外化为自觉的实际行动。

📖 二、教学重难点

（一）教学重点

1. 社会主义核心价值观的重大意义。
2. 大学生要"扣好人生的扣子"。
3. 把社会主义核心价值观落细落小落实。

（二）教学难点

教育学生如何当个人利益和公众利益相冲突时坚定不移践行社会主义核心价值观。

📖 三、教学方法

本专题主要采用专题讨论法与案例教学法相结合的教学方法。

四、教学课时

本专题对应高等教育出版社《思想道德与法治》（2021 年版）教材第四章第一节第三目、第三节；教学安排 2 学时。

五、教学过程

（一）课程导入

【案例1】 习近平总书记给北京大学援鄂医疗队全体"90 后"党员的回信

2020 年 3 月 15 日，习近平给北京大学援鄂医疗队全体"90 后"党员回信，向他们和奋斗在疫情防控各条战线上的广大青年致以诚挚的问候。

在 4.2 万多名驰援湖北的医护人员中，有 1.2 万多名是"90 后"，其中相当一部分还是"95 后"甚至"00 后"。

来信收悉。在新冠肺炎疫情防控斗争中，你们青年人同在一线英勇奋战的广大疫情防控人员一道，不畏艰险、冲锋在前、舍生忘死，彰显了青春的蓬勃力量，交出了合格答卷。广大青年用行动证明，新时代的中国青年是好样的，是堪当大任的！我向你们、向奋斗在疫情防控各条战线上的广大青年，致以诚挚的问候！

青年一代有理想、有本领、有担当，国家就有前途，民族就有希望。希望你们努力在为人民服务中茁壮成长、在艰苦奋斗中砥砺意志品质、在实践中增长工作本领，继续在救死扶伤的岗位上拼搏奋战，带动广大青年不惧风雨、勇挑重担，让青春在党和人民最需要的地方绽放绚丽之花。

习近平

2020 年 3 月 15 日

【提问】 青年一代在疫情斗争中挺身而出，与社会主义核心价值观有什么关系，具有怎样的意义？

【解析】 这充分反映了我们广大青年一代"堪当大任"，充分彰显出社会主义核心价值观最持久、最深层的力量，更体现了广大青年坚持以爱国主义、集体主义精神为内核的道德风貌；以大局意识、责任意识和规则意识为内核的道德风貌；以爱心、奉献、担当为内核的道德风貌，而这些都是社会主义核心价值观的内涵和精神，需要社会主义核心价值观的指引。

（二）课程讲授

问题一：社会主义核心价值观的重大意义？

毫无疑问，社会主义核心价值观的重大意义在于社会主义核心价值观是当代中国发展进步的精神指引，他有效整合我国社会意识、凝聚社会价值共识、解决和化解社会矛盾、聚合磅礴之力的重大举措，是保证我国经济社会沿着正确的方向发展、实现中华民族伟大复兴的价值支撑，意义重大而深远。2018年3月，十三届全国人大一次会议通过宪法修正案，把国家倡导社会主义核心价值观正式写入宪法，进一步凸显了社会主义核心价值观的重大意义。

社会主义核心价值观入法入规：2016年12月，中共中央办公厅、国务院办公厅印发了《关于进一步把社会主义核心价值观融入法治建设的指导意见》，围绕运用法律法规和公共政策向社会传导正确价值取向，把社会主义核心价值观融入法治建设作了具体部署。2018年5月，中共中央印发的《社会主义核心价值观融入法治建设立法修法规划》，明确提出要着力把社会主义核心价值观融入法律法规的立改废释全过程，确保各项立法导向更加鲜明、要求更加明确、措施更加有力。

（1）社会主义核心价值观是坚持和发展中国特色社会主义的价值遵循。人类社会的每一次跃进，人类文明的每一次升华，都伴随着文化的历史性进步，价值观也更加先进、完善，更加符合人类共同的价值追求。西方文艺复兴时期，个性自由的价值观为突破中世纪宗教神学统治、孕育资本主义提供了价值引领；启蒙运动和法国大革命时期，自由、平等、博爱的价值理念，使资本主义价值观具有了更加广泛的世界影响。马克思主义提出在生产资料公有制和生产力高度发展的基础上，建立真正实现人人平等的公平正义的社会，更是迄今为止人类最先进、最广泛的价值追求。这也正是社会主义核心价值观先进性、感召力之所在。

党的十九大报告明确指出，中国特色社会主义进入新时代，中华民族迎来了从站起来、富起来到强起来的伟大飞跃。这说明中国特色社会主义实现了全面发展、全面进步，就需要不断探索社会主义在精神和价值层面的本质规定性，需要为人们指出未来社会精神价值的归宿，这就是社会主义价值观。

社会主义核心价值观，集中体现了马克思主义所倡导的价值理念，是中国特色社会主义的根本价值导向。在全社会大力弘扬社会主义核心价值观，明确中国特色社会主义事业到底追求什么、反对什么，要朝着什么方向走、不能朝什么方向走，坚守我们的价值观立场，坚定中国特色社会主义的道路自信、理论自信、制度自信、文化自信，为社会的有序运行、良性发展提供明确价值准则，保证中国特色社会主义事业始终沿着正确方向前进，是中国特色社会主义的铸魂工程。

（2）社会主义核心价值观是提高国家文化软实力的迫切要求。文化软实力主要指文化的吸引力和感染力，对一个国家而言，它是一种支撑力、创造力、推动力、凝聚力和传承力，因它的内在性、深刻性和精神特性，从而具有可持续性的竞争力，成为综合国力竞争中的核心力量。而"核心价值观是文化软实力的灵魂、文化软实力建设的重点。这是决定文化性质和方向的最深层次要素。"正如习近平总书记所述，一个国家的文化软实力，从根本上说，取决于其核心价值观的生命力、凝聚力、感召力。

国际关系理论中新自由主义学派的代表人物、美国学者约瑟夫·奈认为，一个国家的综合国力既包括由经济、科技、军事实力等表现出来的"硬实力"，也包括以文化和意识形态吸引力体现出来的"软实力"。当今世界，文化越来越成为综合国力竞争的重要因素，成为经济社会发展的重要支撑，文化软实力越来越成为争夺发展制高点、道义制高点的关键所在。比如，美国文化产业在世界文化市场中所占比例达到43%。

文化软实力的竞争，本质上是不同文化所代表的核心价值观的竞争。现在，越来越多的国家把提升文化软实力确立为国家战略，价值观之争日趋激烈。培育和践行社会主义核心价值观，有利于增进国际社会对中国的理解，扩大中华文化的影响力，展示社会主义中国的良好形象；有利于增强社会主义意识形态的竞争力，掌握话语权，赢得主动权，逐步打破西方的话语垄断、舆论垄断，维护国家文化利益和意识形态安全，不断提高我们国家的文化软实力。

【阅读】"人类命运共同体"被写入联合国决议。"人类生活在同一个地球村里，生活在历史和现实交汇的同一个时空里，越来越成为你中有我、我中有你的命运共同体。"2013年3月，习近平在莫斯科国际关系学院发表演讲，首次在国际场合向世界提出"命运共同体"概念。2017年1月，习近平在联合国日内瓦总部发表重要演讲，明确提出推动"构建人类命运共同体"的中国方案。同年2月，联合国社会发展委员会第55次会议将"构建人类命运共同体"理念首次写入联合国决议中，表明这一理念已经得到国际社会的广泛认同，彰显了中国的文化软实力及其对全球治理的巨大贡献。

（3）社会主义核心价值观是推进社会团结奋进的"最大公约数"。过去，人们在打夯时需要有统一的"号子"，这样不同的人才能协同一致，劲才能使在一处。可以说，社会主义核心价值观就是当今中华民族、全体中华儿女心往一处想、劲往一处使的"号子"。

历史和现实一再表明，只有建立共同的价值目标，一个国家和民族才会有赖以维系的精神纽带，才会有统一的意志和行动，才会有强大的凝聚力、向心力。当前，我国正处在经济转轨和社会转型的加速期，思想领域日趋多元、多样、多变，各种思潮此起彼伏，各种观念相互碰撞，不同价值取向并存，所有这些表现出来的是具体利益、观念观点之争，但折射出来的是价值观的分歧。我国是一个有着14亿多人口、56个民族的大国，确立反映全国各族人民共同认同的价值观"最大公约数"，使全体人民同心同德、团结奋进，关乎国家前途命运，关乎人民幸福安康。

如果一个民族、一个国家没有共同的核心价值观，一个民族就没有赖以维系的精神纽带，一个国家就没有共同的思想道德基础。如果一个民族、一个国家没有共同的核心价值观，莫衷一是，行无依归，那这个民族、这个国家就无法前进。

我国是一个有着13亿多人口、56个民族的大国，确立反映全国各族人民共同认同的价值观"最大公约数"，使全体人民同心同德、团结奋进，关乎国家前途命运，关乎人民幸福安康。

——2014年5月4日，习近平总书记在北京大学师生座谈会上的讲话

培育和践行社会主义核心价值观，能够在具体利益矛盾、各种思想差异之上最广泛地形成价值共识，有效引领整合纷繁复杂的社会思想意识，有效避免利益格局调整可能带来的思想对立和混乱，形成团结奋斗的强大精神力量。

问题二：如何扣好人生的扣子?

【阅读】电视剧《觉醒年代》。该剧以1915年《青年杂志》问世到1921年《新青年》成为中国共产党机关刊物为贯穿，展现了从新文化运动、五四运动到中国共产党建立这段波澜壮阔的历史画卷，讲述了觉醒年代社会风情和百态人生。该剧以李大钊、陈独秀、胡适从相识、相知到分手，走上不同人生道路的传奇故事为基本叙事线，以毛泽东、周恩来、陈延年、陈乔年、邓中夏、赵世炎等革命青年追求真理的坎坷经历为辅助线，艺术地再现了一百年前中国的先进分子和一群热血青年演绎出的一段追求真理、燃烧理想的澎湃岁月，深刻地揭示了马克思主义与中国工人运动相结合和中国共产党建立的历史必然性。

青年是引风气之先的社会力量。青年的价值取向，关系着自身的健康成长成才，决定着未来整个社会的价值取向。在全社会培育和弘扬社会主义核心价值观，需要大学生始终走在时代前列，成为培育和践行社会主义核心价值观最积极、最活跃的青年先进代表。那么青年应该如何积极践行社会主义核心价值观，最关键的就是要扣好人生的扣子，坚定正确的理想信念。

大学时期是价值观养成的关键阶段。青年的未来与国家的未来同频同向，青年

一代的理想、本领和担当勾勒出国家的形象和力量。正因为未来掌握在青年手中，青年的价值观是什么样，决定着未来整个社会的价值观就是什么样。在全球化、信息化的时代，国内国外与网上网下几乎所有的价值观念，都在大学环境中有所反映以至冲突碰撞。当代大学生要意识到自身肩负的历史使命，自觉加强价值观养成，树立正确的价值取向。

青年的价值取向决定了未来整个社会的价值取向，而青年又处在价值观形成和确立的时期，抓好这一时期的价值观养成十分重要。这就像穿衣服扣扣子一样，如果第一粒扣子扣错了，剩余的扣子都会扣错。人生的扣子从一开始就要扣好。

——2014 年 5 月 4 日，习近平总书记在北京大学师生座谈会上的讲话

【案例2】 不一样的人生

田宇，1994 年出生，2019 年 8 月，25 岁的他通过招聘考试，被聘用为盱眙县马坝镇农村公路管理养护办公室报账员，负责管理道路养护维修经费。上班没几天，田宇便发现了财务管理上的漏洞，财务章、法人章、会计章都由自己保管，不经过任何人就能取出公款。田宇多次将公款充值到赌博网站，挥霍一空。短短 136 天，他利用职务之便，先后 27 次挪用公款 101.45 万元。2020 年年底，田宇受审时悔恨不已："26 岁正是人生最好的年华，本应挥洒青春实现人生价值，我却挪用公款豪赌人生，现在想来真是追悔莫及……"

王秋婷（1992.7-2018.11.19)，生前系云南省大关县纪委监委驻天星镇打瓦村工作队员。2018 年 11 月 19 日，在驻村扶贫途中发生交通事故因公殉职。

【讨论】对于人物 A 和人物 B，你如何评价？人物 A 的贪腐事件告诉了我们什么？

【解析】回顾现象发现，像人物 A 这样的年轻干部腐败案例近年来并不鲜见。这些青年人大多拥有高学历、高能力，年纪轻轻就是单位的业务骨干，颇受领导重视和同事认可。但正是因为没有抵住内心的贪欲，踏上了腐败这条"不归路"，毁掉了自己的大好前途和青春年华。

衣服的扣子扣错了，大不了解开重来；人生的扣子一旦扣错，便再无机会，即使从头再来，代价已然付出。今天大家看似稚嫩的双肩，明天就将扛起国家进步、民族复兴的重担。人生的第一粒扣子怎么扣，青年时代的第一步怎么走，是每一位青年都必须答好的人生考题。

（1）大学生的成长成才和全面发展，离不开正确价值观的引领。当今世界和当

代中国都处于大变革之中。这种变革反映到人们的思想观念中，自然会产生多种多样的思想理论和价值理念。面对世界范围内各种思想文化交流交融交锋的新形势，面对整个社会思想价值观念呈现多元多样、复杂多变的新特点，大学生健康成长成才更加需要正确价值观的引领。正确的价值观能够引导大学生把人生价值追求融入国家和民族事业，始终站在人民大众立场，同人民一道拼搏、同祖国一道前进，服务人民、奉献社会，努力成为中国特色社会主义事业的合格建设者和可靠接班人。

因为社会主义核心价值观有三个基本功能。一是定向功能。确立社会价值理想，为大学生提供一种超越于现实、超越于个体的生活目标和价值理想。二是驱动功能。激励价值理想的追求，激发大学生内在或潜在的各种能力，产生并保持从事价值活动的热情。三是规范功能。为大学生提供规范行为的基本框架，设定约束行为的道德底线，有效控制和把握自己的思想和行为，使人生有了"安身立命之所"。

专题九 坚定自信 做模范践行者

【案例3】 丢弃的背囊

有一个年轻人跋涉在漫长的人生路上，到了一个渡口的时候，他已经拥有了"健康""美貌""诚信""机敏""才学""金钱""荣誉"七个背囊。渡船开出时风平浪静，说不清过了多久，风起浪涌，小船上下颠簸，险象环生。艄公说："船小负载重，客官须丢弃一个背囊方可安渡难关。"看年轻人哪一个都不舍得丢，艄公又说："有弃有取，有失有得。"年轻人思索了一会儿，把"诚信"抛进了水里。你怎么看待年轻人的取舍？抛弃了诚信会有什么后果？如果是这个年轻人，你会抛弃哪一个背囊？为什么？

【解析】诚信是我们中华民族的传统美德。几千年来人们都讲求诚信，诚信之所以一直为人所追求，是因为它比美貌来得可靠；比机敏来得憨实；比金钱更具内涵；比才学更具有意义；比健康更为长久；比荣誉更具时效性。年轻人不应该把"诚信"丢弃，因为"诚信是金"！如果一个人没有了"诚信"，他的"金钱""荣誉"……也会随着他的不"诚信"而一起消失。"诚信"是这里面最重要的一个，是不可以丢弃的……

从来就没有一蹴而就的成绩，也没有一成不变的江山，如今这飞速发展的时代，更没有人可以顶着荣誉的光环过一辈子。荣誉是短暂的，它只是人生旅途上一片美丽的风景，它再美丽也只是一小段人生。如果我是这个人，我会毫不犹豫丢弃"荣誉"。虽然没有了"荣誉"，但是你有"金钱"，可以好好地过日子。只要有吃、有喝，有衣服穿不就行了吗？！不一定非得要"荣誉"。如果一定要得到"荣誉"，那有"才学""诚信"，也就自然会得到"荣誉"。"荣誉"很容易得到，而"诚信"却不可能很快得到！

如果只留一个的话，我也一定会留下"诚信"。因为有了"诚信"，就会有"金钱""才学""健康"……。虽然"美貌"可能得不到，但一个人的"美貌"不是最重要的，只要他心地善良就可以了。所以除了"美貌"，其他的都会得到了。"诚信"是很重要的，我们决不能丢掉"诚信"！

（2）大学生要成为社会主义核心价值观的坚定信仰者、积极传播者、模范践行者。核心价值观的养成绝非一日之功。大学生要坚持由易到难、由近及远，从现在做起，从自己做起，努力把核心价值观的要求变成日常的行为准则，形成自觉奉行的信念理念，并身体力行大力将其推广到全社会去，为实现国家富强、民族振兴、人民幸福的中国梦凝聚强大的青春能量。

青年是引风气之先的社会力量。一个民族的文明素养很大程度上体现在青年一代的道德水准和精神风貌上。

广大青年要把正确的道德认知、自觉的道德养成、积极的道德实践紧密结合起来，自觉树立和践行社会主义核心价值观，带头倡导良好社会风气。

要坚持不懈培育和弘扬社会主义核心价值观，引导广大师生做社会主义核心价值观的坚定信仰者、积极传播者、模范践行者。

——2018年5月2日，习近平总书记在北京大学师生座谈会上的讲话

问题三：如何把社会主义核心价值观落细落小落实？

"一种价值观要真正发挥作用，必须融入社会生活，让人们在实践中感知它、领悟它。"这就要求在培育和弘扬的过程中，下好落细、落小、落实的功夫。对于大学生而言，就是要切实做到勤学、修德、明辨、笃实，使社会主义核心价值观成为一言一行的基本遵循。

（1）勤学，勤学以增智。下得苦功夫，求得真学问。知识是树立社会主义核心价值观的重要基础。大学生正处于学习的黄金时期，要把学习作为一种精神追求、一种生活方式，以韦编三绝、悬梁刺股的毅力，以凿壁借光、囊萤映雪的劲头，努力扩大知识半径，既读有字之书，也读无字之书，砥砺道德品质，掌握真才实学，练就过硬本领。要努力掌握马克思主义理论，形成正确的世界观和科学的方法论，深化对社会主义核心价值观的认知认同。大学生要注重把所学知识内化于心，形成自己的见解，既有专攻，又要博览，努力掌握为祖国、为人民服务的真才实学，让勤于学习、敏于求知成为青春远航的动力。

【案例4】 闻鸡起舞

晋代的祖逖是个胸怀坦荡、具有远大抱负的人。可他小时候却是个不爱读书的淘气孩子。进入青年时代，他意识到自己知识的贫乏，深感不读书无以报效国家，于是就发奋读起书来。他广泛阅读书籍，认真学习历史，从中汲取了丰富的知识，学问大有长进。他曾几次进出京都洛阳，接触过他的人都说，祖逖是个能辅佐帝王治理国家的人才。祖逖24岁的时候，曾有人推荐他去做官，他没有答应，仍然不懈地努力读书。后来，祖逖和幼时的好友刘琨一志担任司州主簿。他与刘琨感情深厚，不仅常常同床而卧，同被而眠，而且还有着共同的远大理想：建功立业，复兴晋国，成为国家的栋梁之才。

一次，半夜里祖逖在睡梦中听到公鸡的鸣叫声，他一脚把刘琨踢醒，对他说："你听见鸡叫了吗？"刘琨说："半夜听见鸡叫不吉利。"祖逖说："我偏不这样想，咱们干脆以后听见鸡叫就起床练剑如何？"刘琨欣然同意。于是他们每天鸡叫后就起床练剑，剑光飞舞，剑声铿锵。冬去春来，寒来暑往，从不间断。功夫不负有心人，经过长期的刻苦学习和训练，他们终于成为能文能武的全才，既能写得一手好文章，又能带兵打胜仗。祖逖被封为镇西将军，实现了他报效国家的愿望；刘琨做了征北中郎将，兼管并、冀、幽三州的军事，也充分发挥了他的文才武略。

【解析】从中，我们发现，只有不断努力，勤学苦练，才有可能获得成功。不经过努力的奋斗，不勤学无以增智，就不能成就一番事业。

知识是树立核心价值观的重要基础。古希腊哲学家说，知识即美德。我国古人说："非学无以广才，非志无以成学"。大学的青春时光，人生只有一次，应该好好珍惜。为学之要贵在勤奋、贵在钻研、贵在有恒。鲁迅先生说过："哪里有天才，我是把别人喝咖啡的工夫都用在工作上的。"

——2014年5月4日，习近平总书记在北京大学师生座谈会上的讲话

（2）修德，修德以立身。加强道德修养，注重道德实践。"德者，本也。"蔡元培曾经说过："若无德，则虽体魄智力发达，适足助其为恶。"德是首要，是方向，一个人只有明大德、守公德、严私德，其才方能用得其所。修德，既要立意高远，又要立足平实。要立志报效祖国、服务人民，这是大德，养大德者方可成大业。同时，还得从做好小事、修好小节起步，"见善则迁，有过则改"，踏踏实实修好大德、公德、私德，学会劳动、学会勤俭，学会感恩、学会助人，学会谦让、学会宽容，学会自省、学会自律。习近平总书记曾指出，核心价值观，其实就是一种德，

既是个人的德，也是一种大德，就是国家的德、社会的德。国无德不兴，人无德不立。大学生要把正确的道德认知、自觉的道德养成、积极的道德实践紧密结合起来，自觉树立和践行社会主义核心价值观，带头倡导良好社会风气。

【阅读】李小文（1947.3.2-2015.1.10），中国科学院院士、遥感地理学家。科研中不务虚名、沉心实干，生活中低调简单、朴实无华，有种返璞归真的纯粹力量。被网友称为"仙风道骨"。当选2014年度北京师范大学"感动师大"新闻人物。黎海坚，18岁（2021年），广东省茂名市高州市荷塘镇伦村村委会竹山村人，其父母当年同在深圳打工，生下她之后，就将她送回家乡让奶奶带养。在她年约两岁的时候，爸爸因病亡故了，从此之后，妈妈没有再回过家。2021年高考，黎海坚的成绩刚过本科线。但她考虑到自己的实际情况，为稳妥起见，便选择报读了专科院校广东江门中医药职业学院。黎海坚说道，她是奶奶一手拉扯大的，现在奶奶老了，又患有病，正是需要她照顾的时候，她不能丢下奶奶不顾，她要带着奶奶上大学。

（3）明辨，明辨以正心。善于明辨是非，善于决断选择。培育和践行社会主义核心价值观，要增强自己的价值判断力和道德责任感，辨别什么是真善美、什么是假恶丑，自觉做到常修善德、常怀善念、常做善举。当前，在一些领域和一些人当中，价值判断没有了界限、丧失了底线，甚至以假乱真、以丑为美、以耻为荣。大学生要善于明辨是非，善于判断选择，旗帜鲜明地弘扬真善美、贬斥假恶丑，澄清模糊认识，匡正失范行为，自觉做良好道德风尚的建设者、社会文明进步的推动者。

面对世界的深刻复杂变化，面对信息时代各种思潮的相互激荡，面对纷繁多变、鱼龙混杂、泥沙俱下的社会现象，面对学业、情感、职业选择等多方面的考量，一时有些疑惑、彷徨、失落，是正常的人生经历。关键是要学会思考、善于分析、正确抉择，做到稳重自持、从容自信、坚定自励。

——2014年5月4日，习近平总书记在北京大学师生座谈会上的讲话

【案例5】　姑姑的请求

姑姑是做服装生意的，暑假购进了一批劣质的服装准备销售，说我口才好，叫我去帮忙推销。我最好的朋友让我考试时"帮帮忙"，帮他吧，违反纪律，不帮吧，又不够朋友。我该怎么办？

【解析】价值判断力和道德责任感是践行社会主义核心价值观行为自觉的重要内推力。面对姑姑的请求，要学会明辨是非，对于以假乱真、以次充好的行为，要决绝拒绝。

（4）笃实，笃实以为功。扎扎实实干事，踏踏实实做人。道不可坐论，德不能空谈。于实处用力，做到知行合一，核心价值观才能内化为人们的精神追求，外化为人们的自觉行动。《礼记》中说："博学之，审问之，慎思之，明辨之，笃行之。"有人说："圣人是肯做工夫的庸人，庸人是不肯做工夫的圣人。"青年有着大好机遇，关键是要迈稳步子、夯实根基、久久为功。心浮气躁，朝三暮四，一门丢一门，干一行弃一行，无论学习还是创业，都是最忌讳的。"天下难事，必作于易；天下大事，必作于细。"成功的背后，永远是艰辛努力。青年要把艰苦环境作为磨炼自己的机遇，把小事当作大事干，一步一个脚印往前走。滴水可以穿石。只要坚忍不拔、百折不挠，成功就一定在前方等你。

【案例6】　中国"保尔"吴运铎

吴运铎13岁时，在熟人的介绍下，他进入了富源煤矿的电机车间。不满三年，吴运铎就当上了小师傅，但他并没因此感到丝毫满足和自豪。因为虽然每天做完了工作，但却不知道为什么要这样做。比如：发电机为什么会发电？蒸汽机和柴油发动机又为什么能日夜不停地旋转？于是，他决心向书本求教。然而，他哪里有多余的钱去买书呢？为了学到知识，他下了狠心，一天少吃一顿饭，把当师傅一天挣3毛钱的工资存储一部分，日积月累，攒下钱来买书。为了学习，他用旧木箱子当书桌，创造了一个简易"书房"。就是在这样艰苦的条件下，吴运铎凭借坚韧不拔的毅力，坚持学习了许多机电方面的专业知识。

1947年，吴运铎第三次负伤，从死亡线上跌跌撞撞地挣扎过来，伤口刚刚愈合时就要求出院，并请求上级在疗养院里建一个化学实验室。吴运铎专心致力于引信研究，实验工作经历一次失败，他就十次、二十次地再实验。再失败，他就继续实验一百次、两百次。最后，他成功摸索出了高级炸药的制造方法！

【解析】吴运铎从一名普通工人成长为我国的兵工专家，与他一生刻苦钻研、精益求精的科研精神分不开的。青年要成长为国家栋梁之材，既要读万卷书，又要行万里路。

近年来，各地各高校一批批大学生积极投身新时代，将视线投向国家发展的航程，把汗水洒在艰苦创业的舞台，到基层去、到西部去、到祖国最需要的地方去。同学们走进农村、把脉农业、遍访农户，用双脚丈量土地，用真心浇灌理想，用汗水致敬青春，用亲身实践将课本上的抽象道理变成头脑中的真知灼见；同学们拜群众为师、向实践取经，找寻人生应当在哪用力、对谁用情、如何用心、做什么样的人的青春答案。

【实践教学】以"聆听红色故事 培养爱国情怀"为主题，开展一次践行社会主义核心价值观实践活动，撰写一份不少于1000字的实践报告。

培育和践行社会主义核心价值观，既要目标高远，保持定力、不懈奋进，又要脚踏实地，严于律己、精益求精。新时代大学生要将社会主义核心价值观转化为人生的价值准则，勤学以增智、修德以立身、明辨以正心、笃实以为功，在激扬青春、开拓人生、奉献社会的进程中书写无愧于时代的壮丽篇章。

（三）专题小结

培育和践行社会主义核心价值观，既要目标高远，保持定力、不懈奋进，又要脚踏实地，严于律己，精益求精。新时代大学生要将社会主义核心价值观转化为人生的价值准则，勤学以增智、修德以立身、明辨以正心、笃实以为功，在激扬青春、开拓人生、奉献社会的进程中书写无愧于时代的壮丽篇章。

📖 六、教学拓展

【案例7】 卢某、林某诉王某相邻关系纠纷一案

卢某、林某与王某分别系福州市鼓楼区某小区 6# 楼 101 单元、201 单元的业主。王某在装修其住房过程中对 101 单元和 201 单元之间的楼板造成损害，双方因房屋修复问题产生纠纷。福州中院经审理认为，王某野蛮装修，严重损坏建筑楼板，影响建筑安全，严重影响楼下住户居住生活环境，应给予谴责。同时王某应对其损坏的楼板予以修复，恢复原状，即王某应当修复其坐落于福州市鼓楼区某小区 6# 楼 201 单元内因装修被打穿、削薄的楼板，恢复原状，即不仅要修复被打穿的楼板，同时还要修复被削薄的楼板。

【解析】远亲不如近邻，邻里和谐是社区和谐、社会和谐的基础，而构建邻里和谐需要双方当事人共同相向而行。对于王某的合理装修行为，卢某、林某作为邻居，对装修期间产生的轻微干扰有一定的容忍义务。但当王某的行为"升级"到损害卢某、林某的合法权益的程度，其也应当为自己的侵权行为承担相应的责任，并且应当善尽义务，全面修复。这不仅是法律的要求，同时也是诚信的体现。

【案例8】 撞伤儿童离开被阻猝死索赔案

郭某林在某小区骑自行车时将在小区内玩耍的五岁男童罗某某撞倒在地，造成罗某某右颌受伤出血。同为该小区居民的孙某见状后，马上找人联系罗某某家长，并告知郭某林应等待罗某某家长前来处理。郭某林情绪激动，称此事应交由110处理，随后将自行车停好，并坐在石磴上等候，郭某林坐下后不到两分钟即倒地。孙某拨打120急救电话，医护人员赶到现场即对郭某林实施抢救。郭某林经抢救无效，因心脏骤停死亡。信阳市平桥区人民法院认为，孙某见到郭某林将罗某某撞倒在地后，让郭某林等待罗某某的家长前来处理相关事宜，其目的在于保护儿童利益，该行为符合常理，不仅不具有违法性，还具有正当性，应当给予肯定与支持。孙某的阻拦行为与郭某林的死亡结果不存在法律上的因果关系，孙某亦不存在过错，其不应承担侵权责任。在郭某林与孙某争执过程中，物业公司保安人员前去相劝，履行了相应的管理职责。物业公司对郭某林的死亡不存在过错，不应承担侵权责任。

【解析】一段时期以来，"搀扶摔倒老人反被讹诈"等负面新闻屡屡见之于媒体报道，公众良知不断受到拷问和挑战，引发了人们对社会道德滑坡的担心和忧虑。好心人孙某对侵害儿童权益的行为进行合理地阻止，不仅不具有违法性，反而具有正当性，值得肯定和鼓励。法院判决好心人不担责，向社会公众明确传递出法律保护善人善举的信号，消除了老百姓对助人为乐反而官司缠身的担心和顾虑，让"扶不扶""救不救"等问题不再成为困扰社会的两难选择。案例对弘扬诚信相待、友善共处、守望相助的社会主义核心价值观起到积极的宣传和引导作用。

【案例9】 吃"霸王餐"逃跑摔伤反向餐馆索赔案

佘某某、李某系夫妻关系，二人经营餐馆。马某等人在佘某某、李某经营的餐馆就餐，餐费约260元。李某因发现马某等人未结账即离开，于是沿路追赶，并拨打110报警。随后马某在逃跑过程中摔伤。襄阳市中级人民法院认为，就餐后付款结账是完全民事行为能力人均应知晓的社会常理。马某等人就餐后未买单，也未告知餐馆经营人用餐费用怎么处理即离开饭店，属于吃"霸王餐"的不诚信行为，经营者李某要求马某等人付款的行为并无不当。佘某某、李某在发现马某等人逃跑后阻拦其离开，并让马某买单或者告知请客付款人的联系方式，属于正当的自助行为，不存在过错。马某在逃跑过程中因自身原因摔伤，与李某、佘某某恰当合理的自助行为之间并无直接因果关系，李某、佘某某不应对马某摔伤造成的损失承担赔偿责任。

【解析】吃"霸王餐"是违反公序良俗的不文明行为，吃"霸王餐"后逃跑摔伤，反向餐馆索赔，不仅于法无据，更颠覆了社会公众的是非观。案例中不支持"我伤我有理""我闹我有理"，对吃"霸王餐"者无理的索赔请求不予支持，发挥了司法裁判匡扶正义，引领诚信、友善、文明的社会新风尚的积极作用。

七、课后思考

（1）社会主义核心价值观为社会的有序运行、良性发展提供了明确价值准则。从这个方面说，它对大学生成长成才具有何种意义？

（2）当前，在一些领域和一些人当中，价值判断没有了界限、丧失了底线，甚至以假乱真、以丑为美、以耻为荣。在这种情况下，你怎么理解"人生的扣子从一开始就要扣好"？

（3）青年是引风气之先的社会力量。青年的价值取向，决定着未来整个社会的价值取向。作为当代大学生，应如何培育和践行社会主义核心价值观？

（4）在全社会培育和弘扬社会主义核心价值观，需要大学生始终走在时代的前列。你认为大学生应该如何走在时代前列？

八、实践指南

采访你身边的人，看看他们是如何践行社会主义核心价值观的？

九、延伸阅读

（1）中共中央办公厅、国务院办公厅：《关于进一步把社会主义核心价值观融入法治建设的指导意见》，2016年12月25日。

（2）习近平：《青年要自觉践行社会主义核心价值观——在北京大学师生座谈会上的讲话》，人民出版社，2014年版。

（3）本书编写组：《社会主义核心价值观学习读本》，新华出版社，2015年版。

专题十 溯源明德，传承文化之髓，弘扬红色基因

一、教学目标

本专题主要是明确社会主义道德是对以往道德形态的超越，是人类发展史上一种崭新类型的道德。要掌握社会主义道德的起源、本质；引导和帮助大学生领悟中华传统美德的精神，明确传承中华传统美德和中国革命道德的行为指向，使学生自觉弘扬中华传统美德和中国革命道德，努力按照社会主义道德的要求完善自我，树立社会主义道德观，增强学生的社会主义道德自信和价值观自信，并会运用马克思主义道德观，辩证地认识、分析当前中国社会道德发展中存在的问题，并通过积极参与崇德向善的道德实践引领社会风尚。

二、教学重难点

（一）教学重点

1. 社会主义道德的起源和本质。

2. 中华传统美德的基本精神。

（二）教学难点

1. 自觉传承中华传统美德和弘扬中国革命道德。

2. 弘扬中国革命道德对当代的意义。

三、教学方法

本专题主要采用案例分析法、理论讲授法、讨论式教学法、研究式教学法等教学方法。

四、教学课时

本专题对应高等教育出版社《思想道德与法治》（2021年版）教材第五章第一节和第二节部分内容，教学安排4课时。

五、教学过程

本专题主要是对学生进行马克思主义道德观教育，是前四章内容的延伸，其核心任务就是要带领学生掌握道德的相关基础理论，自觉树立马克思主义道德观，传承中华传统美德和中国革命道德，把其投入到实践当中，不断提高思想道德素养。

在理论教学中，实施课前导学准备、课中重难点知识释疑和讨论、课后网络展示学习成果的教学组织形式。课中贯彻以教师为主导，注重把党和国家关于社会主义公民道德建设的最新要求融入教学中，重点培养学生的马克思主义道德信念和以社会道德自觉，通过讲述相关的中华传统美德、中国革命道德故事，增强学生的感性认识，达到在掌握重点知识内容中，提高学生素质的教学目的。

在实践教学中，组织学生接力诵读红色家书，领悟共产党人的初心。

（一）课程导入

【案例1】　豪横女子吐瓜子皮、七旬老人勇救落水儿童

近日，微博某网友爆料称：2020年5月8日，当天傍晚时分，他在上车，进车厢后看见地上一片狼藉，顺着地面抬头一看这才发现身边一名女子正在吃瓜子，边吃边把瓜子皮往地上扔。在被质问"这人什么素质"时，她强势地回应称："你什么素质？"同时又口飙脏话："关你屁事"。此时，一位大爷忍不住插嘴说："你这样让人家怎么清理。"这名女子又以脏话回敬大爷，随后将手中剩余瓜子全部洒落到车厢里，并用脚踢散到四周各个座位底下。而在被视频拍摄者指责："自己做出来事情太脏了，她人也不会干净的。"女子随即反呛："我花了钱，我乐意。"随后又指插嘴作证的大爷想当"国际警察"。

2021 年 3 月 14 日 16 时许，怀宁县马庙镇合一社区杨楼组村民朱友华跟往常一样到自家的自留菜地里种菜，突然听到村民朱家宜 13 岁的孙女边哭边喊："救人啦，救人啦，有人掉水里了！"朱友华老人听到呼救声没有多想，不顾自己已是 72 岁的老人，一边跑一边脱衣服。跑到池塘边，眼前的一幕让他惊呆了，只见池塘里两个小孩落在离塘埂边 3 米远水里，一个小孩已在水中无力地挣扎着，一个小孩半沉半浮在水里，在这命悬一线时刻，朱友华没有多想，直接跳进冰冷的水里，拼尽最后一点精力，终于把小孩拖到了岸边，抢救了两条鲜活的生命。

【提问】请同学们从道德层面来探讨当事女子与七旬老大爷的行为。

【解析】近年来，发生在高铁上脱鞋、抽烟、随地吐痰、大声喧哗，甚至因口角上演全武行等不文明的现象屡屡发生，引发了公众对文明乘车这一话题的思考和热议。豪横女子吐瓜子皮的不文明行为严重损害了公共秩序，折射出的是素质的缺乏和道德的缺失。常言说的好："尊重他人就是尊重自己"，车厢环境要靠大家共同维护。只要我们多一份爱心与责任，多一分理解与包容，众人皆可尽情享受乘车带来的舒适便捷。七旬老人的行为和当事女子恰恰相反，72 岁的朱友华老人每前进一步都很艰难，冻得直打哆嗦，但他脑海中只有一个念头，此时耽误一分钟，孩子就有可能没命了。他在危难面前见义勇为的行为让人佩服，是道德模范的表率，善举中蕴含着人间大爱。

两个正反案例引发同学们深刻思考，到底什么是道德？道德深刻的本质是什么？

（二）教学过程

问题一：如何理解道德的起源及其深刻本质？

（1）道德的含义。道德是以善恶为评价方式，主要依靠社会舆论、传统习俗和内心信念来发挥作用的行为规范的总和。道德是由经济基础决定的上层建筑和特殊的社会意识形态。

（2）道德的起源。自古以来，人们就在探讨道德起源这一重大理论问题，并提出了种种见解或理论。可以归纳为以下四类观点：天意神启论、先天人性论、情感欲望论以及动物本能论。

"天意神启论"认为道德起源于"天"的意志或"上帝"的启示。宗教伦理学认为神的启示是道德的源泉，如果没有宗教和神的存在，一切人间道德就无从说起。神直接颁布或启示道德诫命（并安排社会伦理秩序）。上帝至善，人的一切善或美皆起源于对上帝的爱或追求。例如，孔子认为道德来源于天，故子曰："道之将行也

173

与，命也；道之将废也与，命也。"即是说，道德兴废取决于天命。

"先天人性论"认为道德起源于人类的天性或自然本性，即人先天就有道德意识。道德是人先天所具有的禀赋，是人生来就有的，与生俱来的"本性"或"良心"。孟子认为人天生就有"四端"：恻隐之心，仁之端也；羞恶之心，义之端也；辞让之心，礼之端也；是非之心，智之端也。

"情感欲望论"认为道德起源于人所固有的情感之中或感性与理性的结合之中。法国哲学家爱尔维修认为人是有感觉的动物，人的本性就是趋乐避苦，就是自利、自爱，也就是追求个人的利益和幸福，这是一切道德的根源。

"动物本能论"则认为道德观念是动物本能的延续，进而把动物基于本能的活动与人类有目的、有意识的活动画上等号。以达尔文为代表的进化论伦理学认为，人类道德起源于动物的社会本能，道德观念原本发生于社会本能。

这些关于道德起源的观点，要么是主观唯心主义或客观唯心主义的注解，要么是旧唯物主义形而上学的分析，具有神秘性、模糊性等特点，均无法正确揭示道德的起源。

【案例2】 猴子试验

把五只猴子关在一个笼子里，上头有一串香蕉，实验人员装了一个自动装置，一旦侦测到有猴子要去拿香蕉，马上就会有水喷向笼子，这五只猴子都会被浇得一身湿。起初有只猴子想去拿香蕉，结果就是每只猴子都淋湿了。之后每只猴子在几次的尝试后发现莫不如此，于是猴子们达成一个共识：不要去拿香蕉，以避免被水喷到。后来实验人员把其中的一只猴子释放，换进去一只新猴子A。这只猴子A看到香蕉，马上想要去拿，结果被其他四只猴子狠揍了一顿，因为其他四只猴子认为猴子A会害他们被水淋到，所以制止它去拿香蕉。A尝试了几次，虽被打的满头包，依然没有拿到香蕉。当然，这五只猴子就没有被水喷到。后来实验人员再把一只旧猴子释放，换上另外一只新猴子B。猴子B看到香蕉，也是迫不及待要去拿，当然，一如刚才所发生的情形，其他四只猴子狠揍了猴子B一顿，特别是那只A猴子打的特别用力。B猴子试了几次总是被打的很惨，只好作罢。后来慢慢的、一只一只的，所有的旧猴子都换成新猴子了，大家都不敢去动那香蕉，但是它们都不知道为什么，只知道去拿香蕉就会被其他猴痛扁。

【解析】我们可以做个简单的分析：最初的时候，笼子里的五只猴子由于知道去动那个香蕉就会被喷水，于是互相间形成了一种默契，就是谁都不许去动那个香蕉，否则就会被惩罚。而形成这种默契的原因，就是出于每个猴子都不想被喷水的私心。后来慢慢地将原来的猴子一只只地替换出去，虽然笼子里的猴子已经更换了好几轮，但是这个不准动香蕉的默契却延续了下来。这个时候就已经萌芽出了最初的道德制约，虽然猴子们不知道为什么不能动香蕉，但是出于自己不想被打受伤害的私心，他们也不会去动。

本案例启发同学们思考人的道德与动物本能的根本区别。通过以上内容说明：道德不是天生就有的，更不是上帝赋予的，人的道德和动物本能的根本区别就在于人有社会性。社会关系的形成是道德赖以产生的客观条件，人类自我意识的形成和发展是道德产生的主观条件，劳动是人类道德起源的第一个历史前提。在社会集体生活中，人们为了维护共同的利益、协调彼此的关系，维护基本的社会秩序，便产生了调节人们行为的准则。也就是说，人只要在社会中生存，如果想让每个人的权益不受到伤害，就得接受某些道德的约束，即行为规范的约束。古往今来，人们对道德起源问题进行的长期争论，为我们正确认识道德的起源提供了有益的借鉴。

【课堂互动】请同学们思考人的道德与动物的本能最根本的区别是什么？

【教学点拨】马克思主义认为，道德作为人类社会的特有现象，其产生经历了一个漫长的历史过程，其产生的条件主要有：

首要前提：劳动创造了人和人类社会。道德是人类社会的特有现象，动物的本能行为中不存在真正的道德。劳动将来人与动物区分开来，创造了人、社会和社会关系，也创造了道德。

客观条件：社会关系的形成与发展。在生产生活的实践活动中，人类必然要发生各种各样的人际交往和社会关系，可以说，正是社会关系的形成和发展，产生了调节各种关系特别是利益关系的需要，道德恰恰是适应社会关系调节的需要而产生的。

主观条件：人的自我意识。意识是道德产生的思想认识前提。人只有在社会实践中，充分意识到自我作为社会成员与其他动物的根本区别，意识到自我在社会中的角色与地位，意识到自我与他人或集体不同的利益关系，并由此产生调节利益矛盾的迫切要求时，道德才得以产生。

类人猿——劳动——人（劳动关系）——人类社会——生产关系——利益关系——道德关系

（3）道德的本质。马克思主义道德理论在人类思想史上第一次科学而全面地论述了道德的起源问题，为正确认识和理解道德的本质奠定了基础。

道德是反映社会经济关系的特殊意识形态。道德的产生、发展和变化，归根结底根源于社会经济关系。正如恩格斯所说的："人们自觉地或不自觉地，归根到底总是从他们阶级地位所依据的实际关系中——从他们进行生产和交换的经济关系中，获得自己的伦理观念。"

道德是社会利益关系的特殊调节方式。道德是一种调整人与人、人与社会、人与自然以及人与自身之间关系的特殊的行为规范。

道德是一种实践精神。作为实践精神，道德是一种旨在通过把握世界的善恶现象而规范人们的行为并通过人们的实践活动体现出来的社会意识。

【案例3】 虎庙山上新"愚公"——高文毓

高文毓是一名退休干部，退而不休，壮心不已，20年坚持带领家人矢志荒山造林换来家乡满山翠绿。他也是一名水保专家，因"山"制宜，科学造林，利用专业知识初步恢复了虎庙山的绿色生态系统。他更是一名共产党员，信念坚定，久久为功，以"愚公绿山"精神实现播绿万亩荒山的绿色梦想。20年来，为了上山栽树，高文毓家的三轮车就报废了6辆。据初步统计，高文毓一家共绿化荒山8300余亩，栽植油松、侧柏、刺槐、核桃、仁用杏等树木180余万株。

【解析】莫道桑榆晚，为霞尚满天。高文毓这位耄耋老人，一生初心不改，将光山秃岭改造成绿水青山，继而变成金山银山，以"愚公绿山"的精实践神实现了播绿万亩荒山的"绿色梦"，也实现了家乡父老的"致富梦"，他的社会道德意识既造福了他人也造福了社会。

总之，道德作为一种特殊的社会意识形式，归根到底是由经济基础决定的，是社会经济关系的反映。作为一种实践精神，是特殊的意识信念、行为准则、评价选择等方面的总和，是调节社会关系、发展个人品质、提高精神境界等活动的动力。

问题二：如何正确把握中国传统美德的基本精神？

【案例4】 张顺东夫妇入选感动中国2021年度人物

故事的主人公张顺东、李国秀，夫妻二人加起来只有一只手，两条腿，但他们用残缺的身体，书写了世间最美家庭的模样。他们用辛勤的劳作，把儿女养大成人，他们用坚强的意志，甩掉了贫困帽子，创造了来之不易的幸福生活。

《感动中国》颁奖词

山对山来崖对崖，日子好比江中排，毛竹天生筋骨硬，顺风顺水出山来。李家大姐人才好,张家大哥看上她。没脚走出致富路,无手绣出幸福花。

【提问】这对夫妻凭什么感动了中国?这背后蕴含怎样的社会意义?

【解析】张顺东夫妇的残疾人家庭,生活上的困难比普通人难太多,他们用超越平常人的吃苦精神,身残志坚、顽强生活,即使生活再苦再累,夫妻两人也要供孩子读书,他们深知,知识才能改变命运。身体不便的夫妻二人,同样承担着普通中年夫妻的生活压力。上有80余岁的父母需要赡养,下有一双儿女需要照料。张顺东的哥哥嫂子相继去世后,两个侄女由张顺东夫妻照看长大。他们从未因此放弃赡养父母的义务,将孩子们培养长大,看着大侄女出嫁,陪伴小侄女上学,一样都没有落下,做到了百善孝先、责任前行。张顺东夫妇对待生活的乐观刻苦精神,正是中国传统美德,这样的美德不仅影响着后代,还影响了千千万万的残疾人,更是感动了无数中国人。

中国传统美德的基本精神,内涵丰富、博大精深,是中华传统文化中不可分割的组成部分,是人类文明发展的重要精神财富,是我国社会主义道德建设的源头活水,主要包括以下五个方面:

(1)重视整体利益,强调责任奉献。传统道德中的义利之辨、理欲之辨,其核心和本质是公私之辨。"公义胜私欲"是中华传统美德的根本要求。

【案例5】 7名护士妈妈集体断奶 奔赴抗"疫"前线

2020年1月23日,武汉市江夏区中医医院成为武汉市收治感染新型冠状病毒肺炎患者的定点医院,24日该院的7名正值哺乳期的护士妈妈,在家人的支持和理解下,毅然集体忍痛断奶,上岗奔赴抗"疫"一线。她们说:当初选择了这份职业,就要无愧于白衣天使这个神圣的称谓,帮助病患战胜病魔。

【解析】中国古代思想家强调在"义"和"利"发生矛盾时,应当义以为上、先义后利、见利思义、见义勇为。7名护士妈妈在面对保护人民的"大义"时,放弃个人"小利",正是中华优秀传统美德的传承和最好践行。

(2)推崇仁爱原则,注重以和为贵。推崇仁爱、崇尚和谐是中华民族的优良传统和高尚品德。

【案例6】 视频:习近平"亲仁万民、协和万邦是中华文明一贯的处世之道"

【解析】2015年,为纪念联合国成立70周年,中国政府向联合国赠送了一座"和平尊"。"和平尊"展示了中华民族自古以来推崇仁爱、以和为贵的优良道德传统，传递了中国和中国人民历来崇尚的求和平、谋发展、促合作、图共赢的愿望和信念。

（3）注重人伦关系，重视道德义务。中华传统美德一个重要的特点，就是非常每个人在人伦关系中的地位及其价值，强调每个人都必须根据规范的要求来尽自己应尽的义务。

【案例7】 "天下之本在家"

习近平总书记的母亲齐心在《忆仲勋》一文中曾回忆过这样一段往事。2001 年 10 月 15 日，家人为习仲勋举办 88 岁寿宴，欢聚一堂，唯独时任福建省省长的习近平缺席。由于公务繁忙，难以脱身，习近平抱愧地给父亲写了一封拜寿信。在信中，他深情地写道："对父母的认知也和对父母的感情一样，久而弥深""从父亲这里继承和吸取的高尚品质很多"。一封家书，饱含着习近平对父亲深深的歉意和崇敬。如今习近平总书记孝敬父母，尽管公务繁忙，每当有时间他都会拉着母亲的手散步、聊天，春节不能和父母团聚，会用电话诉说愧疚、表达孝心。

【解析】家是最小国，国是千万家，家国两相依。注重家庭、注重家教、注重家风，是习近平和他的家庭的底色，也已经深深烙在习近平治国理政的思想和实践中。

（4）追求精神境界，向往理想人格。中华传统美德主张在物质生活基本满足的情况下应追求崇高的精神境界，把道德理想的实现看作人生诸种需要中最高层次的需要。

【案例8】 用生命书写青春

2020 年 6 月，发生在加勒万河谷的中印边境冲突中，5 位驻守在此的革命战士用生命，用青春，用身躯，用力量真实地描绘了祖国山河一寸不能丢的气概。而他们，却永远将这墓志铭刻在了喀喇昆仑山上，留在了冈底斯山的雄音中。

【提问】同学们知道这 5 位驻守战士是谁吗？他们彰显了怎样的时代精神？

【解析】祁发宝团长、陈红军烈士、肖思远烈士、王焯冉烈士、陈祥榕烈士。当家和国无法同时兼顾时，他们依旧选择放下家奔赴国，为了国放下家，即使对家的承诺千万，也依然只为一国而奋发前进；即使还未实现的理想灰飞烟灭，也绝对不后退一步！他们用青春丈量土地，以奉献的精神支援边疆，把道德理想看作最高层次的需要，在中国梦的征程中实现自己的人生价值。

（5）强调道德修养，注重道德践履。中国古代思想家大都认为，在修身养性的过程中，最重要的就是要使社会的道德原则和规范转换为自身的思想品德和行为实践，通过切磋践履不断养成良好的道德习惯，形成完善的道德人格。

【案例9】　亮出徽章感动全网的牧民

2021年7月，几名来自湖北的游客在旅途中车子陷入泥地无法前行，当时，赶来营救的移民管理警察正在不远处山坡对另一辆车进行施救。正当游客焦急等待时，阿布都加帕尔与另一名牧民骑着摩托车赶来。他们徒手在泥水中施救，不一会儿车辆脱险。阿布都加帕尔与伙伴被溅得满身都是泥。

正当他们要离开时，游客塞给他们现金作为感谢，阿布都加帕尔赶忙推辞。由于语言不通，"争执"不下之时，他掀开外套，自豪地露出胸前的党员徽章……

【解析】阿布都加帕尔作为一名老党员，为社会做出了好榜样，用自己的道德规范转化为行为实践，以感恩之心回馈社会，值得倡导和学习。

问题三：在当代如何传承和创新中华传统美德？

【课堂讨论】中华传统美德是否已经过时？新时期我们应该怎样对待传统道德？

【案例10】　辽宁抚顺"女德班"

2017年12月，辽宁抚顺"女德班"在教学和讲座中出现"女子点外卖不刷碗就是不守妇道"等雷人语录，相关短视频引发网友关注。抚顺市教育局对此事回应：位于马金村的无证办学机构立即停止办学，包括"女德班"在内的所有学员尽快遣散。

实际上近年来，在国学热的刺激之下，这种打着传播传统文化旗帜，假借国学之名，宣传和贩卖早该丢进历史垃圾桶的封建愚昧思想和封建社会道德，实质上是企图扼杀具有"自尊、自信、自立、自强"精神的现代女性的各种形式的"女德班"，在全国各地是遍地开花。背后的根源其实是在离婚率不断攀高的当下，一些现代女性尤其是在家庭经济地位中处于绝对弱势的现代女性，在应对家庭危机上无所适从，彷徨无措，进而选择病急乱投医，迷信"女德班"宣传的那一套，才让"女德班"生意火爆，让"女德班"的经营者赚得盆满钵满。

【解析】当下社会在弘扬传统文化方面存在偏差是"女德班"得以生存的重要原因之一。一些地方在弘扬传统文化时存在"只种花不摘刺"的倾向，似乎只要是传统文化就是好的，一味宣扬提倡，却对传统文化中的糟粕认识不足，批判、引导不到位。其实，国家提倡的是弘扬中华优秀传统文化，"优秀"二字是不可省略的限定语，且传承与创新不可或缺，食古不化、一味复古并不可取。

当前，传统文化受到社会高度重视，但如果缺乏正确的辨别力，将使一些"女德"之类的封建沉渣一并泛起。这不仅不利于传统文化的传承和发展，还会带偏社会风气，带歪青少年的价值观，给他们的身心造成一系列负面影响。

2014年2月17日，习近平总书记在省部级主要领导干部学习贯彻十八届三中全会精神全面深化改革专题研讨班开班式上的讲话中指出："要加强对中华优秀传统文化的挖掘和阐发，努力实现中华传统美德的创造性转化、创新性发展，把跨越时空、超越国度、富有永恒魅力、具有当代价值的文化精神弘扬起来，把继承优秀传统文化又弘扬时代精神、立足本国又面向世界的当代中国文化创新成果传播出去。"

中华传统美德作为中国传统道德的精华部分，为今天的道德建设提供了丰富的资源，它不仅并有过时，相反在今天依然具有很高的价值和意义。我们要树立高度的文化自觉和文化自信，深入挖掘中华优秀传统文化蕴涵的思想观念、人文精神、道德规范，结合时代要求继承创新，让中华文化展现出永久魅力和时代风采。

第一，加强对传统美德的挖掘和阐发。弘扬中华传统美德，必须通过科学的分析和鉴别，把其中带有阶级性和时代局限性的成分剔除出去，把其中具有当代价值的道德精神发掘出来，总结传统美德中丰富的思想道德资源，对中华传统美德的德目、观点进行新的诠释和激活，结合现代生活赋予其新的时代内涵，努力推动中华传统美德的创造性转化和创新性发展。

譬如怎么对待父母、朋友、师长、陌生人等，应根植于本土文化资源；孝敬、家庭的稳定性、凝聚力、重视教育和忠信，仍然是老百姓选择的最主要的价值。儒家所提倡的仁、义、礼、智、信、忠、孝、诚、恕这些价值，如果在剔除它的历史负面性之后，完全可以提炼、活化它的合理因素，渗透到今天的生活中去，作为正面的、积极的、健康的力量参与现代化的建设，来治疗现代社会的疾病。

《新时代公民道德建设实施纲要》中提出：深入挖掘自强不息、敬业乐群、扶正扬善、扶危济困、见义勇为、孝老爱亲等传统美德，并结合新的时代条件和实践要求继承创新，充分彰显其时代价值和永恒魅力，使之与现代文化、现实生活相融相通，成为全体人民精神生活、道德实践的鲜明标识。

【案例11】　图文展示：现代版"微信说明书"

【解析】一位大学毕业生手绘说明书教爸妈用微信走红网络，这种方式拉近父母与子女的时空距离，用一种新形式表达了那些不能与父母常在一起的年轻人对远方老人的一种情感，这种情感的表达方式，是一种亲情反哺，也是中华传统美德的传承。

第二，用传统美德滋养社会主义道德建设。实现传统美德的创造性转化，就是要把传统道德作为当代中国社会主义道德的重要资源和凭借，实现我们的新道德与传统美德的直接继承和延续。我们的新道德建设，一方面离不开变化了的社会生活实践这个源，但同样也离不开传统美德这个流。传统伦理道德是一个包含着多层次的复杂体系，不同层次在现代社会中的作用和意义是不一样的。就儒家伦理的内容而言，大致可分为三个层次：一是其核心精神即"仁"学，这是儒家关于人及人与人之间关系的最一般的价值精神；二是其特定的社会伦理价值观层次，如三纲五常、家族本位、忠孝等；三是日常生活中为人处世的一般的行为准则，如义、智、恭、宽、信、敏、中庸等。对我国传统道德资源这个流，能继承的和要继承的，主要是抛弃其封建国家政治伦理的糟粕，转化个体道德、家族道德与社会道德中的合理成分，以指导现代社会民众的日常生活。如传统社会生活中讲忠诚于事、忠诚于人的精神，行业道德的讲究信誉、勤勉敬业精神，讲究人际之间的诚信精神，家族道德中的讲究亲情孝道、和睦团结的精神，个体道德中的讲究个人修养、追求美德的精神，全社会的讲究礼仪、维护秩序的精神等都是可以批判继承的。涉及人类基本道德的一些普遍资源更是可以直接继承的，如"己所不欲，勿施于人""己欲立而立人，己欲达而达人"的忠恕之道，仁爱他人，讲究义务责任，天下为公、"自强不息"的进取精神，"宁俭勿奢"的自律精神和"重群克己"的合作精神等。

第三，以开放的胸怀和视野吸收人类文明的有益道德成果。当今任何民族和国家的文明发展和道德进步，都不可能不受到其他民族或国家的文化和道德文明成果的影响，都不可能脱离人类文明发展的大道。世界上许多民族在人类发展的不同时期，对人类文明都作出过贡献。西方许多思想家对道德的起源和本质、道德的原则和规范、道德品质、道德评价、道德教育和修养等进行的探讨，其中不乏真知灼见，极大地丰富了人类社会共同的文明成果。要坚持马克思主义的立场、观点和方法，坚持以我为主，为我所用的原则，既反对全盘西化、机械照搬，又反对全盘否定、盲目排外，在批判的基础上借鉴吸收其对今天的中国有积极意义的精华。作为今天的大学生，不但要有全球的眼光、世界的意识，而且不能消解民族的自尊心和自信心，不能失去对我们民族文化的认同。

【课堂讨论】在对待中国传统道德、弘扬中华传统美德的问题上我们要反对哪些观点？

【教师点播】一种是全盘复古论，即不加分析地全面继承一个民族的文化思想的错误理论。持此观点的人认为我国之所以落后，出现道德滑坡，就是因为我们的传统文化特别是儒家传统道德的失落，所以道德建设的最终目标就是要恢复中国"固有文化"，形成以中国传统文化为主体的道德体系，并通过这种传统道德的复兴来衍生出现代的科学民主，即所谓的"返本开新"。另一种是历史虚无主义，即对传统道德不加分析地全面否定。其主要表现为对中国几千年的文化遗产不区分精华和糟粕，全盘加以否定，主张全盘西化。

以上两种思潮对传统道德均采取形而上学的态度，割裂道德的历史与发展的关系，否定了道德的历史进步性，对于发展中华民族的优良道德传统和建设社会主义新道德极端有害。我们要树立高度的文化自觉和文化自信，维护民族文化基本元素，加强对优秀传统道德传承体系的建设，使中华传统美德成为新时代鼓舞人民前进的精神力量。

问题四：如何正确认识中国革命道德的当代价值？

中国革命道德内容丰富、历久弥新，红船精神、井冈山精神、苏区精神、长征精神、延安精神、西柏坡精神等红色精神中蕴含的革命道德，都是中国共产党人领导全体人民实现民族独立、人民解放的精神支撑和思想武器，那么对于海南青年来说"二十三年红旗不倒"的琼崖革命精神，将影响和激励他们自觉投身于海南自贸港建设的事业中去。

【案例 12】　琼崖武装革命斗争

1927 年 6 月，椰子寨战斗枪声，拉开了琼崖武装革命斗争的序幕，也标志着琼崖纵队的成立。从此，琼崖革命武装在党的领导下，远离党中央、孤悬海岛，历经土地革命、五次反"围剿"、抗日战争等重要时期艰苦卓绝的斗争，最后接应解放军渡海作战，于 1950 年 5 月 1 日解放了海南岛，创造了中国人民革命史上的孤岛奋战"二十三年红旗不倒"的光辉范例。

【提问】革命先辈死守孤岛、奋勇斗争，究竟是什么让他们支撑了二十三年呢？

【解析】一是始终坚定如磐初心、矢志不渝的理想信念。在母瑞山深处有一口潭，叫"红军潭"，原来叫青龙潭。1932年8月，国民党部队3000多人向中共琼崖特委发起进攻。为了掩护部队撤离，10多名红军伤病员主动请缨，吸引敌军主力，爬上母瑞山，在青龙潭边与敌人展开殊死战斗。最后他们被围困在悬崖边，就算是弹尽粮绝，也决不投降，集体跳下悬崖，壮烈牺牲。为了纪念他们，青龙潭改名叫"红军潭"。琼崖革命几次陷入低潮，但最终都能够浴火重生，归根结底在于始终不变的共产主义理想信念。

二是始终坚持百折不挠、敢闯敢拼的斗争精神。琼崖第二次反"围剿"失败后，琼崖特委书记冯白驹带领剩余部队撤上母瑞山。为了躲避敌人围剿，他们走悬崖峭壁，穿密林荆棘，衣服被岩石荆棘撕成了破布条。为了遮羞御寒，他们扒树皮、摘树叶，用山藤连接披在身上。饿了吃野果，渴了饮山泉，活成了"野人"。经过8个多月的艰苦斗争，最终走出了敌人的包围圈。队伍虽然只剩下了25人，但成功保住了琼崖革命的火种。在当时的战争岁月，琼崖革命先辈面对敌人的重兵"围剿"，毫不畏惧，敢闯敢拼，在血与火中走向新生、走向胜利。

三是始终坚守艰苦朴素、清正廉洁的革命追求。革命时期，琼崖党组织长期受到反动势力的围攻，财政状况捉襟见肘，党内干部的作风显得极为重要。1927年11月攻打陵水县城时，有个征收员，趁着没收奸商财物的时候，偷拿了一匹布回家。为了严明纪律，时任陵水县委书记黄振士请示特委批准，判处该征收员死刑。在严明纪律约束下，红军队伍作风良好，就算是极端恶劣的条件下，也坚决不拿群众一针一线。他们因此赢得人民群众的拥护和爱戴。

历史是最好的教科书。从琼崖革命到海南解放再到自贸港建设，三者时间跨度虽近百年，革命道德力量却一脉相承，这段红色记忆深植于海南青年的心中，不断激励后人不忘初心、奋勇向前，形成了极其重要的价值意义：

（1）有利于加强和巩固海南青年的社会主义和共产主义的理想信念。"二十三年红旗不倒"的革命故事是最好的理想信念教育素材，可以充实人民群众的精神生活，使海南青年不断坚持和发展中国特色社会主义道路。

（2）有利于海南青年培育和践行社会主义核心价值观。在新的历史条件下，继承和弘扬中国革命道德，对于帮助海南青年深刻理解社会主义核心价值观的科学内涵和历史底蕴，增强价值观认同，为中国特色社会主义事业提供攻坚克难的强大精神支撑具有重要意义。

（3）有利于引导海南青年树立正确的道德观。历史告诉我们，唯有牢固树立并自觉坚持革命的道德观，才能在革命事业的艰难困苦中保持清醒的头脑，才能在深处顺境时保持清醒的头脑，深处逆境时仍然坚忍不拔，才能视国家的利益为最大利益，为革命事业奋斗终身。"二十三年红旗不倒"的革命故事能够帮助人们在深刻把握历史、认识社会、审视人生的基础上，积极投入到决胜全面建成小康社会、夺取新时代中国特色社会主义伟大胜利的新征程。

（4）有利于培育海南青年良好的社会道德风尚。受革命文化的影响，海南青年会充分发挥革命道德的精神力量，培育良好的社会道德风尚，净化社会人际关系，抵制各种腐朽思想，树立浩然正气，凝聚崇德向善的正能量。

未来，海南青年站在了新时代的起点上，要在初心与使命的光芒照耀下，沿着中国特色社会主义道路，为中华民族复兴，为海南自贸港建设贡献应有的力量。

（三）专题小结

道德是以善恶为评价方式，主要依靠社会舆论、传统习俗和内心信念来发挥作用的行为规范的总和。马克思主义道德观认为：劳动是道德起源的首要前提、社会关系是道德赖以产生的客观条件、人的自我意识是道德产生的主观条件。中国传统美德是社会主义道德的源头活水，中国革命道德是对中华传统美德的继承和发展，是社会主义道德的红色基因，传承和创新中华传统美德要求我们要加强对传统美德的挖掘和阐发、用传统美德滋养社会主义道德建设、以开放的胸怀和视野吸收人类文明的有益道德成果

六、教学拓展

（一）教学案例

【案例13】 湖北"捞尸索钱门"

10月24日，湖北荆州宝塔湾地带，两名少年不慎落水。为了营救落水少年，湖北长江大学10多名大学生手拉手扑进江中营救，两名少年获救，而3名大学生不幸遇难。就在人们为见义勇为者扼腕叹息时，一则新闻却使整个事件向另一个方向发展。

一名参与施救的大学生告诉媒体："在两个少年落水不足5米的地方就停着一艘机械渔船，我们同学都给渔船的老板跪下了，求他们看能否捞救方招等三人，老板说，长江上哪天不死人，不死几个人我们靠什么挣钱啊？活人不救，捞尸体，白天每人一万二千元，晚上一万八千，一手交钱一手捞人……"后经媒体调查发现，当地存在一个牟取暴利的民间打捞队，专靠捞尸体赚钱。一时间引发众怒。

【提问】牟取暴利的民间打捞队的行为引发同学怎样的思考？

【解析】三名19岁的大学生为了营救落水少年，献出了年轻的生命，他们拯救的不仅仅是两个少年，更是日益沦陷的社会道德；那些捞尸者的冷漠和唯利是图，激起的不仅仅是人们的愤怒，还有公众对于曾经美好道德的向往。希望在这件事情之后，类似的"捞尸索钱门"能够从此绝迹，进而有越来越多的人在他人求助时伸出援手。

【案例14】　农夫山泉"捐赠门"

8月11日，民政部主管的《公益时报》在头版刊登《农夫山泉"一分钱"捐赠受质疑》一文，再次引爆企业"诺而不捐"的争论。农夫山泉于2021年在包括中央电视台在内的各主要电视台反复播放广告片"从现在起，每喝一瓶农夫山泉，你就为孩子们的渴望捐出了一分钱；到2021年，阳光工程将为20万孩子带来运动的快乐"。但《公益时报》的调查结果却显示，如履行"一分钱"公益的承诺，以农夫山泉每年15亿瓶到20亿瓶的市场销售量计算，该企业每年至少有1500万元捐赠给"阳光工程"助学基金，而实际上能查到的公开现金捐赠只有2021年捐赠的500万元，这与最初承诺不符。一周后，农夫山泉高调反击，以"恶意诋毁"为由把公益时报社和中国社会工作协会告上法庭。

【提问】农夫山泉做广告公益想要达到什么目的？

【解析】"农夫山泉"在品牌和市场利益的驱动下，选择公益营销模式，以赢得消费者好感。只要能够献出一片爱心，是公益还是营销，消费者不会太计较。在多元的社会价值下，人们对搭着慈善进行的营销已经宽容接纳，但关键是企业要"说了算"。对于企业的"慈善承诺"，要保障其兑现，只等待道德约束是远远不够的，还需要立法规范和监督机制。

（二）教学资料

1.《红色家书》：夏明翰与妻书——誓将真理传人寰

亲爱的夫人钧：

同志们曾说世上唯有家钧好，今日里才觉你是巾帼贤。我一生无愁无泪无私念，你切莫悲悲凄凄泪涟涟。张眼望，这人世，几家夫妻偕老有百年。抛头颅、洒热血，明翰早已视等闲。

"各取所需"终有日，革命事业代代传。红珠留着相思念，赤云孤苦望成全，坚持革命继吾志，誓将真理传人寰！

2.《红色家书》：王尔琢与父母书——儿已以身许国

父母大人：

……儿何尝不思念着骨肉的团聚，儿何尝不眷恋着家庭的亲密，但烈士般红的血迹燃起了儿的满腔怒火，乱葬岗上孤儿寡母的哭声斩断了儿的万缕归思。

为了让千千万万的母亲和孩子能过上好日子，为了让白发苍苍的老人皆可享乐天年，儿已以身许国，革命不成功立誓不回家。

3.《红色家书》：赵一曼与儿书——用实行来教育你

宁儿：

母亲对于你没有能尽到教育的责任，实在是遗憾的事情。母亲因为坚决地做了反满抗日的斗争，今天已经到了牺牲的前夕了。母亲和你在生前是永久没有再见的机会了。希望你，宁儿啊！赶快成人来安慰你地下的母亲！我最亲爱的孩子啊！母亲不用千言万语来教育你，就用实行来教育你。

在你长大成人之后，希望你不要忘记你的母亲是为国而牺牲的！

一九三六年八月二日

你的母亲赵一曼于车中

4.《红色家书》：江竹筠与弟书——为共产主义革命事业奋斗到底

竹安弟：

友人告知我你的近况，我感到非常难受。幺姐及两个孩子给你的负担的确是太重了……话又说回来，我们到底还是虎口里的人，生死未定……假若不幸的话，云儿（江竹筠和丈夫彭咏梧的孩子彭云）就送给你了，盼教以踏着父母之足迹，以建设新中国为志，为共产主义革命事业奋斗到底。

孩子们决不要骄（娇）养，粗服淡饭足矣……

竹姐

8 月 26 日

📖 七、课后思考

（1）100 年前，在艰难的物质环境下，中国的青年一代去思考国家和民族的命运，那个时候个人理想和国家理想是紧紧地结合在一起的。100 年后，我们每一个小我的理想是什么？这个小我的理想是如何融入更伟大的时代交响乐呢？

（2）2018 年 9 月 28 日，习近平总书记向雷锋墓敬献花篮并参观雷锋纪念馆时的讲话时提出："学习雷锋精神，就要把崇高的理想信念和道德品质追求融入日常的工作生活，在自己岗位上做一颗永不生锈的螺丝钉"。结合"举国众志成城 抗疫共克时艰"，思考，新时代我们如何弘扬雷锋精神？

📖 八、实践指南

【**课堂拓展活动**】请学生接力诵读红色家书，领悟共产党人的初心。

📖 九、延伸阅读

（1）马克思：《青年在选择职业时的考虑》，《马克思恩格斯全集》第 1 卷，人民出版社，1995 年版。

（2）毛泽东：《为人民服务》，《毛泽东选集》第 3 卷，人民出版社，1991 年版。

（3）刘少奇：《论共产党员的修养》，《刘少奇选集》（上卷），人民出版社，1981 年版。

（4）习近平：《注重家庭，注重家教，注重家风》，《习近平谈治国理政》，外文出版社，2014 年版。

（5）习近平：《在纪念红军长征胜利 80 周年大会上的讲话》人民出版社，2016 年版。

（6）金一南：《苦难辉煌》，华艺出版社，2019 年版。

（7）吕章申：《复兴之路展品 100 个故事》，北京时代文华书局，2017 年版。

（8）中共上海市委党史研究室《中国共产党创立之路》上海人民出版社，2016 年版。

专题十一　弘扬社会公德，遵守职业道德

📖 一、教学目标

通过本专题内容的学习，学生能够对社会公德、职业道德、等领域中的理论和知识有一个基本的了解，对社会生活领域中的道德规范有精准的把握。学生能够认识到，一个人只要在社会中生存，就必须自觉遵守相应的道德要求，就必须用道德规范指导自己的实践，追求崇高道德境界。激发大学生形成善良的道德意愿、道德情感，成为社会所需要的人才。

📖 二、教学重难点

（一）教学重点

1. 社会公德的含义、特点和主要内容。

2. 公共生活及其特点。

3. 社会主义职业道德的基本要求。

（二）教学难点

大学生应确立的正确的就业观和创业观。

📖 三、教学方法

本专题主要采用案例分析法、理论讲授法、专题式教学法、讨论式教学法、研究式等教学法。

四、教学课时

本专题对应高等教育出版社《思想道德与法治》（2021 年版）教材第五章第三节部分内容，教学安排 1 课时。

五、教学过程

（一）课程导入

面对新冠肺炎疫情公共危机，14 亿国人表现出的公共道德意识，特别是集体利益先于个人利益的大局观，在本应走亲访友、放情欢聚的新春佳节，尤为可贵。人们按照属地应急响应要求，不聚集、不聚会、少出门，居家"抗疫"、共度时艰。同时，中华优秀传统文化中的社会公德意识在战"疫"中得到淋漓尽致地彰显。"出入相友，守望相助""义以为质""先义后利"等优秀价值观，在疫情防控中起到非常积极的作用。正如世界卫生组织总干事、高级顾问布鲁斯·艾尔沃德在结束对中国实地考察后感慨："中国展现了惊人的集体行动力与合作精神。"

（二）讲授新课

问题一：社会主义道德为什么要以人民服务为核心？

核心是指一个事物最主要的部分，也是这个事物的灵魂，而道德建设的核心就是道德建设的灵魂，它决定并体现着社会主义道德建设的根本性质和发展方向，规定和制约着道德建设领域中的各种道德现象。道德领域的核心问题就是为什么人服务的问题。

【讨论】有人认为在市场经济时代，大家都忙着赚钱，讲为人民服务会不会"得不偿失"？

在发展和完善社会主义市场经济的条件下，在构建社会主义和谐社会的过程中，提出社会主义道德建设以为人民服务为核心，具有深刻的理论依据和坚实的实践基础。

为人民服务思想经历了提出、丰富到不断发展的过程。马克思、恩格斯把为人民服务的思想表述为"为绝大多数人谋利益"，列宁将它表述为"为千千万万劳动人民服务"，毛泽东则把它概括为"为人民服务"，并且系统地阐述了这一思想。邓小平继承和发展了为人民服务的思想，并且在改革开放的历史背景下赋予其新的时代内容，他明确指出"检验和判断各项改革政策和工作都要始终坚持和考虑人民满不满意、人民赞不赞成、人民拥护不拥护"。党的十五大报告中指出，"我们党来自人民，植根于人民，服务于人民。建设中国特色社会主义全部工作的出发点和落脚点，就是全心全意为人民谋利益"。胡锦涛同志又进一步丰富和深化了为人民服务的思想和内涵，指出"群众利益无小事。凡是涉及群众切身利益和实际困难的事情，再小也要竭尽全力去办"，并先后提出了以人为本的科学发展观、构建社会主义和谐社会以及树立社会主义荣辱观等一系列重大理论，把为人民服务的思想提高到一个新的境界。从为人民服务思想的提出和发展，我们不难看出，为人民服务始终是中国共产党人把马克思主义基本原理与中国革命、建设、改革的具体实践相结合的伟大创造，是我们党坚持和倡导的根本宗旨，也是社会主义道德观的根本精神，原因有以下三个方面。

首先，为人民服务是社会主义经济基础和人际关系的客观要求。以公有制为主体、多种所有制经济共同发展的基本经济制度，以按劳分配为主体、多种分配方式并存的分配制度，决定了每个社会主义劳动者和建设者都在为社会、为他人同时也在为自己劳动和工作。各行各业的劳动者只有社会分工的不同，没有高低贵贱之分，人与人之间是一种团结互助、平等友爱、共同进步的关系。权利和义务统一于人民身上，每一个人既是服务者又是被服务者，全体人民通过社会分工和相互服务来实现共同利益。因此，社会主义的经济基础和人际关系客观上要求道德建设必须以为人民服务为核心。

其次，为人民服务是社会主义市场经济健康发展的要求。在社会主义市场经济条件下，市场主体必须通过向社会和他人提供一定数量和质量的产品，来建立满足社会和他人需求的良好信誉，即通过为社会和他人服务并为社会和他人所接受来实现自己的利益。换句话说，市场经济不仅不排斥为社会和他人服务，而且只有通过服务甚至是优质服务，才能实现市场主体自己的利益。这说明，为人民服务与市场经济并不是必然对立的。但是，不能把市场经济的利他性同为人民服务混为一谈。笼统地讲市场经济要求为人民服务是不正确的。我们说社会主义市场经济的本质要求是为人民服务，不仅在于人们在一切经济活动中应正确处理个人与社会、竞争与协作、效率与公平、先富与共富、经济效益与社会效益等关系，形成健康有序的经济和社会生活规范，更在于强调在国家的宏观调控和社会主义精神文明的引导和制约下，每个市场主体要有为人民服务的思想，更自觉、更积极、更规范地在自主的基础上为人民、为社会服务，要求市场主体把自身的特殊利益同国家和人民的共同利益结合起来。

再次，为人民服务体现着社会主义道德建设的先进性要求和广泛性要求的统一。

道德作为人们行为的规范，它本身必然包含着从低到高的多层次的要求。人们只有在道德阶梯上攀登，刻苦锻炼，身体力行，才有可能达到道德的高峰。为人民服务伟大而平凡，并非高不可攀，而是可以通过不同层次、不同形式表现出来的，适用于所有人。在社会主义初级阶段，对于不同利益群体和不同觉悟程度的人们，为人民服务的要求是不一样的。它不仅适用于对党员和干部的要求，即先进性要求，表现为提倡全心全意为人民服务，提倡无私奉献的精神，也适用于对广大人民群众的要求，即广泛性要求，表现为正确处理个人与社会、竞争与协作、先富与后富、经济效益与社会效益的关系，在为他人与社会服务的同时，获取个人正当的利益，做到以义取利、义利结合、爱岗敬业、兢兢业业地做好本职工作。在我们的社会中，无论从事何种职业、处于何种岗位，也无论能力大小、职务高低，每个人都能通过不同形式实践为人民服务的道德要求，使不同境界的人都能找到为人民服务的平台。

【思考】为人民服务有哪些形式？

【解析】毫不利己、专门利人、无私奉献是为人民服务；顾全大局、先公后私、爱岗敬业、办事公道是为人民服务；同志间、师生间、同学间互相关心、互相爱护、互相帮助是为人民服务；热心公益、助人为乐、见义勇为、扶贫帮困、扶残助残是为人民服务；遵纪守法、诚实劳动并获取正当的个人利益也是为人民服务。

为人民服务作为公民道德建设的核心，是社会主义道德区别和优越于其他社会形态道德的显著标志。它不仅是对共产党员和领导干部的要求，也是对广大群众的要求。每个公民不论社会分工如何、能力大小，都能够在本职岗位，通过不同形式做到为人民服务。在新的形势下，必须继续大张旗鼓地倡导为人民服务的道德观，把为人民服务的思想贯穿于各种具体道德规范之中。要引导人们正确处理个人与社会、竞争与协作、先富与共富、经济效益与社会效益等关系，提倡尊重人、理解人、关心人，发扬社会主义人道主义精神，为人民为社会多做好事，反对拜金主义、享乐主义和极端个人主义，形成体现社会主义制度优越性、促进社会主义市场经济健康有序发展的良好道德风尚。

【案例1】　洪水来时，那暖心的民间救援

唐善保是湖南省永州市零陵区柳子街社区的一户普通居民，13日、14日洪水来袭这两天，他立刻搬出自家备用的一叶小舟，头戴雨伞帽，为沿街被困群众送水和食物。"我们都是住在这里，能体会到被困人员的心情。给他们送东西，让他们各家各户都有吃的，我觉得很开心。"唐善保说。

【思考】有人认为，当年雷锋日记里的榜样"案例"，有些已经不符合现代人的交往方式，如今，还有"雷锋精神"生长的土壤吗？

【解析】周恩来总理把雷锋精神全面而精辟地概括为：爱憎分明的阶级立场，言行一致的革命精神，公而忘私的共产主义风格，奋不顾身的无产阶级斗志。用一句话概括其实质与核心，就是"为人民服务"。在中国这片热土上，从来不缺少"雷锋"的身影，焦裕禄、孔繁森、杨善洲……他们无不诠释着雷锋精神的真谛，昭示着中华民族的主流精神。疫情之中，来自各行各业的"雷锋"无时无处不在。一批又一批的逆行者是"雷锋"，每一位平凡的抗疫者是"雷锋"。河北临漳县一名普通农民，把自己辛苦劳动攒存的 1.8 万现金捐献支持武汉抗击疫情，却不愿意透露姓名。试想在这次的战"疫"中，人人都丢掉了雷锋精神，人人都不去为人民服务，我们能取得战"疫"的全面胜利吗？所以，雷锋精神永不过时，雷锋精神，人人可学；奉献爱心，处处可为。传承弘扬雷锋精神，从自己做起、从身边做起。每个人出一份力，就能汇聚成排山倒海的磅礴力量。

问题二：集体主义过时了吗？如何看待新时代的集体主义？

时刻准备着，接受祖国的挑选，听从祖国的召唤——秉持这样人生选择的人，在我国发展的各个阶段、各个领域，从不鲜见。今天，国力蒸蒸日上，但集体主义精神并未过时，因为个人与国家的联结从未改变，也不会改变。强国梦可望可即，依然呼唤将个人价值与社会贡献对接，把个人价值寄托在对国家对集体的大爱与奋斗中。

社会主义道德的原则是集体主义。在我国，国家利益、社会整体利益和个人利益根本上的一致性，使得集体主义应当而且能够在全社会范围内贯彻实施。

【思考】当我们阅读一些书籍，看到著名心理学家古斯塔夫·勒庞勾勒的那个群体无意识、非理性、非智化的乌合之众；当我们经历现实，看到过马路的时候临时出现的一起闯红灯的人们……有人会感叹：既然有不好的集体，我们为什么还要坚持集体主义？

【解析】不是所有的临时的团体都叫集体，集体一定是一个长期存在的稳定的团体。那些具有不正义目的的长久团体也不能称为集体，集体一定是一个有着稳定制度保障，有着共同的正义目标甚至共同文化记忆的团体。如：我国空军某试飞大队的飞行员们多次挑战装备和生理极限，永葆旺盛革命意志和顽强战斗精神，随时准备为捍卫国家主权、安全和领土完整奉献一切。这些试飞英雄是践行集体主义道德原则的代表人物。

【讨论】如何看待新时代的集体主义？

第一，集体主义是调节社会利益关系的基本原则。

（1）集体主义强调国家利益、社会整体利益和个人利益的辩证统一。

一方面，个人离不开集体，集体把每个劳动者的智慧和力量凝聚在一起，形成巨大的创造力。另一方面，集体是由若干个人组成的，不调动个人的积极性，也就不会有集体的创造力。集体与个人，即"统"与"分"，是相互作用、相互依赖、互为前提的辩证统一关系。

——习近平《摆脱贫困》

在社会主义社会中，国家利益、社会整体利益和个人利益是不能分割的，国家利益、社会整体利益体现着个人根本的、长远的利益，是所有社会成员共同利益的统一。每个人的正当利益，又都是国家利益、社会整体利益不可分割的组成部分。

在社会主义制度下，国家、集体、个人三者之间的根本利益是一致的。国家强大，国民才有坚强后盾；国民奋斗，国家才能继续向前。海外撤侨时"你身后是强大的祖国"的底气，抢险救灾时"把人民生命放在第一位"的坐标，全面小康建设"一个都不能少"的承诺，无不浓缩着集体主义的文化基因。

【视频】"皮有功，少晋中"

【案例2】 危难时刻，他们的选择

河南省扶沟县，刘海燕是一名抗击疫情一线的护士，在一线奋战多天没有回家。她是"最美逆行者"中的一员，是孩子的妈妈、丈夫的妻子，又是一名护士、一名党员，多重"身份"集于一身。但是当疫情汹涌而至，在众多的"身份"中，刘海燕最看重的是护士、党员的本分，选择的也是"舍小家、为大家"。

刘海燕的选择是无数医务人员的共同选择，"舍小家、为大家"，正是用自己的舍弃，换来更多家庭的团聚，用医者仁心和铿锵誓言，回应着祖国和人民的厚望，表现出可贵的职业道德和牺牲奉献精神，展现了超越"小家"、成就"大家"的家国情怀。

【视频】"00后"列兵郑新新，连续救灾8小时

2021年7月20日，河南巩义米河镇受灾严重，部队奉命前往救灾。郑新新所在部队是第一支向米河镇开进的队伍。7月24日，一段抖音视频火了，视频中郑新新被泥水浸泡得发白起皱的双脚打动了无数人。被拍时，郑新新和战友们站在没过脚踝的泥水里，已连续清理淤泥近 8 个小时。

（2）集体主义强调国家利益、社会整体利益高于个人利益。集体主义强调在个人利益与国家利益、社会整体利益发生矛盾尤其是发生激烈冲突的时候，必须坚持国家利益、社会整体利益高于个人利益的原则，即个人应当以大局为重，使个人利益服从国家利益、社会整体利益，在必要时作出牺牲。先国家后个人是中华文化的核心基因和中华民族的精神标识，是把中华儿女团结在一起的强大精神力量。

社会主义集体主义之所以强调个人利益要服从国家利益、社会整体利益，既是为了维护国家、社会的共同利益，最终也是为了维护个人的根本利益和长远利益。集体力量大，在疫情和洪水面前，中国共产党人和无数人民群众克服恐惧、奋不顾身，以智慧、勇敢、善良与牺牲精神来化解危机，最终为的还是我们每一名中国人。

（3）集体主义重视和保障个人的正当利益。只有在国家、社会中个人才能获得全面发展，才可能有个人自由。那种把集体主义看作对个人的压制、对个性的束缚的思想，是与集体主义的本意相违背的。集体主义所重视和保障的是个人的正当利益，对于损人利己、损公肥私的行为，集体主义不但不保护，而且强烈反对和禁止。

【思考】发展社会主义市场经济，为什么还需要集体主义？

第二，集体主义的层次性。

在社会主义市场经济条件下，集体主义仍然而且应当成为社会主义道德的基本原则。因为集体主义有助于克服市场自身的弱点和消极方面，有助于形成追求高尚、激励先进的良好社会风气，保证社会主义市场经济的有序健康发展。

【思考】有人认为，现在的年轻人更加崇尚个性，更加注重自我的发展，对集体无兴趣。你认为呢？

2019 年毕业季，某高校的一张毕业生寝室照在网上火了。照片里整个寝室窗明几净，打扫得一尘不染。这间宿舍曾连续三年被评为"优秀寝室"在这间寝室度过大学生活的小史坦言，室友们"互相支持、互相理解、互相包容，在良好的氛围中一起成长"。优秀寝室，凸显的就是同学们在宿舍这个小集体中彼此团结、相互关爱、共同进步的集体主义道德风尚。可见集体主义离我们并不遥远，就存在于我们的学习工作生活之中。人人都可以，而且应当践行集体主义原则，沿着道德的阶梯循序渐进地向上攀登。

集体主义有三个层次的道德要求：一是无私奉献、一心为公。这是集体主义的最高层次，是优秀共产党员、先进分子应努力达到的道德目标；二是先公后私、先人后己。这是已经具有较高社会主义道德觉悟的人能够达到的要求，具有广泛的社会基础；三是顾全大局、遵纪守法、热爱祖国、诚实劳动，以正当合法的手段保障个人利益。这是对公民最基本的道德要求。

当代大学生应正确认识和处理国家利益、社会整体利益和个人利益的关系，皮之不存，毛将焉附？坚持个人利益服从集体利益、局部利益服从整体利益、当前利益服从长远利益，反对小团体主义、本位主义和极端个人主义。

今天，我们拥有越来越多的出彩机会，人们自我实现的愿望也被前所未有地激发出来，个人主义、利益至上等价值取向渐受追捧。但要看到，集体主义精神并未过时，因为个人与国家的联结从未改变，也不会改变。

从国家层面来说，各行各业的人都立足本职、各司其职，社会才能井井有条，国家才有发展基石。对于个人来说，也只有国家强盛，每位国民才能够安居乐业，万千小家才能畅享太平。

问题三：当代公民应当如何弘扬社会公德，树立明大德的意识？

第一，公共生活与公共秩序。

——我们的生活离不开公共生活

——公共生活需要公共秩序，我们的公共生活才能过好

什么叫何谓"公共生活"呢？

（1）公共生活是相对于私人生活而言的。

（2）私人生活往往以家庭内部活动和个人活动为主要领域，具有一定的封闭性和隐蔽性。

（3）公共生活则超越了私人生活的局限，以社会公共场所为主要领域，具有鲜明的开放性和透明性。

由此，我们可以归纳出当代社会公共生活的特点：

（1）活动范围的广泛性。

（2）活动内容的开放性。

（3）交往对象的复杂性。

（4）活动方式的多样性。

那么，什么是"公共秩序"呢？

公共秩序是由一定规则维系的人们公共生活的一种有序化状态。包括工作秩序、教学秩序、营业秩序、交通秩序、娱乐秩序和网络秩序等。

公共生活需要公共秩序，原因如下：

（1）有序的公共生活是社会生产活动的重要基础。

（2）有序的公共生活是促进社会和谐的重要条件。

（3）有序的公共生活是提高社会成员生活质量的基本保证。

（4）有序的公共生活是社会文明的重要标志。

如何在社会上做一个好公民，特别是在非常时期，在公共生活中展现出良好的公德风貌，体现出良好的公德素质，对于疫情防控和公共生活秩序建构至关重要。

在新冠肺炎疫情常态化防控阶段，作为一名公民，恪守公德底线，强化个体责任意识，自觉落实防控要求，严格执行防护措施，既是对自己和他人的负责，也是对公德的维护，对疫情防控工作的支持。

第二，公共生活中的道德规范。

（1）概念：公共生活中的道德规范，即社会公德，是指人们在社会交往和公共生活中应该遵守的行为准则，是维护公共利益、公共秩序、社会和谐稳定的起码的道德要求。

（2）主要体现：人与人之间——举止文明，尊重他人

人与社会之间——爱护公物，维护公共秩序

人与自然之间——热爱自然，保护自然

【拓展】垃圾清理挑战

2019 年 3 月，"垃圾清理挑战"成为某网络平台热门话题。这一挑战活动号召网友们走到户外清理垃圾，为保护环境尽一份力。我国各地的网友行动起来，有的走上街头清理沿路垃圾，有的清扫小区卫生死角，努力为保护环境尽一己之力。这一活动反映了人们对于保护环境这一社会公德的关注。

"垃圾清理挑战"促进和吸引了全民参与生态环境整治，应该大力支持和鼓励。为引导公众参与生态环境治理提供了全新的思路，就是让更多诸如此类的环保活动在全社会盛行起来，让更多人自觉参与到治污攻坚中来。

（3）主要内容：文明礼貌、助人为乐、爱护公物、保护环境、遵纪守法

【互动投票】通过学生投票答案，以此告知学生，既然我们都不喜欢这样的行为，那么以后我们要自觉避免这些缺乏公德的行为，引导学生做一名守公德的好公民。

第三，网络生活中的道德要求。

【讨论】当你可以"隐身"的时候，你会做什么？

现实生活中全然地隐身当然不可能，但是片刻地隐匿和不被觉察的瞬间却常常出现。"隐身"意味着规避了法则或道德，可以不用时时提防舆论习惯，人们可以肆无忌惮，世界可能会变得杂乱无章。网络将人类行为加以抽象化、模糊化，道德主体不再明确，人们仿佛隐匿了。但在虚拟的网络社会中，同样需要我们遵守道德、伦理和法律的限度。

网络生活中的道德要求，是人们在网络生活中为了维护正常的网络公共秩序需要共同遵守的基本道德准则，是社会公德在网络空间的运用和扩展。

【时事讲解】

（1）2016年4月19日，习近平总书记在网络安全和信息化工作座谈会上发表讲话，再次强调打造天朗气清健康向上网络空间的重要性。

（2）2018年4月20日，习近平总书记在全国网络安全和信息化工作会议指出，没有网络安全就没有国家安全，就没有经济社会稳定运行，广大人民群众利益也难以得到保障。

我们要不断推进理论创新和实践创新，不仅走出一条中国特色治网之道，而且提出一系列新思想新观点新论断，形成了网络强国战略思想。

当前网络活动中存在的突出问题：网络色情信息泛滥，严重危害青少年的身心健康；软件、影视作品、音乐、书籍和论文等知识产权受到盗版行为的严重侵犯；电子商务活动中的欺诈与失信现象时有发生；计算机病毒的传播和黑客对网络的破坏日益严重；人肉搜索、造谣攻击、网络暴力等行为时有出现……

所以，我们应遵循网络生活中的道德要求：

（1）正确使用网络工具。大学生应当正确使用网络，提高信息获取能力，加强信息辨识能力，增进信息应用能力，使网络成为开阔视野、提高能力的重要工具。

（2）加强网络文明自律。进行健康网络交往。通过网络开展健康有益的交往活动，重视个人信息安全，树立自我保护意识，自觉避免沉迷网络。合理安排上网时间，约束上网行为，避免因沉迷网络而耽误学业，加强网络道德自律。做到自律而"不逾矩"，促进网络生活的健康与和谐

（3）营造良好网络道德环境。一方面要加强网络道德自律，自觉抵制网络欺诈、造谣、诽谤、谩骂、歧视、色情、低俗等内容，反对网络暴力行为，维护网络道德秩序；另一方面应当带头引导网络舆论，对模糊认识要及时廓清，对怨气怨言要及时化解，对错误看法要及时纠正，促进网络空间日益清朗。

在自媒体时代，人人都有麦克风，人人都有发表言论的自由，但这种自由的实现必然是以遵守公共秩序、法律法规为前提。否则，发文诽谤、恶意攻击、人肉搜索、造谣传谣也成了言论自由。不受规则约束的言论自由如刀如剑，伤害他人，造成恐慌。自由的滥用必然会导致自由的失去。

【拓展】营造风清气正的网络空间。

针对各互联网平台上涉及网络暴力、侵犯公民隐私、恶意营销、淫秽低俗等不良信息的行为，国家相关部门采取了一系列专项行动进行整治，已取得明显成效。

2020 年 3 月,《网络信息内容生态治理规定》正式开始施行;

4 月,公安部"净网 2020"专项行动全面展开;

5 月,国家网信办在全国范围内启动为期 8 个月的 2020"清朗"专项行动;

8 月,教育部等六部门印发《关于联合开展未成年人网络环境专项治理行动的通知》。

累计清理负面有害信息 15 万余条,处置违规账号 4000 余个,关闭问题群组 1300 余个,解散不良话题 814 个,拦截下架涉嫌集资引流的小程序 39 款,专项排查整治网络综艺节目……"清朗·'饭圈'乱象整治"专项行动正在开展,成效逐步显现。

网络内容生态治理需要常抓不懈、久久为功。

问题四:新时代背景下,大学生应如何树立正确的职业观和劳动观?

(1)职业和职业生活。

【案例 3】 摄影师是一份职业

假如没有摄影师,我们的生活什么样?

摄影师主要干什么?

摄影师如果不负责任,工作效果什么样?

摄影师的收入怎么样?

职业是人们由于社会分工所从事的具有专门业务和特定职责,并以此作为主要生活来源的社会活动。职业不仅决定着每个人在社会中的谋生方式,而且还深刻地影响着个人的爱好、性情、人格以及他的生活方式和思想方式。

同时,个人价值的实现以及个人自我价值的社会承认,也大都是通过职业活动来获得的。

离开职业活动,个人便一事无成。

在一个高度职业化的社会里,职业交往成了社会交往的主要方式。

提问:是不是任何人都可以成为摄影师?摄影师需不需要专业的技能和知识?

职业生活是人们参与社会分工,用专业的技能和知识创造物质财富或精神财富,获取合理报酬,丰富社会物质生活或精神生活的生活方式。

提问：摄影属于劳动吗？

劳动是人类的本质活动，人通过劳动成为人，人通过劳动解放自己。人是以劳动求的生存和发展的。劳动在马克思主义哲学、马克思主义政治经济学和科学社会主义中是一个理论枢纽，是联系三个组成部分的中介，是马克思主义实践观、群众观、阶级观、发展观、矛盾观的基础，甚至在一定意义上可以说，劳动是马克思"两个伟大发现"的基石。劳动是中华民族的传统美德。在古代，人民靠着自己的双手生活，辛勤劳动，塑造了勤劳勇敢、自强不息的精神品质。中国特色社会主义进入新时代，也强调"社会主义是干出来的，新时代也是干出来的"。

劳动教育：2018年9月10日，习近平总书记在全国教育大会上强调，培养德智体美劳全面发展的社会主义建设者和接班人。习近平总书记指出："劳动是财富的源泉，也是幸福的源泉。人世间的美好梦想，只有通过诚实劳动才能实现；发展中的各种难题，只有通过诚实劳动才能破解；生命里的一切辉煌，只有通过诚实劳动才能铸就。"（2013年4月28日，总书记同全国劳模座谈）

（2）职业生活与劳动观念。正确的劳动观念是维系人们职业生活的思想观念保障，所以要树立"劳动最光荣，劳动最崇高，劳动最伟大，劳动最美丽"的观念，通过劳动创造更加美好的生活。要树立劳模精神，普通劳动者都可以在宽广的舞台上实现自己的人生价值。

【案例4】　"大国工匠"胡双钱35年无悔的坚守

胡双钱，中国商飞上海飞机制造有限公司高级技师，现任中国商飞上海飞机制造有限公司数控机加车间钳工组组长，主要负责ARJ21-700飞机项目零件生产、C919大型客机项目技术攻关及青年员工的培养。先后获得"上海市质量金奖""全国五一劳动奖章""全国劳动模范"等荣誉。胡双钱从小就特别喜欢飞机他经常跑到大场机场看飞机，直到飞机从头顶上呼啸而过，他常常暗暗发誓："一定要当一名航空技术工人，造出世界一流的飞机。"从技校毕业后，胡双钱被分配到5703厂飞机维修车间，每天可以近距离地接触飞机，也开启了35年飞机零件的历程。在他加工的零部件中，最大的将近5米，最小的比曲别针还小。有一次加工的零件的精度要求是0.24毫米，不到一根头发丝直径的二分之一。这样的零件本来要靠先进的数控车床来完成，但当时厂里没有匹配的设备，胡双钱艺高人胆大，硬是靠着自己的双手和一台传统的铣钻床，用了一个多小时，打出36个孔。当这场"金属雕花"结束后，零件一次性通过检验。

【提问】胡双钱身上体现一种怎样的精神？

【解析】首先，胡双钱身上体现一种精益求精的工匠精神。大飞机作为"国家名片"，是中国梦的重要组成部分。打造好这张"国家名片"，离不开一大批高技能人才，离不开像胡双钱这样的"大国工匠"，用踏实的劳动铸就中国梦。其次，他身上体现一种追求卓越的工匠精神。30多年来，他立足飞机零件维修岗位，执着坚守，勇于担当，凭借自己的双手和一台传统的铣钻床，练就一身绝技绝招，是"金属雕花"的大国工匠。

十九大报告中提出：建设知识型、技能型、创新型劳动者大军，弘扬劳模精神和工匠精神，营造劳动光荣的社会风尚和精益求精的敬业风气。

工匠精神，是指工匠对自己的产品精雕细琢，精益求精、更完美的精神理念，就是追求卓越的创造精神、精益求精的品质精神、用户至上的服务精神；落在个人层面，就是一种认真精神、敬业精神；匠心筑梦，思政铸魂，希望同学们在未来能成为崇尚劳动、敬业守信、敢于创新的技能大师，能够学习老一辈劳动模范的先进事迹，干一行、爱一行、钻一行，用自身行为来弘扬劳动光荣、技能宝贵、创造伟大的新风尚！

（3）树立正确的择业观和创业观。据相关的调查与反馈，已从业的大学生的职业道德素质不容乐观，比如，缺乏敬业精神，更多考虑的是获取多少，而不是能奉献多少，把目前所在的工作单位看成"跳板"，难以稳定就业岗位，缺乏脚踏实地的实干精神。这不仅影响了自身的发展，也给社会发展带来一定的负面影响。青年学生要自觉认识到自己即将从事职业的社会价值和自身的社会责任，进而形成正确的择业观和就业观，是大学生顺利就业的客观要求。

——树立崇高的职业理想

——服从社会发展的需要

——做好充分的择业准备

——培养创业的勇气和能力

（4）自觉遵守职业道德。这就要求我们做到以下几点：

第一，学习职业道德规范。通过学习职业道德规范，明确职业活动的基本规范和目的，从而提高自己的职业认知能力，判断能力和梳理正确的价值理念，对青年人来说尤为重要。

第二，提高职业道德意识。大学生要提高自己的职业道德素质，应当将其内化为自己身的素质，提高到自觉意识的层面。

第三，提高践行职业道德的能力。大学不是与社会隔绝的象牙塔，而是通过多种渠道与社会紧密联系。

（5）职业生活中的道德规范。职业道德具有时代性和历史继承性。在历史上不同时期产生的一些调控职业活动的、带有道德蕴涵的行规，可以被看成是最早的职业道德的表现形式。

资本主义时代，职业和职业道德都发生了很大变化。机器大工业带来了社会分工的大发展，促成了职业的大分化，职业从宗法关系的束缚中解脱出来，具有了专门化的特征。

职业的发展推动了职业道德的进步，职业道德的种类迅速增加并且在内容上逐渐定型，职业道德的调控作用得到了强化，有的上升到了制度和法律约束的层面。例如《教师法》《会计法》等。

社会主义的职业道德继承了传统职业道德优秀成分，体现了社会主义职业的基本特征，具有崭新的内涵。它是我国现阶段道德体系的重要组成部分，具有相对独立的理论体系和实践形态。

2001年10月，党中央在坚持依法治国的同时，提出了以德治国，把法治建设与道德建设、依法治国与以德治国紧密结合起来，颁布了《公民道德建设实施纲要》。《纲要》倡导的以"爱岗敬业、诚实守信、办事公道、服务群众、奉献社会"为主要内容的职业道德，是带有普遍性和共性特征的职业道德的基本要求，适合于规范各行各业从业者的职业行为，是所有从业者均应遵守的道德行为准则。

第一，爱岗敬业。

爱岗敬业，反映的是从业者热爱自己的工作岗位，敬重自己所从事的职业，勤奋努力，忠于职守，尽职尽责的道德操守。

爱岗敬业所表达的最基本的道德要求就应当是：干一行爱一行，爱一行钻一行，精益求精，尽职尽责，"以辛勤劳动为荣、以好逸恶劳为耻"。这是社会对每个从业者的要求。

现在社会上有一种说法是："爱一行干一行"，"干我喜欢干的事"。市场经济条件下，虽然没有从一而终的工作，但是，既然我们爱上这一行，干上这一行，同样要"爱岗敬业"。有的大学生将第一次就业作为"跳板"，伺机"跳槽"，用人单位对此存有戒心。因此，大学生要注意处理好"爱岗敬业"与"跳槽"的关系。我们往往无法随意改变自己的工作岗位，但可以改变对所从事职业岗位的情感和态度。

第二，诚实守信。

诚实守信，既是做人的准则，也是对从业者的道德要求，即从业者在职业活动中应该诚实劳动，合法经营，信守承诺，讲求信誉。

诚实守信是公民道德建设的重点内容（明理诚信），也是从业者步入职业天堂的"通行证"，既是做人准则。内诚于心，外信于人，也就是说，以诚为本，才能取信于人，也才能使你在职业活动中做到言必信，行必果，言行一致，表里如一，讲究信用，遵守诺言。

第三，办事公道。

办事公道，要求从业人员在职业活动中做到公平、公正，不谋私利，不徇私情，不以权损公，不以私害民，不假公济私。

现在有这样一些人，他们一朝权力在手，便可为所欲为，即使是一个办事员，一个保管员，一个收银员，也可把手中小小的权力玩弄得淋漓尽致，更何况那些大权在握而又处心积虑谋私利的人，更无"公道"所言。公道，是我们追求的价值目标。怎样才能做到办事公道？在法律惩办的界限之外，还有我们每人心中一杆秤：良心。

第四，服务群众。

服务群众，要求从业者在职业活动中一切从群众的利益出发，为群众着想，为群众办事，为群众提供高质量的服务。

在职业活动中，你必须尽可能的多为群众着想，为群众办事。给你一个岗位，你可能赢得人们广泛赞许的好口碑，也可能成为人们眼目中不屑一顾的另类，区别在很大程度上就在于你是否有一颗服务群众的热心，是否有一种责任和使命感。

第五，奉献社会。

奉献社会，要求从业者树立奉献社会的职业精神，并通过兢兢业业地工作，自觉为社会和他人作贡献。这是社会主义职业道德中最高层次的要求，体现了社会主义职业道德的最高目标指向。

讲奉献，这是活动中较高层次的道德要求。在市场经济条件下，有人把奉献作为一个调侃话题，似乎只有一切为自己才合乎人的本性。人确实不可能不关注自己的利益，但人也不可不相信世上有真情奉献。尤其需要指出的是，廉洁从业，养成良好的职业习惯，提高廉政素质是我国当前职业道德建设的一个重要任务。

（三）专题小结

在教学中注意思想性和教育引导性，既要联系大学生关心和困惑的现实问题，又要尽可能根据大学生的思想实际和心理接受特点组织教学，避免概念化的说教，将职业道德的理念寓于朴素而又美丽、激情而又诙谐、理性而又形象的教学过程中，采用对话、问答、案例分析等教学形式，提高学生的学习兴趣，扩大学生的参与度，培养学生的多种能力，实现理论知识与实际生活的交融。

六、教学拓展

（一）教学案例

案例5　"雕刻火药"的大国工匠

建设航天强国，是中华民族实现伟大复兴征程中的壮举伟业。中国航天人为此不畏艰险、无私奉献、勇于探索、不懈创新，徐立平就是其中的杰出代表。

作为中国航天科技集团第四研究院7416厂航天发动机固体燃料药面整形组组长，徐立平拥有令人羡慕的荣誉：三秦楷模、感动中国人物、中华技能大奖、全国五一劳动奖章获得者。但徐立平面对媒体的采访，依然保持着谦虚平和、不骄不躁的本色，他说："我就是一个普通工人，如何最快最好地干好工作才是我最关心的。"这质朴的话语后面，蕴藏着他以国为重、无私奉献的高尚情操；彰显出他精益求精、一丝不苟的工匠精神。

徐立平的工作，是为火箭或导弹发动机的固体推进剂（混合固体火炸药）进行微整形。就是用金属刀具将火箭或导弹发动机内装填好的固体火炸药一点一点地削切，修整至设计要求的型面。在此过程中，危险时刻相伴，敏感的火炸药一旦遭遇强力摩擦，便会剧烈燃烧甚至爆炸。而金属刀具削切火炸药，时时刻刻在发生摩擦，要避免箭毁人亡的爆炸，对削切力量和技巧的把握十分苛刻。对此，徐立平说出了他的经验：关键在于削切的力量要均匀，速度要缓慢，千万不可心浮气躁、用力过猛。

说起来容易干起来难。只有亲临徐立平工作的车间，才会体会到此项工作的艰难。首先，因工作的特殊性，位于西安东郊的厂房在工作时间必须做到房门大开，不论严寒还是酷暑，那是他们危急关头的逃生之门。冬天最冷时气温在零下十几摄氏度，冻得人手脚麻木。夏天最热时还必须穿着厚实的工作服，全身包裹在汗水中，且蚊虫肆虐，脸部时常被叮咬得红肿难忍。其次，不可能端端正正地坐着削切火炸药，因为火箭或导弹发动机的大小粗细不同，药面形状复杂，在削切整形火炸药时往往要采取或蹲或跪、或趴或躺的姿势，干上一会儿往往就肩酸背疼，手都抬不起来。而这时想要控制力量的均匀，难上加难。

就是这样一个挑战个人意志力和忍耐力极限的岗位，被人们雅称为"火药雕刻"，徐立平也被大家尊称为"火药雕刻师"。

就在这样一个高危岗位，徐立平一干就是30年，挑战着行业的极限，保持着整形产品 100% 的合格率和安全事故为零的纪录。

2016 年初，徐立平被评为 2015 年度感动中国人物。徐立平的师傅、老航天人王安民说，徐立平身上感动中国的力量在于对航天精神的传承，将以国为重、无私奉献、淡泊名利、追求卓越的高尚情操融入工作的每一个细节，舍小家为大国，成就了大国工匠的品质。

（二）教学资料

（1）（2018 年版）思想道德修养与法律基础教学案例 http://mooc1.chaoxing.com/course/201576310.html

（2）《思想道德修养与法律基础》教学案例

http://changqing.lzufe.edu.cn/szb/2020/0408/c250a21826/page.htm

📖 七、课后思考

（1）道德的力量是无穷的，国无德不兴，人无德不立。结合实际，谈谈道德的作用体现在哪些方面？

（2）社会主义道德是人类道德发展史上一种崭新类型的道德，谈谈社会主义道德为什么要以为人民服务为核心、以集体主义为原则。

（3）如何规范网络秩序，做一个文明的"网络人"？

（4）在校大学生如何培育和提高职业精神？

📖 八、实践指南

（1）提示：依次写出令你深恶痛绝的十种校园不道德现象。

（2）以"法律更能促进良好的社会秩序/道德更能促进良好的社会秩序"为题，在班级进行一场辩论赛。

📖 九、延伸阅读

（1）中共中央文献研究室：《习近平关于社会主义文化建设论述摘编》，中央文献出版社，2017 年版。

（2）《新时代公民道德建设实施纲要》，人民出版社，2019 年版。

（3）习近平：《在北京大学师生座谈会上的讲话》，人民出版社，2018 年版。

专题十二　爱国爱家，相亲相爱，共建共享家庭文明新风尚

📖 **一、教学目标**

通过本专题内容的学习，学生能够对家庭美德、个人品德等领域中的理论和知识有一个基本的了解，对社会生活领域中的道德规范以及个人品德提升的路径有精准的把握。学生能够认识到，一个人只要在社会中生存，就必须自觉遵守相应的道德要求，就必须用道德规范指导自己的实践，追求崇高道德境界。培育正确的道德判断和道德责任，提高道德实践能力尤其是自觉践行能力，成为社会所需要的人才。

📖 **二、教学重难点**

（一）教学重点

1. 家庭生活中的道德规范。

2. 积极投身崇德向善的道德实践。

（二）教学难点

大学生应如何崇德向善。

📖 **三、教学方法**

本专题主要采用案例分析法、理论讲授法、专题式教学法、讨论式教学法、研究式等教学法。

四、教学课时

本专题对应高等教育出版社《思想道德与法治》（2021年版）教材第五章第三节部分内容，教学安排1课时。

五、教学过程

（一）课程导入

柏拉图对爱与婚姻的启示

——捷径穿越人生的麦田

有一天，柏拉图问老师苏格拉底什么是爱情？老师就让他先到麦田里去，摘一棵全麦田里最大最金黄的麦穗来，其间只能摘一次，并且只可向前走，不能回头。

柏拉图于是按照老师说的去做了。结果他两手空空地走出了田地。老师问他为什么摘不到？

他说：因为只能摘一次，又不能走回头路，其间即使见到最大最金黄的，因为不知前面是否有更好的，所以没有摘；走到前面时，又发觉总不及之前见到的好，原来最大最金黄的麦穗早已错过了；于是我什么也没摘。

老师说：这就是"爱情"。

之后又有一天，柏拉图问他的老师什么是婚姻，他的老师就叫他先到树林里，砍下一棵全树林最大最茂盛、最适合放在家作圣诞树的树。其间同样只能砍一次，以及同样只可以向前走，不能回头。

柏拉图于是照着老师的说话做。今次，他带了一棵普普通通，不是很茂盛，亦不算太差的树回来。老师问他，怎么带这棵普普通通的树回来，他说："有了上一次经验，当我走到大半路程还两手空空时，看到这棵树也不太差，便砍下来，免得错过了后，最后又什么也带不出来。"

老师说："这就是婚姻！"

人生就正如穿越麦田和树林，只走一次，不能回头。要找到属于自己最好的麦穗和大树，你必须要有莫大的勇气和付出相当的努力。

苏格拉底以他的睿智告诉柏拉图什么是爱情和婚姻，那对于爱情和婚姻我们该怎么去理解，这其中又有什么样的道德规范，大学生如何正确对待爱情和婚姻？

（二）讲授新课

问题一：什么是爱情？

第一，爱情何以生成？

大家对爱情有不一样的体验、感受或者憧憬，比如说传统的中国情人节——七夕节，虽然刚刚过去，彼此相爱的恋人们依然沉浸在持久的甜蜜之中。这种持久的甜蜜意识，就是爱情。

爱情是一对男女基于一定的社会基础和共同的生活理想，在各自内心形成的相互倾慕，并渴望对方成为自己终身伴侣的一种强烈、纯真、专一的感情。

——恩格斯《家庭、私有制和国家的起源》

爱情是专属于人类社会特有的一种社会现象，它是不断地生成出来的，那么爱情生成的机制是什么呢？有专家认为，这里有三种不同层次的分析范式：自然本体论、物质本体论、实践本体论。所谓本体，就是一切事物最根本、最本质、最内在的存在，即这个存在是一切事物何以生成的最基本单位。

自然本体论的爱情生成观。有人说，爱情产生于眼缘，男女之间由于对方的各自外表而相互吸引，这个外表包括双方的面容、肤色、身高、体重等等，而由于这个外表主要是与生俱来的自然属性，我们称之为自然本体论的爱情生成观。爱情的生成离不开外表的自然属性，这根源于动物最原初的生殖本能。在马克思看来，自然属性"固然也是真正的人的机能。但是，如果加以抽象，使这些机能脱离人的其他活动领域并成为最后的和唯一的终极目的，那它们就是动物的机能。"如果男女在追求爱情的过程，将自然属性放在第一和最高位置，说明他（她）不过是将动物的东西变成人的东西，他（她）还远远没有脱离动物界进入人类社会。显然，爱情生成的自然本体论背后还有着社会基础。

物质本体论的爱情生成观。人之所以能够超越动物，就在于其具有社会属性。社会属性包括两个层次，外在层次就是我们通常所说的经济基础。一切社会关系都要建立在一定的经济基础之上，爱情也不例外，而爱情发展的最终结果——婚姻关系与家庭关系更是如此。

【讨论】你如何看待"裸婚"？

爱情可以风花雪月，婚姻却是柴米油盐，没有物质作基础的，再璀璨的爱情也会凋谢的。脱离经济基础的爱情是不具有持久性的，这就是很好地解释了"裸婚"永远只是暂时的，因为人们无法解决"裸过"的问题。这里有人提出疑问，物质本体论的爱情生成观是不是很"现实"。请注意，我们讲的经济基础是一定的经济基础，而不是决定的经济基础，经济基础不是万能的，真正的社会"现实"应当是生成经济基础（生活资料）的社会活动。

实践本体论的爱情生成观。它既包括生产生活资料的实践活动，由此形成爱情生成的能力性力量；同时包括在此基础上所进行社会交往的实践活动，由此形成爱情生成的品质性力量。从能力性力量来看，男女的工作能力不仅是各自经济地位与社会地位的重要表现，也为男女之间爱情、婚姻、家庭的幸福生活和美好未来不断创造强大而坚实的基础和条件，没有男女工作能力的不断提升和进步，就会在不断激烈的社会竞争中停滞不前甚至出现"贫贱夫妻百事哀"的问题，而从品质性力量来看，爱情是一种对象性的感性活动。正如马克思所说："如果你在恋爱，但没有引起对方的爱，也就说，如果你的爱作为爱没有使对方产生相应的爱，如果你作为恋爱者通过你的生命表现没有使你成为被爱的人，那么你的爱就是无力的，就是不幸。"而正是社会交往不断加深的正反馈循环——通过改变对方的活动来影响改变自己的活动，一方面形成了男女之间相互帮助、相互关心、相互呵护等的品质性力量，另一方面形成了男女之间共同的交流语言、价值理念、兴趣爱好等品质性力量。

第二，恋爱的发展阶段。

共存 (codependent)、反依赖 (counterdependent)、独立 (independent)、共生 (interdependent) 这是恋爱必须经过的四个阶段。真正的爱情只有经过这四个阶段的磨炼，才能是牢靠和稳固的，两个人才会牵手走完这一生。当然这样的爱情，走入结婚礼堂也会是一对幸福的夫妻。

有人会问：这四个阶段走完要花多长时间才能完成？答案是不确定的。这需要根据每个人的情况不同，阶段之间转换所需时间不一定因人而异。下面来详细分析一下各个阶段的情况。

第一个阶段：共存。这个阶段可以称得上是两个人的热恋时期，彼此之间充满了吸引力，他们几乎想要每时每刻都待在一起，到了着迷的境界。这个时候，彼此都把自身最优秀的品格展现给对方，以便对方能够更加信赖自己，两个人走得更近。大家总说恋爱中的人是最盲目的，其实也不能全怪他们，因为恋爱的双方都在向对方展示自己修炼了一二十年才得到的最精华的部分，并非火眼金睛的他们怎么能看到对方的缺点呢？从另一方面讲，即便看到了一些的不足（这个时候一般都很少），在这种情况下怎么能说出来呢？爱情才刚刚开始，精心维护还来不及呢，怎么舍得让这些"小"问题来破坏呢？这一时期的爱情是单纯的爱情，没有杂念的爱情，是最纯朴的爱情。

第二个阶段：反依赖。这个时候那种想要天天黏在一起的激情已经过去，两个人的感情慢慢稳定了，至少会有一方想要给自己的时间多一些，留出时间做自己想要做的事情，而此时另一方就会感到被冷落，处于这个阶段的恋人需要冷静处理两个人的关系，千万不可一时冲动做出一些错误的决定，而断送了自己的爱情。

第三个阶段：独立。这个阶段要求给彼此更多的自主空间，可以说是第二阶段的延续，也是考验两个人爱情至关重要的时期，需要双方都去认真对待。

第四个阶段：共生。如果你已经到了这个阶段，那么恭喜你，你们的爱情最终会有美满的结果。你的那个她（他）已经成为你生命中最亲最重要的人，你们将会互相扶持，开创属于你们自己的人生。你们在一起不会互相牵绊，而会共同成长。

然而现实生活中，大部分人却都通不过第二阶段就分道扬镳了，这样的选择确实挺可惜的。如果有一方能够再坚持一下，如果有一方能够再宽容一些，如果有一方能够多一点包容对方的缺点，如果……　那么多的如果，可惜都没有发生，而是选择了分手。两个人之间的信任是非常重要的，很多事情只有好好沟通一下就能解决，不要太多的要脾气，多为对方考虑一些，那么第二、三阶段的时间就能缩短。要知道，能遇到一个自己爱的人是不易的，两个人相遇是前世修来的缘分，不要轻言放弃。

第三，爱情的本质要素。

我们了解了爱情形成的动因、恋爱的发展阶段，接下来要了解下构成爱情本质的要素，马克思给了我们准确的回答，他认为性爱、理想和责任是构成爱情本质的三个基本要素。

（1）性爱是爱情的生理基础，是指相爱的人之间的性的结合。它把人世间的其他感情，比如说友情、亲情区别开来。爱情是以异性的吸引为基础的，如果爱情能够顺利发展的话，他结果往往是建立一种亲密的性关系，但是爱情不能仅仅归纳为性关系，因为爱情给性的需要增添了更多的感情色彩，也使爱情有了更美丽的光环。

所有热恋的人都不可避免地受到荷尔蒙的影响。但是我想说的是请慎重对待你的每一次决定，这个世界上有很多事情就像计算机程序设计语言一样，只有 0 和 1 两种状态，当然有的人会说情到深处难自己，但是我想对大家说的是任何时候记得保护自己也保护对方，给大家推荐一个简单靠谱的安全措施：安全套，当然我们中国人非常忌讳直白地去表达这样一个东西，我今天想跟大家说，同样是袋装的日用品，请大家记住一个 "SLOGON, NO SUGAR NO ACTION." 同学们会说，他们也会有不小心，当你们真的不小心把故事变成事故的时候，请大家不要轻信电线杆上贴的小广告，不要相信标题党的推文里头说的那些医疗信息，你一定要去找个正规的医院，如果你真的不知所措，请记得向你的老师求助，因为我相信每位老师像我一样愿意真心地帮助大家。所以我们说，爱她就要爱惜她，珍惜自己更要珍惜这个世界给予我们每个女人做母亲的权利和机会。

（2）理想赋予爱情深刻的社会内涵，是爱情生长的内在依据。爱情是两个人感情的交融，是爱他与自爱的统一，理想的契合能够使恋爱的双方对生活充满希望，同时，拥有共同的理想可以使恋爱的双方焕发极大地热情于克服生活中的困难和各种颓废的消极情绪。众所周知，周恩来总理是民国四公子之一，长得帅气又有才华，他的夫人邓颖超相比较之下就显得非常的平凡、普通，但正是他们共同的理想兴趣，为了中华之崛起而艰苦奋斗，把他们紧密地连在一起，克服重重困难，成就了一段佳话。

（3）责任是对性爱和理想的升华，责任也因此成为爱情得以长久的重要保障，是坚贞爱情的"试金石"。责任的担当使得爱情不是自私地占有对方的感情而是自觉自愿地为对方付出感情，担当责任。

19世纪俄国最著名的批判现实主义作家之一冈察洛夫说："爱情就等于……生活，而生活……是一种责任、义务，因此爱情是一种责任。"因为责任，梅兰芳从来都没有给过夫人一巴掌，闻一多与夫人相敬如宾一生一世。他们的爱情，神仙羡慕。因为责任，亚当和夏娃繁殖人类、传宗接代，他们的爱正是人类爱的起源。爱情是一种责任，产生在羡慕和崇拜中，发展在体贴和关怀中。

试想，没有责任，何来完整的家呢？更何来完整的天下呢？失去责任，爱情不是赤裸裸的完全自私吗？那何谈爱呢？何谈谈情呢？

上述三个基本要素构成了爱情有机的统一整体，它们的完美结合也就成就了人世间美好的爱情。

问题二：当代大学生恋爱和婚姻家庭生活中应该遵循怎样的道德规范？

第一，恋爱中的道德规范。

（1）尊重人格平等。恋人间彼此尊重人格的表现，主要是尊重对方的独立性和重视双方的平等。恋爱的双方在人格上都是独立的，如果把对方当作自己的附庸，或依附对方而失去"自我"，都是对爱情实质的曲解。恋爱双方在相互关系上是平等的，都有给予爱、接受爱和拒绝爱的自由，放纵自己的情感或者对对方予以束缚或强迫，都不符合恋爱的道德要求。

【案例1】 致橡树

我如果爱你——绝不像攀缘的凌霄花，借你的高枝炫耀自己；我如果爱你——

绝不学痴情的鸟儿，为绿荫重复单调的歌曲；也不止像泉源，常年送来清凉的慰藉；也不止像险峰，增加你的高度，衬托你的威仪。

甚至日光，甚至春雨。

不，这些都还不够！

我必须是你近旁的一株木棉，作为树的形象和你站在一起。

根，紧握在地下；叶，相触在云里。

每一阵风过，我们都互相致意，但没有人，听懂我们的言语。

你有你的铜枝铁干，像刀，像剑，也像戟；我有我红硕的花朵，像沉重的叹息，又像英勇的火炬。

我们分担寒潮、风雷、霹雳；我们共享雾霭、流岚、虹霓。

仿佛永远分离，却又终身相依。

这才是伟大的爱情，坚贞就在这里：爱——不仅爱你伟岸的身躯，也爱你坚持的位置，足下的土地。

——舒婷《致橡树》

【提问】《致橡树》描绘了什么样的爱情观？

【解析】在《致橡树》中，诗人以优美的语言告诉我们：爱情需要以人格平等、个性独立、互相尊重倾慕、彼此情投意合为基础。同时，她描绘了两种爱情观。

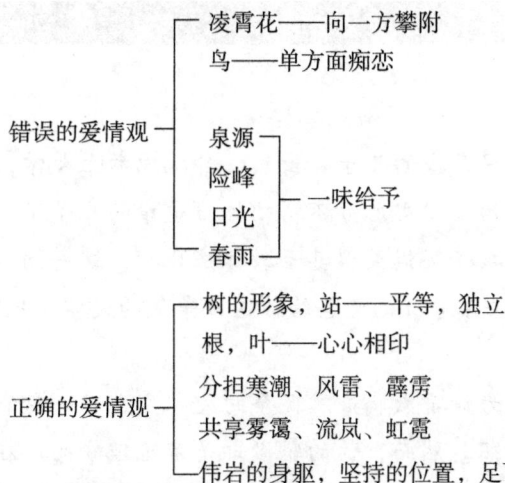

错误的爱情观
- 凌霄花——向一方攀附
- 鸟——单方面痴恋
- 泉源
- 险峰
- 日光
- 春雨 ——一味给予

正确的爱情观
- 树的形象，站——平等，独立
- 根，叶——心心相印
- 分担寒潮、风雷、霹雳
- 共享雾霭、流岚、虹霓
- 伟岩的身躯，坚持的位置，足下的土地——个人、家庭、事业

（2）自觉承担责任。爱情不仅仅是从对方那里获得爱恋和倾慕，更意味着奉献，意味着责任和义务——列宁。自愿地为对方承担责任，是爱情本质的体现，爱一个人或接受一个人的爱，就要自觉地为对方承担责任。责任的担当，不是单纯的"我的心中只有你"的反复吟唱，而是需要见诸行动的自觉；

（3）文明相亲相爱。文明的恋爱往往是恋爱双方既相互爱慕、亲近、又举止得

211

体，相互尊重，而绝不是在态度、举止、语言等方面的粗俗和放纵。恋人在公共场所出入，要遵守社会公德，不要对他人生活和公共生活造成不良影响。恋人独处，也要讲文明、讲道德。遵从恋爱道德，就是在现实生活中去维护真正的爱情，这是保持爱情长久的秘密所在。我们中华民族在感情表达方式上讲究含蓄、高雅、庄重，同时讲究感情表达的时间和空间。孔子主张爱情：乐而不淫，哀而不伤。没有道德的护佑，爱情也不会长久。马克思在教育热恋自己二女儿劳拉的拉法格时曾说："在我看来，真正的爱情是表现在恋人对他的偶像采取含蓄、谦恭甚至羞涩的态度，而绝不是表现在随意流露热情和过早的亲昵。"这就是马克思所提出的对恋爱者的行为举止的道德要求。

第二，婚姻家庭生活中的道德规范。

家庭美德，是调节家庭内部成员以及与家庭生活密切相关的人际关系的行为规范，是每个人在家庭中应遵循的行为准则。家庭美德以尊老爱幼、男女平等、夫妻和睦、勤俭持家、邻里团结为主要内容。

（1）尊老爱幼。尊敬长辈，爱护幼小。

老吾老以及人之老，幼吾幼以及人之幼。

——《孟子·梁惠王上》

【案例2】　辛酸父亲的信

亲爱的儿子：

尽管你伤透了我的心，但你终究是我的儿子。虽然，自从你考上大学，成为我们家几代里出的惟一一个大学生之后，心里已分不清咱俩谁是谁的儿子了。从扛着行李陪你去大学报到，到挂蚊帐缝被子买饭菜票甚至教你挤牙膏，这一切，在你看来是天经地义的，你甚至感觉你这个不争气的老爸给你这位争气的大学生儿子服务，是一件特沾光特荣耀的事。

的确，你考上大学，爸妈确实为你骄傲。虽然现今的大学生也不一定能找到工作，但这毕竟是你爸妈几十年的梦想。然而，你的骄傲却是不可理喻的。在你读大学的第一学期，我们收到过你的3封信，加起来比一份电报长不了多少，言简意赅，主题鲜明，通篇字迹潦草，只一个"钱"字特别工整而且清晰。你说你学习很忙，没时间写信，但同院里你高中时代的女同学，却能收到你洋洋洒洒几十页的信，而且每周一封。每次从收发室门口过，我和你妈看着你熟悉的字，却不能认领。那种痛苦是咋样的，你知道吗？

后来，随着你读二年级，这种痛苦煎熬逐渐少了，据你那位高中同学说，是因为你谈恋爱了。其实，她不说我们也知道，从你一封接一封的催款信上我们能感受到，言辞之急迫、语调之恳切，让人感觉你今后毕业可以去当个优秀的讨债人。

当时，正值你妈下岗，而你爸微薄的工资，显然不够你出入卡拉 OK 酒吧餐厅。在这样的状况下，你不仅没有半句安慰，居然破天荒来了一封长信，大谈别人的老爸老妈如何大方。你给我和你妈心上戳了重重一刀，还撒了一把盐。最令我伤心的是，今年暑假，你居然偷改入学收费通知，虚报学费。这之前，我在报纸上已看到这种事情。没想你也同时看到这则新闻，一时间相见恨晚，及时娴熟地运用这一招，来对付生你养你爱你疼你的父亲母亲。虽然，得知真相后我并没发作，但从开学到今天，两个月里，我一想到这事就痛苦，就失眠。这已经成为一种心病，病根就是你——我亲手抚养大却又备感陌生的大学生儿子。不知在大学里，你除了增加文化知识和社交阅历之外，还能否长一丁点善良的心？

—— 一位辛酸的父亲

【提问】大学生如何处理与父母的关系？

【解析】"可怜天下父母心"，为了儿女的前途和未来，并不富有的"父亲"只能"打掉门牙往肚里咽"，想方设法苦苦支撑儿女们难填的欲壑；而那些不顾自己家庭条件，盲目攀比，把父母当作银行，丝毫不体谅父母生活之不易的大学生们又如何呢？自己在学校花天酒地、骄奢淫逸，而把所有负担都甩给生活本已十分艰辛的父母，当父母不能满足他们的欲望时，还会说出一些怨恨父母的话。那又是怎样的一群大学生？！我们要学会感恩，学会体谅父母。

（2）男女平等。男女平等是我国的基本国策，既表现为夫妻权利和义务、人格上的平等，也表现为平等地对待自己的子女。

【案例3】 周恩来与邓颖超爱情传奇

当个人情感与国家、革命、政治联系到一起时，爱情也会变得凝重与严肃；当一对夫妻并肩站在革命的风口浪尖时，他们的承受与付出难以想象，周恩来与邓颖超的爱情便是如此伟大、坚贞、而又平等，非常人所及。但生活中的他们却是对古语"执子之手，与子偕老"的最好诠释。

精神上的独立和平等是爱情的重要基石。从 1925 年在广州结婚，到 1976 年周恩来逝世，周恩来和邓颖超携手走过了半个世纪，其中充满了风雨、艰辛、坎坷和甜蜜，人们习惯称他们为革命伴侣，殊不知他们也有平常夫妻的一面。他们都喜欢海棠花，以花寄情是他们生活中相同的秉性。闲暇时，他们会一块儿看戏、散步；不能见面时，他们就用书信保持联络。"小超""来""情长纸短，还吻你万千"……缱绻柔情，溢于言表，让人好生羡慕。在危机四伏的日子里，她是周恩来最得力的助手；在日常生活中，她是一个知冷知暖的好妻子。更重要的是，无论在什么环境下，无论处于什么年龄段，她对周恩来的爱都始终不变。

试问，全世界还有哪个英俊潇洒、位高权重的男人能像周恩来一样，一辈子忠于婚姻，不离不弃，平等相爱，和自己的结发妻子共度一生？况且，他的妻子还不能生育。

周恩来病危时曾对邓颖超说："我肚子里有很多很多话没给你讲。"邓颖超看看他说："我也有很多话没给你讲。"两人只是心有灵犀地深情对视着。16年后，邓颖超也追随周恩来而去，骨灰如愿地放在了周恩来曾用过的骨灰盒里，并且被抛洒到了同一个地方。"我们的爱情是深长的，是永恒的。"看到这里，想起邓颖超曾说过的这句话，让人不禁热泪盈眶。

【提问】从这个案例中你有何感悟？

【解析】这个故事告诉我们夫妻之间是平等的，不管你在外面有什么样的头衔，在家里都是她的夫或她的妻，切不可妄自尊大。

（3）夫妻和睦。夫妻关系是家庭关系的核心。俗话说："家和万事兴"。夫妻之间应做到互敬、互爱、互信、互勉、互帮、互让、互谅、互慰。夫妻之间不存在谁侍候谁、谁主宰谁的问题，"大男子主义""妻管严"等倾向，都是要不得的。有句话讲，婚前我们要拿着放大镜观察对方，婚后要拿着老花镜来观察对方，讲的就是这样一个道理。

（4）勤俭持家。勤俭是家庭兴旺的保证，也是社会富足的保证。常言道"勤是摇钱树，俭是聚宝盆，奢懒败家门"。具体地说，一是家庭成员要勤劳奋发，积极从事职业活动，从社会获取相应报酬，不断改善家庭的物质生活和精神生活。二是家庭成员在社会生活中要节约、俭朴，反对奢侈浪费，家庭生活不要不顾家庭的收入，不顾整个社会的消费水平，盲目追求高消费。

在大学里，经济条件差的同学应当勤俭以励志，经济条件好的同学也应当勤俭以养德。大学生要尊重父母劳动所得，体谅父母的辛苦操劳，尽量减轻父母和家庭的生活负担。"可怜天下父母心"，能认识到这一点并体现在勤俭的日常生活中，就是对父母和家庭最实际的贡献。

【做一做】你今天光盘了吗？

（5）邻里团结。加强邻里团结，建立良好关系，要做到尊重邻居的人格、生活方式和生活习惯，尊重邻居的合法权益。俗话说"远亲不如近邻"。就是邻里之间要和睦相处、互相商量、互相谅解、互相关系、互相帮助。近年来，人们发现，随着科学技术的飞速发展，特别是信息时代的到来，我们与世界各地人民的联系越来越近，相反，与自己对门而居的邻里关系似乎越来越远了。现实生活中特别是在城市，住在同一小区、同一幢楼，相互之间不了解、不熟悉的人并不少，有的甚至对门对住了好几年，也不知邻居姓甚名谁、在哪里工作，真可谓"鸡犬之声相闻，老死不相往来"。

问题三：当代大学生应该树立什么样的婚恋观？

【案例4】 毛泽东和杨开慧的爱情

毛泽东和杨开慧的爱情是伴随着革命的浪涛波澜起伏的，就像革命有高潮和低潮一样，相聚和别离、思念和等待构成了他们爱情生活的主旋律、平常事。1930年10月中旬的一天，杨开慧刚从一个秘密联络点安排完工作回来，就被密探侦悉，不幸被捕了。在狱中，她经受了皮鞭抽、木棍打、竹签扎、杠子压等酷刑，但她始终不肯向敌人透露毛泽东的踪迹，狡诈的敌人又把杨开慧请进有新闻记者在的客厅诱骗说，只要她在报上发表声明，与毛泽东脱离夫妻关系，就可以马上获得自由，遭到了杨开慧的严词拒绝。她对前去探监的亲友说："死不足惜，但愿润之革命早日成功。""牺牲小我，成功大我。"毛泽东对杨开慧的爱情也穿越了时空，而这种绵长恒久的爱的证明，就是毛泽东在1957年写的那首千古宏词《蝶恋花·答李淑一》

我失骄杨君失柳，杨柳轻飏直上重霄九。问讯吴刚何所有，吴刚捧出桂花酒。

寂寞嫦娥舒广袖，万里长空且为忠魂舞。忽报人间曾伏虎，泪飞顿作倾盆雨。

【提问】当代大学生应该树立什么样的婚恋观？

【解析】"我失骄杨君失柳""泪飞顿作倾盆雨"的笃情诗句，有如行云流水，更是感天动地，惊神泣鬼，遏云绕梁，经久不衰！也激励一代又一代年轻人为中华民族的伟大复兴而奋斗。

首先，树立正确的恋爱观。

（1）不能误把友谊当爱情。爱情里一个人加一个人只等于一个世界！淡淡的牵挂是友情，深深的思念是爱情。在与异性交往的过程中，不能准确区分友谊中的好感与爱情，会给双方平添许多烦恼。

（2）不能错置爱情的地位。有些同学把爱情放在人生第一位，把爱和被爱视为人生目标，认为"没有爱情，活着有啥意思"，成天沉湎于爱情之中，一旦失去爱就悲观厌世。过分追求爱情，必定降低人本身的价值。

在人生中，事业高于爱情，爱情服从于事业。

一切真正伟大的人物（无论是古人，今人，只要是其英名永铭于人类记忆中的），没有一个是因为爱情而发狂的人：因为伟大的事业抑制了这种软弱的感情。

——培根《培根论说文集》

（3）不能片面地或功利化地对待恋爱。有些同学谈恋爱不是为了寻觅知音，或认为恋爱时机已经成熟，而纯粹是从众的结果，看到别人出双入对，心理难以保持平衡，于是随大流。这种盲目的、缺乏自主性的恋爱，其成功的可能性是可想而知的。

（4）不能只重过程不重后果。重在"体验""不在乎天长地久，只在乎曾经拥有"。这是相当一部分大学生的实用主义恋爱宗旨，本着这一思想他们都以"顺其自然"的态度，采取一种追求"曾经拥有"的爱情观，开始自己在校园里的爱情生活。

（5）不能因失恋而迷失人生方向。应该正确对待"失恋"问题，应该做到失恋不失德。不能转爱为恨；失恋不失态，不能消极颓废；失恋不失志，不能贻误正常学习生活；失恋不失命。不能出现意外。古往今来许多伟人在爱情遭受挫折以后，并没有被失恋的痛苦所压倒，而是化痛苦为动力，终于在事业上取得了非凡的成就。歌德失恋后没有陷入深深的痛苦之中，而是把自己破灭的爱情作为写作的素材，写成了《少年维特之烦恼》。年轻的居里夫人因失恋有过向尘世告别的念头，但她很快就从失恋的痛苦中崛起，投身于科学事业中，最后以优异成绩获得了两个学位——物理硕士与数学硕士。

其次，树立正确的婚姻观。

（1）谨慎对待结婚成家。男大当婚女大当嫁即是古训，也是现实生活需要的反映。但是，即便大学生具备了我国民法典所规定的结婚条件，并且双方都有结婚成家的强烈愿望，也要对结婚成家持谨慎理性的态度。大学生的根本任务是完成学业，不断提升和完善自我，在尚未走向社会时草率地结婚成家，会对学业和生活产生许多负面影响，增加许多烦恼。

（2）担当责任和履行义务。婚姻不仅代表两情相悦，更代表责任和义务。大学生一旦结婚成家，就要即时调整和转换角色，承担起相应的责任和义务。这不仅是婚姻家庭道德规范的要求，也是民法典的规定。不能只是把婚姻简单理解为浪漫的求婚仪式和豪华的婚庆典礼，要深刻认识婚姻家庭的责任和义务，共同创造美满的婚姻家庭。

（3）正确处理家庭关系。大学生一旦结婚，就拥有了自己的小家庭。除了要处理好小家庭的关系外，更要处理好与原来大家庭的关系。由于大学生在校生活期间基本上还是一个纯粹的消费者，大量的家庭开支难免要从大家庭获得，所以要合理筹划，量力而行，勤俭节约，尽量不要给自己的父母增加过多的负担。

【思考】如何看待婚姻和爱情的关系？

婚姻是爱情的延续，是特殊的社会关系的体现。婚姻是爱情的社会结果。当爱情发展到婚姻这一层面，对于两性关系的维系，需要个人的自由选择同时也需要外在的制约力量。个人的选择包括个人是否愿意延续二人的关系等。外在的约束力包括政府对两性关系的引导，如支持一夫一妻制、法律的约束等。

婚姻关系是爱情自然发展的结果。因此，婚姻是以两人的相爱作为基础的。但是，在事实中，爱情关系一旦转变为婚姻关系，其中的内容会发展一定的变化。"个体婚姻在历史上绝不是作为男女之间的和好而出现的，更不是作为这种和好的最高形式而出现的。恰恰相反，它是作为女性被男性奴役，作为整个史前时代所未有的两性冲突的宣告而出现的。"因为，婚姻关系是以一种公开的、带有强制性的关系呈现，即两个人一旦结为婚姻关系，那么二人身上所有的社会关系和社会属性都勾连在一起了。所以，婚姻关系不似爱情关系那样纯粹，不是只关乎两个个人意愿和感情的事情。所以，我们在现实中会看到因为利益关系而结合的婚姻关系。但是，这种因利益关系结合成的婚姻关系并不是不好。婚姻关系的好坏还要考量一个重要的因素——当事人的情感。婚姻的形成还需要爱情的生发。如果说爱情是道德原则在起主导作用，那么婚姻中的两性关系就在社会中实现了升华。按照历史唯物主义的观点，人类社会中存在两种生产：一种是物质的生产，即是生产人们为了生存而所需的物质基础；二是人的自身的生产，即人类的延续。爱情是人自身生产的第一阶段，在这一阶段中人的自然属性起到关键作用。婚姻就是人的自身生产的社会化的阶段。但是，我们不得不承认，如同其他的社会关系一样，爱情与婚姻是离不开人的物质生产的。人们关于爱情的观念和婚姻的规范等都是来源于一定历史时期的社会生产方式。

婚姻是以爱情为基础的，但是，人们都有一个共识：爱情并不是恒久稳定的。而婚姻关系的缔结追求的就是稳定和持久。那么爱情与婚姻是否是对立的？恩格斯相信，婚姻和爱情非但不是对立的关系，而且，从合乎道德的角度看，爱情应该始终是婚姻关系建立和维系的基础。由此可见，马恩认为，爱情与婚姻关系应该是统一的，前者是后者的前提，后者也应该成为前者自然发展的结果。但是，这样的统一是有一定的社会历史前提的。"在中世纪以前，是谈不到个人的性爱的。不言而喻，体态的美丽、亲密的交往、融洽的旨趣等等曾经引起异性间性交的欲望。同谁发生这种最亲密的关系，无论对男子还有对女子都不是完全无关紧要的。但是，这距离现代的性爱还很远很远。在整个古代，婚姻的缔结都是由父母包办，当事人则安心顺从。古代所仅有的那一点夫妇挚爱，并不是主观的爱好，而是客观的义务；不是婚姻的基础，而是婚姻的附加物。"马克思恩格斯指出，资本主义私有制被消灭之前，爱情和婚姻是无法统一起来的。因为，建立在私有制基础之上的现代婚姻，产生了两种依赖关系——妻子对丈夫的依赖关系以及孩子对父母的依赖关系。这种婚姻的基础和产生的依赖关系是根源于财产上的依赖关系。私有制不仅规定着人们的生产方式等，也规定着人们之间的社会关系，包括婚姻关系。

只有消灭了私有制，婚姻才会从这种束缚中解放出来，两性之间的关系才只与婚姻当事双方相关，不关乎于其他人或力量。"男子一生中将永远不会用金钱或其他社会权利手段去买得妇女的献身；而妇女除了真正的爱情以外，也永远不会再出于其他某种考虑而委身于男子，或者由于担心经济后果而拒绝委身于她所爱的男子。"因此，如果想要爱情成为婚姻关系中的决定性因素，并形成婚姻的真正统一，那么只有当私有制完全被消灭之后才能实现。

问题四：如何在传承家庭美德的基础上培养良好的家风？

中华民族自古以来就重视家庭、重视亲情。不论时代发生什么样的变化，都要重视家庭建设，发扬中华民族传统家庭美德，促进家庭和睦，促进亲人相亲相爱，使千千万万个家庭成为国家发展、民族进步、社会和谐的重要基点。

"天下之本在国，国之本在家，家之本在身。"家庭是社会的细胞，家庭建设是社会治理的基础，加强家庭建设，优良家风的教育是关键。家风是指一个家庭或家族的传统风尚或作风。良好的家风对整个社会的风尚有重要影响。如果每个家庭都风清气正，社会风气自然会得到改善，也会正起来。其实我们从小到大，父母都会告诉我们一些做人的道理，如仁爱、诚信、德敬、孝悌、慈爱、睦邻等，这些道理就是我们的家风。

习近平总书记指出，"广大家庭都要弘扬优良家风，以千千万万家庭的好家风支撑起全社会的好风气"，"各级领导干部要保持高尚道德情操和健康生活情趣，严格要求亲属子女，过好亲情关，教育他们树立遵纪守法、艰苦朴素、自食其力的良好观念，明白见利忘义、贪赃枉法都是不道德的事情，要为全社会做表率"。我们党在一百年奋斗过程中形成的优良家风是我们接续奋斗的红色基因，全面建设社会主义现代化国家，需要我们建设好家风，需要我们党和国家、各级政府和社会组织、家庭和学校等齐心协力，把优良家风永远传承下去。

第一，弘扬优良家风要用中华优秀传统文化立根。中华民族 5000 多年的灿烂文明，博大精深、内容丰富，其中"天下兴亡、匹夫有责"的家国情怀、"修齐治平"胸怀天下的远大志向、"精忠报国""生死以之"的英雄气概、"亲仁善邻"以和为贵的仁爱品德、"天下为公""夙夜在公"的责任担当、"悬梁刺股""映雪读书"的学习精神、"三省吾身"知行合一的道德践履，以及"父义""母慈""兄友""弟恭""子孝"和"仁义礼智信"的人伦价值、"富贵不能淫、贫贱不能移、威武不能屈"的人格追求……潜移默化中影响着我们的思想观念和行为方式，今天依然是我们家风教育的重要内容。中华优秀传统文化源远流长，千百年来滋养着中华民族和我们每一个家庭，是世界文明的瑰宝，是我们的根。我们必须牢固树立文化自信，用好这个无尽的宝藏，通过最美家庭和道德模范评选等活动在全社会大力宣传，用良好的家风加以弘扬。

第二，弘扬优良家风要用社会主义核心价值观铸魂。价值观体现着一个家庭及其成员的价值追求，好与坏、对与错、荣与辱、苦与乐……不同的时代有不同的标准，不同的家庭有不同的看法，直接反映着家风、影响着家人的行为选择。改革开放以来，我们取得了举世瞩目的发展成就、脱贫攻坚取得伟大胜利，应该说，道德领域主流积极向上，但是社会上存在的金钱至上、是非混淆、诚信缺失、奢侈浪费、贪污腐败、美丑错位等不良风气对家风还有着很大的影响，迫切需要我们用社会主义核心价值观引领家庭的价值观、引领家风教育。社会主义核心价值观是全国各族人民共同认同的价值观的"最大公约数"，是进行家庭教育、建设美好家庭的遵循，要通过立家规、传家训、扬家风等活动，把社会主义核心价值观融入家风建设中，推进社会公德、职业道德、家庭美德、个人品德建设，创新基层社会治理，让好家风成为助力社会治理的基石，为经济社会高质量发展提供良好的社会环境和精神支撑。

第三，以党内法规体系建设作为建设好优良家风的保障。"风成于上，俗形于下。"党员干部的家风既是一面镜子，也是一个风向标，具有上行下效的示范功能。因此，我们党历来重视家风建设，《中国共产党廉洁自律准则》不仅把继承优良传统作风、培养高尚道德情操、弘扬中华民族传统美德作为全体党员和各级党员领导干部必须遵守的规矩，还特别强调要廉洁齐家，自觉带头树立良好家风；在《中国共产党纪律处分条例》中，对党员干部纵容、默许配偶、子女及其配偶等亲属的违纪违规行为等也都作出了明确的规定，这些也都是家风教育的好教材。家风建设是党员干部作风建设的重要内容，"一人当官、鸡犬升天""封妻荫子"的现象必须通过不断加强党纪国法来扭转。"养不教，父之过。"建设好家风，既需要党员干部自觉加强党性修养，明大德、守公德、严私德，也需要各级党组织加强思想政治教育，把相关制度进一步落实落细，强化责任追究。全面从严治党管住"家"，才是管到家。

第四，建设好优良家风要用学校、社区作用助力。家风是孩子人生教育的第一课，家风教育的主要对象是下一代青少年，他们的主要活动空间范围是学校、社区和家庭，他们的一举一动牵动着家长、老师和社工们的心。今天的"孟母三迁"现象依然存在，家教是上课外辅导班，如何把青少年一代培养成德智体美劳全面发展的社会主义事业合格建设者和可靠接班人，需要政府导向，需要学校教育、社会教育和家庭教育紧密结合，形成合力。中华优秀传统文化和中华民族传统美德、革命文化和革命道德、社会主义先进文化和社会主义核心价值观是学校教育的内容，也应是家庭教育、社区宣传的内容；我们党百年历史形成的优良家风和颜氏家训、朱子家训、客家祖训、诸葛亮诫子格言等是家庭教育的内容，也应是学校课堂教学、课外辅导的内容和社区橱窗、屏幕展示的内容；积极利用学校网站、微信微博、抖音快手等新媒体的优势，发挥好"家长学校"的作用，合理运用社区优势组织开展公益活动，举行评选和睦邻里、模范家庭、贤妻良母、孝悌子女等活动，形成良好的社会氛围，都有助于建设优良家风。

问题五：当代大学生应该如何知行合一，争做向上向善好青年？

首先，涵养高尚道德品格。

青年要把正确的道德认知、自觉的道德养成、积极的道德实践紧密结合起来，不断修身立德，打牢道德根基，在人生道路上走得更正、走得更远。

——2019年4月30日，习近平总书记在纪念五四运动100周年大会上的讲话

（1）形成正确的道德认知和道德判断。道德是人类社会生产实践和交往实践的产物。在不同的民族、不同的文化、不同的社会发展阶段，道德的基本要求具有显著的差异，道德因此具有历史性、民族性和时代性的特征。形成正确的道德认知和道德判断，最根本的就是要坚持以唯物史观的基本原理来看待道德。一方面，要认识到道德的发展是一个曲折上升的历史过程，既要对历史上各种道德形态的进步性和局限性有客观准确的认知和判断，又要充分认识到社会主义道德作为崭新类型道德所具有的历史优越性和时代进步性；另一方面，要认识到在国际国内形势深刻变化、我国经济社会深刻变革的大背景下，道德领域存在着各种错综复杂的现象和问题，需要我们保持清醒的认识，学会理性地辨析并形成正确的判断。

（2）激发正向的道德认同和道德情感。大学生在道德修养中激发正向的情感认同，总体而言就是要亲近真善美，抵制假恶丑，体验道德的愉悦，追求高尚的快乐。

通过对美德的尊崇，真正把外在的社会道德规范内化为心悦诚服的自律准则。具体而言就是要自觉涵育对家庭成员的亲亲之情，对他人、集体的关心关爱，增强社会责任感、国家认同感、民族归属感、时代使命感，在与祖国同呼吸、与民族同步伐、与人民心连心的高尚情怀中，陶冶道德情操。

（3）强化坚定的道德意志和道德信念。道德修养重在践行，但有些大学生存在知而不行的现象，也就是尽管掌握了许多道德知识，却没有落实在自己的实际行动上，导致知行脱节。在道德认知向道德行为转化的过程中，道德意志和道德信念是关键环节。道德意志和道德信念是人们在践履道德原则、规范的过程中表现出的自觉克服一切困难和障碍的毅力，通过道德意志和信念的坚守，道德行为才能体现出稳定性。大学生需要明白"从善如登、从恶如崩"的深刻道理，磨炼道德意志，坚定道德信念，在砥砺中前行、在拼搏中进取，并做到持之以恒、久久为功，从而成就高尚的道德品格。

其次，道德修养重在践行。

（1）采取有效的道德修养方法。在中国历史发展中形成了许多行之有效的道德修养方法，向历史和前人学习，采取有效的方法，自觉进行道德修养，才能养成良好的道德品质。

第一，要学思并重。学与思相结合，是掌握知识的必由之路，古今中外成功者的事例无不证明 了这一点。牛顿思考苹果落地发现了万有引力定律，玻意耳思考紫罗兰发明了指示剂等等。在道德践履中，学思并重指的是通过虚心学习，勤于思索，辨别善恶，学善戒恶，以涵养良好的德性。

第二，要省察克治。《论语·里仁》提到"见贤思齐焉，见不贤而内自省也"。一个人之所以能够不断地进步，关键在于他能够不断地自我反省，找到自己的缺点或者做得不好的地方，然后不断改正，以追求完美的态度去做事，从而取得一个又一个的成功。

第三，要慎独自律。"慎独"是一种情操；"慎独"是一种修养。慎独是指在无人知晓、没有外在监督的情况下，坚守自己的道德信念，自觉按照道德要求行事，不因为无人监督而恣意妄为。只有从大处着眼，从小处着手，慎独自律，防微杜渐，在孤独中磨砺自我，在寂寞中成就事业，这样才能逐步把自己培养成为一个道德高尚的人。

第四，要积善成德。所谓"积善成德"是讲个体的道德品质是由其平时一个一个的善的行为长期不断积累的结果。《荀子·劝学》中说"积土成山，风雨兴焉；积水成渊，蛟龙生焉；积善成德，而神明自得，圣心备焉。"所谓"成德至善"，是说个体的道德品质是一个由一种较低的境界到另一种较高的境界，不断前进而逐渐趋于"至善"的过程。个体道德的形成和发展不是一蹴而就的，要成为一个有道德的人，必须从现在当下做起，从小事做起，一点一滴，持之以恒，日积月累，方能收到实效。

（2）向道德模范学习。

第一，学习道德模范助人为乐、关爱他人的高尚情怀，在关心他人、帮助他人的过程中创造人生价值。

【案例5】　乡村老教师叶连平的故事

安徽和县乡村老教师叶连平，一生无儿无女，93岁辅导千名学生不收费。

1978年11月24日，以民办教师身份的叶连平接手了安徽省和县卜陈初中一个初三班级的语文老师职位，此前这个毕业班已没有代课教师一个多月了，教学停止，其情景不言而喻。叶连平到任后，立即成立课后小组，他白天上课，夜晚就挨家挨户走进学生家中进行辅导。另外，叶连平在日常教学中努力革新教学方法，实施当堂写作文的规定，以适应中考的需求；充分备课，启发学生思考、质疑、精确解释等等，最终赢得了良好的教学成果，1979年中考成绩斐然，为学校争得了荣誉。

1991年，叶连平恋恋不舍地离开了工作12年的教师岗位，光荣退休。从那一刻起，学校哪位老师有事请假了，叶连平便主动代课，充当"替补"教师。那几年，和县哪所学校缺少老师了，他都乐此不疲上门为孩子们上课，短的几个月，长的几年。"我们这里的年轻人都外出打工了，留下的都是老人和孩子。因为没有人辅导，孩子们成绩都不是很理想，而且还存在安全隐患。我何不把这些留守儿童组织起来，给他们义务辅导功课呢！"叶连平说，"我是党员，又是退休教师，我有责任和义务看护和辅导好这些孩子！"叶连平说干就干，他将自己30多平方米的房间收拾出来，创办了和县关工委首个留守未成年人之家，为孩子们免费提供学习场所，义务教学，不收分文。从2000年至今，叶连平创办的留守未成年人之家共义务辅导留守儿童1000多名。

2012年，叶连平拿出2.1万元退休金，连同乌江镇政府和社会捐赠，成立了叶连平奖学基金，奖励那些品学兼优的学生和资助贫困家庭的孩子。基金成立8年来，在社会各界的支持下，他又陆续投入七八万元。至今共发放奖学金138400元，奖励资助留守儿童177名。

第二，学习他们见义勇为、勇于担当的无畏精神，在危难和紧急关头挺身而出。

【案例 6】　铁路英雄徐前凯："一条腿换一条命，值！"

徐前凯是中国铁路成都局集团有限公司重庆车务段荣昌站车站值班员。7 月 6 日，他在荣昌站进行调车作业时，发现前方有一名老人突然径直横穿线路。危急关头徐前凯立即发出指令指示司机停车，在千钧一发之际，徐前凯果断从运行列车上跳下，抱住老人腰部奋力将其推出轨道外。没有时间避让的徐前凯被未停稳的列车轧断了右腿。后经医院鉴定和抢救，徐前凯右腿膝盖以上高位截肢。当问到徐前凯后不后悔做了这个决定时，他回答："牺牲一条腿，救回一条命，我不悔！"

第三，学习他们以诚待人、守信践诺的崇高品格，老老实实做人、踏踏实实做事。

【案例 7】　信义奶奶窦兰英：心不能被压倒，做人要有诚信

甘肃省张掖市肃南红湾寺镇人窦兰英，原籍河南省庆丰县，20 世纪 80 年代，因丈夫在肃南工作缘故来到肃南定居。后丈夫去世，窦兰英靠打零工独自把两个女儿抚养成人。2013 年，与窦兰英相依为命的大女儿不幸因病去世，女儿生病期间欠下巨额债务。为了还清这笔债务，收入微薄的窦兰英没有退缩，年近 70 的她一边照顾年幼的外孙女，一边省吃俭用、打零工，坚持不懈为女儿还清了一笔笔债务，用自己的行动诠释了诚信的美德。

第四，学习他们敬业奉献、勤勉做事的职业操守，干一行爱一行，钻一行精一行。

【案例 8】　张玉滚：一根扁担挑起山里娃的"上学梦"

在黑虎庙小学，有一个传家宝：一根磨得溜光的扁担，两米左右，黝黑发亮。学校的老教师说，这根扁担不寻常，它是老校长挑了数十年的扁担，老校长挑不动了，张玉滚接着挑。在黑虎庙不通车的日子里，靠着一根扁担，沿着老校长走过的路，张玉滚为孩子们挑来学习和生活用品，也挑起了孩子们的希望。

当年盖新校舍，运材料格外难。正赶上农忙季，建筑队的民工都去抢收抢种了，搬砖运料，就落在老校长和张玉滚等老师身上。上山撬石头，下河挖砂土，运水泥，搬砖头，平地基。建校的一砖一瓦，好多都是张玉滚挑来的。起早贪黑，没日没夜，

223

在大家共同的努力下，崭新的教学楼拔地而起，张玉滚也瘦了一大圈。在学校建成标准化食堂前，孩子们在教室后面一间临时搭建的棚子里做饭，每到做饭时热闹得很，孩子们的小脸都被熏成了"黑老包"，年龄小的学生做的饭经常半生不熟……

2003年，张玉滚克服重重困难，东拼西凑，总算将食堂建好了。可是，因为学校给的工资少，没人愿意来做饭。万般无奈，张玉滚软磨硬泡，说服在外打工的妻子回到黑虎庙，成为学校的义务炊事员。2014年5月，妻子在一次为学生轧面条时，一不小心被轧面机压碎了右手的四根手指，鲜血淋漓。由于山高路远，等赶到县里医院，已经错过了接上手指的最佳治疗时机，妻子也因此落下了残疾。从此以后，她炒菜、做饭由右手改成了左手，见了生人，也都羞涩地把右手藏在身后。

尖顶山上的麻栎树绿了又黄，黄了又绿。"再苦再难也要把学校办下去。"为了一句庄严的承诺，为了改变山里娃的命运，张玉滚这一干就是20年。20年来，他先后教过600多名孩子，培养出31名大学生，这些孩子也都实现了自己的奋斗梦想。

第五，学习他们孝老爱亲、血脉相依的至美真情，常怀感恩之心、敬爱之情。

【案例9】 张水珍：三十余载精心侍奉6位老人

1984年，21岁的张水珍经人介绍嫁给了丈夫任新宏，那时任家一贫如洗，还需要赡养6位老人，分别是任新宏病重的奶奶、体弱多病的亲生父母、养父、养母和失聪终生未娶的小叔父。面对与自己毫无血缘关系的老人，张水珍37年如一日用爱心和耐心精心照料，以实际行动践行着中华民族孝老爱亲的传统美德。

在张水珍的照顾下，5位老人去世时都是高寿。目前，张水珍精心照顾着丈夫84岁的养母任彩霞，老人行走不便，已完全失聪。"老人现在听不见，每天饭做好了，我就到跟前拍拍她的肩膀，然后比画着吃饭的动作，她就明白了。"张水珍说，老人与她建立了深厚感情，把她当作亲生女儿一样依赖。

如今，张水珍的女儿已经成家。"我妈对我影响很大，她孝敬老人，对老人有耐心，现在我也是这样对待我的公公婆婆。"女儿说，"有了孩子之后，我给孩子讲姥姥的故事，看姥姥的视频，用自己的言传身教去感化孩子。"在张水珍的家中，孝老爱亲传统美德代代相传，这种美德不仅促进家庭和睦，更感染了一方民众。"这么多年来，一位柔弱女子把几位老人照顾得这么好，日子也过得不比别人差，张水珍真是个好榜样。因为她，村上孝老爱亲的风气越来越浓了。"水峪村党总支书记杨春平说。

【讨论】道德模范太高大，不可学吗？

一些人认为，道德模范固然可敬可爱，但不可学，因为他们太高大。你怎么看？

道德模范既包括在一定社会道德实践中涌现出的符合特定道德理想类型的人物，又包括人们日常生活中能够近距离感受到的具有积极道德影响的人物。

道德模范的可贵之处在于他们不仅做了普通人愿意做和能够做的事，并且主动做了许多人应该做却没有做的事，而且把大多数人能够做的事做得更好。道德模范都是从自我做起，从身边事做起，从小事做起，以此实现由现实自我向理想自我的飞跃。道德模范平日用高尚的道德规范自己的行为，身体力行地做好身边的每一件小事。量变则质变，只有时时处处严格要求自己，从小事做起，才成就了他们今日的伟大与不平凡。

学习道德模范要脚踏实地，从身边的文明小事做起；要注意记录下身边的好人好事，积极扩散，让道德模范精神不断传递。这样才能从做好身边文明小事开始，时时处处践行"道德模范见行动"。

（3）参与志愿服务活动。志愿服务是指志愿贡献个人的时间及精力，在不求任何物质报酬的情况下，为改善社会、促进社会进步而提供的服务。志愿服务的精神是奉献、友爱、互助、进步。其中，奉献精神是精髓。

> 有一种生活，你不曾经历过，
>
> 就不知道其中的艰辛。
>
> 有一种艰辛，你不曾体会过，
>
> 就不知道其中的快乐。
>
> 有一种快乐，你不曾拥有过，
>
> 就不知道其中的纯粹。

——全国优秀志愿者　冯艾

参与志愿服务活动，帮助了他人、服务了社会，推动了社会道德水平的提高，把为社会和他人的服务看作自己应尽的义务和光荣的职责，从服务社会和帮助他人中获得成就感和幸福感。

新时代的大学生应结合自身的能力、专业、特长，在最需要的地方提供优质高效的服务，为最需要关爱的群体送温暖、献爱心，并在志愿服务中长知识、强本领、增才干。

再次，积极引领社会风尚。

良好的社会风尚是人们在社会道德实践中逐渐形成的。大学生投身崇德向善的道德实践，要弘扬真善美、贬斥假恶丑，做社会主义道德的示范者和引领者，促成知荣辱、讲正气、作奉献、促和谐的社会风尚。

知荣辱。大学生应知荣辱、辨善恶、明是非、鉴美丑，形成正确的价值判断，助推全社会形成知荣明辱的良好道德风尚。

讲正气。要做到讲正气，在日常生活中就要洁身自好、严于律己，自觉远离低级趣味；积极维护社会公共秩序，抵制歪风邪气，敢于伸张正义、见义勇为，坚决同践踏社会道德风尚的一切行为作斗争。

作奉献。奉献精神是社会责任感的集中表现。奉献精神传递社会温暖，能够拉近人与人之间的距离，建立和谐的人际关系和稳定的社会秩序，促进社会健康有序地发展。

促和谐。大学生要用和谐的态度对待人生实践，使崇尚和谐、维护和谐内化为自己的思想意识和行为习惯，推动人与人之间、人与社会之间融洽相处，实现人与自然之间友好共生。

大学生要以高度的主人翁精神，积极参与各种精神文明创建活动，为家庭谋幸福、为他人送温暖、为社会作贡献，不断引领社会风尚，提升道德境界。

（三）专题小结

将抗疫精神融入课堂教学，遵循学习、立志、躬行、自省的修养提升思路展开教学，加强了学生将道德认知转化为道德行为的自觉性。培育正确的道德判断和道德责任，提高道德实践能力尤其是自觉践行能力，成为社会所需要的人才。

六、教学拓展

（一）教学案例

1. 鹦哥岭保护区志愿大学生

位于海南中部山区的鹦哥岭自然保护区，面积 500 多平方公里，是我国连片面积最大的热带雨林自然保护区，是海南两大水系南渡江和昌化江的发源地，同时也是目前海南省陆地面积最大的自然保护区，2004 年由海南省政府批准成立。正是在这远离城市喧嚣的鹦哥岭山丛中，2007 年以来，来自全国各地的 27 名大学毕业生陆续加入到这里，参与组建了鹦哥岭自然保护区管理站，负责保护区的管理和科研工作，27 名大学生中有 2 名博士、4 名硕士、21 名本科毕业生，27 名大学生的举动吸引更多的志愿者加入到自然保护区的建设工作中来，他们为保护我们的自然环境，贡献出他们的青春，他们身上的那种不怕困难、甘于奉献的高尚品德值得我们每个人学习。

2. 最后一课

一位哲学家带着他的弟子坐在郊外的一片旷野里。哲学家问身边的弟子该如何除去周围长满的杂草。弟子们十分惊愕，没有想到一直探讨人生奥妙的哲学家，最后一课竟会问这么简单的问题。于是，他们给出了各种答案，有的说用铲子就够了，有的说用火烧，有的建议在草上撒上石灰，还有的说要斩草除根，只要把根挖出来就行了。哲学家听完后，站起身说："课就上到这里，你们回去后，用各自的方法除去一片杂草，没除掉的，一年后，再来除草。"

一年后，他们都来了，不过原来相聚的地方已不再是杂草丛生，而是变成了一片长满谷子的庄稼地。弟子们围着谷子地坐下，等着哲学家的到来，可是哲学家始终没有来。

提问：哲学家没来，是否意味着"如何除掉杂草"的问题没有答案呢？

几十年后，哲学家去世，弟子们在整理他的言论时，私自在书的最后补了一章：要想除掉旷野里的杂草，方法只有一种，那就是在上面种庄稼。同样，要想让灵魂无纷扰，惟一的方法就是用美德去占据它。所以，对于我们年轻的大学生来讲，要想使自己成为一个道德高尚的人，必须要加强个人品德修养。那如何加强个人品德修养呢？

3. "七一勋章"获得者李宏塔：守初心 严家风

祖父是李大钊，父亲李葆华曾任安徽省委第一书记、中国人民银行行长……出生在这样一个"高光"家庭，李宏塔始终艰苦朴素、清正廉洁、以严治家，秉持了"革命传统代代传"的宝贵本色，成为党员领导干部忠诚干净担当的典范。

"黄卷青灯，茹苦食淡，冬一絮衣，夏一布衫"，是祖父李大钊清贫一生的真实写照。父亲李葆华承风父辈，十分简朴：家中老旧的三合板家具，沙发坐下就是一个坑。这样的家风传承，让李宏塔面对简朴生活时乐在其中。

（二）教学资料

（1）（2018年版）思想道德修养与法律基础教学案例 http://mooc1.chaoxing.com/course/201576310.html。

（2）《思想道德修养与法律基础》教学案例 http://changqing.lzufe.edu.cn/szb/2020/0408/c250a21826/page.htm。

📖 七、课后思考

（1）近年来，老年人群体的孤独和被忽视已成为值得关注的社会问题。《中华人民共和国老年人权益保障法（2015年修正）》第二章关于家庭赡养与扶养的第十八条规定：家庭成员应当关心老年人的精神需求，不得忽视、冷落老年人。与老年人分开居住的家庭成员，应当经常看望或者问候老年人。将"精神上慰藉"确定为法律义务，是否有助于解决"孝"在当今遇到的困难？孝敬长辈应体现在哪些方面？

（2）"男女平等"的说法很早就被国人提倡，党的十八大已经把"男女平等"作为一项基本国策写入报告。在现代社会，消除男女不平等问题在哪些方面还需努力？

（3）你认为健康的恋爱关系应该是怎样的？

📖 八、实践指南

（1）在自己居住的小区或者学校里面进行一次志愿服务活动。

（2）以"年轻人婚恋应注重精神条件/年轻人婚恋应注重物质条件"为题，在班级进行一场辩论赛。

📖 九、延伸阅读

（1）中共中央文献研究室：《习近平关于社会主义文化建设论述摘编》，中央文献出版社，2017年版。

（2）《新时代公民道德建设实施纲要》，人民出版社，2019年版。

（3）马克思恩格斯全集（第29卷）。北京：人民出版社，1972年版。

专题十三　学法懂法，领会法律之本

📖 一、教学目标

本专题引导和帮助大学生在学习马克思主义法学原理的基础上，深刻理解我国社会主义法律的本质特征，充分认识我国社会主义法律对中国特色社会主义建设的重要保障作用，理解社会主义法律它体现党的主张和人民意志相统一的原因，全面了解我国社会主义法律运行机制。

📖 二、教学重难点

（一）教学重点

我国社会主义法律体现了党的主张和人民意志的统一

（二）教学难点

1. 把握中西方法律是统治阶级意志的体现。
2. 把握当前我国社会主义法律运行对法治国家建设的重要意义。

📖 三、教学方法

本专题主要采用专题讨论法与案例教学法相结合的教学方法。

📖 四、教学课时

本专题对应教材第六章第一节内容，教学安排 2 课时。

📖 五、教学过程

领会法律之本是法治篇在法治问题上的具体表现，本专题教学设计以 2021 年版教材第六章第一节的基本概念、基本观点和主要内容为遵循，同时适当拓展补充，融入相关学术观点及最新案例材料进行理论讲授。

实施课前导学准备、课中重难点知识释疑和讨论、课后网络展示学习成果的教学组织形式。课中贯彻以教师为主导，以学生为主体的教育思想，加强师生互动，调动学生的学习积极性，在掌握重点知识内容中，达到提高学生素质的教学目的。

（一）课程导入

1. 法律的起源

【案例 1】 獬豸和忒弥斯

獬豸是中国上古传说中的一种神兽，它似羊非羊、似鹿非鹿，头上长着一只角，故又俗称独角兽。传说它能辨曲直，拥有很高的智慧，对不诚实不智慧的人就会用独角抵触。皋陶生于尧帝统治时期，后被舜任为掌管司法的士师，他"明于五刑，以弼五教"，刑教兼施，倡导父义、母慈、兄友、弟恭、子孝，辅佐舜帝，使天下大治。传说皋陶常以獬豸来决狱，如断案遇有疑难，则放出神兽，由獬豸来分辨是非曲直、善恶忠奸。据说皋陶掌管司法时期，天下无虐刑，无冤狱。皋陶主张的德法并治、以刑辅德，被后世儒家继承和发展。而獬豸则被当作历朝司法和监察机构的标识，獬豸冠则成了法冠。

在西方法律文化中，正义女神忒弥斯是法律的象征。在英美等西方国家的法院前，经常能看见正义女神的塑像，他一只手拿着宝剑，象征着法律的力量和裁决，一只手拿着天平，代表着衡量与公平。正义女神的眼睛往往是闭着的或干脆是用布蒙上的，象征着裁决时不会有任何的歧视和偏袒，保证绝对的公正无私。

2. "灋"字的构成

师生互动，同学们查阅资料，来解释"灋"字的构成。

灋，刑也，平之如水，从水；廌，所以触不直者去之，从去。

——《说文解字》

廌，即獬豸，传说中的异兽名，能辨曲直，见人斗即以角触不直者，闻人争即以口咬不正者。

在漫长的文明演进中，法律是维护公平正义的重要手段，发挥着特殊的社会作用。那么什么是法律呢？它有着怎样的本质？我国社会主义法律的本质体现在什么方面？法律的运行过程包含哪些环节？下面开始学习新课。

（二）讲授新课

问题一：什么是法律及其历史发展？

（1）法律的产生。关于法律的产生或起源，有多种学说，如神创说、暴力说、契约说等。神创说认为，法是由某种超人类的力量所创，如认为《摩西十诫》是耶和华在西奈山顶亲自传达给摩西，是耶和华给以色列人立的法；暴力说认为，法是暴力斗争的结果和暴力统治的产物，如我国古代的韩非子认为"人民众而财货寡，事力劳而供养薄，故民争"，而有斗争就需要有解决冲突的规则；契约说认为，人类在进入政治社会之前处于自然状态，为了克服混乱，人们便相互间缔结契约，法律即人们所缔结的契约，17、18世纪的古典自然法学者大都持此说。这些学说都没有正确揭示法律的起源。

马克思主义认为，在人类社会早期，当社会发展到一定阶段，有了生产、分配和交换的时候，就产生了约定共同规则的需要，一开始表现为习惯，然后就逐渐地演变成了法律。私人占有和商品交换的出现，是法律产生的经济根源；阶级的出现和阶级矛盾的发展是法律产生的社会保障。

（2）法律的发展。法律并不是与人类社会共始终的，它与人类社会的特定历史阶段——阶级社会相联系。因此，与人类社会发展的形态相对应，人类历史上迄今共出现过四种类型的法律制度，即奴隶制法律、封建制法律、资本主义法律、社会主义法律。

奴隶制法律具有明显的原始习惯残留痕迹、否认奴隶的法律人格、存在严格的等级划分、刑罚方式极其残酷。封建制法律确立农民对封建地主的人身依附关系、实行封建等级制度、维护专制皇权、刑罚严酷。资本主义法律与资本主义私有制相适应的私有财产神圣不可侵犯原则；与资本主义市场经济相适应的契约自由原则；与资本主义民主政治相适应的法律面前人人平等原则；

与资本主义人道主义相适应的人权保障原则。其中，奴隶制法律、封建制法律和资本主义法律是建立在私有制基础之上的剥削阶级类型法律，而社会主义法律是以公有制为基础的新型法律制度，旨在实现人的全面发展和全体社会成员的共同富裕，是最广大人民群众意志的集中体现，是实现人民当家作主、实现人民民主专政的重要保证，反映了社会主义生产关系的本质要求，为实现普遍意义的平等、自由奠定了坚实基础，实现了对历史上各种类型法律制度的超越。

【思考】什么是中华法系？中华法系的特点有哪些？

【解析】中国古代法律由战国至清朝经过 2000 多年的发展，形成了沿革清晰、特点鲜明的法律体系，被称为中华法系。

中华法系的基本特点：以儒家思想为理论基础；维护封建伦理，确认家庭法规；皇帝始终是立法与司法的枢纽；官僚、贵族享有法定特权；诸法合体，行政机关兼理司法。中华法系与欧洲大陆法系、英美法系、伊斯兰法系、印度法系并成为世界五大法系，广泛地影响和传播到周边国家，并在相当长的时间里居于世界法制文明的前列。

【思考】同学们查阅资料介绍我国法律的历史发展

【解析】我国是一个文明古国，而且是四大文明古国中唯一一个文明传承没有断绝的国家，因此我国法律的发展历史极为悠久，如果以公元前 21 世纪夏王朝建立为起始，到目前已经传承发展了四千余年。一般认为，夏、商、西周和春秋时期的法律属于奴隶制法律，从战国一直到清王朝的法律属于封建制法律，中华民国时期的法律属于资本主义类型的法律，中华人民共和国成立后 1954 年宪法以来的法律属于社会主义类型的法律。

（3）关于什么是法律。马克思主义认为，法律是由国家制定或认可并以国家强制力保证实施的，反映由特定社会物质生活条件所决定的统治阶级意志的规范体系。法律具有以下几个特征：

其一，法律是由国家制定或认可；其二，法律是由国家强制力保证实施；其三，法律反映统治阶级的意志。

法律是什么？最形象的说法就是准绳。用法律的准绳去衡量、规范、引导社会生活，这就是法治。

——2014 年 10 月 23 日，习近平总书记在中共十八届四中全会第二次全体会议
上的讲话

【辨析】法律规范与道德规范、纪律规范的区别

【案例2】 从"倒牛奶"到《反食品浪费法》

蒙牛真果粒是《青春有你》连续三年的赞助商。其在含乳饮料的瓶盖内印了可

以为"爱豆"助力的二维码，粉丝要想为"爱豆"助力，就必须购买该饮料并打开瓶盖扫描里面的二维码获取助力值，助力值越高的选手，出道概率也就越大。为了给"爱豆"助力打榜，粉丝大量购买对应产品。

此次可以助力的含乳饮料为两种：一种是真果粒花果轻乳系列，每箱10瓶，售价是69.9元／箱，每箱20个助力值；另一种是真果粒高端缤纷果粒系列，每箱12包，售价是54元／箱，每箱10个助力值。这意味着，每个助力值都代表着少则3元，多则5元。由于购买饮料的数量太多，瓶盖被打开后，喝不完又不能二次售卖，所以粉丝们想出了"最简单、最快速"的办法，雇佣工人将奶制品全部倒掉。热门综艺《青春有你3》卷起的"倒奶"风波愈演愈烈，这一事件凸显了节目主办方和涉事企业对价值导向判断和社会责任履行方面的欠缺和不足。爱奇艺称即刻起，关闭《青春有你3》所有助力通道。对于已经购买商家"活动装产品"但未使用的用户，平台和商家协商，确保妥善解决。

新华社此前针对"倒奶"事件评论称，"大量牛奶被倒"的背后，是以浪费和挥霍为代价的吸睛牟利，是对劳动的不尊重、对法律的亵渎和蔑视，其最终结果是误导、侵蚀了青年人的追求和三观，不只是把牛奶倒沟里，而是把青年人带沟里！

2021年4月29日通过的反食品浪费法明确提出，应当"树立文明、健康、理性、绿色的消费理念""形成科学健康、物尽其用、防止浪费的良好习惯"。"厉行节约，反对浪费"不再只是柔性倡议，而是被纳入法律条文的刚性要求，违规者将受到法律的惩罚。随着《中华人民共和国反食品浪费法》正式实施，反食品浪费已有刚性的法律约束。严重浪费食品的行为，是"顶风作案"，应依法严惩；对误导青少年三观的商家和平台，必须加强监管，不能放任其只顾产品销量、节目流量，罔顾法律和自身社会责任！

【案例3】 严禁炒作"吃播"

根据《中华人民共和国反食品浪费法》，机关、人民团体、国有企业事业单位应带头厉行节约、反对浪费；餐饮服务经营者应主动对消费者进行防止食品浪费提示提醒，不得诱导、误导消费者超量点餐。

餐饮服务经营者未主动对消费者进行防止食品浪费提示提醒的，由县级以上地方人民政府市场监督管理部门或者县级以上地方人民政府指定的部门责令改正，给予警告；诱导、误导消费者超量点餐造成明显浪费的，同样由上述部门责令改正，给予警告，拒不改正的，处一千元以上一万元以下罚款。

设有食堂的单位应制定、实施防止食品浪费措施，学校应加强食堂餐饮服务管理，旅游经营者应引导旅游者文明、健康用餐，食品经营者应对其经营的食品加强日常检查。

设有食堂的单位未制定或者未实施防止食品浪费措施的，由县级以上地方人民政府指定的部门责令改正，给予警告。食品生产经营者在食品生产经营过程中造成严重食品浪费的，由县级以上地方人民政府市场监督管理部门或者县级以上地方人民政府指定的部门责令改正，拒不改正的，处五千元以上五万元以下罚款。

对曾引发热议的"大胃王吃播"现象，反食品浪费法中也有回应，明确禁止新闻媒体制作、发布、传播宣扬量大多吃、暴饮暴食等浪费食品的节目或者音视频信息。

广播电台、电视台、网络音视频服务提供者制作、发布、传播宣扬量大多吃、暴饮暴食等浪费食品的节目或者音视频信息的，由广播电视、网信等部门按照各自职责责令改正，给予警告；拒不改正或者情节严重的，处一万元以上十万元以下罚款，并可以责令暂停相关业务、停业整顿，对直接负责的主管人员和其他直接责任人员依法追究法律责任。

【解析】调整人们行为的社会规范有多种，除了法律规范，还有道德规范和纪律规范等。与道德规范和纪律规范不同，法律的实施是以国家强制力来保证的。虽然道德规范和纪律规范的事实也具有一定程度的强制力，但这些强制力并不是国家机器意义上的。国家强制性是法律规范区别于其他社会规范的一个重要特征。当然，法律依靠国家强制力来保证实施是从一般意义和最终意义上讲的，并不意味着每一个具体法律的实施过程都必须借助于国家强制力。

（4）法律是统治阶级意志的体现。

你们的观念本身是资产阶级的生产关系和所有制关系的产物，正像你们的法不过是被奉为法律的你们这个阶级的意志一样，而这种意志的内容是由你们这个阶级的物质生活条件来决定的。

——马克思、恩格斯《共产党宣言》

法律虽然是由国家指定或认可的，表面上反映的是国家意志，但实际上则主要是统治阶级的意志，统治阶级总是将自己的意志通过立法上升为国家意志，而且这种意志也不是凭空产生的，而是由特定的社会物质生活条件所决定的。法律作为统治阶级意志的体现和阶级统治的工具，在中西方法律发展史上都有深刻的反映。

第一，中国古代的体现。

【思考】如何理解"礼不下庶人，刑不上大夫"？

【解析】出汉代《戴圣礼记·曲礼上》。意谓礼虽然主要是针对贵族的，但庶人也要遵守礼，刑法虽然主要是针对庶人的，但是贵族也要遵守刑法，只不过礼和刑在对庶民和贵族的适用上有不同的等级要求。对待贵族时对其应遵守的礼的要求和等级比庶人更高，对待庶人时不可以贵族的礼之标准要求其遵守，庶人有庶人应当遵守的礼的标准。对待庶人时对其适用的刑罚的要求和等级比贵族更严格，贵族犯罪在刑罚适用上享有一定的减免特权。

【思考】如何理解"由士以上则必以礼乐节之，众庶百姓则必以法数制之"？

【解析】所谓礼，就是高贵的和卑贱的有不同的等级，年长的和年幼的有一定的差别，贫穷的和富裕的、权轻势微的和权重势大的都各有相宜的规定。从士以上就必须用礼乐制度去节制他们，对群众百姓就必须用法度去统治他们。

由此可见，法作为统治阶级意志的体现和统治人民的工具的性质十分明显。

第二，西方历史上的体现。

罗马的法律把努力看成一种物品。关于杀人的法律不适用于奴隶，更不用说其他保护人身的法律了。法律保护奴隶主，只把它们看作是有充分权利的公民。不论当时所建立的是君主国还是共和国，都不过是奴隶占有制君主国或努力占有制共和国。

——列宁《列宁全集》第 37 卷

【案例 4】 《伊丽莎白济贫法》

英国伊丽莎白执政时期的 1572 年的法令规定，没有得到行乞许可的 14 岁以上的乞丐，如果没有人愿意使用他两年，就要受猛烈的鞭打，并在左耳打上烙印；如果有人再度行乞而且年过 18 岁，又没有人愿意使用两年，就要被处死；第三次重犯，就要毫不容情地当作叛国犯被处死。类似的法令还有伊丽莎白十八年所颁布的第 13 号法令和 1597 年的法令。

资本主义制度确立后，一些资本主义国家的法律虽然在历史上具有很大的进步意义，对公民的财产权和人身自由权的保护方面有很大发展，但是资本主义社会的基本矛盾并没有改变，作为资本主义国家上层建筑的重要组成部分的法律作为统治阶级意志的体现在本质上并没有改变。因此，法律执行社会公共事务方面的职能的扩大也并不意味着法律的阶级统治职能的消失，一旦阶级矛盾加剧起来，法律的阶级本性就会毫无顾忌地显现出来。

马克思、恩格斯《共产党宣言》中曾指出："现代的工业劳动，现代的资本压迫，无论在英国或法国，无论在美国或德国，都是一样的，都使无产者失去了任何民族性。法律、道德、宗教在他们看来全都是资产阶级偏见，隐藏在这些偏见后面的全都是资产阶级利益。"

但是需要注意的是，法律所反映的统治阶级的意志，并不是统治阶级内部某个党派、某个集团或者某个人的个别意志，也不是这些个别意志的简单相加，而是统治阶级的整体意志、共同意志。而且，也不是说其他阶级的意志在法律中丝毫得不到反映，在有些情况下，法律的内容不仅反映了统治阶级的意志，同时也在一定程度上反映了被统治阶级以及其他一些阶级、阶层的某些愿望和要求。

问题二：如何理解我国社会主义法律体现了党的主张和人民意志的统一？

我国社会主义法律，是在中国共产党领导的新民主主义革命时期开始孕育，在社会主义制度建立后逐步确立，并在社会主义建设和改革中不断发展的。我国社会主义法律是中国特色社会主义制度的重要组成部分，是我国最广大人民根本利益和共同意志的集中体现，是党领导人民当家作主的制度保障。当前历史条件之下，中国共产党的领导是中国特色社会主义最本质的特征。党领导人民制定和实施法律，因此，党的主张和人民意志的共同体现就成为对中国特色社会主义法律本质的最好概括。

（1）我国社会主义法律是阶级性与人民性的统一。

中华人民共和国是工人阶级领导的，以工农联盟为基础的人民民主专政的社会主义国家。"

——《中华人民共和国宪法》

中国特色社会主义法律体系，坚持以体现人民共同意志、维护人民根本利益、保障人民当家作主为本质要求，这与以私有制为基础的资本主义法律体系具有本质的区别。我国社会主义法律所体现的工人阶级和广大人民的这种共同意志，并不是人民中各个阶级、阶层和群体的意志的简单相加。同时，这种共同意志也不是自发形成的，而是在中国共产党的领导下，通过一定的方式和渠道，集中广大人民的共同意愿而形成的。我国的人民代表大会制度和共产党领导下的多党合作和政治协商制度，为工人阶级和广大人民形成共同意志，并将共同意志以法律的形式表现出来，提供了良好的制度保障。因此，我国社会主义法律充分体现了党的主张和人民意志的统一。

【案例5】 《传染病防治法》

传染病防治法得以修订，有利于更好地保障人民群众身体健康和公共卫生。

2020年10月2日，国家卫健委发布修订征求意见稿，明确提出甲乙丙三类传染病的特征。乙类传染病新增人感染H7N9禽流感和新型冠状病毒两种。

【案例6】 《电影产业促进法》获表决通过

十二届全国人大常委会第二十四次会议7日表决通过了电影产业促进法。这意味着电影产业有了一部基本法，这也是我国文化领域的第一部行业法。根据该法规定，法人、其他组织应当将其摄制完成的电影送国务院电影主管部门或者省、自治区、直辖市人民政府电影主管部门审查，这些部门应当自受理申请之日起30日内作出审查决定。对符合本法规定的，准予公映，颁发电影公映许可证，并予以公布。未取得电影公映许可证的电影，不得发行、放映，不得通过互联网、电信网、广播电视网等信息网络进行传播，不得制作为音像制品。电影大国迎来"关键帧"。

【图片案例7】："移动微法院"平台引领移动电子诉讼发展潮流

在新冠肺炎疫情防控中，智慧法院成功经受考验，实现"审判执行不停摆、公平正义不止步"，充分体现我国社会主义司法制度的优越性。

（2）我国社会主义法律是阶级性与人民性的统一。

从法律的实质内容来看，我国社会主义法律既是广大人民意志和利益的体现，又是社会历史发展规律的体现，既具有先进性，又具有科学性，是科学性和先进性的统一。

我国社会主义法律冲破了少数人狭隘利益的局限，反映了全体人民的共同意志和利益，这与历史唯物主义所揭示的人类社会发展规律和发展方向是一致的，与法律自身的发展规律和发展方向也是一致的，因而较其他类型的法律更具先进性和科学性。虽然说我国经济社会发展尚不够均衡，法律的内容必然会受到社会物质生活条件的制约，但由于我国社会主义所具有的制度优势，我国社会主义法律总体上依然呈现出科学性和先进性。

第一，我国社会主义法律坚持体现工人阶级领导下的全体人民的共同意志和利益，与历史发展的基本方向和规律相一致。

第二，我国社会主义法律坚持辩证唯物主义和历史唯物主义的世界观和方法论，在科学世界观和方法论的指导下探索社会主义法治建设的独特规律。

第三，我国社会主义法律坚持体现了改革开放和社会主义现代化建设的时代要求。

第四，我国社会主义法律坚持继承我国传统法律文化中的优秀成分，又借鉴外国法律发展的成功经验。

第五，我国法律的社会作用体现了社会主义的本质要求。

我们要实现经济发展、政治清明、文化昌盛、社会公正、生态良好，必须更好发挥法治引领和规范作用。

——《人民日报》（2022 年 04 月 20 日 09 版）

【案例7】　"定分止争"的故事

一兔走，百人追之。积兔于市，过而不顾。非不欲兔，分定不可争也。

——《意林·慎子十二卷》

一只野兔跑，很多的人都去追，但大家对于集市上那么多正在买卖的兔子，却看也不看，这不是说人们不想要兔子，而是由于兔子的所属已经明确，不可以再争夺了。这个故事讲的就是，如果界定清楚了某种权利义务关系，就能够规范人们的行为，进而维护正常的社会秩序，即法律可以通过发挥其规范作用而实现其社会作用。

（1）有利于经济建设。我国社会主义法律维护和巩固公有制为主体、多种所有制经济共同发展，按劳分配为主体、多种分配方式并存，社会主义市场经济体制等社会主义基本经济制度，促进社会主义市场经济持续健康发展，保障社会主义现代化经济体系建设顺利推进。

（2）有利于政治建设。我国社会主义法律维护和巩固社会主义基本政治制度，保障人民依法享有和行使当家作主的权利，保障社会主义民主政治建设顺利进行，镇压敌对势力和敌对分子的反抗和破坏活动，保卫国家主权和领土完整，维护国家安全。

【案例8】 2015年颁布新的国家安全法

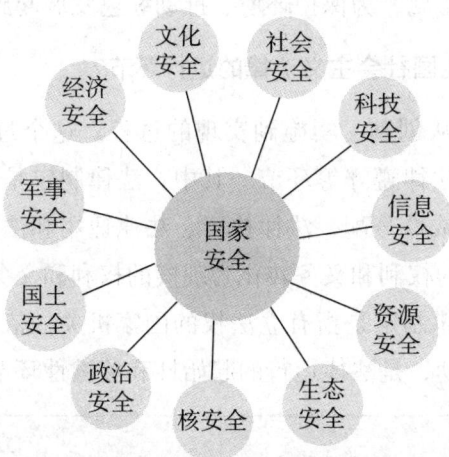

对政治安全、国土安全、军事安全、文化安全、科技安全等11个领域的国家安全进行了明确，对于保护我国国家安全已经并将继续发挥重要作用。生物安全是国家安全体系的重要组成部分。2019年10月，《生物安全法（草案）》首次提请十三届全国人大常委会第十四次会议审议。

（3）有利于文化建设。我国社会主义法律既为繁荣社会主义先进文化作出自己的贡献，同时又为社会主义文化建设保驾护航，巩固社会主义意识形态，维护社会主义核心价值观，弘扬社会主义道德，促进文化事业和文化产业的发展，推动社会主义文化繁荣兴盛。

【观看视频】：法治中国

（4）有利于社会建设。我国社会主义法律维护社会的公平正义，协调人与人、人与社会的关系，维护和谐、稳定的社会秩序，确保让改革发展的成果更多更公平惠及全体人民，使人民的获得感幸福感安全感更加充实、更有保障、更可持续。

我国高度重视社会建设领域立法，制定和颁布了劳动法、劳动合同法、工会法、未成年人保护法、老年人权益保障法、妇女权益保障法、残疾人保障法、矿山安全法、红十字会法、职业病防治法、社会保险法等一系列法律，在保障人民权益、维护社会稳定方面发挥了积极作用。

（5）有利于生态文明建设。我国社会主义法律倡导尊重自然、顺应自然、保护自然的理念，充分发挥生态文明制度建设主力军的作用，通过加强立法，积极建立健全国土空间开发保护制度、耕地保护制度、水资源保护制度和环境保护制度，推动绿色发展，促进人与自然和谐共生。

近些年来，人民对环境方面的要求日益增长，我国加强了环境保护方面的立法，颁布了环境保护法、水污染防治法、建设项目环境保护管理条例、排污费征收使用管理条例等一系列法律法规，为保护环境、推动绿色发展起到了重要作用。

问题三：如何把握我国社会主义法律的运行环节？

法律的运行是一个从创制、实施到实现的过程。这个过程主要包括法律制定、法律执行、法律适用、法律遵守等环节。其中，法律制定是国家对权利和义务，即社会利益和负担进行权威性分配，法律执行、法律适用和法律遵守是把法律规范转化为法律实践，把法定的权利和义务转化为现实的权利和义务。

（1）法律制定。法律制定是指有立法权的国家机关，依照法定职权和程序、制定规范性法律文件的活动，是法律运行的起始性和关键性环节。

机关	立法权限
全国人民代表大会	宪法
全国人民代表大会及其常务委员会	法律
国务院	行政法规
中央军委	军事法规
国务院各部门	部门规章
省、自治区、直辖市的人大及其常委会	地方性法规
设区的市的人大及其常委会	地方性法规
省、自治区、直辖市、设区的市的人民政府	地方政府规章
自治区、自治州、自治县的人大	自治条例和单行条例
特别行政区立法机关	本行政区的法律

【案例9】 中国《民法典》的诞生历程

1954年民法典首次起草工作正式开始，但最终因斗争扩大化而终止。

1962年这次提出的草案突出计划经济内容。

1979年当时起草工作采取成熟一部制定一部，确定了先制定民事单行法律。

2002年十万多字的民法典草案提交审议，但当时物权法未制定，加之对草案分歧较大，这次无果而终。

2014年十八届四中全会明确提出编纂民法典。

2016年十二届全国人大常委会第二十一次会议初审了民法总则草案，标志着民法典编纂工作进入立法程序。

2018年民法典合同编草案二审稿提交全国人大常委会审议。

2019年十三届全国人大常委会第十五次会议表决通过审议民法典草案的议案，决定将民法典草案提请2020年召开的十三届全国人大三次会议审议。

民法典被称为"社会生活的百科全书"，是新中国第一部以法典命名的法律，以条文的方式、抽象的规则来规范各式法律行为。民法典共7篇，依次为总则编、物权编、合同编、人格权编、婚姻家庭编、继承编、侵权责任编，以及附则。具有中国特色，体现时代特点，反映人民意愿，回应经济社会生活新情况、新问题，有利于全面加强对人民群众各项民事权利的保护，助推中国特色社会主义法律体系更加成熟完善。

（2）法律执行。在广义上，法律执行是指国家机关（行政机关和司法机关）及其公职人员，在国家和公共事务管理中依照法定职权和程序，贯彻和实施法律的活动。在狭义上，法律执行则是指国家行政机关执行法律的活动，也被称为行政执法。

而行政执法是法律实施和实现的重要环节，必须坚持合法性、合理性、依赖保护、效率等基本原则。我国行政执法的主体大体分为两类：其一是中央和地方各级政府，包括国务院和地方各级人民政府；其二是各级政府中享有执法权的下属行政机构。

【案例10】 "钓鱼执法"

2009年10月14日晚，18岁的孙中界到上海上班才两天，驾驶公司的金杯面包车，沿上海市闸航路自西向东行驶，准备到上海市南汇区航头镇接人。当孙中界进入浦东区域，他看到路中间站着一名青年男子，频频挥手示意他停车。"我看着他着急的样子，想着他肯定遇到了难事，就停下了车。他一下子就拉开车门坐到了副驾驶座位上。我问他有啥急事，他说这么晚拦不到车，又非常冷，想让我捎他一程。"孙中界回忆说："我刚好顺路，又看他只穿一件T恤，就有点同情他，打算捎他一程。上车后，他说按出租车的价格给我掏钱，我当时忙着开车也没搭理他。走了四五分钟后，这名男子说到了，我就缓慢停车。这时，他掏出10元钱，往我仪表盘右侧一扔，随后就伸脚急踩刹车，并伸手拔我的车钥匙。这时，我看见我车前侧过来一辆面包车，车上冲下几名便衣男子上了我的车，他们自称是执法大队的，说我黑车营运拉客。我赶紧解释，并说刚才上车的男子可以作证，可上车男子已不见踪影。"

孙中界说，"这几个人把我从车里拽出，拿走了我的驾驶证和行车证，并把我推上面包车开进附近的一个胡同，胡同里停着一辆依维柯，他们又把我推到车上，上面有几名身穿制服的男子，我想掏出手机报警，手机却被他们没收。他们在车上对我进行审问，一名男子拿出上海市浦东新区城市管理行政执法局调查处理通知书，说我开黑车，非法营运。我说是对方主动上车，我也没向对方要钱，纯粹是出于做好事的心理。可他们坚持说我非法营运，还让我在处理通知书上签字。因为尿急，我无法忍受，只好在上面签了字"。孙中界说："当时僵持了大约1小时，我签字后，他们才放我走，车也被他们开走了。

当晚9时30分许，孙中界回到租房处，挥刀砍掉小手指，闻讯而来的哥哥到来时，手指已经断了，只剩下一点肉皮连着，血流得满手都是。哥哥立即将其送到医院。孙中界说，"我气得不行，做个好事却遭到诬陷，公司的车也被人开走了，越想越窝囊，我跑到厨房，拿起菜刀，向我左手的小手指猛地砍下。我之所以没选择其他维权渠道，是因为在当时的情况下，实在不知道该怎么办，郁闷绝望之下才这样做的，当时连死的心都有，就是想靠这样来证明自己的清白。"

据上海媒体10月17日报道，10月14日发生在浦东闸航公路上的涉嫌非法营运交通行政执法一事，引起上海市政府的高度重视。上海市政府已明确要求浦东新区政府迅速查明事实，并将调查结果及时公之于众。上海市政府强调，必须坚持依法行政、文明执法，依法维护正常的交通营运秩序，依法维护经营者、消费者的合法权益。对于采用非正常执法取证手段的行为，一经查实，将严肃查处。最近几年以来，钓鱼执法事件层出不穷，最近有愈演愈烈之势。使得多位私家车主遭遇经济损失和名誉侵害。尤其是最近几个月来，媒体多次报道过关于钓鱼执法现象，引起多方关注，也引起了市政府的高度重视。

（3）法律适用。法律适用指国家司法机关依照法定职权和程序适用法律处理各种案件的专门活动。

第一，司法的主体。

人民法院——审判权

人民检察院——监督权

第二，司法的原则。

司法公正；

公民在法律面前一律平等；

以事实为依据，以法律为准绳；

司法机关依法独立公正行使司法权。

【案例11】　聂树斌案

1994年8月11日，石家庄，西郊，一块普通的玉米地里，发生了一宗恶性强奸杀人案。案发近50天后，警方根据当地部分群众反映出来的"一个骑蓝色山地车、经常调戏妇女的男青年"这样一条线索，抓到了一个小青年。经过了七天攻心战，这个只有二十岁的青年终于从"只承认了一些偷看女人上厕所的流氓行为"到承认"强奸杀人"，并且一直把这样的有罪供述保留到了法庭上。1995年4月25日河北省高级人民法院认为聂树斌拦截强奸妇女、杀人灭口，情节和后果均特别严重。对被告人聂树斌犯故意杀人罪与强奸妇女罪，判处聂树斌死刑，剥夺政治权利终身。一年后，因承受不了丧子之痛，他的父亲选择了服毒自杀，虽经抢救保住了性命，可他却也落下了一身的毛病，终日以泪洗面。

十年后，河南警方抓获了一名潜逃了十年的网上通缉犯王书金。他竟一口气交代了四起奸杀命案，外加两起强奸案。没成想，这四起杀人案件中，有一起发生在石家庄。2005年3月，王书金落网之后，聂树斌的家人得知了这样的一个"喜讯般的噩耗"时，可谓悲愤交加，发誓要给儿子聂树斌讨回公道。没想到，真凶落网之后，竟然又等了11年。直到2016年12月，最高人民法院在第二巡回法庭提审公开宣判聂树斌再审案件，宣告：原审被告人聂树斌无罪。

（4）法律遵守。法律遵守指国家机关、社会组织和公民个人依照法律规定行使权力和权利以及履行职责和义务的活动。

一切国家机关和武装力量、各政党和各社会团体、各企业事业组织都必须遵守宪法和法律。一切违反宪法和法律的行为，必须予以追究。

——《中华人民共和国宪法》

【视频】：法治中国

在社会主义国家，一切组织和个人都是守法的主体。守法并不仅仅是指依法承担并履行法律义务，还包括依法享有并行使权利。

（三）专题小结

（1）法律是由国家制定或认可并以国家强制力保证实施的，反映由特定社会物质生活条件所决定的统治阶级意志的规范体系。

（2）我国社会主义法律是党的主张和人民意志的共同体现，体现了阶级性和人民性的统一、科学性和先进性的统一。

（3）我国的经济发展、政治清明、文化繁荣、社会公正和生态良好都离不开社会主义法律的引领、规范和保障。

（4）我国社会主义法律的运行包括法律制定、法律执行、法律适用、法律遵守等环节。

六、教学拓展

（一）教学案例

（1）《青春有你》蒙牛真果粒"倒牛奶"事件。

（2）"定分止争"的故事。

（3）"钓鱼执法"。

（4）聂树斌案。

（二）教学资料

教学资料课后补充，此处不再赘述。

七、课后思考

（1）联系实际谈谈为什么说我国社会主义法律是党的主张和人民意志的共同体现？

（2）如何理解法律是统治阶级意志的体现？

（3）如何理解我国社会主义法律运行环节？

八、实践指南

学生进行一场模拟法庭，针对典型案件深化对法律的理解。

九、延伸阅读

《法治中国》，中共中央宣传部、中央电视台联合制作，2017 年中央电视台综合频道首播。

专题十四　依法治国，建设法治中国

📖 一、教学目标

　　本专题教学引导和帮助大学生清晰界定法治是一个伟大名词，是发展社会主义市场经济、实现强国富民的最基本保障。引导同学们正确认识习近平法治思想的形成过程以及主要内容。充分认识并整体把握走中国特色社会主义法治道路，必须坚持中国共产党的领导，坚持人民主体地位，坚持法律面前人人平等，坚持依法治国和以德治国相结合，坚持从中国实际出发。

📖 二、教学重难点

（一）教学重点

　　1.习近平法治思想的主要内容。

　　2.走中国特色社会主义法治道路遵循的原则。

（二）教学难点

　　把握新时代走中国特色社会主义法治道路的原则，理解习近平法治思想内容构成。

📖 三、教学方法

　　本专题主要参考采用专题讨论法与案例教学法相结合的教学方法。

📖 四、教学课时

本专题对应教材第六章第二节内容，教学安排 2 课时。

📖 五、教学过程

依法治国、建设法治中国是法治篇在法治问题上的具体表现，本专题教学设计以 2021 年版教材第六章第二节的基本概念、基本观点和主要内容为遵循，同时适当拓展补充，融入相关学术观点及最新案例材料进行理论讲授。

实施课前导学准备、课中重难点知识释疑和讨论、课后网络展示学习成果的教学组织形式。课中贯彻以教师为主导，以学生为主体的教育思想，加强师生互动，调动学生的学习积极性，在掌握重点知识内容中，达到提高学生素质的教学目的。

（一）课程导入

1. 治国理政离不开法治

【图片案例 1】：《唐律疏议》和《汉谟拉比法典》

《唐律疏议》是唐朝刑律及其疏著的合编，为中国现存最古老、最完整的封建刑事法典，共三十一卷。唐律的内容承前启后，在总结前人的立法成果和经验的基础上形成，并且开创了中国古代法典中法律与历史结合的先河，在世界法制史上具有很高的声誉和地位。《汉谟拉比法典》是古巴比伦国王汉谟拉比在大约公元前 1776 年颁布的法律汇编，由序言、正文和结语三部分组成，对刑事、民事、贸易、婚姻、继承、审判等制度都作了详细的规定。《汉谟拉比法典》是最具代表性的楔形文字法典，也是世界上现存的第一部比较完备的成文法典，它的原文刻在黑色玄武岩石柱上，故又称"石柱法"。

德国著名法学家耶林说，罗马帝国三次征服世界，第一次靠武力，第二次靠宗教，第三次靠法律。武力因罗马帝国灭亡而消亡，宗教随民众思想觉悟的提高、科学的发展而缩小了影响，唯有法律征服世界是最为持久的征服。

2.【视频】：《法治的力量》

微视频《法治的力量》是新华社 2017 年推出的，在视频中可以学到很多关于法治的"金句"，高度概括了中国坚持用法治保障人权、坚持全面依法治国，是促进国家发展的铿锵之音。

师生互动，同学们分享感受最深的法治"金句"。

全面依法治国的基本遵循体现为什么？怎样理解习近平法治思想的形成与内容？新时代走中国特色社会主义法治道路应该遵循什么原则？下面开始学习新课。

（二）讲授新课

【案例1】　全面依法治国的根本遵循是什么？

全面依法治国是中国特色社会主义的本质要求和重要保障。必须把党的领导贯彻落实到依法治国全过程和各方面，坚定不移走中国特色社会主义法治道路，完善以宪法为核心的中国特色社会主义法律体系，建设中国特色社会主义法治体系，建设社会主义法治国家，发展中国特色社会主义法治理论，坚持依法治国、依法执政、依法行政共同推进，坚持法治国家、法治政府、法治社会一体建设，坚持依法治国和以德治国相结合，依法治国和依规治党有机统一，深化司法体制改革，提高全民族法治素养和道德素质。

——2017年10月18日，习近平总书记在中国共产党第十九次全国代表大会
上的报告

（1）习近平法治思想形成过程。党的十八大以来，以习近平同志为核心的党中央紧紧围绕新时代为什么实行全面依法治国、怎样实行全面依法治国等重大问题，从坚持和发展中国特色社会主义全局和战略高度定位法治、布局法治、厉行法治，创造性提出全面依法治国的一系列新理念新思想新战略，并形成了习近平法治思想。

【视频】4分钟速览法治中国第一集《奉法者强》

2012年11月，党的十八大强调要全面推进依法治国，加快建设社会主义法治国家，到2020年实现依法治国基本方略全面落实、法治政府基本建成、司法公信力不断提高、人权得到切实尊重和保障、国家各项工作实现法治化的宏伟目标。

2013年11月，十八届三中全会把全面深化改革与法治建设紧密结合起来，开创性地提出"推进法治中国建设"，推进国家治理体系和治理能力现代化。

2014年10月，十八届四中全会确立了"建设中国特色社会主义法治体系，建设社会主义法治国家"这一全面推进依法治国的总目标，科学系统地提出全面推进依法治国的基本原则、工作布局和重点任务，按下了全面依法治国的"快进键"。

2017年10月，党的十九大创造性地提出习近平新时代中国特色社会主义思想，组建中央全面依法治国委员会，擘画了全面依法治国的时间表和路线图。

2019年8月24日，习近平总书记在中央全面依法治国委员会第一次会议上的

讲话中指出，党的十八大以来，我们提出一系列全面依法治国新理念新思想新战略，明确了全面依法治国的指导思想、发展道路、工作布局、重点任务，概括为"十个方面"。

2019 年 10 月，十九届四中全会全面系统深入地阐述了中国特色社会主义制度所具有的显著优势，中国特色社会主义制度建设的理论和实践进一步系统化、成熟化和定型化。

2020 年 11 月 16 日至 17 日，中央全面依法治国工作会议在北京召开，首次提出习近平法治思想。习近平总书记将其概括为"十一个坚持"。

那么可以比较习近平总书记两次全面论述：

（2）习近平法治思想的主要内容。

2019年中央全面依法治国委员会第一次会议	2020年中央全面依法治国工作会议	备注
1. 坚持加强党对依法治国的领导	1. 坚持党对全面依法治国的领导	
2. 坚持人民主体地位	2. 坚持以人民为中心	
3. 坚持中国特色社会主义法治道路	3. 坚持中国特色社会主义法治道路	
6. 坚持依宪治国、依宪执政	4. 坚持依宪治、依宪执政	
	5. 坚持在法治轨道上推进国家治理体系和治理能力现代化	新增
4. 坚持建设中国特色社会主义法治体系	6. 坚持建设中国特色社会主义法治体系	
5. 坚持依法治国、依法执政、依法行政共同推进，法治国家、法治政府、法治社会一体建设	7. 坚持依法治国、依法执政、依法行政共同推进，法治国家、法治政府、法治社会一体建设	
7. 坚持全面推进科学立法、严格执法、公正司法、全民守法	8. 坚持全面推进科学立法、严格执法、公正司法、全民守法	
8. 坚持处理好全面依法治国的辩证关系	9. 坚持统筹推进国内法治和涉外法治	新提法
9. 坚持建设德才兼备的高素质法治工作队伍	10. 坚持建设德才兼备的高素质法治工作队伍	
10. 坚持抓住领导干部这个"关键少数"	11. 坚持抓住领导干部这个"关键少数"	

马克思主义及其法治思想、中华法治优秀传统文化、我国当代法治实践、人类

法治文明成果共同构成了习近平总书记关于中国特色社会主义法治的重要论述的来源和基础。这些重要论述深刻回答了什么是法治、什么是社会主义法治，如何依法治国、建设社会主义法治国家和社会主义法治体系，如何推进法治中国建设，如何在法治轨道上推进国家治理体系和治理能力现代化，如何形成全面依法治国与全面建成小康社会、全面深化改革、全面从严治党相辅相成、相互促进、相得益彰的局面等一系列战略性、基础性、普遍性、前沿性的重大问题。

一是坚持加强党对依法治国的领导。十八届四中全会通过的《中共中央关于全面推进依法治国若干重大问题的决定》中强调："党的领导是中国特色社会主义最本质的特征，是社会主义法治最根本的保证。"那么为什么党的领导是中国特色社会主义最本质的特征呢？

【讨论题】如何理解"坚持党的领导就不能做到依法治国，鼓吹要实行依法治国就要走西方宪政、三权分立"？

	制度基础	领导力量	权力主体	权力行使方式
西方宪政	资本主义制度	资产阶级政党	资本利益集团	三权分立
依宪治国	社会主义制度	中国共产党	全体人民	议行合一

【解析】一方面，西方法治建立在多党制、三权分立的基础上，而中国特色社会主义法治的一个重要前提和政治基础是坚持中国共产党的领导。就世界范围来看，没有哪个国家的法律、法治不是在执政党或掌权的政治势力的领导下制定并实施的。掌握政权的阶级必然通过代表其利益的政党制定并实施符合本阶级利益的宪法和法律。资产阶级及其政党如此，工人阶级及其政党也是如此。有人无视我国宪法关于国体、政体的重要规定，无视中国是共产党领导的社会主义国家这一现实国情而空谈所谓宪政，认为今天中国强调法治就意味着必须削弱乃至取消党的领导，这实质上是按照西方法治理论的逻辑观察中国法治问题；认为只有走西方宪政之路即搞多党制、三权分立才能实现法治，这实质上是鼓吹走西方资本主义的法治道路，而不是主张走符合我国国情的中国特色社会主义法治道路。动摇党的领导，就动摇了社会主义法治的根基，动摇了社会主义法治最重要的保证，就不可能建设社会主义法治国家。

另一方面，这种盲目推崇西方宪政模式，完全不顾中国国情和人民意愿的观点，是时下较为流行的"洋教条"的一种典型表现。同学们不能忘记，那些鼓吹我们党是宪法规定长期执政的党，不是竞选产生的执政党的说法，实际上是不了解我们国家的国情与发展，因为我们党就是历史和人民的选择，而不是自立的。

因此，党的领导是中国特色社会主义法治之魂，也是与西方国家资本主义法治的最根本区别，对于妄图把坚持党的领导和全面推进依法治国割裂，甚至对立起来，对此，我们要保持高度的政治清醒和战略定力。从新中国成立以来我国社会主义法治的发展历程可以看出，党的领导地位越稳固越有利于社会主义法治的发展，全面推进依法治国绝不能虚化、弱化甚至动摇否定党的领导，而应该进一步巩固党的执政地位、提高党的执政能力，保证党和国家长治久安。

首先，党的领导是我国社会主义法治建设的一条基本经验。我们党在领导革命建设和改革的长期伟大实践中，将马克思主义与中国实际相结合，把党的领导贯彻到依法治国全过程和各方面。那么我们发展经历进行如下梳理：

在新中国成立初期，百业待举，在以毛泽东同志为核心的党的第一代中央领导集体的领导下，制定了1954年《宪法》（单击）和众多法律法规，开辟了我国社会主义法治新纪元。以邓小平同志为核心的党的第二代中央领导集体，在总结、汲取了我国民主法治建设正反两方面经验教训，制定了以1982年宪法为统领的一系列法律法规，大力推动了以"有法可依、有法必依、执法必严、违法必究"为方针的法治建设，开启了中国特色社会主义法治建设新道路。1997年，党的十五大明确把依法治国确立为治理国家的基本方略，把建设社会主义法治国家确定为社会主义现代化建设的重要目标。2002年，党的十六大发展社会主义民主政治，最根本的是要把坚持党的领导、人民当家作主和依法治国有机统一起来。2007年，党的十七大提出依法治国是社会主义民主政治的基本要求，强调要全面落实依法治国基本方略，加快建设社会主义法治国家。2012年，党的十八大以来党更加注重发挥法治在国家和社会治理中的引领和规范作用，明确提出"加快建设社会主义法治国家"，把"全面推进依法治国"作为政治改革和政治发展的重要目标和重要任务。全力推进中国特色社会主义法治体系建设，开创了我国社会主义法治建设新局面。2014年十八届四中全会通过《中共中央关于全面推进依法治国若干重大问题的决定》，决定提出"科学立法、严格执法、公正司法、全民守法"新十六字方针，标志着我国的法治建设站在新的历史起点上。2017年，党的十九大把坚持全面依法治国上升为新时代坚持和发展中国特色社会主义的基本方式，法治的地位提升到了前所未有的新高度，全面依法治国踏上了新征程。2021年十九届六中全会强调："法治中国建设迈出坚实步伐，党运用法治方式领导和治理国家的能力显著增强。"

综上所述，从十一届三中全会把加强社会主义法治十六字方针摆在了全党全国人民面前，到党的十九大进一步要求坚持全面依法治国，在中国特色社会主义法治发展的进程中，作为执政党的中国共产党始终总揽法治发展的全局，并且主导着这场法律革命的发展方向。这个过程我们可以总结说新中国成立七十年，改革开放这四十多年，依法治国是我们党提出来的，把依法治国上升为党领导人民治理国家的基本方略也是我们党提出来的。同时不光理论上提出了依法治国，在实践中也在领导人民不断推进依法治国。因此我们可以看出党的领导是推进依法治国的基本要素，也是社会主义法治建设的一条基本经验。

其次，党的领导是推进依法治国的内在要求。法治中国建设是国家治理方式的一场广泛而深刻的革命，中国共产党的先进性以及执政党地位使之能担负起领导人民全面推进依法治国的时代重任，党的领导是全面推进依法治国的内在要求，体现在以下三点：

第一，推进依法治国的繁重性和艰巨性，要求坚持党的领导。

为什么依法治国的任务如此繁重和艰巨呢？过去两千多年封建专制统治之下，归根到底是人治还是法治呢？我们会发现他之所以艰巨繁重是因为他改变的是人们的观念、改变的是人们的行为。为什么我们从古至今的变法总是举世瞩目，就是因为面对我们这样一个具有两千多年封建历史文化的国家，不仅封建思想和意识根深蒂固，而且亲朋好友同学乡党情节浓厚，人治传统加上人情社会成为制约全面推进依法治国的桎梏和障碍。

【案例2】　林语堂先生统治中国的"三女神"

林语堂先生说统治中国的"三女神"，即面子、命运和人情。他还指出，面子是"中国人社会心理最微妙之点。它抽象而不可捉摸，但确是规约中国人社会交往最精致的标准"。比如在知乎上有这样一个问题，说中国的父母最爱聊的是什么话题？答案很简单，是孩子。实际上更精准的答案是优秀的孩子，可见面子存在于我们生活中的方方面面。这"三女神"已经严重冲击了该有的规则和制度，正如林语堂在《吾国与吾民》中所讲："它比宪法更受重视。就是这空洞东西，乃中国人所赖以生活者。她们麻痹司法界，使各种法令条文不生效力，她们藐视法典，践踏法庭，轻巧把司法机关拨个凌乱。在每个人失掉面子以前，中国将不成为真正的民主国家。等到法庭上消失了面子，我们才有公平的裁判。等到内阁各部之间消失了面子，以面子统治的政府让给了法治政府，吾们才能有一个真实的民国。"

当前，推进依法治国作为国家治理领域一场广泛而深刻的革命，必然涉及体制机制和重大利益关系的调整，这势必是一块难啃的硬骨头，因此在我国推进这样一场难啃的革命势必得有一个权威的领导。党具有独特优势特别是政治、组织和密切联系群众等优势，而这些优势是从长期革命实践的过程中积累而来的，这样才能有效破除推进依法治国中的各种障碍，使中国特色社会主义法治道路越走越宽广。

第二，推进依法治国的全局性和系统性，要求坚持党的领导。

那么它的全局性和系统性体现在哪里呢？它既要求依法治国、依法执政、依法行政共同推进，把国家事务和社会事务、经济和文化事业的管理都纳入法治化轨道，也就是方方面面都要走法治道路；又要求法治国家、法治政府、法治社会一体化建设，使全体公民、社会组织和国家机关都以宪法法律为行为准则，依法行使权利、履行义务。而这就需要党的领导，在我国，中国共产党是社会主义事业的领导核心，处在总揽全局、协调各方的地位，这就决定了只有中国共产党才有能力领导依法治国的全面推进。

第三，推进依法治国的复杂性和长期性，要求坚持党的领导。

首先，为什么依法治国工作如此复杂呢？

【思考】经济基础和上层建筑是什么关系呢？法律是属于经济基础还是上层建筑层面呢？

法律作为上层建筑，其产生和发展都要受到经济基础的决定和社会发展的制约。社会经济水平的发展呈动态过程，上层建筑相较于经济基础发展相对稳定，一种适应新经济基础的上层建筑的建立和完善，有一个发展过程，这就需要不断地调整和改变。因此依法治国也不可能孤立、静止地推进，必然要受到经济以及社会制度等方面因素的影响，这就体现出它的复杂性。

其次，为什么依法治国工作需要长期完成呢？

【思考】我国的基本国情是什么呢？

改革开放以来我国社会主义法治建设取得了重大成就，但是我们国家的基本国情仍然是正处于并将长期处于社会主义初级阶段，发展仍然是党执政兴国的第一要务，推动经济政治文化社会生态文明建设都将是一个动态的长期的过程，这决定了推进依法治国必须坚持党的领导，发挥党的领导核心作用。把全面建成小康社会、全面深化改革和全面推进依法治国统筹进行，向着建设法治中国目标不断前进。

我们总结了法治事业上不同阶段取得的巨大成就，同时能够保持法治建设长期稳定没有乱的原因，根本的一条就是我们始终坚持了党的领导。

党的领导和社会主义法治是一致的，社会主义法治必须坚持党的领导，党的领导必须依靠社会主义法治。

——《中共中央关于全面推进依法治国若干重大问题的决定》

一方面党是社会主义法治的主导者和引领者，依法治国以加强和改善党的领导为指向，社会主义法治必须加强党的领导。另一方面，法治作为现代国家治理基本方式，是党领导人民实现中华民族伟大复兴的必然选择，党的领导就必然依靠法治，进一步讲，依法治国、依法执政体现的是党的领导的制度化、法治化方向，是对党的领导的强化、细化和优化，从而更加有利于加强和改善党的领导。

党的领导和社会主义法治是一致的。两者关系处理得好，则法治兴、党兴、国家兴。处理得不好，则法治衰、党衰、国家衰。因而我们说党与法治的关系它是一荣俱荣一损俱损的，是一个根本的问题。

二是坚持以人民为中心。

坚持以人民为中心。全面依法治国最广泛、最深厚的基础是人民，必须坚持为了人民、依靠人民。要把体现人民利益、反映人民愿望、维护人民权益、增进人民福祉落实到全面依法治国各领域全过程……推进全面依法治国，根本目的是依法保障人民权益。随着我国经济社会持续发展和人民生活水平不断提高，人民群众对民主、法治、公平、正义、安全、环境等方面的要求日益增长，要积极回应人民群众新要求新期待，坚持问题导向、目标导向，树立辩证思维和全局观念，系统研究谋划和解决法治领域人民群众反映强烈的突出问题，不断增强人民群众获得感、幸福感、安全感，用法治保障人民安居乐业。

——2020 年 11 月 16 日，习近平总书记在中央全面依法治国工作会议上的讲话

【视频】歌曲《为了谁》（抗疫版）

三是坚持中国特色社会主义法治道路。

【思考】如何理解鞋子合不合脚，只有自己才知道？

【视频】法治中国

中国特色社会主义法治道路，是我国社会主义法治建设成就和经验的集中体现，是唯一正确的道路。走好这条道路，必须从我国实际出发，同推进国家治理体系和治理能力现代化适应，突出中国特色、实践特色、时代特色，既不能罔顾国情、超越阶段，也不能因循守旧、墨守成规。要学习借鉴世界上优秀的法治文明成果，但必须坚持以我为主、为我所认真鉴别、合理吸收，不能搞"全盘西化"，不能搞"全面移植"，不能照搬照抄。

四是坚持依宪治国、依宪执政。

【视频】习近平宣誓

宪法是国家的根本法。法治权威能不能树立起来，首先要看宪法有没有权威。必须把宣传和树立宪法权威作为全面推进依法治国的重大事项抓紧抓好。

——2014年10月20日，习近平总书记关于《中共中央关于全面推进依法治国若干重大问题的决定》的说明

宪法是保证国家兴旺发达、长治久安的根本法，具有最高权威。宪法是党和人民意志的集中体，是通过科学民主程序形成的根本法。坚持依法治国首先要坚持依宪治国，坚持依法执政首先要坚持依宪执政。

五是坚持在法治轨道上推进国家治理体系和治理能力现代化。

法治是国家治理体系和治理能力的重要依托。只有全面依法治国才能有效保障国家治理体系的系统性、规范性、协调性，才能最大限度凝聚社会共识……在统筹推进伟大斗争、伟大工程、伟大事业、伟大梦想的实践中，在全面建设社会主义现代化国家新征程上，我们要更加重视法治、厉行法治，更好发挥法治固根本、稳预期、利长远的保障作用，坚持依法应对重大挑战、抵御重大风险、克服重大阻力、解决重大矛盾。

——2020年11月16日，习近平总书记在中央全面依法治国工作会议上的讲话

【视频】广州互联网法院第一案"遇网站虚假宣传 男子索赔讨说法"

六是坚持建设中国特色社会主义法治体系。

2011年3月全国人大宣布社会主义法律体系基本形成，2014年10月十八届四中全会首次提出了社会主义法治体系这个新概念。

【思考】为什么在社会主义法律体系基本形成后，还要提出社会主义法治体系呢？

【解析】法律体系是以宪法为统师，以法律为主干，以行政法规、地方性法规为重要组成部分，由多个法律部门，如宪法相关法、民法商法、行政法等组成的有机统一整体。法治体系是指法治运转机制和运转环节的全系统，具体包括立法体系、执法体系、司法体系、法律监督体系等，由这些体系组成的一个立体的、有机完整的法治运转体系。虽然只有一字之变，却反映了党治国理政基本思路的重大转变。我们看法治，它实际上包含了几个层面内容呢？两个，一个是法一个是治。从法的角度，我们更注重立法层面的有法可依，关键体现为法治体系内容的建立和健全。从治的角度，随着1997年党的十五大提出了建设社会主义法律体系的目标，到2014年提出建设社会主义法治体系的目标，说明法治已经超越法律建设的范畴，所以在法律体系建立的基础上，解决法律的实施、监督、保障等环节的落实。"建设中国特色社会主义法治体系"的科学论断，是对过去提出的法治建设目标——"法律

体系""法制体系"的升华和发展，标志着中国特色社会主义法治建设进入到全面发展的新时期。

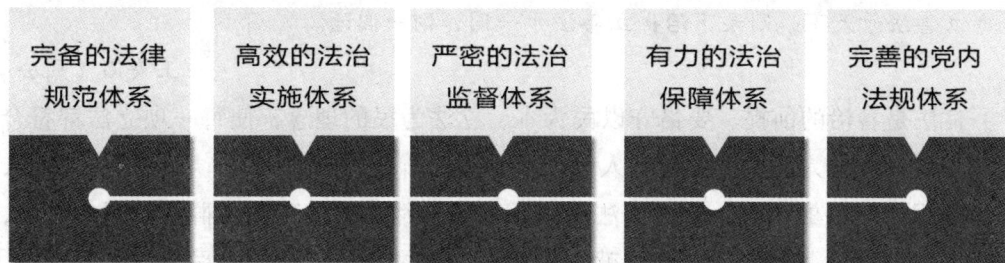

完备的法律 规范体系	高效的法治 实施体系	严密的法治 监督体系	有力的法治 保障体系	完善的党内 法规体系

七是坚持依法治国、依法执政、依法行政共同推进，法治国家、法治政府、法治社会一体建设。

首先，坚持依法治国、依法执政、依法行政共同推进。全面推进依法治国是一项庞大的系统工程，必须统筹兼顾、把握重点、整体谋划，在共同推进上着力，在一体建设上用劲。能不能做到依法治国，关键在于党能不能坚持依法执政，各级政府能不能依法行政。

其次，法治国家、法治政府、法治社会一体建设。法治国家是法治建设的目标，法治政府是法治国家的主体，法治社会是法治国家的基础，三者共同构成建设法治中国的三根支柱，缺少任何一个方面，全面依法治国的总目标就无法实现。

八是坚持全面推进科学立法、严格执法、公正司法、全民守法。

解决好立法、执法、司法、守法等领域的突出矛盾和问题，必须坚定不移推进法治领域改革。要紧紧抓住全面依法治国的关键环节，完善立法体制，提高立法质量。要推进严格执法，理顺执法体制，完善行政执法程序，全面落实行政执法责任制。要支持司法机关依法独立行使职权，健全司法权力分工负责、相互配合、相互制约的制度安排。要加大全民普法力度，培育全社会办事依法、遇事找法、解决问题用法、化解矛盾靠法的法治环境。

——2018年8月24日，习近平总书记在中央全面依法治国委员会第一次会议上的讲话

从十一届三中全会提出的社会主义法治建设的十六字方针，到新的十六字方针，表明我国社会主义法治建设进入了新的阶段，促进了国家治理体系和治理能力现代化。法治体系涵盖了立法、执法、司法、守法全过程。囊括了依法治国、依法执政、依法行政和法治国家、法治政府、法治社会的各个方面。这意味着依法治国的实践已经不再偏重某一方面的建设，而是在国家、政府、社会各个领域，立法、执法、司法各个环节整体地、系统地推进。

【视频】"新十六字方针"，您收好啦！

首先，科学立法。

立善法于天下，则天下治；立善法于一国，则一国治。

——王安石《周公》

良法是善治的前提。要恪守以民为本、立法为民的理念，使每一项立法都符合宪法精神，反映人民意志，得到人民拥护。民之所欲，法之所系。我们的法律是人民群众根本利益的体现，所以立法的程序和结果都必须体现人民群众的根本利益，回应人民群众的基本要求。为此就必须要在立法过程中广泛征求民意、汇集民智，达成最广泛的共识。应当说我们在民主立法方面已经有比较完善的立法程序设置。

科学立法要求立法反映客观规律，符合实际的需要。我国近几年在科学立法方面，立法机关也采取了一系列有效的措施：一是对立法立项的科学评估，即哪些立法议案应当获得立项，必须经过科学分析。同时在立法过程中也要进行科学评估，确定客观情况是否已经发生变化，该法在通过后是否会滞后。二是在执法检查中对立法进行评估，发现现有法律在适用中的问题，为以后的立法提供建议。三是广泛征求专家学者的意见，甚至将一些法律事先委托专家学者拟定建议稿。四是加强立法的前期调研工作，在立法过程中通过前期调研能够充分发现立法的需求。这些做法其实都是为了准确把握立法的客观规律，然后将之反映到立法过程中去。

【思考】请同学们举例，民法典带来的新变化怎样体现科学立法的？

其次，严格执法。

法律的生命力在于实践，法律的权威也在于实践。各级政府必须坚持在党的领导下，在法治轨道上开展工作，创新执法体制，完善执法程序，推进综合执法，严格执法责任，建立权责统一，权威高效的依法行政体制，加快建设职能科学、权责法定、执法严明、公开公正、廉洁高效、守法诚信的法治政府。

再次，公正司法。

公正是法治的生命线，是司法活动最高的价值追求。公正司法是维护社会公平正义的最后一道防线。

【案例3】 电梯劝阻吸烟猝死案

2017年5月，医生杨某准备外出，从14层进入电梯后，发现一名老人正在抽烟，电梯内烟味很浓，出于职业敏感，他劝老人不要在电梯内抽烟。"如果我知道善意的提醒会引发后续一系列事件，我宁可那一刻不说话。"在他电脑中保存的当日监控视频中，可以看到双方在电梯内对话2分钟左右，其间电梯到了一层、负一层，双方都没有下电梯，随后共同返回一层。在一层院内，两人继续争辩，老人有明显的肢体动作，引发争执，老人情绪激动心脏病发作离世。家属将杨某告上法庭，要求40余万元的赔偿。"我劝他不要在电梯内抽烟，老人可能觉得伤了自尊，情绪比较激动，说我没资格管他，因此产生分歧。"杨某解释，"我只是善意提醒他，吸烟对他和大家身体不好。"并说"在电梯间吸烟是不文明行为"，无其他过激的语言。物业把两人劝离，杨某去取快递，返回路过物业办公室时，老人已心脏病发作离世。

思考：医生杨某要负刑事责任吗？

【解析】中级人民法院认为，杨某劝阻老人在电梯内吸烟的行为未超过必要限度，属于正当劝阻行为。虽然从时间上看，杨某劝阻吸烟行为与老人死亡的后果是先后发生的，但是两者并不存在法律上的因果关系。杨某也没有侵害老人生命权的故意或过失。因此，杨某不应承担侵权责任。一审判决适用公平责任原则属于适用法律错误。由此，我们可以得出杨某对老人在电梯内吸烟予以适当的劝阻是自觉维护社会公共秩序和公共利益的行为。一审判决的时候，杨某对老人进行经济补偿，分担损失，让正当行使劝阻吸烟权力的公民承担补偿责任，这大大挫伤了公民依法维护社会公共利益的积极性。既是对社会公共利益的损害，也不利于引导公众共同创造良好的公共环境。

一次不公正的审判，其恶果甚至超过十次犯罪。因为犯罪虽是无视法律好比污染了水流，而不公正的审判则毁坏法律好比污染了水源。

——培根《论法律》

习近平总书记多次引用培根这段话，其中的道理十分深刻。在2014年中央政法工作会议上，习近平总书记说："不要说有了冤假错案，我们现在纠错会给我们带来什么伤害和冲击，而要看到我们已经给人家带来了什么样的伤害和影响，对我们整个的执法公信力带来什么样的伤害和影响。我们做纠错的工作，就是亡羊补牢的工作。"党的十八大以来，司法机关先后纠正了陈满案、呼格案、聂树斌案、缪新华案等一系列重大错案，截至2017年7月，全国司法系统依法纠正重大冤错案34件，涉及54名当事人。人民群众从一件件纠正冤错案中，感知到了司法迈向公平公正的坚实脚步。

最后，全民守法。

"法律必须被信仰，否则它形同虚设。"

——哈罗德·伯尔曼《法律与宗教》

法律的权威源自人民的内心拥护和真诚信仰。人民权益要靠法律保障，法律权威要靠人民维护。增强全民法治观念，推进法治社会建设。我们必须使人民认识到法律既是保障自身权利的有力武器，也是必须遵守的行为规范，增强全社会尊法学法守法用法的意识，使法律为人民所掌握、所遵守、所运用。形成推动全社会树立法治意识。引导全民自觉守法、遇事找法、解决问题靠法。

九是坚持统筹推进国内法治和涉外法治。

坚持统筹推进国内法治和涉外法治，是建设法治强国的必然要求。法治兴则国兴，法治强则国强。面对世界百年未有之大变局，必须统筹推进国内法治发展和涉外法治建设，积极参与全球治理体系改革和建设，加强涉外法治体系建设，加强国际法运用，维护以联合国为核心的国际体系和以国际法为基础的国际秩序，共同应对全球性挑战。中国走向世界，以负责任大国形象参与国际事务，必须善于运用法治，加强国际法治合作，推动全球治理体系变革，构建人类命运共同体。

目前，我国涉外法治建设还存在一些明显的短板。比如，涉外法治立法工作比较滞后；涉外法治人才存在着总量偏小、水平不高、经验不足等问题；企业"出海"的热情高、意愿强、但风险意识较弱、防控能力较差、防范机制不全、事后救济缺位，存在较大法律风险。提升国际话语权，引领制定国际规则、推动建立新型国际关系的努力，将是一个长期、复杂、艰巨、渐进的过程。

十是坚持建设德才兼备的高素质法治工作队伍。

法治工作队伍必须坚持德才兼备。着力建设一支忠于党、忠于国家、忠于人民、忠于法律的社会主义法治工作队伍。要推进法治专门队伍正规化、专业化、职业化，提高职业素养和专业水平。

十一是坚持抓住领导干部这个"关键少数"。

领导干部做尊法学法守法用法的模范，是实现全面依法治国目标和任务的关键所在。每个领导干部都要牢固树立宪法法律至上、法律面前人人平等、权由法定、权依法使等基本法治观念，提高运用法治思维和法治方式深化改革、推动发展、化解矛盾、维护稳定能力。要把权力关进制度的笼子里，把厉行法治作为根本之策，解决好权大还是法大这个真命题。

问题二：坚持走中国特色社会主义法治道路的原因和遵循原则是什么？

习近平总书记指出："全面推进依法治国，必须走对路。如果路走错了，南辕北辙了，那再提什么要求和举措也都没有意义了。"南辕北辙的寓言故事告诉我们：做任何之情都要首先认准方向、找准道路，否则就会事与愿违，犯根本性错误。法治建设也是如此。法治模式并没有放之四海而皆准的统一标准，一个国家走什么样的法治道路，必须与本国国情和社会制度相适应。

（1）坚持走中国特色社会主义法治道路的原因。

①走中国特色社会主义法治道路，是历史的必然结论。"中国特色社会主义法治道路是一个管总的东西。具体讲我国法治建设的成就，大大小小可以列举出十几条、几十条，但归结起来就是开辟了中国特色社会主义法治道路这一条。"

我们党对依法治国问题的认识经历了一个不断深化的过程，法治实践也贯穿于新民主主义革命和社会主义建设的全部历史。大体分为四个时期：第一，新民主主义法制探索时期，第二，新中国社会主义法制初创和曲折发展时期，第三，改革开放以来民主法制恢复和快速发展时期，第四，全面依法治国、建设法治中国时期。实现了从无产阶级专政到社会主义法治建设、从法制到法治、再到"建设中国特色社会主义法治体系和法治国家"三次飞跃。

②走中国特色社会主义法治道路，是由我国社会主义国家性质所决定的。在历史坐标中认识中国特色社会主义法治道路，它是五千年中华文明的制度新篇，是中国共产党掀起的伟大社会革命的历史产物、法治表达及其继续展开。1949年新中国成立伊始，就开启了对社会主义法制的探索。我们党带领人民制定"五四宪法"，把中国人民的革命成果和走社会主义道路的发展方向以宪法的形式确定下来。改革开放40多年，社会主义法治建设更是阔步前进。全面依法治国取得一系列重大成就，中国特色社会主义法治道路在实践中不断丰富发展、越走越宽广。

③走中国特色社会主义法治道路，是立足我国基本国情的必然选择。由于各个国家和地区不同的文化传统、国情特点、制度形式与历史发展道路的差异，究竟通过哪种途径来实现法治、法治的具体制度如何安排等，并没有统一的建构模式、实现机制和评价标准。历史和现实中的文化传统和社会环境等因素共同作用造就了各国不同的法治模式。中国特色社会主义法治道路是从中国国情出发、立足于社会主义初级阶段实际，旨在解决自身法治问题，从而展现出中国风格和中国特色的法治发展道路。

（2）坚持走中国特色社会主义法治道路遵循的原则。

①坚持中国共产党的领导。社会主义法治必须坚持党的领导，党的领导必须依靠社会主义法治。法是党的主张和人民意愿的统一体现，党和法、党的领导和依法治国是高度统一的。坚持中国特色社会主义法治道路，最根本的就是坚持中国共产党的领导，这是全面依法治国的体重应有之义。

【辨析】"党大还是法大？"我国宪法规定"一切国家机关和武装力量、各政党和各社会团体、各企业事业组织都必须遵守宪法和法律。"党政中也强调"党政军民学东西南北中，党领导一切。"那么到底是党大还是法大呢？

【解析】"党大还是法大"这是一个政治陷阱，是一个伪命题。对这个问题不能含糊其词，要明确予以回答。首先，从界定范畴讲，党的本质是政治组织，而法的本质是行为规则，两者不存在谁比谁大的问题。其次，虽然"党大还是法大"是一个伪命题，但是权大还是法大却是一个真命题。一些党员干部特别是领导干部甚至高级领导一手遮天、无法无天，根本不把法当回事，"法治观念不强，决策不讲程序，办事不依法依规"，甚至以言代法、以权压法、徇私枉法。因此，权力是一把双刃剑，在法治轨道上行使可以造福人民，在法律之外行使必然祸害国家和人民。

②坚持人民主体地位。

我国社会主义制度保证了人民当家作主的主体地位，也保证了人民在全面推进依法治国中的主体地位。这是我们的制度优势，也是中国特色社会主义法治区别于资本主义法治的根本所在。

——2014年10月23日，习近平总书记在党的十八届四中全会第二次全体会议上的讲话

【图片】在我国人民是依法治国的主题和力量源泉，国家的法律体现了人民的意志，党的十八大以来党中央坚持法治建设为了人民依靠人民造福人民保护人民，比如实施修改后的行政诉讼法破解民告官的难题；把信访纳入法治化轨道，努力化解信访积案；实施立案登记制改革保障人民群众依法表达诉求；建立居民身份证异地受理制度，方便群众。法律及其实施充分体现了人民意志，人民权益靠法律保障，法律权威靠人民拥护的良好局面正在迅速形成。

【案例4】 "枫桥经验"

20世纪60年代初，浙江省绍兴市诸暨县枫桥镇干部群众创造了"发动和依靠群众，坚持矛盾不上交，就地解决。实现捕人少，治安好"的"枫桥经验"，为此，1963年毛泽东同志就曾亲笔批示"要各地仿效，经过试点，推广去做"。"枫桥经验"由此成为全国政法战线一个脍炙人口的典型。之后，"枫桥经验"得到不断发展，形成了具有鲜明时代特色的"党政动手，依靠群众，预防纠纷，化解矛盾，维护稳定，促进发展"的枫桥新经验，成为新时期把党的群众路线坚持好，贯彻好的典范。今年是毛泽东同志批示学习推广"枫桥经验"57周年。57年来特别是党的十八大以来，"枫桥经验"不断创新发展，形成了新时代"枫桥经验"，在原有的基础上实现了新的飞跃、焕发出新的生命力。

习近平同志高度重视坚持和发展"枫桥经验"，2003年在浙江工作时，明确提

出要充分珍惜"枫桥经验"，大力推广"枫桥经验"，不断创新"枫桥经验"。因此，如今也是习近平同志发展枫桥经验的第 16 年。党的十八大以来，习近平总书记提出了一系列社会治理的新理念新思想新战略，特别是对坚持发展"枫桥经验"作出重要指示：把"枫桥经验"坚持好、发展好，把党的群众路线坚持好、贯彻好。发动和依靠群众是"枫桥经验"的精髓所在、灵魂所在，是党的群众路线在社会治理中的具体体现和实现形式。也充分体现了在政法领域以人民为主体的原则。

③坚持法律面前人人平等。

【案例5】 曹操割发代首的故事

曹操的官兵在经过麦田时，曹操命令官兵们不准践踏麦地，如有违反则要杀头。于是官兵们都下马用手扶着麦秆，小心翼翼地蹚过麦田，这样一个接着一个，相互传递着走过麦地，没一个敢践踏麦子的。老百姓看见了，没有不称颂的，有的望着官军的背影，还跪在地上拜谢。曹操骑马正在走路，忽然，田野里飞起一只鸟儿，惊吓了他的马。他的马一下子窜入田地，踏坏了一片麦田。他要执法官为自己定罪，被执法官拒绝。曹操要举刀自杀，被众人劝住。于是，他就用剑割断自己的头发说："那么，我就割掉头发代替我的头吧。"古代人很注重头发的，身体发肤受之父母。

【解析】

第一，平等是法治的愿景。《史记·商君列传》指出"王子犯法与庶民同罪"，对此句话的理解，我们可以引用韩非的"法不阿贵，绳不挠曲。法之所加，智者弗能辞，勇者弗敢争"。换言之，王子犯法与庶民犯法都有罪，都要受到惩罚。但是王子有王子的法、王子的罪；庶民有庶民的法、庶民的罪。

第二，对于平等的理解不能绝对化。

【图片】

对于平等的理解，不能绝对化和形式化。比如未成年人和成年人，在权利和义务的设定上，还是存在差别的。但是这种形式上的差别对待，旨在实质上更好地保护未成年人的权益，实现实质意义上的平等。

第三，美式的平等谎言。

【案例6】　弗洛伊德的非裔美洲人被美国白人警察暴力执法致死

2020年新冠肺炎疫情高发期间，一名叫弗洛伊德的非裔美洲人被美国白人警察暴力执法致死。这是美国积蓄已久的种族歧视和不平等现状的极端反应。弗洛伊德一人之死引发的全美抗议斗争，其广泛度、激烈度、关注度一度超过事关几十万人生死的新冠"抗疫"斗争。这是对美式"书面平等"的现实打脸。

④持依法治国和以德治国相结合。法治和德治，对治国理政来讲，如车之两轮或鸟之两翼，忽视其中任何一个，都将难以实现国家的长治久安。只有让法治和德治共同发挥作用，才能使法律与道德相辅相成，法治与德治相得益彰，做到"法安天下，德润人心"。

⑤坚持从中国实际出发。建设法治中国，必须从我国实际出发，同完善和发展中国特色社会主义制度、推进国家治理体系和治理能力现代化相适应，既不能罔顾国情、超越阶段，也不能因循守旧、墨守成规。坚持从实际出发，就是要突出中国特色、实践特色、时代特色。要总结和运用党领导人民实行法治的成功经验，围绕社会主义法治建设重大理论和实践问题，不断丰富和发展符合中国实际、具有中国特色、体现社会发展规律的社会主义法治理论，为依法治国提供理论指导和学理支撑。

（三）专题小结

（1）习近平法治思想囊括坚持党对全面依法治国的领导，坚持以人民为中心，坚持中国特色社会主义法治道路，坚持依宪治国、依宪执政，坚持在法治轨道上推进国家治理体系和治理能力现代化，坚持建设中国特色社会主义法治体系，坚持依法治国、依法执政、依法行政共同推进，法治国家、法治政府、法治社会一体建设，坚持全面推进科学立法、严格执法、公正司法、全民守法，坚持统筹推进国内法治和涉外法治，坚持建设德才兼备的高素质法治工作队伍，坚持抓住领导干部这个"关键少数"。

（2）全面推进依法治国，必须坚持中国共产党的领导，坚持人民主体地位，坚持法律面前人人平等，坚持依法治国和以德治国相结合，坚持从中国实际出发。

六、教学拓展

（一）教学案例

（1）林语堂先生说统治中国的"三女神"。

（2）电梯劝阻吸烟猝死案。

（3）"枫桥经验"。

（4）曹操割发代首的故事。

（5）弗洛伊德的非裔美洲人被美国白人警察暴力执法致死。

（二）教学资料

教学资料课后总结，在此不做赘述。

七、课后思考

（1）习近平法治思想的主要内容有哪些？

（2）为什么必须坚持中国特色社会主义法治道路？

（3）坚持走中国特色社会主义法治道路的原则是什么？

八、实践指南

结合《民法典》，每位同学列举 5 个对比性案例。

九、延伸阅读

中共中央宣传部理论局：《法治热点面对面》，学习出版社、人民出版社，2015年版。

专题十五　宪法至上，弘扬宪法精神

📖 一、教学目标

以宪法为核心的中国特色社会主义法律体系，是全面依法治国的重要内容，是建设中国特色社会主义法治体系的前提和基础。该专题作为上一节内容的具体展开，也是将宪法这一国家根本大法视为大学生必须掌握的法律内容，更是下一节内容的逻辑架构。本专题教学在坚持问题导向原则下，通过问题链式的教学方式，层层递进，将理论教学一步步引向深入。

通过本章内容的学习，学生能够准确掌握我国宪法的形成和修改过程、确立的基本原则，理解加强宪法实施与监督的重要性，从而维护宪法权威。

📖 二、教学重难点

（一）教学重点

1. 我国宪法的形成和修改。

2. 我国宪法的地位作用。

3. 我国宪法的基本原则。

4. 我国宪法的实施和监督。

（二）教学难点

1. 如何深刻理解并把握宪法的基本原则？

2. 如何加强宪法实施与完善宪法监督？

三、教学方法

宪法部分的学习理论性比较强，本专题主要采用案例教学法、任务驱动法、问题导向法等教学方法。

四、教学课时

本专题对应高等教育出版社《思想道德与法治》（2021年版）教材第六章第三节，教学安排4课时。

五、教学过程

（一）课前预习

教师在学习通平台发布学习任务：

（1）收集身边的案例，讲述宪法是如何影响我们的生活的？

（2）撰写"宪法在我心中"感言，并感言分享到学习通中。

（3）研读2018年《中华人民共和国宪法修正案》文本，并提出疑惑问题。

（二）课程导入

大家知道我们新中国第一部宪法——五四宪法是在哪里起草的吗？你听说过五四宪法的另一个浪漫的名字吗？

【案例1】 五四宪法的诞生

杭州西子湖畔，北山街84号大院30号楼，坐落着一幢青砖叠砌的西式历史建筑。1953年12月28日至1954年3月14日，毛泽东率领宪法起草小组成员在这里度过了77个日夜，起草了宪法草案初稿（史称"西湖稿"），为中华人民共和国第一部宪法（"五四宪法"）的正式诞生奠定了重要基础。

"这幢建筑是建于民国时期的住宅，由一处平房和一幢二层小楼组成。""五四宪法"历史资料陈列馆副馆长王永翔介绍。如今，这幢宪法起草小组当年工作的历史建筑，已被设立为全国第一家以宪法为主题的陈列馆——"五四宪法"历史资料陈列馆。馆内的一件件文物、一张张图片，让那些关于新中国首部宪法的红色记忆被重新唤醒，鲜活如新。

1953年底，毛泽东一行乘专列离京赴杭。

"治国，须有一部大法。我们这次去杭州，就是为了能集中精力做好这件立国安邦的大事。"列车上毛泽东对随行人员说的话，如今被镌刻在"五四宪法"历史资料陈列馆序厅的墙壁上。

一幅关于宪法的历史画卷，从这里徐徐展开。

"搞宪法就是搞科学"。毛泽东阅读、钻研了各国宪法。"毛主席精力集中，思考、研究问题经常到忘我的地步，往往一干就是一个通宵。午饭在夜里，晚饭在早晨。为便于主席休息，他的办公室旁边还有一间休息室。"解说员的介绍，生动还原了毛泽东起草"西湖稿"时的情景。

30号楼的工作持续了77天。1954年2月中旬至26日，宪法起草小组先后拿出了初稿、二读稿、三读稿。经杭州、北京两地人员分头讨论并修改后，3月上旬又完成了四读稿。接着，中共中央政治局召开扩大会议，讨论并通过了四读稿。宪法起草小组在杭州的工作圆满结束。

1954年6月14日，中央人民政府委员会通过了《中华人民共和国宪法（草案）》，并予以公布，交付全民讨论。1.5亿余人参与、征集意见118万多条，根据这场全国大讨论中提出的意见，宪法起草委员会又对宪法草案做了一些修改。

1954年9月20日，第一届全国人民代表大会第一次全体会议全票通过了《中华人民共和国宪法》。新中国第一部宪法由此诞生。

【提问】从五四宪法的诞生过程中，大家感受到了什么？

【解析】习近平总书记讲"法治权威能不能树立起来，首先要看宪法有没有权威。"党的十八届四中全会明确提出，坚持依法治国首先要坚持依宪治国，坚持依法执政首先要坚持依宪执政。我国现行宪法确立的许多重要制度和原则都来源于"五四宪法"，是对它的继承、坚持、完善和发展。翻开宪法序言，从站起来、富起来到强起来，中华民族伟大复兴的历程清晰可见。中国特色社会主义的伟大实践在国家根本法上留下辉煌篇章。

（三）讲授新课

问题一：我国的宪法经历了怎么样的发展历程？

我们党领导人民制定的宪法，既不同于西方宪法，也不同于近代以来我国曾经出现的旧宪法，而是在取得新民主主义革命胜利、实现民族独立和人民解放、扫除一切旧势力的基础上制定的全新宪法。

中国共产党登上中国历史舞台后，在推进中国革命、建设、改革的实践中，高度重视宪法和法治建设。1931年，我们党在中央苏区成立中华苏维埃共和国临时中央政府，颁布了《中华苏维埃共和国宪法大纲》。1946年，我们党在陕甘宁边区颁布了《陕甘宁边区宪法原则》。我国现行宪法可以追溯到1949年具有临时宪法作用的《中国人民政治协商会议共同纲领》和1954年一届全国人大一次会议通过的《中华人民共和国宪法》。

1954年宪法是中华人民共和国第一部宪法，它以《中国人民政治协商会议共同纲领》为基础并加以发展，在总结新民主主义革命历史经验和社会主义改造与社会主义建设经验的基础上，规定了国家在过渡时期的总任务，确定了建设社会主义制度的道路和目标，确立了适合中国国情的国体和政体，同时较完整地规定了公民的基本权利和义务。1954年宪法的制定和实施，为巩固社会主义政权和进行社会主义建设发挥了重要保障和推动作用，也为我国现行宪法的制定和完善奠定了基础。

在这之后，我国宪法建设走了一些弯路，特别是"文化大革命"期间宪法形同虚设。1975年制定的宪法，受到"四人帮"干扰破坏，比1954年宪法大大倒退了。1978年制定的宪法，因受历史条件限制，还来不及对"文化大革命"的惨痛教训进行全面总结、对"左"的错误进行彻底清理，虽然恢复了1954年宪法的部分条文，但仍然以1975年宪法为基础。

1979年7月和1980年9月又两次进行宪法部分条文的修改，仍不能满足形势发展的需要。

党的十一届三中全会开启了改革开放历史新时期，发展社会主义民主、健全社会主义法治成为党和国家坚定不移的方针。我国现行宪法即1982年宪法就是在这个历史背景下产生的。这部宪法深刻总结了我国社会主义建设正反两方面经验，适应我国改革开放和社会主义现代化建设、加强社会主义民主法治建设的新要求，确立了党的十一届三中全会之后的路线方针政策，把集中力量进行社会主义现代化建设规定为国家的根本任务，就社会主义民主法治建设作出一系列规定，为改革开放和社会主义现代化建设提供了有力法治保障。1988年、1993年、1999年、2004年、2018年，全国人大分别对我国宪法个别条款和部分内容作出必要的也是十分重要的修正，使我国宪法在保持稳定性和权威性的基础上紧跟时代前进步伐，不断与时俱进。

2018年3月，十三届全国人大一次会议通过宪法修正案，反映了党的十九大确定的重大理论观点和重大方针政策，以及党和国家事业发展的新成就新经验新要求。

问题二：我国 2018 年《中华人民共和国宪法修正案》通过的意义是什么？

【视频呈现】《新时代的宪法保障》

【解析】在视频中，我们了解到 2018 年的《宪法修正案》确立了科学发展观、习近平新时代中国特色社会主义思想在国家政治和社会生活中的指导地位，将新发展理念、建设富强民主文明和谐美丽的社会主义现代化强国、实现中华民族伟大复兴、中国共产党领导是中国特色社会主义最本质的特征、倡导社会主义核心价值观、确立宪法宣誓制度、完善国家主席任期制度、深化国家监察体制改革等载入宪法。

这对于全面贯彻习近平新时代中国特色社会主义思想，深化依法治国、依宪治国，在法治轨道上更好坚持和发展中国特色社会主义，广泛动员和组织全国各族人民夺取新时代中国特色社会主义伟大胜利，具有重大而深远的意义。通过这次修改，我国宪法在中国特色社会主义伟大实践中紧跟时代步伐，不断与时俱进，有力推动和保障了党和国家事业发展，有力推动和加强了我国社会主义法治建设。

现行宪法修改体现了中国共产党领导人民进行改革开放和社会主义现代化建设的成功经验，体现了中国特色社会主义道路、理论、制度、文化的发展成果，表明了我国宪法同党和人民进行的艰苦奋斗和创造的辉煌成就紧密相连，同党和人民开辟的前进道路和积累的宝贵经验紧密相连。

问题三：我们为什么要进行宪法的修改？

回顾党领导的宪法建设史，可以得出这样几点结论。一是制定和实施宪法，推进依法治国，建设法治国家，是实现国家富强、民族振兴、社会进步、人民幸福的必然要求。二是我国现行宪法是在深刻总结我国社会主义革命、建设、改革的成功经验基础上制定和不断完善的，是党领导人民长期奋斗的历史逻辑、理论逻辑、实践逻辑的必然结果。三是只有中国共产党才能坚持立党为公、执政为民，充分发扬民主，领导人民制定出体现人民意志的宪法，领导人民实施宪法。四是党高度重视发挥宪法在治国理政中的重要作用，坚定维护宪法尊严和权威，推动宪法完善和发展，这是我国宪法保持生机活力的根本原因所在。

宪法的修改有以下几方面的意义：

（1）时代大势所趋。宪法只有不断适应新形势、吸纳新经验、确认新成果、作出新规范，才具有持久生命力。我国宪法是治国理政的总章程，必须体现党和人民事业的发展和进步，必须随着党领导人民建设中国特色社会主义实践的发展而不断完善发展。从 1954 年我国第一部宪法诞生至今，我国宪法一直处在探索实践和不断完善过程中。1982 年宪法公布施行后到本次宪法修改前，根据我国改革开放和社会主义现代化建设的实践和发展，在党中央领导下，全国人大先后4次以宪法修正案的形式对宪法作出修改。这些修改，有力推动和保障了党和国家事业发展，有力推动和加强了我国社会主义法治建设。可以说，随着党领导人民建设中国特色社会主义实践的发展而不断与时俱进、完善发展，是我国宪法发展的一个显著特点，也是一条基本规律。

自2004年宪法修改以来，党和国家事业又有了许多重要发展变化。特别是党的十八大以来，以习近平同志为核心的党中央团结带领全党全国各族人民，毫不动摇坚持和发展中国特色社会主义，推动党和国家事业取得历史性成就、发生历史性变革。党的十九大对新时代坚持和发展中国特色社会主义作出重大战略部署，确定了新的奋斗目标。通过宪法修改，把党和人民在实践中取得的重大理论创新、实践创新、制度创新成果上升为宪法规定，有利于更好发挥宪法的规范、引领、推动、保障作用。因此，对我国宪法作出适当修改是必须的、适时的，是党和国家事业蓬勃发展的需要，是为新时代中国特色社会主义提供法治保障的需要，是筑牢实现中华民族伟大复兴共同思想基础的需要。

（2）事业发展所需。坚持依法治国首先要坚持依宪治国，坚持依法执政首先要坚持依宪执政；完善以宪法为核心的中国特色社会主义法律体系，是全面推进依法治国的必然要求。全面依法治国是党治国理政的基本方略，是实现国家治理现代化的重要依托。习近平总书记强调，没有全面依法治国，我们就治不好国、理不好政，我们的战略布局就会落空。必须坚持把依法治国作为党领导人民治理国家的基本方略、把法治作为治国理政的基本方式，不断把法治中国建设推向前进。

宪法是国家的根本法，是治国安邦的总章程，是党和人民意志的集中体现，具有最高的法律地位、法律权威、法律效力。坚持依法治国首先要坚持依宪治国，坚持依法执政首先要坚持依宪执政。新中国成立以来特别是改革开放40年来，宪法在我们党治国理政实践中发挥了十分重要的作用。而完善以宪法为核心的中国特色社会主义法律体系，则是全面推进依法治国的必然要求。宪法修正案站在健全完善党和国家领导制度、推进国家治理体系和治理能力现代化的高度，作出了一系列重大制度设计，包括坚持党的领导、人大制度、统一战线制度、宪法宣誓制度、国家主席任期制度、地方立法制度、监察制度等。这些重大修改，是保证党和国家长治久安的顶层设计和制度安排。充分体现了党的领导、人民当家作主和依法治国的有机统一，体现了党的主张与人民意志的有机统一，体现了党和国家事业发展的新成就、新经验、新要求，有力地维护和彰显了宪法权威，对推动宪法与时俱进、完善发展，在新时代发挥"治国安邦总章程"的根本性作用，对全面贯彻党的十九大精神、广泛动员和组织全国各族人民为夺取新时代中国特色社会主义伟大胜利而奋斗，提供了有力宪法保障，从而将全面推进依法治国提升到了一个新的高度。

（3）党心民心所向。本次修宪是一次完善中国特色社会主义制度、推进社会主义民主政治的重大创新，充分体现了人民当家作主这一社会主义民主政治的本质属性，反映了党和人民共同意愿。

习近平总书记强调，宪法是人民的宪法，宪法修改要广察民情、广纳民意、广聚民智，充分体现人民的意志。本次宪法修改是一次完善中国特色社会主义制度、推进社会主义民主政治的重大创新，充分体现了新时代坚持和发展中国特色社会主义的根本要求。宪法修正案，将科学发展观、习近平新时代中国特色社会主义思想写入宪法，确立其在国家政治和社会生活中的指导地位，进一步巩固全党全国各族人民团结奋斗的共同思想基础；充实坚持和加强中国共产党全面领导的内容，巩固党的执政基础和执政地位，为国家发展和民族复兴提供坚强政治保证；修改国家主席任职方面有关规定，着眼于健全完善党、国家和军队三位一体领导体制，是保证党和国家长治久安的制度设计，是中国特色社会主义政治优势和制度优势的重要体现；增加有关监察委员会的各项规定，势必为夺取反腐败斗争压倒性胜利提供最强有力组织保障；把我国建设成为富强民主文明和谐美丽的社会主义现代化强国，实现中华民族伟大复兴的奋斗目标写进宪法，使得宪法具有鲜明的时代特征，确保全国人民团结一心、拼搏奋斗完成这一目标。总之，对我国现行宪法作出21条修改，充分体现了人民当家作主这一社会主义民主政治的本质属性，反映了全党和全国各族人民的共同意愿，为党和国家兴旺发达、长治久安提供了更加坚实的基础和保障。

问题四：如何看待我国宪法的地位？

宪法是国家的根本法，是党和人民意志的集中体现，是国家各项制度和法律法规的总依据，具有显著优势、坚实基础、强大生命力。它既顶天又立地。既规定了国家的一系列根本制度，同时也规定了每一个公民的权利与义务。它确定了中国共产党的领导地位；明确了我们的国体是人民民主专政；确立了社会主义制度是我们的根本制度；确立了中国共产党领导的多党合作和政治协商制度；确立了民族区域自治制度和基层群众自治制度以及社会主义基本经济制度。

【课堂活动】宪法序言，我来诵读。

这个活动主要是通过大家接力诵读宪法序言，来进一步了解宪法的内容以及宪法精神，我们以宿舍为单位每人诵读一个自然段的形式来进行。

问题五：如何正确把握宪法实施的基本原则？

宪法的基本原则是贯穿宪法规范始终，对宪法的制定、修改、实施、遵守等环节起指导作用的基本准则。我国宪法的基本原则集中反映了规范权力运行、保障公民权利的基本精神，体现了社会主义法治的根本性质。

（1）关于党的领导原则。中国共产党是中国特色社会主义事业的领导核心。是社会主义法治最根本的保证，是中国特色社会主义最本质的特征，是中国特色社会主义制度最大优势。我国宪法序言指出："中国新民主主义革命的胜利和社会主义事业的成就，是中国共产党领导中国各族人民，在马克思列宁主义、毛泽东思想的指引下，坚持真理，修正错误，战胜许多艰难险阻而取得的。""中国各族人民将继续在中国共产党领导下……把我国建设成为富强民主文明和谐美丽的社会主义现代化强国。"宪法序言是宪法的重要组成部分，同宪法其他章节一样具有最高法律效力。党的领导原则作为我国宪法的基本原则，于法有据，具有形式合法性。这也是近百年中国历史的选择，人民的选择，具有实质合法性。

（2）关于人民主权原则。人民当家作主是社会主义民主政治的本质和核心。我国宪法体现了人民当家作主原则，强调国家的一切权力属于人民。这一原则在宪法中的表现是多方面的：宪法通过确认我国人民民主专政的国体，保障了广大人民群众在国家中的主人翁地位；通过确认以公有制为主体、多种所有制经济共同发展的基本经济制度，为人民当家作主奠定了经济基础；通过确认人民代表大会制度的政体，为人民当家作主提供了组织保障；通过确认广大人民依照法律规定，通过各种途径和形式，管理国家事务，管理经济和文化事业，管理社会事务的权利，把人民当家作主贯彻于国家和社会生活各个领域。

（3）关于尊重和保障人权原则。法治是人权得以实现的保障。我国宪法将"国家尊重和保障人权"规定为一项基本原则，对公民的基本权利和自由作出全面规定，依法保障公民的生存权和发展权。我国宪法规定公民享有人身权、财产权、社会保障权、受教育权等权利和宗教信仰、言论出版、集会结社、游行示威等自由。由于国家机关和国家工作人员侵犯公民权利而受到损失的人，有依照法律规定获得赔偿的权利。尊重和保障人权原则入宪以来，我国在完善人权保障法律体系、依法行政保障公民合法权益、有效提升人权司法保障水平等方面取得了新进展，推动了人权事业不断进步。

【案例2】 坚持走中国特色社会主义人权发展道路

100年来，中国共产党矢志践行初心使命，创造了尊重和保障人权的伟大奇迹，谱写了人权文明的新篇章。

为中国人民谋幸福，为中华民族谋复兴，这是中国共产党人的初心和使命，也是中国共产党人权思想之本。100年来，中国共产党矢志践行初心使命，创造了尊重和保障人权的伟大奇迹，谱写了人权文明的新篇章。中国居民平均预期寿命从1949年的35岁提高到2019年的77.3岁。2020年，全国居民人均可支配收入、人均消费支出分别是1956年的328倍和241倍。中国建成了世界上最大的社会保障体系，且覆盖面不断扩大，保障水平不断提高。中国在减贫事业上取得的巨大成就，不仅改写了中国人权事业发展史，也创造了世界人权保障新奇迹。

"中国人民实现中华民族伟大复兴中国梦的过程，本质上就是实现社会公平正义和不断推动人权事业发展的进程。"中国人权事业不断取得新成就，让人们对习近平主席这一深刻论断的认识不断加深。今天，中国人民的获得感、幸福感、安全感不断增强，人民群众的切身感受是丈量中国人权事业前进步伐的重要标尺。哈佛大学肯尼迪政府学院的研究报告指出，中国共产党领导的中国政府在中国人民中享有的支持率和满意度超过93%。美国盖洛普咨询公司公布的"法律与秩序"指数显示，中国是全球最安全的国家之一。

中国共产党百年来尊重和保障人权的实践充分证明，在中国实现尊重人权、保障人权、发展人权，没有现成的条条框框可以照搬，必须从本国实际出发，走自己的路。坚持中国共产党领导、社会主义制度与尊重和保障人权相统一，坚持以发展促进人权保障，坚持以人民为中心的人权理念，坚持以促进人的全面发展为目的，坚持以构建人类命运共同体为使命，中国共产党成功走出了一条符合国情的人权发展道路。今天，"人民至上""生存权、发展权是首要的基本人权"等人权理念，正在全球引发广泛共鸣。英国学者马丁·雅克指出，"最基本的人权是良好的经济状况"。巴西国际政治问题专家若泽·卡瓦略表示，中国共产党坚持以人为本的发展理念，不断提高人民生活水平，这是为维护人权作出的实实在在贡献。

人权是历史的发展的具体的。人权事业没有最好，只有更好；人权保障只有进行时，没有完成时。中国将坚定不移走中国特色社会主义人权发展道路，继续为推动中国和世界人权事业发展进步而不懈努力。

【提问】从我国的人权发展道路大家可以得出什么启示？

【解析】中国共产党的百年奋斗史，就是一部争取人民解放、保障人民权利、致力于人的全面发展的光辉历史。中国共产党坚持人民至上，坚持将人权的普遍性原则与中国实际相结合，坚持生存权、发展权是首要的基本人权，坚持人民幸福生活是最大的人权，坚持促进人的全面发展，不断增强人民群众的获得感、幸福感、安全感，成功走出了一条中国特色社会主义人权发展道路，创造了尊重和保障人权的伟大奇迹，谱写了人权文明的新篇章。同时，中国积极响应国际社会倡议，自2009年以来，先后制定实施了三期国家人权行动计划，人民的生活水平持续提升，各项权利得到更加切实保障，保护特定群体权益的政策和法律措施更加完善，人权法治保障进一步加强，全面参与全球人权治理，为世界人权事业发展作出了重要贡献。

（4）关于社会主义法治原则。我国宪法明确规定实行依法治国，建设社会主义法治国家。我宪法第五条规定："中华人民共和国实行依法治国，建设社会主义法治国家。国家维护社会主义法制的统一和尊严。一切法律、行政法规和地方性法规都不得同宪法相抵触。一切国家机关和武装力量、各政党和各社会团体、各企业事业组织都必须遵守宪法和法律。一切违反宪法和法律的行为，必须予以追究。任何组织或者个人都依法治国不得有超越宪法和法律的特权。"这是法治原则的宪法依据，也明确规定了我国在治国方略上要法治，不要人治。同时，明确国家立法权、行政权、监察权、审判权和检察权都必须在法治轨道上有序运行。任何组织和个人都要在宪法和法律范围内活动，一切违法行为都应受到法律的追究。

（5）关于民主集中制原则。民主集中制是我国国家组织形式和活动方式的基本原则，是我国国家制度的突出特点和优势，也是集中全党全国人民集体智慧，实现科学决策、民主决策的基本原则和主要途径。我国宪法第三条规定："中华人民共和国的国家机构实行民主集中制的原则。"民主集中制原则确立全国人民代表大会为最高国家权力机关，即立法权最高，行政权和司法权由它派生，受它监督。中央和地方国家机构职权的划分及其活动，遵循在中央统一领导下，充分发挥地方的主动性、积极性的原则。

问题六：在新时代如何加强宪法实施与监督？

宪法的生命在于实施，宪法的权威在于实施。我国宪法发展的历程说明，只要我们切实尊重和有效实施宪法，党和国家事业就能顺利发展。反之，如果宪法受到漠视、削弱甚至破坏，党和国家事业就会遭受挫折。那么我们要如何加强宪法的实施和监督呢？

【提问】大家知道"国家宪法日"是哪一天吗？知道"国家宪法日"的由来吗？

【解析】国家宪法日设立的目的：设定国家宪法日是为了增强全社会的宪法意识，弘扬宪法精神，加强宪法实施，全面推进依法治国，并决定把每年12月4日制定为国家宪法日。每年12月4日，国家都会通过多种形式开展宪法宣传教育活动。此外，设立"国家宪法日"，是一个重要的仪式，传递的是"依宪治国""依宪执政"的理念。不仅是增加一个纪念日，更要使这一天成为全民的宪法"教育日、普及日、深化日"，形成举国上下尊重宪法、宪法至上、用宪法维护人民权益的社会氛围；也是让宪法思维内化于所有国家公职人员心中。权力属于人民，权力服从宪法。公职人员只有为人民服务的义务，没有凌驾于人民之上的特权。一切违反宪法和法律的行为都必须予以追究和纠正。

国家宪法日设立的重要意义：党的十八届四中全会《决定》提出，将每年十二月四日定为国家宪法日。这是全面推进依法治国浓墨重彩之笔，具有重大现实意义和深远历史意义：凸显社会主义法治必须坚持党的领导；体现依法治国和以德治国相得益彰；推动全社会宪法意识和法治思维的形成；展示法治中国的良好国家形象。

那么新时代应如何加强宪法的实施与监督？

（1）加强宪法实施。加强宪法实施，我们党首先要坚持依宪执政，国家权力机关要加强和改进立法工作，国家行政机关、监察机关和司法机关要严格执行法律，维护宪法法律尊严。

坚持依宪执政。宪法是我们党长期执政的根本法律依据，我们党首先要带头尊崇和执行宪法。要坚持党领导立法、保证执法、支持司法、带头守法，把依法治国、依法执政、依法行政统一起来，把党总揽全局、协调各方同人大、政府、政协、监察机关、审判机关、检察机关依法依章程履行职能、开展工作统一起来，把党领导人民制定和实施宪法法律同党坚持在宪法法律范围内活动统一起来。

坚持依法立法。国家权力机关要加强和改进立法工作，继续完善以宪法为核心的中国特色社会主义法律体系，以良法促进发展、保障善治、维护人民民主权利，保证宪法确立的制度、原则和规则得到全面实施。要及时把党的路线方针政策通过法定程序转化为国家法律，加强重点领域、新兴领域、涉外领域立法，通过完备的法律体系推动宪法实施。要保证重大改革于法有据，任何立法均不得同宪法相抵触，维护社会主义法制的统一。

坚持严格执法。国家行政机关要坚持依宪施政、依法行政，严格规范政府行为，深化行政执法体制改革，推进执法规范化建设，严格规范公正文明执法，加大决策合法性审查力度，进一步提高科学决策、民主决策、依法决策水平。监察机关要在党的领导下，以宪法为根本准则，履行好对行使公权力的公职人员监察全覆盖的法定职责。司法机关要深化司法体制综合配套改革，落实司法责任制，加快构建权责一致的司法权运行新机制，坚持和完善中国特色社会主义司法制度，保证依法独立公正行使审判权、检察权，确保司法权公正高效权威，不断提高司法公信力。

（2）完善宪法监督。健全人大工作机制。全国人大及其常委会履行宪法赋予的宪法监督职责，要加强对宪法法律实施情况的监督检查，坚决纠正违宪违法行为。要依法行使监督权，加强对"一府一委两院"的行为是否合乎宪法的监督。要健全监督机制和程序，进一步明确全国人大及其常委会进行宪法监督的对象、范围、方式等，将原则性要求具体化、程序化，使宪法监督更规范、更有效。

【提问】大家知道什么是"一府一委两院"吗？

【视频播放】《什么是"一府一委两院"？》

健全宪法解释机制。全国人大常委会根据宪法规定行使宪法解释权，依照宪法精神对宪法规定的内容、含义和界限作出解释。要完善宪法解释程序机制，明确宪法解释提请的条件、宪法解释请求的提起和受理以及宪法解释案的审议、通过和公布等具体规定，保证宪法解释贯彻落实，积极回应涉及宪法有关问题的关切，努力实现宪法的稳定性和适应性的统一。

【视频播放】《全国人大常委会全票通过对香港基本法第一百零四条的解释》，通过视频同学们可以进一步了解什么是宪法解释机制。

健全备案审查机制。将所有的法规规章、司法解释和各类规范性文件依法依规纳入备案审查范围，是宪法监督的重要内容和环节。要建立健全党委、人大、政府、军队间备案审查衔接联动机制，加强备案审查制度和能力建设，实行有件必备、有备必审、有错必纠。要提高备案审查机制的执行力和约束力，增强备案审查的实际效能。

健全合宪性审查机制。我国的合宪性审查，就是由有关权力机关依据宪法和相关法律的规定，对于可能存在违反宪法规定的法律法规、规范性文件以及国家机关履行宪法职责的行为进行审查，并对违反宪法的问题予以纠正。推进合宪性审查工作，要求有关方面拟出台的法规规章、重要政策和重大举措，凡涉及宪法有关规定如何解释、如何适用的，都应当事先经过全国人大常委会合宪性审查，确保同宪法规定、宪法精神相符合。

【提问】合宪性审查是什么？为什么如此重要？

【视频播放】《合宪性审查》

（四）专题小结

宪法的根基在于人民发自内心的拥护，宪法的伟力在于人民出自真诚的信仰。宪法是每个公民享有权利、履行义务的基本遵循。我们要充分认识到宪法不仅是全体公民必须遵循的行为规范，而且是保障公民权利的法律武器，更加自觉地尊崇宪法、学习宪法、遵守宪法、维护宪法、运用宪法，大力弘扬宪法精神，不断增强宪法意识，把宪法作为判断大是大非的准绳，同一切破坏宪法权威、践踏宪法尊严的行为作斗争，在宪法的阳光照耀下追求国家富强和人民幸福。

六、教学拓展

（一）教学案例

1.国家宪法日的设立

【案例3】 国家宪法日设立的目的和意义

宪法是国家的根本法，是治国安邦的总章程。60年前，第一届全国人民代表大会第一次会议通过了中华人民共和国第一部宪法，这部被称为"五四宪法"的法案为年轻的共和国奠定了法制基础。1982年12月4日，五届全国人大五次会议通过了现行的宪法。1988年、1993年、1999年、2004年，对现行宪法的四次修改，使我国宪法在保持稳定性和权威性的基础上紧跟时代前进步伐，不断与时俱进。

党的十八届四中全会《决定》提出将每年12月4日定为国家宪法日，这是推进宪法宣传教育、弘扬宪法精神、加强宪法实施的重要举措。设定国家宪法日是为了增强全社会的宪法意识，弘扬宪法精神，加强宪法实施，全面推进依法治国。每年12月4日，国家都会通过多种形式开展宪法宣传教育活动。

此外，设立"国家宪法日"，是一个重要的仪式，传递的是"依宪治国""依宪执政"的理念。不仅是增加一个纪念日，更要使这一天成为全民的宪法"教育日、普及日、深化日"，形成举国上下尊重宪法、宪法至上、用宪法维护人民权益的社会氛围；也是让宪法思维内化于所有国家公职人员心中。权力属于人民，权力服从宪法。公职人员只有为人民服务的义务，没有凌驾于人民之上的特权。一切违反宪法和法律的行为都必须予以追究和纠正。

国家宪法日设立的重大意义，一是凸显了社会主义法治必须坚持党的领导；二是体现了依法治国和以德治国相得益彰；三是推动了全社会宪法意识和法治思维的形成；四是展示了法治中国的良好国家形象。

2.吸收接轨国际立法　探索开创中国路径

【案例4】　信息保护法的出台

2021年8月20日，广受中外关注的《中华人民共和国个人信息保护法》由十三届全国人大常委会第三十次会议正式通过，这翻开了我国个人信息立法保护的历史新篇章，也是全球个人信息法治发展的重大里程碑。

就个人信息保护法出台的时代背景而言，有着丰富的国际国内蕴涵：一方面，随着数字经济的蓬勃发展，世界各国日益重视个人信息的多重价值属性，纷纷出台个人信息保护的专门立法。从欧盟《一般数据保护条例》、美国《加州消费者隐私保护法案》到日本、韩国、巴西、印度乃至阿联酋等国新近出台的诸多法律文件，无不透射出个人信息保护的重要战略意义，可以说个人信息法律保护已经成为衡量一国法治文明和法治水平的重要指针。

另一方面，当下我国正处于全面数字化转型的高质量发展新阶段，在新技术新应用层出不穷的生态语境下，个人信息的处理已经成为社会进步和产业升级新的驱动力，而广大民众对于加大个人信息保护力度也有着空前的关切和期待，可以说个人信息保护法的制定颁布是保障公民个人信息权益、促进个人信息合理利用的必然举措。

【提问】从个人信息保护法的出台可以看出什么？

【解析】个人信息保护关乎人民群众安全感、获得感和幸福感，关乎数字经济规范健康持续发展，关乎国家安全和竞争新优势。习近平总书记多次强调，要坚持网络安全为人民、网络安全靠人民，保障个人信息安全，维护公民在网络空间的合法权益，对加强个人信息保护工作提出明确要求。

出台《个人信息保护法》，就是依据宪法，全面总结《民法典》《网络安全法》等法律制定和实施经验，深入研究信息时代个人信息处理基本规律，借鉴有关国家和地区成功的立法经验，形成一部适应新时代中国特色社会主义发展要求，全面调整不同主体个人信息处理活动的法律，充分发挥法治固根本、稳预期、利长远、促发展的规范、引导、教育、保障作用。

（二）教学资料

习近平谈宪法，"人民"二字重逾千钧

宪法与国家前途、人民命运息息相关。

——2012年12月4日，习近平总书记在首都各界纪念现行宪法公布施行30周年大会上的讲话

宪法的根基在于人民发自内心的拥护，宪法的伟力在于人民出自真诚的信仰。

——2012年12月4日，习近平总书记在首都各界纪念现行宪法公布施行30周年大会上的讲话

只有保证公民在法律面前一律平等，尊重和保障人权，保证人民依法享有广泛的权利和自由，宪法才能深入人心，走入人民群众，宪法实施才能真正成为全体人民的自觉行动。

——2012年12月4日，习近平总书记在首都各界纪念现行宪法公布施行30周年大会上的讲话

宪法是国家的根本法，是治国安邦的总章程，是党和人民意志的集中体现，具有最高的法律地位、法律权威、法律效力。

——2014年12月，习近平总书记在首个国家宪法日之际作出重要指示

宪法是党和人民意志的集中体现，是通过科学民主程序形成的国家根本法。

——2017年12月15日，习近平总书记在党外人士座谈会上的讲话

只有中国共产党才能坚持立党为公、执政为民，充分发扬民主，领导人民制定出体现人民意志的宪法，领导人民实施宪法。

——2018年2月24日，习近平总书记在中共中央政治局第四次集体学习时的讲话

党领导人民制定和完善宪法，就是要发挥宪法在治国理政中的重要作用。

——2018年12月，习近平总书记在第五个国家宪法日之际作出重要指示

党领导人民制定宪法法律，领导人民实施宪法法律，党自身要在宪法法律范围内活动。

——2020年11月16日至17日，习近平总书记在中央全面依法治国工作会议上的讲话

各级人大及其常委会要不断提高政治判断力、政治领悟力、政治执行力，全面加强自身建设，成为自觉坚持中国共产党领导的政治机关、保证人民当家作主的国家权力机关、全面担负宪法法律赋予的各项职责的工作机关、始终同人民群众保持密切联系的代表机关。

——2021年10月13日至14日，习近平总书记在中央人大工作会议上的讲话

📖 七、课后思考

（1）有人说，宪法规定的大多是一些原则性内容且很抽象，而且司法判决一般也不援引宪法条文，因而宪法是一部与公民生活关系不大、高高在上的"闲法"。谈谈如何看待这一说法。

（2）结合身边的具体的案例实际，思考我国宪法的特点是什么，其中人权保障的原则是如何体现的？

（3）收集习近平总书记关于宪法的重要论述，每人至少两条，以宿舍为单位录制微视频。

📖 八、实践指南

实践主题：围绕身边发生的与宪法有关的案例，开展"我与宪法的故事"实践活动。

实践安排：

（1）具体形式不限，可以收集网络案例观点评析，可以访谈相关人物，也可以去法院庭审现场进行旁听等。

（2）以小组为单位分组设计方案，由老师指导后按要求开展。

实践要求：

（1）撰写实践报告，要求要有案例，有分析，有思考，字数不少于 2000 字。

（2）撰写演讲稿或心得体会稿，在班级开展"我与宪法"演讲比赛或心得分享。

📖 九、延伸阅读

（1）习近平：《论坚持全面依法治国》，中央文献出版社，2020 年版。

（2）中共中央宣传部理论局：《法治热点面对面》，学习出版社、人民出版社，2015 年版。

专题十六　守法用法，培养法治思维

📖 一、教学目标

　　本专题属于法治教育，在前面专题讲解社会主义法律的本质和作用、坚持全面依法治国、尊重宪法权威等内容后，着重回答有关大学生社会主义法治思维培养问题，以及公民的权利与义务的关系问题。通过本章内容的学习，学生能够明晰法治思维的内涵和基本内容，培养社会主义法治思维方式，使学生养成心中有法、自觉守法、解决问题用法的良好习惯，准确把握法律权利和法律义务的内涵，了解我国宪法规定的公民基本权利与义务，引导大学生树立正确的权利义务观，妥善处理学习、生活中遇到的法律问题和各种矛盾，不断提高自己的法治素养，增进尊法学法守法用法的自觉性，将对法治的尊崇内化于心，将模范遵守法律外化于行，以实际行动维护社会主义法律权威，成为法治中国建设的中坚力量。

📖 二、教学重难点

（一）教学重点

1. 法治思维的内涵和基本内容。
2. 我国宪法规定的权利和义务。

（二）教学难点

1. 如何理解法律权利与法律义务的关系？
2. 作为新时代大学生，如何不断提升自身法治素养？

三、教学方法

本专题主要采用案例教学法、任务驱动法、问题导向法，同时结合理论讲授法来进行。

四、教学课时

本专题对应高等教育出版社《思想道德与法治》（2021 年版）教材第六章第四节，教学安排 4 课时。

五、教学过程

本专题课前实施知识前测和任务驱动，通过引导学生积极探索思考参与到课中内容的探究中，课中通过翔实的案例引导提升学生认知，课后通过知识后测和开展实践体验来巩固所学知识。

（一）课前预习

教师在学习通平台发布学习任务：

（1）收集身边的案例，思考宪法规定的我们公民的权利和义务有哪些？

（2）生活中，我们需要在哪些方面培养我们的法治思维？

（二）课程导入

2019 年年初，华东政法大三学生，小王携带零食进上海迪士尼乐园时，被园方工作人员翻包检查，并加以阻拦。小王认为园方制定的规则不合法，导致自己的合法权益受到侵害，便一纸诉状将上海迪士尼乐园告到了法庭上，对此你怎么看？

大学生乘客李颖诉中国铁路哈尔滨集团有限公司铁路旅客运输合同纠纷案，获得 2019 年年度优秀案例分析评选活动的一等奖。

从以上两则案例可以看出，最近几年大学生的法治思维以及维权意识越来越高，那么什么是法治思维？大学生应该树立什么样的法治思维呢？带着对这些问题的思考，下面进入新课的学习。

（三）新课讲授

问题一：什么是法治思维？

法治思维是指以法治价值和法治精神为导向，运用法律原则、法律规则、法律方法思考和处理问题的思维模式。法治思维将法律作为判断是非和处理事务的准绳，要求崇尚法治、尊重法律，善于运用法律手段协调关系和解决问题。

【视频】合肥火车站一乘客阻拦高铁发车

【提问】这名女子的行为到底是值得同情还是谴责？究竟公民在面对规则或执法时，应该树立什么样的意识？

【解析】法治思维应该成为我们行动的逻辑起点。

法治思维包含以下几层含义：第一，法治思维以法治价值和法治精神为指导，蕴含着公正、平等、民主、人权等法治理念，是一种正当性思维；第二，法治思维以法律原则和法律规则为依据指导人们的社会行为，是一种规范性思维；第三，法治思维以法律手段与法律方法为依托分析问题、处理问题、解决纠纷，是一种逻辑思维；第四，法治思维是一种符合规律、尊重事实的科学思维。因此，法治思维是一种融法律的价值属性和工具理性于一体的特殊的高级法律意识。

法治思维的内涵丰富、外延宽广，主要表现为价值取向和规则意识两个方面。价值取向是指如何看待和对待法律，规则意识是指如何用法律看待和对待自身。一般来讲，法治思维主要包括法律至上、权力制约、公平正义、权利保障、程序正当等内容。

【提问】《我不是药神》是 2018 年非常火的一部电影，讲述了主人公从一个交不起房租的小商贩逐渐成为印度仿制药"格列宁"（治疗白血病的特效药）代理商的故事。大家谈一下观看电影《我不是药神》的观后感。

【案例 1】　电影《我不是药神》背后鲜为人知的"陆勇案"

【解析】影片中情与法的冲突令人深思，而原型"陆勇案"也再度引起关注。陆勇的行为虽然在一定程度上触及了国家对药品和对信用卡的管理秩序，但对他无论主观还是客观都无偿惠及白血病患者的行为认定为犯罪，显然有悖于司法为民的价值观。依法决定"不起诉"体现了司法的本质不仅惩恶，还有扬善这正是法治思维作为正当性思维的体现；沅江市检察院在"情"与"法"的冲突中坚守法律至上的原则这正是法治思维作为规范性思维的体现。沅江市检察院以法律手段与法律方法为依托对"陆勇案"进行依法审查后，认为陆勇不构成犯罪、不承担刑事责任，这正是法治思维是一种逻辑思维的体现。整个案件的审理和判决以事实为依据，以法律为准绳，也充分体现了法治思维是一种符合规律、尊重事实的科学思维。

由此可以看出，法治思维是基于对法律的尊崇和对法治的信念判断是非、权衡利弊、解决问题的思维方式。要把对法治的尊崇、对法律的敬畏转化成思维方式和行为方式，切实做到依法治国、依法执政、依法行政、依法治军、依法办事、依法维权，做到在法治之下，而不是法治之外，更不是法治之上。

问题二：法律思维与法治思维有什么样的联系？

党的十九大报告指出，要"坚持战略思维、创新思维、辩证思维、法治思维、底线思维"。法律思维与法治思维作为思维的不同表现形式，它们都有思维所具有的概括性、间接性等一般特性，而且两者之间还有更为紧密的联系。法律思维与法治思维的联系表现在以下方面。

（1）法律思维与法治思维都是心理逻辑。作为认知过程中的心理逻辑，法治思维包含但不限于形式逻辑，包含但选择性使用数理逻辑，推崇并广泛地使用命题逻辑，禁止但难以根绝地使用直觉主义逻辑，这与法律思维具有一致性。这种心理逻辑的功能在于促进"法治解决意向"的理性，最终外化为一个权力行使的"可接受性"。这同法律思维对解决事实的理性运用以达到"可接受性"具有一样的逻辑基础。

（2）法律思维与法治思维都是理性思维。理性是认识之源，也是认识之本。法律作为人类主观认识和建构的结果，是人类理性的产物，也是人类理性的象征。当然，法治作为一种现代国家的治理理想，必定要求它符合比现行法律"更高理性"的标准。法治思维与法律思维一样都是追求"更高理性"的认知活动，它们本身就是一种理性思维。首先，两者都是一种逻辑理性。逻辑学适用于一切人。因此，它又是理性思维的裁判。就是说，由于法治思维与法律思维都是一种心理逻辑，这种逻辑中本身就体现出一种较高理性。其次，法治思维与法律思维是一种实践理性。法治思维强调思维主体对于思维客体（社会问题）的"穿透性反映"，进而能够形成具有科学性的"法治解决意向"。再次，法治思维与法律思维是一种规则理性。法治思维的"法治解决意向"强调通过规则来解决具体问题，强调规则的语词表达和法律效果都必须有确定性，强调权力行使遵循形式要件。这与法律思维中对规则的理解与运用，以及运用法律的"明确性"这一基本理性相一致。

（3）法律思维与法治思维都是价值判断。法治思维的最终目的是保障人权。然而，人权本身必定包含价值判断。法治思维的精神活动过程中对事实的判断与法律思维活动过程中对特定的事实以法律的视角去审视一样，最为重要的必定是价值判断。法治思维和法律思维的价值判断都是以一定的"价值经验"为基础。当然，法治思维的难处正在于实际获得一种广泛一致的价值经验。因为，"各种价值不仅有不同的'高低阶层'，其于个案中是否应被优先考量，亦完全视具体情况而定。因此，一种'较高'价值可能必须对另一'较低'价值让步，假使后者关涉一种基本生活需要，而假使不为前述退让，此生活需要即不能满足的话"。可见，法治思维的价值判断与法律思维一样是要解决不同情形下不同价值的排序问题。

（4）法律思维与法治思维都是一种习惯思维。法治思维是人们遵从法治精神来思考、研究和解决问题的习惯性模式，作为一种习惯思维，法治思维反对把法治当成一种精确装配起来的科学结构，反对把法治当成多种要素复杂合成的器具技术。而法律思维也是主体遵从法律，在法律规范、学说等的指引下，对具体问题进行思考、研究的一种习惯性模式。

（5）法律思维与法治思维都是以法治理念和法律知识为依托。不论是法律思维主体还是法治思维的主体在应对各种具体问题时都会将这一问题纳入法律知识体系中。结合法治理念去思考、理解，也就是说两者主体都会拥有法律知识背景和经验以及对法治理念的理解与把握，都强调以"法"为中心，强调法律的地位，依法治理社会，以法律追求的价值为目标。

（6）法律思维与法治思维在内容上有一定的重合性。从上文我们知道，法治思维和法律思维都植根于法治理念基础之上，符合法治的根本要求，两者都体现了法治的精神实质和价值追求，分析、判断、处理现实问题的思维方法或者过程。而且，两者离不开分析、判断等逻辑思维，离不开法治原则、法治的精神实质、法治的价值追求等内涵。

问题三："法治"与"人治"有什么区别？

"法治"与"人治"的区别主要有以下几点：

（1）"法治"与民主相容，"人治"与专制相合。"法治"是与市场经济、工业文明相适应的一种治国方式。现代民主政治建立在法治基础之上。法治化的程度是衡量一个国家是否现代化的重要指标。"人治"是与自然经济、农业文明相适应的一种治国方式，君主专制是人治国家的主要统治形式。在人治国家中，一切人只服从拥有权力的人及其意志。

（2）"法治"强调"权自法出"，"人治"强调"法自权出"。"法治"强调权自法出，即所有的公共权力都应当具有合法性根据，没有合法性基础便不得行使任何权力，即使人们在法律之外行使了相关权力，也不发生法律效力。"人治"强调法律出自君主。正所谓"朕即国家""朕即法令"。在人治国家，君主和统治阶层既能创生法律，又能超越法律。他们只是用法律管制和镇压老百姓，维护自己的统治。

（3）"法治"强调"法大于权"，"人治"强调"权大于法"。"法治"强调一切公权力都应当服从法律，法律是最高的公共理性，也是公权力的产出之所。没有法律根据的一切权力均为非法。即便是紧急状态下政治权力的运用也要遵循依法行使的原则。"人治"是最高统治者不受法律约束的"权治"。最高统治者的权力大于法律。谁拥有国家权力，谁就主宰国家和民众。在人治国家，官本位观念盛行，人们普遍地崇拜权力，漠视法律。

（4）"法治"强调法律至上，"人治"强调领袖至上。"法治"强调法律至上，包括两方面的内容："其一，是和任何其他规则相比较，法律在治理社会活动中，在规范人们交往行为中具有至上性和首选性；其二，是与任何组织和个人相比较，法律是至上的，任何组织和个人都要服从法律。"因此，法治国家要求执政党和国家领导人与普通公民一样遵守法律。"人治"强调领袖至上，包括两方面的内容，其一，是掌握国家权力的领袖的意志高于法律，他可以一言立法，也可以一言废法；其二，是掌权国家权力的领袖决定国家的重大事务。他依靠至高无上的绝对权威，把自己的意志贯彻到整个社会并使之得以执行。所以，政治领袖个人权威成为维系国家统一和社会稳定的基础。

总之，"法治"与"人治"的本质区别在于国家权力是否严格依法运作。法治国家要求树立"法大于权"的观念，创设"法大于权"的制度。我们建设社会主义法治国家，应当把民主与法治紧密结合在一起，"把坚持党的领导、人民当家作主和依法治国有机统一起来"，逐步清除"人治"和"权治"等遗留下来的不良影响。

问题四：如何理解法治思维的基本内容？

（1）法律至上。法律至上的法治思维是指在国家或社会的所有规范中，法律是地位最高、效力最广、强制力最大的规范。具体表现为普遍适用性、优先适用性、不可违抗性。

习近平总书记在《习近平关于严明党的纪律和规矩论述摘编》中讲到"党纪国法不能成为'橡皮泥''稻草人'，无论是因为'法盲'导致违纪违法，还是故意违规违法，都要受到追究，否则就会形成'破窗效应'。"

法律至上要求宗教、道德、行业规范都不得超越法律规范，不得与法律规范相抵触。尤其指宪法至上，因为宪法具有最高的法律效力，是其他一切法律的依据。

【案例2】 张扣扣案

2018年2月15日，凶手张扣扣因二十二年前母亲被杀而将邻居王自新及其长子王校军和三子王正军杀害，作案后张扣扣潜逃并于两日后投案自首。7月17日上午，陕西省汉中市中级人民法院遵照最高人民法院院长签发的死刑执行命令，对杀害三人的张扣扣执行了死刑。

【提问】大家如何看待张扣扣案，张扣扣案给我们什么样的启示？

【解析】张扣扣被执行死刑当年网上舆论关注很大，一审律师辩护词《一叶一沙一世界》中认为张扣扣案，是一个血亲复仇的故事，张扣扣没有更好的仇恨排遣通道，复仇有着深刻的人性和社会基础，国家法应该适当吸纳民间正义情感，张扣扣是一个什么样的人。企图给张扣扣脱罪，但是张扣扣于情可悯，于法难容！这就是法律至上性的体现，当情与法发生冲突的时候，任何人不得以任何借口突破法律的防线。

（2）权力制约。权力制约的法治思维是指国家机关的权力必须受到法律的规制和约

束。也就是要把权力关进制度的笼子里。在我国，一切权力为民所有，一切权力为民所用。权力制约的四项要求：权力由法定即法无授权不可为，是指国家机关的职权必须来自法律明确的授予；有权必有责是指国家机关在获得权力的同时必须承担相应的职责和责任；用权受监督是指国家权力的运行和行使必须接受各种形式的监督，让人民监督权力，让权力在阳光下运行；违法受追究是指国家工作人员违法行使权力必须受到法律的追究和制裁。

（3）公平正义。公平正义是指社会的政治利益、经济利益和其他利益在全体社会成员之间合理、公平分配和占有。

【案例3】 于欢案二审宣判，于欢被判有期徒刑5年

"辱母案"发生于2016年4月14日，于欢在母亲苏银霞和自己被11名催债人长达一小时的侮辱后，情急之下用水果刀刺伤了4人。被刺中的杜志浩自行驾车就医，却因失血过多休克死亡。

2017年2月17日，山东省聊城市中级人民法院一审以故意伤害罪判处于欢无期徒刑。宣判后，附带民事诉讼原告人杜洪章、许喜灵、李新新等人和被告人于欢不服一审判决，分别提出上诉。5月27日8时30分，山东省高级人民法院第22审判庭公开审理上诉人于欢故意伤害一案。6月23日上午9时，山东省高级人民法院在该院第22审判庭公开宣判上诉人于欢故意伤害一案。由无期徒刑改为有期徒刑5年。法院认定其刺死1人行为系防卫过当。

2018年4月12日，"于欢案"背后吴学占团伙涉黑犯罪一案开庭审理，5月11日审宣判，吴学占获刑25年。6月29日，二审裁定驳回上诉，维持原判。

【提问】从于欢案中，大家又有什么启示？法律应如何维护公平正义？

【解析】舆情是舆情，法律是法律。两者之间不能混淆，但两者之间并非天然对立，民意执念的朴素正义，应该在法律管道内有正常的吸纳空间。在很多人看来，于欢的行为不仅仅是一个法律上的行为，更是一个伦理行为。而对于判决是否合理的检视，也正显示出在法律调节之下的行为和在伦理要求之下行为或许会存在的冲突，显示出法的道理与人心常情之间可能会出现的罅隙。也正是在这个角度上看，回应好人心的诉求，审视案件中的伦理情境、正视法治中的伦理命题，才能"让人民群众在每一个司法案件中都感受到公平正义"。

也正是因此，转型期中国的法治建设，无论是立法还是司法，需要更多地正视这些人心经验，正视转型时代保护伦理价值的重要性，从而把握好逻辑与经验的关系、条文与人情的关系、法律与伦理的关系。

"法律是灰色的，而司法之树常青"。同样，法律也是冰冷的，但法律精神是有温度的。任何执法不当与裁判不公，都是对法律精神的背叛与戕害。在于欢案二审中，司法机关坚持"依法独立行使审判权"，秉持法律精神公正裁判，实现排除社会危害性与阻止刑事违法性的统一，彰显了法律之正义。

【播放视频】林正疆《正义的温度》

【解析】正义既要像宝剑一样斩断罪恶维护公理，也要有温暖的胸襟去怀抱去接纳一时糊涂但是后来真心改过的人。

公平正义包括：权利公平、机会公平、规则公平、救济公平。

权利公平包括三重含义：一是权利主体平等，国家对每个权利主体"不偏袒""非歧视"；二是享有的权利特别是基本权利平等；三是权利保护和权利救济平等。

机会公平是指生活在同一社会中的成员拥有相同的发展机会和发展前景，反对任何形式的歧视。

规则公平是指对所有人适用同一规则和标准，不得因人而异。

救济公平是指为权利受到侵害或处于弱势地位的公民提供平等有效的救济。包括司法救济公平、行政救济公平、社会救济公平。

（4）权力保障。权利保障的法治思维是指对公民权利的法律保障。具体包括公民权利的宪法保障、立法保障、行政保障、司法保障。

【案例 4】 我国受教育权保障水平显著提升

2021 年 8 月 12 日，国务院新闻办公室发表《全面建成小康社会：中国人权事业发展的光辉篇章》白皮书。

贫困地区义务教育得到充分保障：白皮书指出，贫困地区义务教育得到充分保障。深入实施《教育脱贫攻坚"十三五"规划》和《深度贫困地区教育脱贫攻坚实施方案（2018—2020 年)》，实现义务教育有保障，阻断贫困代际传递。大力改善贫困地区义务教育学校办学条件，持续提升义务教育学校办学水平和教育质量。全国中小学（含教学点）互联网接入率达到 100%，拥有多媒体教室的学校比例达到95.3%。实施农村义务教育学校教师特设岗位计划，吸引更多优秀高校毕业生到农村贫困地区任教。连片特困地区乡村教师生活补助惠及 8 万多所学校、127 万名教师，累计选派 19 万名教师到边远贫困地区、边疆民族地区支教。建立健全学生资助体系，不断提高学生资助精准度，对义务教育阶段建档立卡家庭经济困难学生全部给予生活费补助。全国每年约 1.5 亿城乡义务教育学生免除杂费并获得免费教科书，约 2500 万家庭经济困难学生获得生活补助，约 1400 万进城务工人员随迁子女实现相关教育经费可携带。农村贫困家庭子女义务教育阶段辍学问题实现动态清零，2020 年贫困县九年义务教育巩固率达到 94.8%。

受教育权利得到更好保障：白皮书说，受教育权利得到更好保障。中国坚持教育公益性原则，把教育公平作为国家基本教育政策，受教育权保障水平显著提升。全国学前三年毛入园率从 2010 年的 56.6% 提高到 2020 年的 85.2%，实现了学前教育基本普及。2020 年，全国九年义务教育巩固率为 95.2%，义务教育普及程度达到世界高收入国家的平均水平。残疾儿童义务教育入学率达 95% 以上。建立覆盖从学前教育到研究生教育的全学段学生资助政策体系，不让一个孩子因家庭经济困难而辍学的目标基本实现。倾斜支持农村教育、中西部地区教育，全国 96.8% 的县实现义务教育基本均衡发展，更多农村和中西部地区孩子享受到更好更公平的教育。全国高中阶段教育毛入学率从 2000 年的 42.8% 提高到 2020 年的 91.2%，超过中等偏上收入国家平均水平；高等教育毛入学率从 2000 年的 12.5% 提高到 2020 年的 54.4%，高等教育在学总规模超过 4000 万人，建成世界上最大规模的高等教育体系。

少数民族和民族地区教育事业快速发展：白皮书还说，少数民族和民族地区教育事业快速发展。中国通过发展民族地区各级各类学校，举办预科班、民族班，在广大农牧区推行寄宿制教育，着力办好民族地区高等教育等举措，促进教育公平，保障少数民族受教育权利。民族地区已全面普及从小学到初中9年义务教育，西藏自治区和新疆维吾尔自治区的南疆阿克苏地区、克孜勒苏柯尔克孜自治州、喀什地区、和田地区四地州实现了从学前到高中阶段15年免费教育。

残疾人受教育水平稳步提高：此外，残疾人受教育水平稳步提高。着力办好特殊教育，大力发展融合教育，努力保障残疾人享有平等受教育权。2020年全国共有特殊教育学校2244所，专任教师6.62万人，在校学生88.08万人，比2013年增加51.27万人，增长139.3%。不断完善随班就读支持保障体系，在普通学校随班就读的残疾学生规模不断扩大，由2013年的19.1万人增加到2020年的43.58万人，增长128.2%。近10年来，残疾学生在普通学校就读的比例均接近或超过50%。全国实现了家庭经济困难残疾学生从小学到高中阶段教育的12年免费教育。

【解析】教育投入大幅增长，办学条件显著改善，办学水平不断提高，农村教育得到加强，教育公平迈出重大步伐。城乡免费义务教育全面实现，2020年，我国义务教育普及程度达到世界高收入国家的平均水平。回顾我国全面建成小康社会的历史进程，受教育权法治不仅取得巨大成就，而且规定了全面建成小康社会中教育的方向和路径，激发了教育对社会发展的核心动能，在促进全面建成小康社会中发挥了先导和保障的作用。教育是立国之本，教育公平是社会公平的重要组成部分，平等受教育权是教育公平的核心，切实保障公民的受教育权是新时期教育事业发展的历史使命。法治是受教育权得以实现的保障，受教育权的法治化建设，有利于实现受教育权法制向受教育权法治的时代转型，切实提高人权的保护水平。

（5）程序正当。程序正当指的是只有按照程序做，才能防止主观任性、无序混乱只有严格按照法律程序办事办案，处理结果才可能公正并具有公信力和权威性。让权力在阳光下运行是程序正当追求的目标。程序的正当，表现在程序的合法性、中立性、参与性、公开性、时限性等方面。

【案例5】 北京大学撤销于艳茹博士学位案

于艳茹系北京大学历史学系2008级博士研究生，于2013年7月5日取得历史学博士学位。2013年1月，于艳茹将其撰写的论文《1775年法国大众新闻业的"投石党运动"》（以下简称《运动》）向《国际新闻界》杂志社投稿，后于同年7月23日刊登。2014年8月17日，《国际新闻界》发布《关于于艳茹论文抄袭的公告》，认为于艳茹的《运动》一文构成严重抄袭。北京大学经调查认为，《运动》一文"基本翻译外国学者的作品，因而可以视为严重抄袭，应给予严肃处理"。2015年1月

9 日，北京大学经调查后作出《关于撤销于艳茹博士学位的决定》。于艳茹不服，先后向北京大学学生申诉处理委员会和北京市教育委员会提出申诉，均遭到驳回。于艳茹不服，诉至北京市海淀区人民法院。海淀法院经审理，以程序违法为由撤销了北京大学作出的决定。北京大学不服一审判决，上诉至北京市第一中级人民法院。二审法院经审理认为，正当程序原则是裁决争端的基本原则及最低的公正标准，即使法律中没有明确的程序规定，行政机关应自觉遵守。本案中，北京大学作为法律、法规授权的组织，其在行使学位授予或撤销权时，亦应当遵守正当程序原则。而北京大学在作出撤销学位决定前，未能履行正当程序，构成程序违法。据此，二审法院判决驳回上诉，维持原判。于艳茹，北京大学历史学系 2008 级博士研究生，2013年 7 月毕业并取得博士学位。2014 年 8 月，其 2013 年发表的《运动》一文被指涉嫌抄袭。2015 年 1 月，北大决定撤销于博士学位。7 月，于状告北大，请求撤销北大的撤销决定并判令恢复其博士学位。法院认为，北大在作出撤销决定前未充分听取于的陈述和申辩，有违正当程序原则，判决撤销该撤销决定。

【解析】在我国行政管理领域，一直存在"重实体、轻程序"的问题。特别是在一些非典型行政管理领域，因缺乏明确的程序性规定，正当程序原则时常被忽略。通过本案的审理，法院再次重申了正当程序原则的核心要义，即：作出任何使他人遭受不利影响的行使权力的决定前，应当听取当事人的意见。判决书还专门对正当程序原则的含义和重要性进行阐释，明确指出，正当程序原则是裁决争端的基本原则及最低的公正标准。即使法律中没有明确的程序规定，行政机关也应自觉遵守。该案判决受到实务界、学术界和社会广泛关注，获得一致好评，由此引发的对于正当程序原则的讨论十分激烈，程序权利意识得以普及和强化，对于推进我国的法治国家建设进程具有积极意义。

问题五：如何认识法律权利与法律义务的关系？

法律上的权利和义务，是法律关系的一个重要构成要素，没有法律权利和义务，也就不存在法律关系。法律关系就是法律关系主体之间在法律上的一种权利义务关系。法律权利和法律义务之间的关系体现在以下几个方面：

（1）法律权利与法律义务相互依存。权利和义务作为构成法律关系的内容要素，是紧密联系、不可分割的。在法律关系中，权利和义务相互依存。义务的存在是权利存在的前提，权利人要享受权利必须履行义务；任何一项权利都必然伴随着一个或几个保证其实现的义务；法律关系中的同一人既是权利主体又是义务主体，权利人在一定条件下要承担义务，义务人在一定条件下要享受权利。在权利和义务的关系上，义务占主导地位，法的根本目的是保护人的权利，但是如果缺乏义务性规范的支持，权利就形同虚设，法律就会成为一纸空文。义务存在的合理性决定了权利存在的合理性。如果原有义务的合理性丧失，或新的合理性义务产生，那么已有的权利必然发生变化。权利的实现取决于义务的履行，一部分以他人履行义务而获得，一部分以自己履行义务而获得，不自觉履行义务就无法获得相应的权利，离开了义务，权利就不复存在。也就是说，在权利和义务这一对矛盾统一体中，义务处于矛盾的主要方面和支配地位，发挥着主导作用，决定着权利的存在和实现。

（2）法律权利与法律义务相互独立。权利不能被看作义务，义务也不能被视为权利。混淆两者的界限，必然会导致法律上的错误。也就是说，权利和义务有各自的范围和限度。超出了这个限度，就不为法律所保护，甚至是违反法律的。具体而言，超出了权利的限度，就可能构成"越权"或"滥用权利"，属于违法行为。而要求义务人作出超出其义务范围的行为，同样是法律所禁止的。

（3）法律权利与法律义务在一定条件下互为对应。权利意味着对利益的获取与实现，义务意味着对利益的付出与负担；法律确立的不同社会主体之间利益的获取或付出的状态，构成了在一定条件下他们相互之间可以自己做出或不做出某一行为，或者要求他人做出或不做出某一行为。权利以其特有的利益导向和激励机制作用于人的行为，义务以其特有的约束机制和强制机制作用于人的行为，最终达到不同的社会主体基于对自身权利义务的准确理解与行使。

总之，法律权利与法律义务就像一枚硬币的两面，不可分割，相互依存。在社会生活中，每个人既是享受法律权利的主体，又是承担法律义务的主体。在法治国家，不存在只享受权利的主体，也不存在只承担义务的主体。法律权利的实现必须以相应法律义务的履行为条件；法律义务的设定和履行也必须以法律权利的行使为根据。离开了法律权利，法律义务就失去了履行的价值和动力；离开了法律义务，法律权利也形同虚设。有些法律权利和法律义务具有复合性的关系，即一个行为可以同时是权利行为和义务行为，如劳动的权利和义务、接受义务教育的权利和义务。在法律权利与法律义务相一致的情况下，一个人无论是行使权利还是履行义务，实际上都是对自己有利的。大学生应当正确把握依法行使权利、履行义务的基本要求，既珍惜自己权利又尊重他人权利，既善于行使权利又自觉履行义务。

问题六：我国宪法中规定的公民基本权利和义务有哪些？

【视频】宪法赋予公民的权利和义务

【提问】举例说明，生活中我们享有哪些基本的权利和义务？

【解析】从视频中我们可以看到：依法行使法律权利，是体现权利正当性和保障权利实现的充分必要条件。在日常生活中，人们行使任何权利、做任何事情都不能超越法律界限。

（1）公民享有的基本权利。我国宪法法律规定了公民享有的一系列权利，主要包括政治权利、人身权利、财产权利、社会经济权利、宗教信仰自由及文化教育权利等。

第一，政治权利。是公民参与国家政治活动的权利和自由的统称。它的行使主要表现为公民参与国家、社会组织与管理的活动。公民的政治权利构成了实现人民主权原则及各种具体民主制度不可或缺的前提条件，反过来又体现了人民主权原则及各种具体民主制度的必然要求。

【提问】在生活中，我们经常行使的政治权力有哪些？

政治权利主要包括：一是选举权利，即选举权与被选举权，是指人们参加创设或组织国家权力机关、代表机关所必需的选举权和被选举权。二是表达权，即公民依法享有的表达自己对国家公共生活的看法、观点、意见的权利。表达权利对于一个国家的政治、经济、文化、科技、道德的发展具有基础性作用。三是民主管理权，即公民根据宪法法律规定，管理国家事务、经济和文化事业以及社会事务的权利。

【资料】2019年12月28日至2020年1月26日，民法典草案在中国人大网公布，公开征求意见。其间，民法典草案共收到13718位网民提出的114574条意见。体现了公民的民主管理权的行使。

四是监督权，即公民依据宪法法律规定监督国家机关及其工作人员活动的权利。

【提问】公民行使监督权的合法渠道有哪些？

如：人大代表联系群众制度；信访举报制度；舆论监督制度；监督听证会；网上评议政府；民主评议会等等。

第二，人身权利。是指公民的人身不受非法侵犯的权利，是公民参加国家政治、经济与社会生活的基础，是公民权利的重要内容。

人身权利主要包括：一是生命健康权，即维持生命存在的权利。生命权是人最基本、最原始的权利，具有神圣性与不可转让性，不可非法剥夺，享有生命权是人享有其他各项权利的前提。健康权是在公民享有生命权的前提下，确保自身肉体健全和精神健全、不受任何伤害的权利。

二是人身自由权，即公民的人身自由不受非法搜查、拘禁、逮捕等行为侵犯的权利。人身自由是人们一切行动和生活的前提条件，包括人的身体不受拘束、人的行动自由、人身自由不受非法限制和剥夺等。三是人格尊严权，即与人身有密切联系的名誉、姓名、肖像等不容侵犯的权利。人格尊严是人之为人所应当享有的地位、待遇或尊重的总和，集中表现为人的自尊心和自爱心。人格尊严的基本内容有姓名权、肖像权、名誉权、荣誉权、隐私权。四是住宅安全权也称住宅不受侵犯权，即公民居住、生活、休息的场所不受非法侵入或搜查的权利。这里的"住宅"既包括固定居住的住宅，同时也包括临时性的住所。五是通信自由权，是指公民通过书信、电报、传真、电话及其他通信手段，根据自己的意愿进行通信，不受他人干涉的自由。

【思考】在防疫隔离中的人有人身自由吗？因新冠肺炎疫情而实施的"封城令"是否无视了人身权利？你怎样看？

【解析】在人的诸多权利的综合体中，人的生命健康权是最基本的、根本性的。人如果丧失了自己的生命，就意味着无法行使其他一切权利。在人的生命健康遭受新型冠状病毒威胁的重大危机面前，维护人的生命健康权应该高于人的行动自由权，特殊情况下的"人身自由"是相对的。疫情发生以来，湖北省成功治愈3000余位80岁以上、7位百岁以上新冠肺炎患者，多位重症老年患者是从死亡线上抢救回来的。这一组数据充分彰显了中国坚持以人民为中心的生命健康权保障理念，大大提升了生命健康权境界。

【视频】接下来通过观看视频：《从摇篮起，民法典"罩着"你一生》、《民法典与小明的故事》进一步体会我国法律在保障人的权利方面所做的努力。

第三，财产权权利。是指公民、法人或其他组织通过劳动或其他合法方式取得财产和占有、使用、收益、处分财产的权利。对个人而言，财产权是公民权利的重要内容，是公民在社会生活中获得自由与实现经济利益的必要途径。财产权主要包括：一是私有财产权。我国宪法规定，公民的合法的私有财产不受侵犯。公民一切具有财产价值的权利，不管是生活资料还是生产资料，不管是物权、债权还是知识产权，都应当受到保护。公民在其财产权受到侵犯时，有权要求侵权行为人停止侵害、返还财产、排除妨害、恢复原状、赔偿损失，或依法向人民法院提起诉讼。二是继承权，是指继承人依法取得被继承人遗产的资格。在我国，继承人有的是法律明确规定的，有的是被继承人通过订立合法有效的遗嘱或遗赠指定的，有的是通过被继承人与他人签订的遗赠扶养协议指定的。

【案例6】　民法典第六编第二章法定继承人的范围及继承顺序

遗产按照下列顺序继承：
第一顺序：配偶、子女、父母；
第二顺序：兄弟姐妹、祖父母、外祖父母。

继承开始后，由第一顺序继承人继承，第二顺序继承人不继承；没有第一顺序继承人继承的，由第二顺序继承人继承。

【思考】李大爷老两口膝下有两子两女，老两口曾公证了一份遗嘱，财产由4个子女平均分配。但老两口在生命的最后几年一直住在小儿子家，小儿子对父母悉心照料，尽到了赡养义务。于是老两口临终前又立了一份自书遗嘱，将一半财产分给小儿子，这份遗嘱有效吗？

民法典中规定：公证遗嘱效力不再优先。

【思考】小张不孝顺父母，没有尽到赡养父母的义务，因此父母在立遗嘱时并未将小张列为继承人。但随着时间的推移，小张认识到了自己的错误，悔过自新，尽心照顾父母，父母决定原谅小张，那么小张能否重新被列为继承人呢？

民法典增加了继承"宽恕制度"。

第四，社会经济权利。是指公民要求国家根据社会经济的发展状况，积极采取措施干预社会经济生活，加强社会建设，提供社会服务，以促进公民的自由和幸福，保障公民过上健康而有尊严的生活的权利。主要包括：一是劳动权，是指一切有劳动能力的公民有获得劳动的机会和适当的劳动条件和报酬的权利。劳动权是公民赖以生存的基础，是行使其他权利的物质上的保障，包括平等就业和选择职业的权利、取得劳动报酬的权利、休息休假的权利、获得劳动安全卫生的权利、提请劳动争议处理的权利等。二是休息权，是指劳动者在付出一定的劳动以后所享有的休息和休养的权利，是劳动权存在和发展的基础。休息权和劳动权是密切联系的，休息权是提高劳动效率、保障劳动者的生活和身体健康所必需的。三是社会保障权，是指公民享有国家提供维持有尊严的生活的权利，如我国宪法规定的退休人员生活受到国家和社会的保障，国家建立健全同经济发展水平相适应的社会保障制度等。四是物质帮助权，是指公民在法定条件下获得国家物质帮助的权利，如国家发展为公民享受这些权利所需要的社会保险、社会救济和医疗卫生事业等。

【播放视频】试用期限和工资规定怎么定？试用期遭辞退怎么办？

第五，宗教信仰及文化权利。是指公民依法享有的与宗教信仰活动和文化生活相关联的自由和权利的总称，主要包括宗教信仰自由、文化教育权等。依法保障宗教信仰和文化权利，是公民创造和享受精神文化财富、推动精神文化发展不可或缺的条件。同时，公民行使宗教信仰和文化权利也必须受宪法法律约束。宗教信仰自由是指公民依据内心的信念，自愿地信仰宗教的自由，具体内容包括信仰宗教的自由、从事宗教活动的自由、举行或参加宗教仪式的自由等。公民既有信仰宗教的自由，也有不信仰宗教的自由；有信仰这种宗教的自由，也有信仰那种宗教的自由；

在同一宗教里，有信仰这个教派的自由，也有信仰那个教派的自由；有过去信教而现在不信教的自由，也有过去不信教而现在信教的自由。

【思考】大学生可以信教吗？如果信教的大学生想要在校园中建立宗教团体，在学校里面举办活动 传播福音，学校是否允许呢？

【解析】《中华人民共和国宪法》第三十六条规定：中华人民共和国公民有宗教信仰自由。任何国家机关、社会团体和个人不得强制公民信仰宗教或者不信仰宗教，不得歧视信仰宗教的公民和不信仰宗教的公民。但是学校是不允许传教的。我国坚持宗教与国家教育制度相分离的原则。宗教信仰问题是公民个人自由选择的问题，是公民的私事，不允许宗教干预国家行政、司法、学校教育与社会公共教育。因此，大学生信教是没有问题的，但是在学校里公开举办活动传教是不可以的。

第六，文化教育权。是公民在文化和教育领域享有的权利。文化权利有个人的文化权利和集体的文化权利之分，前者如由任何科学、文学或艺术作品所产生的精神上和物质上的利益受到保护的权利；后者如少数民族群众享有保留和发展其文化特性及其文化的各种形式的权利。

【案例7】 冒名顶替上大学，侵犯了公民的什么权利？

2004 年高考，山东聊城市冠县的农家女陈春秀考取了 546 分（理工科），超出理科类专科分数线 27 分。可始终没有等来录取通知书，只好"抱憾"外出打工。

十六年后，为重拾大学梦，陈春秀参加成人高考，竟然发现学籍系统里有"陈春秀于 2004 年被山东理工大学录取"的信息。系统里的"陈春秀"跟她的身份信息完全一致，只是照片头像不同。

据《南方都市报》报道，在 2018——2019 年的山东高等学历数据清查工作中，有 14 所高校曾公示清查结果，其中有 242 人被发现涉嫌冒名顶替入学取得学历，公示期后学历作注销处理。

【提问】冒名顶替上大学，侵犯了公民的什么权利？

【解析】冒名顶替上学，偷走的不仅仅是身份和成绩，也偷走了被顶替者人生的另一种可能。我国宪法明确赋予公民的接受教育的基本权利，这是公民实现个人发展和实现自我价值的重要手段，也是保证国家未来强大发展不可缺失的途径。但是，媒体报道的"冒名顶替上大学"的各种事件，施害者严重侵犯了其他公民的教育平等权、受教育权，对受害者的人生发展造成了重大的影响，政府各有关部门有义务采取严密而强有力的政策与措施，监督约束属下各政府机关及教育部门的职能权力，加强对公民教育平等权的司法保护。

（2）公民应履行的法律义务。法律权利的行使必须伴随着法律义务的履行，但法律义务更需要由法律加以规定。

义务法定，一方面是说义务的设定必须有法律依据，另一方面是说法定的义务应当履行，否则会承担不利的法律后果。我国宪法规定的公民的基本义务主要包括：维护国家统一和民族团结，遵守宪法和法律，维护祖国安全、荣誉和利益，依法服兵役，依法纳税等。

第一，维护国家统一和民族团结。维护国家统一是整个社会共同体存在和发展的基础，也是以宪法为核心的整个法律制度存在的基础。同时，国家统一也是公民实现法律权利与自由的前提。宪法和相关法律规定，禁止对任何民族的歧视和压迫，禁止破坏民族团结和制造民族分裂的行为；一切破坏民族团结和制造民族分裂的行为都将受到法律的追究。

【思考】香港内外敌对势力为什么要如此丧心病狂地在香港策划这场暴乱，其动机是什么？香港动乱给我们带来什么启示？

【解析】任何危害国家主权安全、挑战中央权力和特别行政区基本法权威的活动，都是对底线的触碰都是绝不能允许的。香港是中国的香港祖国是香港的坚强后盾。《反分裂国家法》明确规定，维护国家主权和领土完整是包括台湾同胞在内的全中国人民的共同义务。当代大学生应自觉同破坏国家统一、威胁国家公共安全的行为做坚决斗争。

对于维护和促进民族团结，大学生可以进行以下几方面的努力：尊重少数民族的风俗与文化习惯；参与乃至帮助不发达地区少数民族进行政治经济文化等方面的建设与发展；同一切危害民族团结的言论与行为作斗争；做有利于促进各民族文化交流的事。

第二，遵守宪法和法律。我国宪法规定了公民遵守宪法和法律的义务，还规定了若干具体义务，包括：一是保守国家秘密。国家秘密是指涉及国家的安全与利益，尚未公开或不准公开的政治、经济、军事、公安、司法等秘密事项以及应当保密的文件、资料等。违反我国保守国家秘密法的规定，故意或过失泄露国家秘密，构成犯罪的，按照刑法有关规定追究刑事责任；泄露国家秘密，不够刑事处罚的，可以酌情给予行政处分。二是爱护公共财产。公共财产是指全民所有财产和劳动群众集体所有财产。社会主义的公共财产神圣不可侵犯，禁止任何组织或者个人用任何手段侵占或者破坏国家和集体的财产。三是遵守劳动纪律。劳动者在从事社会生产和工作时，必须遵守和执行劳动规则及其工作程序，维护劳动秩序。四是遵守公共秩序。公共秩序包括社会秩序、生产秩序、教学科研秩序等。每位公民必须维护公共秩序，并同一切违反公共秩序的行为作斗争。五是尊重社会公德。就是要尊重在社会交往和公共生活中应当遵守的道德标准和法律标准。

第三，维护祖国安全、荣誉和利益。祖国安全是指国家的领土完整和主权不受侵犯，国家政权不受威胁。祖国安全是国家政权稳定和公民依法行使权利与自由的根本保障。维护祖国荣誉是指国家的声誉和尊严不受损害，对有辱祖国荣誉、损害祖国利益的行为给予法律制裁。祖国利益通常分为对外和对内两个方面。对外主要是指民族的政治、经济、文化等方面的权利和利益；对内主要是指公共利益。公民在享受宪法法律规定的权利与自由的同时，必须自觉地维护祖国利益，正确处理国家、集体与个人利益之间的相互关系，不得有危害祖国安全、荣誉和利益的行为，并同损害祖国利益的行为作斗争。如，我国国家安全法规定，公民、一切国家机关和武装力量、各政党和各人民团体、企业事业组织和其他社会组织，都有维护国家安全的责任和义务。

第四，依法服兵役。我国实行义务兵与志愿兵相结合、民兵与预备役相结合的兵役制度。我国公民都有义务依法服兵役。我国兵役法规定，每年12月31日以前年满18周岁的男性公民，应当被征集服现役。我国兵役法对服兵役的主体作了限制性规定：依法被剥夺政治权利的人没有服兵役的资格；应征公民被羁押，正在受侦查、起诉、审判的，或者被判处徒刑、拘役、管制正在服刑的，不征集；应征公民是维持家庭生活的唯一劳动力或者正在全日制学校就学的学生的，可以缓征。有服兵役义务的公民拒绝、逃避兵役登记的，应征公民拒绝、逃避征集的，预备役人员拒绝、逃避军事训练和执行军事勤务，经责令限期改正后仍逾期不改的，基层人民政府应当强制其履行服兵役的义务。

【播放视频】《5名"90后"逃避服兵役被处分》

【解析】参军服役是件光荣的事，更是件严肃的事，不能把当兵作儿戏。

第五，依法纳税。在现代社会中，税收是国家财政收入的主要来源，纳税是公民应该履行的一项基本义务。根据我国个人所得税法的规定，在中国境内有住所，或者无住所而在境内居住满一年的个人，从中国境内和境外取得的所得，依法缴纳个人所得税。自觉纳税是爱国行为，偷税等行为是违法的、可耻的。纳税人既要有自觉纳税的义务，也要有监督税务机关的执法行为、关心国家对税收的使用、维护自己的合法权益的意识。

【案例8】 薇娅偷逃税！被追缴并处罚款 13.41 亿元！

网络主播黄薇（网名：薇娅）在 2019 年至 2020 年期间，通过隐匿个人收入、虚构业务转换收入性质虚假申报等方式偷逃税款 6.43 亿元，其他少缴税款 0.6 亿元，依法对黄薇作出税务行政处理处罚决定，追缴税款、加收滞纳金并处罚款共计 13.41 亿元。

【提问】你如何看待明星逃税这个现象？

【解析】税收的重要功能之一就是调节收入分配，不同收入群体对应的个人所得税纳税比例不同，高收入者纳税多，低收入者纳税少，这有助于在二次分配环节缩小收入分配差距，促进社会公平。网络直播行业不是"税收盲区"，对其涉税违法行为保持零容忍将成为常态，加强监管对整体平台经济和普通老百姓而言都将释放利好。

从平台经济角度来说，无形之中，偷逃税者等于变相增加了那些诚信纳税人的税收负担，使得诚信纳税人相较于偷逃税者而言在市场竞争中处于不利地位。更为可怕的事情是，由于偷逃税行为造成的实际税负不公，可能会驱使社会上其他纳税人争相效仿，导致诚信纳税人越来越少，劣币驱逐良币下整个市场都将变得乌烟瘴气。

监管部门对平台经济向来坚持规范和发展并重，对于网络主播的涉税问题整治和查处将有利于营造公平竞争的税收环境。自觉纳税是爱国行为，偷税等行为是违法的、可耻的。纳税人既要有自觉纳税的义务。

问题七：大学生应该如何不断提升新时代大学生的法治素养？

新时代大学生的法治素养，关系全民族法治素养的总体水平，关系法治中国建设的进程。提升法治素养是大学生成长成才的内在需要。

（1）尊重法律权威。

【案例9】 苏格拉底之死

苏格拉底被判处死刑，苏格拉底的朋友们买通了狱卒劝他逃走，而苏格拉底却说："逃监是毁坏国家和法律的行为，如果法庭的判决不生效力、被人随意废弃，那么国家还能存在吗？"

【提问】苏格拉底之死给我们什么样的启示？

【解析】当法律失去权威，正义也就不复存在，这是一个智者在用生命诠释法律的真正含义——法律只有被遵守才有权威性。法律通过调整社会关系，规范人的行为，保障社会成员的利益，实现稳定合理的社会秩序。法律的权威源自人民的内心拥护和真诚信仰。人民权益要靠法律保障，法律权威要靠人民维护。人民是国家的主人翁，是法治国家的建设者和捍卫者，尊重法律权威是其法定义务和必备素质。就大学生而言，作为一个公民，要在尊重法律权威方面加强砥砺，在学习和生活中积极作为，养成敬畏法律的良好品质，努力成为尊重法律权威、信仰法律的先锋。

【案例10】 直击复旦投毒案最终宣判

【提问】复旦大学投毒案给我们的启示？

【解析】尊重法律权威，就要信仰法律，对法律常怀敬畏之心；就要遵守法律，用实际行动捍卫法律尊严，保障法律实施；就要服从法律，拥护法律的规定，接受法律的约束，履行法定的义务，服从依法进行的管理，承担相应的法律责任；就要维护法律，争当法律权威的守望者、公平正义的守护者、具有良知的护法者。

（2）学习法律知识。学习和掌握基本的法律知识，是提升法治素养的前提。一个对法律知识一无所知的人，不可能具备法治素养。法律知识通常包括法律法规方面的知识和法律原理方面的知识，这两部分法律知识对于培养法治思维、提升法治素养都很重要。只有既了解法律法规在某个问题上的具体规定，又了解法律的原理、原则，才能更好地领会法律精神，提升法治素养。除了从书本上获取法律知识外，还可以通过收听收看法治广播电视节目、阅读法律类报纸杂志，尤其是运用新媒体等途径学习法律知识。

【思考】"订金"与"定金"有什么不同？

参与法治实践是学习法律知识的有效途径。法治实践有助于加深个人对法律知识的认识，脱离了生动的实践，法治素养就成了空中楼阁。只有通过参与各种法律活动，在实践中运用法律知识和方法思考、分析、解决法律问题，才能养成自觉的法治思维习惯，提升法治素养。

【思考】大学生可以通过什么途径参与法律实践。

现在，参与法治实践的方式和途径越来越多。一是参与立法讨论。我国国家或地方的很多立法都要广泛征求意见或者进行听证，可以参与这些立法的讨论，发表自己的有关意见。二是旁听司法审判。凡是人民法院公开审判的案件，都允许公民旁听，大学生可以向人民法院申请旁听法院庭审，了解案件的审判过程。三是参与校园法治文化活动。大学生可以通过参与模拟法庭、法律诊所、法律辩论等方式，增长法律知识，锻炼法治思维，提升法治素养。

（3）养成守法习惯。守法，就是任何组织或者个人都必须在宪法和法律范围内活动，任何公民、社会组织和国家机关都要以宪法和法律为行为准则，依照宪法和法律行使权利或权力、履行义务或职责。养成守法习惯，不仅要有基本的法律知识，更要有遵守规则的意识，坚持从具体事情做起。

增强规则意识。养成规则意识、坚持守法守规是每一个法治国家公民的基本素养。大学生参与社会活动，实施个人行为，都要以法律为依据，不得违反法律规范。处理问题、作出决定时，要先问问在法律上"是什么"和"为什么"，是否合法可行。在处理守法与违法的关系时，要防微杜渐，防止因小失大。在面临选择的重大关头，要依法冷静权衡，防止因头脑发热或心存侥幸而铸成大错。在学习和生活中，大学生应做到懂规矩、守规则、依规范，坚持依法办事。

守住法律底线。法律红线不可逾越、法律底线不可触碰。法律不能成为"橡皮泥""稻草人"，触犯法律底线就要受到追究。如国家公职人员以权谋私、徇私枉法，是触犯法律底线的具体表现；公民应当依法纳税，而偷税漏税也是触犯法律底线的具体表现。因此，大学生应当坚持从我做起，从身边做起，形成底线思维，严守法律底线，带头遵守法律。

（4）提高用法能力。学法是为了更好地用法，把对法治的尊崇、对法律的敬畏转化成思维方式和行为方式，做到在法治之下、而不是法治之外、更不是法治之上想问题、作决策、办事情。通过运用法律，提高解决问题的能力，使法律内化于心、外化于行。

维护自身权利。大学生要增强权利意识，用法处理纠纷，依法维权护权。当自身的合法权益受到侵害或者威胁时，既要有遇事找法、解决问题用法、化解矛盾靠法的意识，又要掌握维护权利的途径和手段，如自力救济、协商、和解、调解、仲裁、诉讼等。在具体生活中，面对校园暴力、网贷欺诈、用工纠纷等现象，除了提高防范意识外，还要善于留存法律证据，通过法律途径解决问题，理性维权。

维护社会利益。大学生除了要运用法律维护自身权利外，还要通过法律维护社会公共利益，对违法犯罪行为要敢于揭露、勇于抵制，消除袖手旁观、畏缩不前的恐惧心理，抵制遇事回避的惧法现象。如帮扶弱者、见义勇为，不仅是一种道德要求，也是一种法律规范，为我国的民法典、残疾人保障法、老年人权益保障法、未成年人保护法等法律所保护，对践行法律、弘扬正气起到了重要的推动作用。大学生要遵法守规、遇事找法、善于用法，做新时代的守法人、护法人。

（四）专题小结

推进全面依法治国需要全社会共同参与。大学生是未来国家建设的中坚力量，通过本专题的学习引导同学们正确理解法治思维的内涵，积极培养法治思维，正确理解依法行使权利和履行义务，不断提升法治素养，自觉尊法学法守法用法，成为社会主义法治的忠实崇尚者、自觉遵守者、坚定捍卫者。

六、教学拓展

（一）教学案例

【案例11】　《中华人民共和国民法典》诞生记：新时代的人民法典

2020年5月28日下午，北京，人民大会堂。十三届全国人大三次会议以2879票赞成、2票反对、5票弃权，高票表决通过《中华人民共和国民法典》。5年磨一剑，宣告中国迈入"民法典时代"。这是新中国历史上首个以"法典"命名的法律，承载着几代立法者、法律工作者乃至亿万人民的梦想。

这是一部有效反映人民意愿的民法典——破解高空抛物坠物难题，维护小区业主合法权益，明确禁止高利放贷……民法典聚焦百姓关切强化保护人民权利，为百姓安居乐业提供法治保障。

民法典的画卷上，立法者们秉持"人民至上"理念，确保党的主张通过法定程序成为国家意志。保障人民权利，在"民"与"法"之间彰显为民情怀大数据和信息技术的发展，让个人隐私边界日益模糊。试衣间可能暗藏"第三只眼"，手机被骚扰电话轰炸，照片被人肆意丑化……互联网时代，法律能否更好保护你我权利？

翻开民法典，"人格权"一编格外引人注目。明确"隐私"的定义，完善对肖像权的保护，确立器官捐献基本规则，加强个人信息保护……人格权独立成编被认为是民法典的突出亮点和重大创新，将我国法律对人身自由、人格尊严的保护提升到了新高度。

在民法典编纂之初，对于"人格权是否独立成编"曾有过一番激烈的讨论——有人提出，要最大限度体现对"人"的尊重和关怀，必须通过单独的分编对人格权的类型和保护措施作出全面规定。也有人认为，民法典对人格尊严的保护，通过总则编以及侵权责任编的有关规定即可实现。"无论是哪一种意见，大家有着共同的目标，就是要加强对人格权的保护，只是立法形式有分歧。"全国人大常委会法工委民法室副主任石宏说，"立足于破解人格权保护领域新情况新问题，强调全面保护，我们经过反复研究，决定将人格权独立为一编。"

——这是关乎14亿人民生老病死、衣食住行的"权利宣言"。从呱呱坠地享受百般关爱，到两鬓如霜儿孙绕膝；从清晨迎接第一缕阳光，到下班回家休息打开电视，我们时时刻刻都在与民法打交道，受法律规制，受法律保护。享受天伦之乐，却不知孩子几岁能打酱油？民法典总则编告诉你，限制民事行为能力人的年龄标准已经从10岁调整为8岁。迎来"乔迁之喜"，却遭遇蛮横物业？民法典合同编增加规定了物业服务合同，更好保障业主权利。暮年想修改遗嘱，却已无力前往公证处？民法典继承编增加了录像等新的遗嘱形式，公证遗嘱也不再效力优先。……

"民法典的编纂以'保护民事主体权利'作为主线，对人民权利的保障可谓事无巨细。"石宏介绍，编纂民法典，把现行民法中已经滞后的规定找出来加以完善，形成更加完备的民事权利体系，更好维护人民权益。

——这是镌刻在字里行间的"人民情怀"。去世亲人的照片被人恶意损毁，珍藏多年的书籍被借走后"一去不返"……遭遇物质与心灵的双重创伤时，法律能否给出解决办法？民法典作出回应：扩大精神损害赔偿范围。从总则编明确规定胎儿利益保护，到婚姻家庭编加大对婚姻无过错方的保护，再到继承编强调尊重立遗嘱人的真实意愿……对个人权利实现"从出生到坟墓"的全面保护，是民事法律的价值归属，更是民法典的鲜明态度。

【提问】从民法典的颁布中，你看到了什么？

【解析】民法典把对人身权、人格权的保护放在更加突出的位置，有利于满足新时代人民群众日益增长的美好生活需要，增强人民群众获得感、幸福感、安全感，促进人的全面发展。我国的民法典是新时代中国特色社会主义制度建设、法治建设的一个重大标志性成果，是坚持人民至上、实现人民对美好生活向往的重要制度保障。

【案例 12】 疫情面前更没有"特权"

路过疫情卡点受检时不戴口罩，在工作人员督促下，"强硬拒绝"并连说16个"我不戴"。"河南发布"近日发布通告称，新郑市第三人民医院一名副院长在疫情防控期间，拒绝按照规定佩戴口罩，造成不良社会影响，决定给予其党内严重警告处分。新郑市卫健委已责成其所在医院免去其副院长职务。

在疫情防控关键时期，许多地方依法启动了重大突发公共卫生事件一级响应，加大工作力度、完善防疫举措，为群众织密健康防护网。然而，仍有一些人罔顾密集出台的防控禁令、通告，无视自身和他人安全。在抗疫大局面前，类似连说 16 个"我不戴"、扬言"我传染的我负责"等，显得格外刺眼。

"飞沫传播"已经被证明是新冠病毒主要传播渠道之一。阻断病毒传播，佩戴口罩十分必要，这不仅是对自身生命健康的保护，也是对他人生命健康负责。这一点已成为全社会的共识。作为公职人员，上述涉事人员明知故犯、顶风作案，反映出少数人的轻率和傲慢，如此任性而为被火速追责、免职，这样的处理值得点赞！

疫情汹涌，容不得丝毫侥幸。在全国上下万众一心抗击疫情的非常时期，组织部门及时调查基层干部和公职人员涉疫情违法违纪问题，完整地向社会公开全部信息，并在司法层面依法追究涉嫌违法犯罪干部和公职人员的法律责任，对于维护法律尊严、法治严肃以及社会正义尤为必要，更是对"法律面前人人平等"这一法治理念的有力践行。

多名公职人员因涉疫情违法违纪问题被问责，这也警示广大基层干部和公职人员，要打赢疫情防控阻击战，不能有侥幸心理，更不能有特权思想。要做到这一点，一方面有赖于广大干部自律，恪尽职守、以身作则、带头执行好有关禁令；另一方面也离不开严格的执法执纪。对在疫情防控工作中不顾大局、有令不行、有禁不止，不落实疫情防控工作措施的干部和公职人员，组织部门必须"零容忍"，依照有关规定严肃追责、问责。只有上下形成合力，才能促进疫情防控工作依法、有序开展。

【提问】疫情面前有没有特权？

【解析】在病毒面前，任何人都可能会被感染。病毒的传播，可不看谁是书记、谁是主任，倘若谁都大摇大摆出入，疫情防控的口子一开，病毒也会长驱直入。在抗疫大局中，必须以人民生命健康为中心，绝不允许任何借口，任何请托，开口子，搞关系，行方便，要特权。对任何不担当不作为、失职失责的违法违纪现象，要严肃问责，严格处理。平等是社会主义法律的基本属性，是社会主义法治的基本要求。坚持法律面前人人平等，对于坚持走中国特色社会主义法治道路具有十分重要的意义。

（二）教学资料

1.习近平法治思维方法的三大核心特征（法治思维）

习近平具有严谨的法治思维，时刻关注国家法治建设，要求坚定不移走中国特色社会主义法治道路，全面推进依法治国，努力建设中国特色社会主义法治体系，在法治轨道上推进国家治理体系和治理能力现代化，用法治思维和法治方式分析解决现实问题，创造人民群众幸福美好生活。法治思维是习近平治国理政实践的鲜明特色。从实践看，习近平法治思维方法具有三大核心特征。

（1）价值理性的人民性。法治建设有一个"为了谁"和"依靠谁"的问题。人们站在不同的政治立场，秉持不同的政治伦理，进入不同的政治逻辑会有完全不同的政治回答。习近平站在人民的立场，秉持"以人民为中心"的政治伦理与情怀，遵循"人民对美好生活的向往就是我们的奋斗目标"的政治逻辑，作出了"坚持法治为了人民、依靠人民、造福人民、保护人民"的政治回答。

（2）实践理性的科学性。法治作为一种理性制度体系也必须具有实践理性。习近平法治思维的实践理性突出表现在科学性上。习近平指出：法治是治国理政不可或缺的重要手段，依法治理是最可靠、最稳定的治理，是最有助于一个国家持续实现稳定发展和繁荣的制度安排。习近平将法治与国家治理体系、治理能力现代化联系起来，认为全面依法治国是国家治理领域一场广泛而又深刻的革命，必须在法治轨道上推进国家治理体系和治理能力现代化。习近平高度重视立法科学性问题，认为科学立法的核心在于尊重和体现客观规律。习近平还说，建章立法需要讲求科学精神，全面认识和运用客观规律。近年来，人大立法始终坚持从实际出发，体现与时俱进的精神，处理好稳定性与变动性、前瞻性与阶段性的关系；加强立法调研，根据需要和可能认真编制年度立法计划，严格执行立法项目可行性论证制度和专家咨询制度；完善法律法规的审议机制，坚持二审制和重要法规草案的三审制，审议期间，还充分发挥各专门委员会的专业优势。

（3）逻辑理性的系统性。习近平法治思维的逻辑理性就在于它的系统性，即以系统的观念来看待法治，寻找法治在经济社会发展中以及在国家制度体系建设中的合理定位。习近平将法治视为因应经济社会更好发展和人民群众更加幸福美好生活而建立的良法善治体系，把法治视为国家治理体系和治理能力的重要依托，进而把法治体系视为国家治理体系的骨干工程，并且构建了中国特色社会主义法治体系的逻辑架构。习近平高度重视国家法制统一性，要求坚持以宪法为依据，严格遵循立法法，制定法律、法规、部门规章以及地方性法规。

2.构筑全方位的人权保障法律体系

尊重和保障人权，是中国共产党人的不懈追求。在推动中国人权事业进步的要素中，法治无疑是重中之重，而人权的法治保障也是建设社会主义法治国家的基础与重要内容。习近平总书记在中共中央政治局第三十七次集体学习时强调，要加强人权法治保障，深化法治领域改革，健全人权法治保障机制。完备的法律体系是实现人权法治化保障的前提和基础。当前，需要在现有制度的基础上，针对新问题，作出新对策，构筑全方位的人权保障法律体系。

随着社会不断发展，随着科学立法、民主立法、依法立法深入推进，中国特色社会主义法律体系不断完善，当前人权法律保障体系也面临新问题，存在诸多需要完善的地方。如部分法律规范过于原则，缺乏可操作性；对部分违反人权"灰色地带"行为的法律处罚不够有力；等等。必须立足于我国的国情，针对具体社会情形，有的放矢，进一步强化立法，构筑全面和完善的法律屏障。

一是更积极地参与人权保障国际规则制定，加快国际人权公约的国内法转化。

二是加强重点领域立法，及时出台配套制度。

三是在立法过程中尊重和保障人权。

建立人权保障法律体系，进而实现更高水平的人权法治保障，不能就法律谈法律，还需要弘扬正确人权观，广泛开展人权宣传和知识普及，营造尊重和保障人权的良好氛围，使人权从价值与原则进入到人们的日常生活，成为一种人们能切身感受到的生活方式。

七、课后思考

（1）结合实际谈谈大学生应如何在生活中做一个遵法、学法、守法、护法的好公民？

（2）作为当代大学生，如何培养自己的法治思维提升法治素养？

（3）开展"学法用法，从我做起"，要求搜集"大学生生活中一定要知道的法律常识。

八、实践指南

（1）实践主题：观看《今日说法》，通过具体的法律案例，学习相关法律知识

（2）实践过程：以宿舍为单位，选择《今日说法》中有关法治思维培养，有关法律权利义务的内容进行观看，并进行思考讨论。

（3）实践要求：全体同学都要观看参加，撰写观后感不少于1000字，课堂进行分享。

九、延伸阅读

（1）习近平：《论坚持全面依法治国》，中央文献出版社，2020 年版。

（2）中共中央宣传部理论局：《法治热点面对面》，学习出版社、人民出版社，2015 年版。

（3）新时代推进全面依法治国的纲领性文件——中央依法治国办负责同志就《法治中国建设规划（2020——2025 年）》答记者问。